모두를 위한
컴퓨터와
프로그래밍 지식

모두를 위한 컴퓨터와 프로그래밍 지식

지은이 이연우, 양기철

펴낸이 박찬규 엮은이 윤가희, 전이주 디자인 북누리 표지디자인 Arowa & Arowana

펴낸곳 위키북스 전화 031-955-3658, 3659 팩스 031-955-3660
주소 경기도 파주시 문발로 115, 311호 (파주출판도시, 세종출판벤처타운)

가격 32,000 페이지 544 책규격 175 x 235mm

초판 발행 2024년 01월 03일
ISBN 979-11-5839-477-6 (13000)

등록번호 제406-2006-000036호 등록일자 2006년 05월 19일
홈페이지 wikibook.co.kr 전자우편 wikibook@wikibook.co.kr

모두를 위한 ————

컴퓨터와
프로그래밍 지식

IT 세상을 이해하기 위한 열쇠

———— 이연우, 양기철 지음 ————

위키북스

스마트폰과 인터넷은 우리의 생활 방식을 변화시켰고, 보다 많은 정보와 자료에 손쉽게 접근할 수 있게 했습니다. 최근에 등장한 언어 인공지능 챗 GPT 기술은 이전에 경험해 보지 못했던 새로운 서비스를 제공하면서 일반 인공지능 시대를 열고 있습니다. 이렇듯 IT 기술과 인공지능 기술은 빠르게 진화하고 있어, 이에 뒤처지지 않기 위해서는 최신 기술에 빠르게 순응하는 것뿐만 아니라 그 기술의 근간을 이해하는 것도 중요합니다.

이 책은 이러한 궁금증과 갈증을 해소하기에 좋은 입문서입니다. 다양한 기술인 인공지능, 스마트폰, 가상현실을 이해하기 위한 컴퓨터와 프로그래밍 지식을 쌓는 데 좋은 지침서가 될 것입니다. 이 책은 컴퓨터를 전혀 모르는 사람이나 좀 더 깊이 있는 이해를 원하는 사람 모두에게 IT 세상을 이해하는 데 도움이 될 수 있도록 컴퓨터와 프로그래밍 지식을 쉽고 자세하게 설명합니다. 이 책은 누구에게나 필요한 IT 지식 안내서입니다.

이 책을 집필하기 위해 지난 두 해 동안 다양한 자료를 수집하고 학생들의 의견을 반영하여 전체 목차를 결정했습니다. 또한 집필하는 과정에도 계속해서 변화하는 인공지능에 대한 이야기를 빠뜨리지 않도록 내용을 업데이트했고, 모든 독자가 쉽게 이해할 수 있도록 여러 차례의 편집과 교정을 거쳐 책이 출간되었습니다.

1장부터 4장까지는 컴퓨터, 소프트웨어, 스마트폰, 인공지능, 가상현실 등에 대한 전반적인 소개와 이해를 다루고 있습니다. 이해하기 쉬운 내용으로 구성되어 있어 모든 독자가 접근하기 쉽습니다. 1장에서는 컴퓨터의 발전 과정을 다루고, 2장에서는 인터넷과 웹의 원리부터 이동통신에 이르는 소프트웨어 중심 사회의 개념을 설명했습니다. 3장에서는 인공지능 기술의 전반적인 개념을 소개하고 생성형 AI와 챗GPT 등의 최신 기술을 소개했습니다. 4장은 초연결, 가상화 사회와 컴퓨팅 기술로 빅데이터, 클라우드, 사물인터넷을 다루며 가상현실에 대해 더 깊이 있게 설명했습니다.

5장부터 8장까지는 실제 컴퓨터와 프로그램을 이해하기 위한 내용입니다. 7장은 컴퓨터 과학을 처음 접하는 독자에게는 다소 어려울 수 있으므로 처음에는 건너뛰고, 나중에 돌아와 읽는 것을 권장합니다. 5장에서는 데이터와 정보에 대해 설명하고, 문자, 소리, 그림을 이진수로 바꾸는 원리를 쉽게 소개했습니다. 6장은 컴퓨팅 사고력을 설명하여 컴퓨터 작동 원리를 이해하는 논리적 사고 방식에 대해 소개했습니다. 7장에서는 모형 2진 컴퓨터와 8진 컴퓨터의 내부 동작 원리를 그림과 함께 설명했습니다. 8장은 컴퓨터 과학을 다루는 사람들에게 필수적인 정렬과 검색 알고리즘을 소개했습니다.

9장과 10장은 실제 프로그래밍을 다루는 장입니다. 9장에서는 프로그래밍을 처음 시작하는 독자를 위해 블록 프로그래밍 언어인 스크래치를 소개했습니다. 설치부터 간단한 실전 프로젝트까지 쉽게 이해할 수 있게 설명했습니다. 10장은 현재 널리 사용되는 파이썬에 대해 파이썬 설치부터 문법과 실전 예제까지 다루었습니다. 간단한 예제부터 손 글씨를 인식하는 딥러닝 파이썬 프로그램까지 소개하여 파이썬 프로그래밍의 매력을 경험할 수 있게 했습니다.

이 책이 출간될 수 있도록 큰 도움을 주신 위키북스 출판사의 박찬규 대표님과 꼼꼼히 편집 및 교정을 해 주신 전이주 에디터님께 감사드립니다. 아무쪼록 이 책이 IT에 관심 있는 모두에게 컴퓨터, 인터넷, 모바일, 소프트웨어, 알고리즘, 프로그래밍, 그리고 인공지능을 이해하는 데 밑바탕이 되기를 바랍니다.

저자 이연우, 양기철

목·차

01

컴퓨터의 발전 과정

컴퓨터를 '깡통'이라고 하는 사람도 있고, '만능 기계'라고 하는 사람도 있다. 하지만 컴퓨터는 말 그대로 계산기(computer)다. 계산기는 각종 계산을 정확하고 빠르게 하도록 만들어진 기기로, 예전에 많이 사용했던 주판도 이에 속한다. 그러나 컴퓨터는 계산기지만, 주판과는 달리 산술 계산을 넘어 논리적인 제어가 가능한 계산기다. 이런 컴퓨터가 어떻게 복잡한 현대 사회를 지배할 수 있는지, 그 비밀을 하나하나 알아보자.

컴퓨터는 어떻게 시작되었나?

오늘날 많은 일을 컴퓨터로 하지만 컴퓨터 없이도 사람이 다 할 수 있는 일이다. 컴퓨터 없이 사람이 하면 시간이 너무 오래 걸려서 일을 제때 완료하기가 어렵다. 예를 들어 비행기 표를 예약한다거나 날씨를 예측하는 계산을 사람이 손으로 한다면 며칠이 걸려도 못할 수 있다. 또한 며칠이 걸려 했다고 하더라도 그때는 계산 결과가 이미 쓸모없게 되는 경우가 많다. 따라서 오늘날의 여러 가지 복잡한 일 처리를 컴퓨터 없이 한다는 것은 불가능한 일이 됐다. 그러므로 어떤 일을 하는 데 컴퓨터를 사용하는 이유는 사람이 하는 것보다 빠르고 정확하게 하기 위해서다.

컴퓨터의 어원

위키백과에서는 컴퓨터(computer)의 어원을 다음과 같이 정의한다.[1]

> 컴퓨터는 라틴어 '콤푸타레(computare, 계산하다)'에서 유래했다. 어근을 살펴보면, '콤 (com)'과 '푸투스(putus)'로 '함께(com)'와 '생각하다(putus)'의 합성어다. 생각을 정리하며 수식을 따라 계산하는 것을 뜻한다. 컴퓨터의 의미는 시대에 따라 변화했다. 영어에서 컴퓨터 는 우선으로 계산하는 사람을 의미한다. 과거에는 기계적인 도움에 관계없이 수학 계산을 수 행하는 사람을 가리키는 말로 사용됐다. 현재는 기계를 의미하는 경우가 더 많지만, 여전히 수학 계산을 수행하는 사람이라는 의미로 사용하기도 한다.

계산기의 발전 과정

고대의 계산: 메소포타미아 시대의 쐐기문자

고대 4대 문명 중 가장 먼저 시작된 문명은 오늘날의 이라크 남부지역인 비옥한 초승달 (The Fertile Crescent) 지역에서 발전한 메소포타미아 문명이다. 이 문명에서 BC 3500 년경에 처음으로 정착한 수메르인(Sumer)은 인류 최초의 문자인 **쐐기문자(cuneiform)** 를 사용한 기록이 있다. 인류 최초의 문자를 사용했다는 증거는 그림 1.1과 같은 쐐기문 자 점토판에서 찾아볼 수 있다. 이 점토판은 밭과 집을 매매한 내용을 기록한 영수증으로 당시 수메르인이 물건을 사고파는 경제활동을 했음을 알려준다.

이렇게 문자가 발명되면서 역사가 기록되기 시작하고, 수를 표시하는 쐐기문자의 발전으 로 **애버커스(abacus)**와 같은 계산기를 사용했을 것으로 추정한다. 수메르인은 태음력과 시간과 각도를 계산하는 60진법을 사용했다. 이들이 발전시킨 수학, 회계학, 천문학, 지 리학, 철학은 인류 문명에 많은 영향을 주었다.

---

1 https://ko.wikipedia.org/wiki/컴퓨터

그림 1.1 BC 26세기 수메르인의 쐐기 문자 점토판[2]

추가 설명 메소포타미아에서 사용했던 수의 체계

수메르인이 사용한 쐐기문자는 후에 BC 2300년경 바빌로니아 왕국으로 이어졌다. 그림 1.2와 같이 0에서 59까지의 수를 표현한 60진법을 사용했다. 숫자는 오직 두 가지 기호로만 나타냈는데, 𒁹은 1을, 𒌋은 10을 뜻한다. 59는 10을 뜻하는 𒌋를 다섯 번, 1을 뜻하는 𒁹를 아홉 번 써서 표기한다.

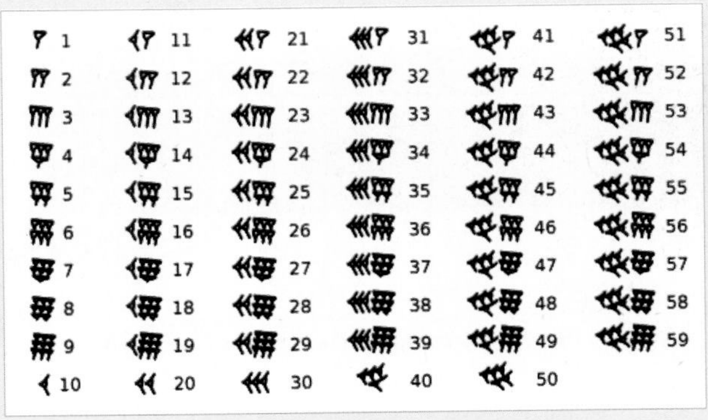

𒁹	1	𒌋𒁹	11	𒌋𒌋𒁹	21	𒌍𒁹	31	𒐏𒁹	41	𒐐𒁹	51
𒈫	2	𒌋𒈫	12	𒌋𒌋𒈫	22	𒌍𒈫	32	𒐏𒈫	42	𒐐𒈫	52
𒁹𒁹𒁹	3	𒌋𒁹𒁹𒁹	13	𒌋𒌋𒁹𒁹𒁹	23	𒌍𒁹𒁹𒁹	33	𒐏𒁹𒁹𒁹	43	𒐐𒁹𒁹𒁹	53
𒐉	4	𒌋𒐉	14	𒌋𒌋𒐉	24	𒌍𒐉	34	𒐏𒐉	44	𒐐𒐉	54
�5	5	𒌋�5	15	𒌋𒌋�5	25	𒌍�5	35	𒐏�5	45	𒐐�5	55
�6	6	𒌋�6	16	𒌋𒌋�6	26	𒌍�6	36	𒐏�6	46	𒐐�6	56
�7	7	𒌋�7	17	𒌋𒌋�7	27	𒌍�7	37	𒐏�7	47	𒐐�7	57
�8	8	𒌋�8	18	𒌋𒌋�8	28	𒌍�8	38	𒐏�8	48	𒐐�8	58
�	9	𒌋�	19	𒌋𒌋�	29	𒌍�	39	𒐏�	49	𒐐�	59
𒌋	10	𒌋𒌋	20	𒌍	30	𒐏	40	𒐐	50		

그림 1.2 바빌로니아의 60진법 숫자 체계[3]

---

2 슈루팍(Shuruppak) 지역에서 출토, 기원전 2600년경, 높이 8.5cm, 파리 루브르 박물관 https://commons.wikimedia.org/wiki/File:Sales_contract_Shuruppak_Louvre_AO3766.jpg

3 https://commons.wikimedia.org/wiki/File:Babylonian_numerals.svg

최초의 계산기: 애버커스, 주판

간단한 계산을 하는 산술 계산(numerical calculation; 덧셈, 뺄셈, 곱셈, 나눗셈을 하는 기초 계산)을 위한 실용적인 도구로는 아마 주판(籌板, 珠板, abacus)이 가장 오래된 도구 중 하나일 것이다. **주판**은 수판, 산판, 셈판이라고도 표현하며, 주판을 사용하여 계산하는 것을 주산이라고 한다. 그림에서 보듯이 주판은 구슬과 같은 알이 윗알 1개, 아래알 4개로 구성돼 있고, 윗알은 5를, 아래알은 1을 뜻하여 계산하는 방식이다. 주판을 보고 자란 세대는 1960~1980년대 초에 초등학교를 다녔던 세대일 것이다. 컴퓨터가 도입되지 않았던 1990년 이전에는 은행 등에서 주로 사용했다.

애버커스(abacus, 고대 주판)의 역사는 BC 2700~2300년경 고대 메소포타미아 지역의 수메르인에 의해 고안된 것으로 알려졌으며, 그리스와 로마를 경유해 중국으로 전해 내려왔을 것으로 추정한다. 이후 중국 송나라 시대에 한반도의 고려에 전래된 것으로 알려진다.

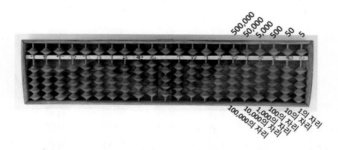

그림 1.3 일본에서 사용한 주판[4]

추가 설명 애버커스의 역사

애버커스는 계산을 하기 위한 기계적인 도구로 고대 메소포타미아 시대부터 사용된 것으로 알려진다. 애버커스라는 이름은 1387년 고대 그리스어 'abax'(사각형 조각의 판)에서 기원한다. BC 2700~2300년경 메소포타미아 문명에서 수메르인이 사용했고, 고대 이집트를 거쳐 BC 600년경에는 페르시아인이 애버커스를 사용하기 시작했다. 그 이후에 인도, 중국과 로마 왕국과의 교역(지식과 발명품의 교역)으로 아시아와 유럽에 전파됐다. 로마 시대 금융을 담당하는 회계원들은 휴대용 계산기인 '아바크(abaque)'를 사용했다. 로마식 주판 아바크는 금으로 만든 판에 홈을 파서 그 위를 구슬이 움직이도록 만든 계산 도구로서, 윗부분에 있는 구슬 하나가 5를 나타내고, 아랫부분에 있는 네 개의 구슬이 각각 1을 나타내는 방식으로 현대식 주판의 구조와 셈법이 일치했다. 이 주판 하나로 9,999,999까지 나타낼 수 있었다.

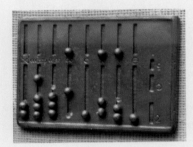

© Mike Cowlishaw/Wikimedia Commons/CC-BY-SA3.0

그림 1.4 로마식 주판, 아바크 복제본

추가 설명 필산가 알고리스트와 주판가 애커키스트의 대결

9세기부터 14세기까지 그리스 과학을 계승한 이슬람 과학 문화는 유럽으로 전파됐고 다시 라틴어로 번역돼 전 세계에 퍼져나갔다. 중세 유럽의 과학은 그리스-이슬람-라틴 과학이라고 할 만큼 이슬람 세계로부터 많은 영향을 받았다[5]. 그림 1.5는 12세기 이슬람 문화로부터 대수학(algebra)이 유럽에 전파된 이후 16세기까지 계속해서 이뤄졌던 '계산 대회(calculating table)'를 묘사한 삽화다. 대수학을 다루는 '필산가(algorist, 알고리스트)'와 애버커스를 사용하는 '주판가(abacist, 애버키스트)' 간의 계산 대회 장면이다[6].

대수학(앨지브라, algebra)은 9세기 알콰리즈미의 책 《알자브르(al-Jabr)》가 인도의 십진법을 토대로 한 아라비아 숫자와 알고리즘을 도입하면서 12세기 중세 유럽으로 전파됐다. 필산가는 알고리즘과 대수학 같은 최신 수학을 옹호하는 사람이고, 주판가는 주판으로 로마 숫자를 쓰는 사람이다. 아라비아 숫자를 이용한 필산가와 로마 숫자에 익숙했던 주판가 사이의 경쟁은 12세기부터 16세기까지 이어졌다. 이 경쟁은 결국

---

5 《모든 이의 과학사 강의》(여문책, 2020)
6 《A History of Mathematics (2nd ed.)》(John Wiley & Sons Inc, 1991)

아라비아 숫자를 사용하는 필산가의 승리로 끝났다. 그러나 훗날 필산가는 컴퓨터라는 계산 기계에 승리의 자리를 내주게 된다. 사람들은 골치 아픈 계산을 직접 하고 싶어 하지 않고, 계산기를 사용하는 것이 편하기 때문이다.

Houhgton Library, Typ 520.03.736 - fi verso

© Gregor Reisch/llustration from Margarita Philosophica (1503)/Wikimedia Commons/Public Domain

그림 1.5 레고리 리슈의 목판화 '마르가리타 필로소피카'(1503)

세계 최초의 기계식 계산기: 파스칼의 계산기, 파스칼린(pascaline)

과학의 발달과 함께 근대 유럽 사람들은 빠르고 정확한 산술 계산에 필요한 자동 계산기를 만들려고 노력하기 시작했다. 노력의 결실로 1600년대에는 **파스칼의 계산기, 라이프니츠의 계산기** 등이 만들어졌다. 그렇지만 이 기계식 계산기들은 간단한 사칙연산을 자동으로 할 수 있는 수준이었다.

파스칼의 계산기는 1642년 파스칼이 고안하여 제작한 것으로 세계 최초의 기계식 수동 계산기다(그림 1.6). 파스칼의 계산기로 불리다가 나중에 **파스칼린(pascaline)**이라고 불렸다. 사실 계산기라고 부르기에는 너무나 원시적인 것으로, 덧셈과 뺄셈을 자리 올림과 함께 수행할 수 있는 가감산기다. 또한 곱셈과 나눗셈은 한 번에 할 수 없었고 덧셈과 뺄셈을 여러 번 반복하여 수행해야 하는 초보적인 계산기 수준이었다.

파스칼은 프랑스 오트노르망디의 세금액을 재분배하는 일을 도맡았던 아버지를 도우면서 이 같은 기계를 고안했다. 그림 1.6과 같이 전화의 다이얼과 비슷한 것을 몇 개 늘어놓고, 각각 자리올림(carry) 용으로 사용할 기어(톱니바퀴)를 끼워 넣은 것인데, 그런대로 훌륭하게 가감산이 가능했다. 파스칼의 계산기는 1의 단위, 10의 단위, 100의 단위 등 톱니바퀴들이 맞물려 회전하면서 수동으로 덧셈과 뺄셈을 수행하는 기계식 카운터다. 또한 그림 1.6의 상단에 6개의 원판에 십진수를 표시하는 다이얼이 있다. 파스칼의 계산기는 현재 계산기에도 사용되는 자리 올림, 뺄셈, 곱셈 방식을 사용했다.

ⓒ Blaise Pascal Versailles/Wikimedia Commons/CC-BY-3.0 (왼쪽), ⓒ Rama/Wikimedia Commons/CC-BY-SA3.0fr(오른쪽)

그림 1.6 파스칼의 초상화[7]와 톱니바퀴식 파스칼의 계산기(1652년 제품)[8]

사칙연산 기계식 계산기: 라이프니츠 계산기

독일의 수학자 빌헬름 라이프니츠(Wilhelm Leibnitz)는 파스칼 계산기의 단점을 보완하기 위해 1672년 곱셈과 나눗셈까지 가능한 사칙연산 계산기인 **라이프니츠 계산기**를 발명했다. 라이프니츠 휠은 파스칼의 계산기를 개량한 것으로 사칙연산, 즉 덧셈, 뺄셈, 곱셈, 나눗셈까지 계산이 가능한 **기계식 사칙연산 계산기**다(그림 1.7). 숫자를 고정하고, 손으로 한 번 돌리면 덧셈, 몇 번이고 계속 돌리면 곱셈, 반대로 돌리면 뺄셈, 몇 번이고 반대로 돌리면 나눗셈이 가능하다. 라이프니츠의 가장 큰 업적 중 하나는 현대 디지털 컴퓨터의 기반이 되는 **이진법**(binary number)을 고안했고, 동료 학자들과 함께 기초를 확립했다는 점이다.

---

7 https://commons.wikimedia.org/wiki/File:Blaise_Pascal_Versailles.JPG
8 https://commons.wikimedia.org/wiki/File:Pascaline–CnAM_823–1–IMG_1506–black.jpg

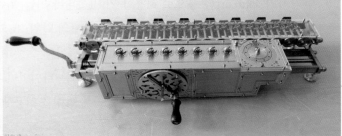

© Christoph Bernhard Francke-Herzog Anton Ulrich-Museum, online/ Wikimedia Commons /Public Domain (왼쪽),
© 라이프니츠 계산기 복제품, 독일 드레스덴 박물관, Eremeev/Wikimedia Commons/CC-BY-SA-4.0 (오른쪽)

그림 1.7 라이프니츠의 1695년 초상화(왼쪽)[9]와 1672~1700년 사이에 제작된 라이프니츠의 사칙연산 계산기의 복제품
(오른쪽)[10]

> **추가 설명** 라이프니츠의 사칙연산 계산기 작동 원리
>
> 라이프니츠가 발명한 계산기는 파스칼이 발명한 파스칼린과 똑같은 톱니바퀴 방식이지만, 9개의 스텝 실린
> 더(stepped cylinder)라는 커다란 기어를 사용했다. 곱셈과 나눗셈은 말 그대로 덧셈과 뺄셈을 여러 번 반
> 복하고 숫자를 추가하면 된다. 라이프니츠는 단순히 여러 번 더해 곱셈하는 것이 아닌 곱셈과 나눗셈의 메
> 커니즘을 적용하여 계산기를 만들었다. 1672년 라이프니츠는 그가 만든 계산기(그림 1.8)로 365×124의 곱
> 셈 계산 과정을 설명했다. 1673년 런던의 왕립 학회를 통해 라이프니츠의 계산기가 소개되어 점차 보급됐
> 다[11].

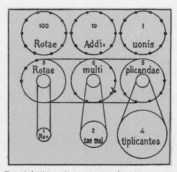

© Ezdr/Wikimedia Commons/Public Domain

그림 1.8 파스칼린을 사용한 라이프니츠 계산기로 365와 124를 곱하는 과정을 라이프니츠가 스케치한 그림[12]

---

9 https://commons.wikimedia.org/wiki/File:Christoph_Bernhard_Francke_-_Bildnis_des_Philosophen_Leibniz_(ca._1695).jpg

10 https://commons.wikimedia.org/wiki/File:Rechenmaschine_von_Leibniz_(Nachbau)_09.jpg

11 Florin-Stefan Morar, "Reinventing machines: The transmission history of the Leibniz calculator", The British Journal for the History of Science, Vol. 48, No. 01, p. 5, March 2014]

12 https://commons.wikimedia.org/wiki/File:Leibniz_Calculator_Using_The_Pascaline.jpg

수동식 계산기: 배비지 해석기관

19세기에 들어서는 기계식 계산기가 삼각함수, 방정식 등과 같은 복잡한 계산을 빠르고 정확하게 할 수 있게 발전했다. 1823년 영국 수학자 찰스 배비지(Charles Babbage: 1791~1871)는 다항 함수와 로그 함수, 삼각함수 등을 계산할 수 있는 **기계식 계산기인 차분기관(difference engine)**을 설계했고(그림 1.9), 1837년에 차분기관을 더욱 발전시킨 **해석기관(analytical engine, 또는 분석엔진)**을 설계했다. 당시 기술로는 기계의 제작이 너무 복잡하고 부품을 제작하기가 어려워 이 기계의 실물은 만들어지지 않았다. 비록 설계뿐이지만, 많은 학자가 해석기관을 최초의 프로그래밍 가능한 컴퓨터로 인정하고 있어 찰스 배비지를 '컴퓨터의 아버지'라 부른다.

ⓒ작자미상/Wikimedia Commons(왼쪽)
ⓒ Science Museum, London, by Joe D in January 2005/Wikimedia Commons/CC-BY-SA1.0(오른쪽)

그림 1.9 찰스 배비지의 초상화[13]와 런던 과학 박물관에 전시된 차분기관 2호의 복제품[14]

해석기관은 최초의 기계식 컴퓨터다. 찰스 배비지는 설계를 더욱 범용적으로 할 수 있다는 것을 깨달아 해석기관을 설계하기 시작했다. 증기기관을 동력으로 사용하는 시대여서 만들어졌다면 30미터 길이에 10미터 너비 정도의 크기를 가졌을 것으로 추정한다. 해석기관 구조는 50자리 숫자 1,000개를 저장할 수 있는 최초의 하드디스크 드라이브인 저장소(store)를 갖췄다. 금속으로 만들어진 톱니바퀴를 겹겹이 30개씩 쌓아 만든 구조다. 프로그램과 데이터를 천공 카드로 입력 받는 구조를 사용하려 했으며, 기계의 산술 연산 부

---

13 https://commons.wikimedia.org/wiki/File:Charles_Babbage_-_1860.jpg
14 https://commons.wikimedia.org/wiki/File:050114_2529_difference.jpg

분과 기억장치로부터 자료를 이동시키기 위하여 제어 카드를 사용하려 했다. 계산 결과
는 프린터와 곡선 플로터(plotter)[15]나 종(bell)으로 보여줬다. 설계대로라면 사칙연산은
기본으로 할 수 있어 1분에 50자리의 숫자를 곱하거나 나눌 수 있는 능력을 갖췄다(그림
1.10).

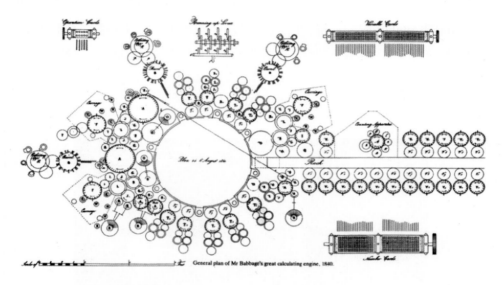

그림 1.10 배비지 해석기관 설계도 [16]

배비지 해석기관은 당시 공학 기술이 뒷받침해주지 못했고, 개인의 경제적, 정치적, 법적
인 문제로 결국 완성된 형태로는 만들어지지 못했다. 그렇지만 이 해석기관은 **수를 저장
하는 장치(기억), 저장된 수치 간의 계산을 하는 장치(연산), 기계의 동작을 제어하는 장
치(제어), 천공 카드나 프린터 형태의 입출력 장치** 등을 포함하므로 오늘날의 범용 디지
털 컴퓨터의 기본 요소를 갖춘 것이다. 실제로 만들어지지는 않았지만 논리적 설계 자체
는 매우 현대적이었으며 100년 뒤의 첫 범용 컴퓨터의 모습을 예측했다.

---

15 현재 플로터는 지도 제작이나 설계도와 같은 대형 인쇄물을 출력하는 데 사용한다.
16 https://web.archive.org/web/20080821191451/http://cse.stanford.edu/classes/sophomore-college/projects-98/babbage/ana-mech.htm

추가 설명 세계 최초 프로그래머, 어거스터 에이다 킹(Augusta Ada King, 영국, 1817~1852)

배비지의 해석기관은 컴퓨터 역사에서 중요한 발전이다. 오늘날에 와선 그의 수학적 정밀 기계에 대한 개념이 그 시대 과학의 업적들보다 훨씬 더 앞선 것으로 평가됐다. 그 당시 영국 시인 바이런의 딸로 영국의 수학자이자 세계 최초의 프로그래머로 알려진 **어거스터 에이다 킹**(Augusta Ada King, Countess of Lovelace, 1817~1852, **영국**)은 찰스 배비지의 연구에 대한 좋은 이해자이자 협력자였고, 배비지가 고안한 해석기관을 영국에 널리 알렸으며 공동작업자로서도 널리 알려졌다. 어거스터 에이다는 배비지 해석기관의 계산과정을 기술하는 알고리즘을 만들었으며, 그 알고리즘이 오늘날 컴퓨터 프로그램의 시조가 됐다. 그녀의 업적은 1950년대에야 세상에 알려져 '**세계 최초의 프로그래머**'라는 호칭을 얻었으며, 1979년 미국 국방성에서는 새로운 프로그래밍 언어를 그녀의 이름을 따서 '에이다(Ada)'로 명명했다.

ⓒAlfred Edward Chalon-Science Museum Group/Wikimedia Commons/Public Domain

그림 1.11 어거스터 에이다의 초상화 [17]

오늘날의 컴퓨터가 있기 전까지

이러한 기계식 계산기가 어떻게 오늘날의 컴퓨터 형태로 발전하게 됐는지 살펴보자. 현대의 디지털 컴퓨터가 있기 전까지는 근대의 기계식 계산기 형태가 개발됐다. 제2차 세계대전을 전후로 컴퓨팅 기술은 비약적으로 발전했는데, 앨런 튜링과 존 폰 노이만이 대표적인 과학자다. 2차 세계대전 중에 독일의 암호 해독을 위해 개발된 봄브(Bombe)와 콜로서스(Colossus)는 오늘날의 컴퓨터가 나오기 위한 기본적인 틀을 갖추기 시작한 시점이었다.

---

17 https://commons.wikimedia.org/wiki/File:Ada_Lovelace_portrait.jpg

근대의 기계식 계산기

홀러리스의 천공 카드 기계

1890년대 미국에서는 전 국민에 대한 통계자료의 처리에 어려움을 겪었다. 데이터 처리와 통계 자료 조사에 2년에서 8년이라는 방대한 시간이 걸렸다. 이를 해결하기 위해 해결책을 공모하던 중 역무원 홀러리스(Herman Hollerith, 1860~1929)가 제안한 **천공 카드(punch card system)**를 인구조사에 사용했다. 천공 카드 방식은 종이에 구멍을 뚫어 구멍의 유무(천공의 위치에 구멍을 뚫거나 뚫지 않음으로써 하나의 비트를 나타냄)를 판단하여 전기적인 신호로 검출하는 시스템으로, 1950년대에 이르기까지 자료 기입, 자료 기억 등을 위한 주요 방안으로 사용됐다(그림 1.12). 1894년 홀러리스는 천공 카드 시스템으로 Tabulating Machine 회사를 설립했다. 이 회사는 현재 IBM(international business machines)의 토대가 됐다.

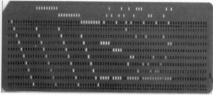

© Bell, C. M. (Charles Milton), ca. 1849-1893, photographer/Wikimedia Commons/Public Domain (왼쪽),
© Jennifer/Wikimedia Commons/CC BY-SA2.0 (가운데), © Gwern/Wikimedia Commons/Public Domain (오른쪽)

그림 1.12 하만 홀러리스의 초상화(왼쪽)[18]와 1890년대 홀러리스의 천공 카드 시스템(가운데)[19] 및 천공 카드(오른쪽)[20]. 가운데 사진에서 왼쪽에 놓인 것은 카드에 구멍을 뚫는 도구이고, 오른쪽은 천공 카드를 읽는 기계이며, 위의 시계는 천공 카드에서 읽어 들인 값을 누적해서 보여준다.

현대 디지털 컴퓨터의 원형 모델: 앨런 튜링의 튜링 기계

영국의 수학자 **앨런 튜링(Alan Turing, 1912~1954)**은 독일의 수학자 힐버트의 "원칙적으로 수학의 모든 문제를 순서대로 해결할 수 있는 일반적인 기계적 절차가 있는

---

[18] https://commons.wikimedia.org/wiki/File:Hollerith.jpg
[19] https://commons.wikimedia.org/wiki/File:Hollerith_census_machine.CHM.jpg
[20] https://commons.wikimedia.org/wiki/File:Blue-punch-card-front-horiz.png

가?"라는 문제에 대한 해결 방법으로 인간의 두뇌를 기계의 본보기로 설정하고, 사람처럼 계산하는 기계를 구성할 수 있다는 결론에 이른다. 이러한 생각을 발전시킨 앨런 튜링은 1936년 〈계산 가능한 수와 결정문제의 응용에 관하여〉라는 논문에 튜링 기계 이론을 처음 발표했고, 계산하는 기계를 대표할 수 있는 가상의 장치를 'a-기계(automatic machine)'라고 불렀다. 훗날 이러한 기계는 그의 이름을 따서 **튜링 기계(turing machine)**라 불렀다. 또한 컴퓨터 분야의 노벨상을 '튜링상(Turing Award)'이라고 할 정도로 튜링 기계의 고안은 20세기 이후 10대 사건에 뽑힐 만큼 중요한 사건이다.

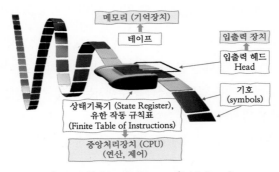

ⓒ schadel/Wikimedia Commons/Public Domain

그림 1.13 튜링 기계의 작동 방식 개념도 [21]

튜링 기계는 알고리즘을 설명하기 위해 도입한 가상의 기계다. 기계의 원리는 긴 테이프에 쓰여 있는 여러 가지 기호를 일정한 규칙에 따라 바꾼다. 상당히 간단해 보이지만, 이 기계는 적당한 규칙과 기호를 입력한다면 일반적인 컴퓨터의 알고리즘을 수행할 수 있다.

튜링 기계의 구성은 무한히 많은 칸을 가진 **테이프**, 테이프에 기록되는 **기호들**(알파벳 또는 임의의 수들의 집합), 테이프에 기록된 기호를 읽거나 쓰는 **입출력 헤드(head)**, 그 장치의 상태들(유한개의 상태)을 기록하는 상태 기록기(state register), 기계의 유한한 작동 규칙표(finite table of instructions)다. **작업 수행 절차는** ① 현재 기계가 위치하는 칸의 기호를 수정, ② 테이프의 위치 이동, ③ 튜링 기계의 상태 변경순이다(그림 1.13). 이

---

21 https://commons.wikimedia.org/wiki/File:Maquina.png

렇듯 튜링 기계 이론은 현대의 컴퓨터와 프로그램이 동작하는 원리가 설명된 추상적 계산 모델로 **현대 컴퓨터의 원형**을 제시했다.

기계의 작동 규칙은 다음과 같다. 우선 몇 개의 기호들을 테이프에 읽고 쓰게 될 것인지, 장치의 상태들이 몇 개나 되는지, 유한 상태 머신은 무엇인지, 테이프의 시작 모습과 읽고 쓰는 장치의 시작 상태, 테이프의 시작 위치가 정해진다. 이렇게 정의된 기계가 유한 작동 규칙표에 정의된 규칙대로 작동하면서 정해진 계산을 진행한다. 작동 규칙에 표현되는 기계의 작동은 매우 간단한 일로만 제한된다. 테이프 칸의 기호를 읽고 쓰면서 테이프를 한 칸씩 좌우로 움직여 가는 일만 할 수 있다. 이러한 과정을 거치면서 기계의 상태가 매번 변경된다[22].

튜링 기계는 하나의 컴퓨터가 모든 일을 할 수 있는 능력을 처음으로 보여줬다는 면에서 의미가 매우 컸다. 튜링 기계는 필요한 계산을 수행하는 튜링 기계를 그 기계의 테이프에 입력하면, 입력된 튜링 기계의 작동을 그대로 흉내 내주기 때문에 범용 만능 기계라고 할 수 있다. 앨런 튜링은 이 기계로 자신이 정의한 모든 기계적인 계산을 해낼 수 있었다.

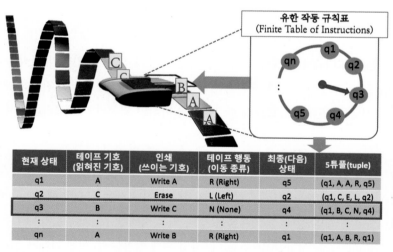

현재 상태	테이프 기호 (읽혀진 기호)	인쇄 (쓰이는 기호)	테이프 행동 (이동 종류)	최종(다음) 상태	5튜플(tuple)
q1	A	Write A	R (Right)	q5	(q1, A, A, R, q5)
q2	C	Erase	L (Left)	q2	(q1, C, E, L, q2)
q3	B	Write C	N (None)	q4	(q1, B, C, N, q4)
⋮	⋮	⋮	⋮	⋮	⋮
qn	A	Write B	R (Right)	q1	(q1, A, B, R, q1)

그림 1.14 테이프, 기호, 기호를 읽고 쓰는 입출력 헤드(장치), 장치의 상태, 기계의 유한 작동 규칙표로 이뤄진 튜링 기계

22 위키백과, https://ko.wikipedia.org/wiki/튜링_기계

추가 설명 앨런 튜링과 봄브

앨런 튜링은 영국의 수학자이자 컴퓨터 과학자로 튜링 기계라는 추상 모델을 고안하여 현대 컴퓨터의 모델을 제시했다. 특히 그는 1950년대에 기계가 인간과 얼마나 비슷하게 대화는 나누는지를 테스트하여, 기계가 지능이 있는지를 판단하는 튜링 테스트(turing test)를 고안하여 훗날 인공지능 분야에 많은 영향을 줬다. 그의 업적을 인정하여 미국 컴퓨터 학회(ACM, association for computing machinery)에서는 해마다 업적이 뛰어난 과학자에게 '튜링상'을 수여한다. 또한 컴퓨터 과학과 인공지능 분야에 지대한 공헌을 인정해 튜링을 '컴퓨터 과학의 아버지'라 부른다.

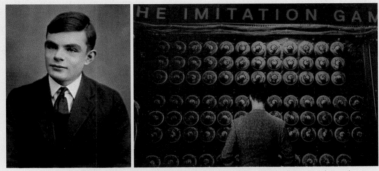

ⓒ 작자 미상/Wikimedia Commons(왼쪽), ⓒ Ben Sutherland/flicjr/CC-BY2.0 (오른쪽)

그림 1.15 컴퓨터의 아버지 앨런 튜링의 14세 때 모습(왼쪽)[23]. 영화 〈이미테이션 게임〉에 나오는 봄브의 모습. 주인공 베네딕트 컴버배치가 암호 해독기를 완성한 후 바라보는 장면(오른쪽)[24]

2015년 국내에 개봉된 영화 〈이미테이션 게임(The Imitation Game)〉은 2차 세계대전 독일군의 암호 체계인 에니그마(enigma)를 해독하기 위한 연합군과 과학자들의 고뇌를 보여준다. 영화에 등장한 암호해독 팀장이 바로 앨런 튜링이다. 실제로 독일군의 에니그마를 해독하기 위해 전자계산기 시스템 봄브(Bombe)를 개발해 끝내 암호를 풀고 전쟁의 승리에 기여하게 된다. 실제로 영국 블레츨리 파크(Bletchley Park)에는 영화를 위해 만든 봄브의 복제품이 있다. 블레츨리 파크는 영국정보암호학교의 별명으로, 거기에서 1939년 봄브를 제작했다.

전자식 컴퓨터의 태동

현대적 전자식 컴퓨터는 2차 세계대전 직전과 대전 기간에 급격히 발전했다. 이 과정에서 전자회로가 기계식 연산 장치를 대체하고 디지털 회로가 아날로그 회로를 대체하는

---

23 https://commons.wikimedia.org/wiki/File:Alan_Turing_Aged_16.jpg
24 https://www.flickr.com/photos/bensutherland/15194915024

변화가 있었다. 2차 세계대전 전후에 발전한 초기 컴퓨터로는 독일의 공학자 콘라드 추제(Konrad Zuse, 1910~1995)의 Z-시리즈, 영국의 콜로서스(Colossus) 컴퓨터와 미국의 마크-원(Mark-I)을 들 수 있다.

최초의 전기 기계식 컴퓨터: 콘라드 추제의 Z3

1941년 독일의 공학자 콘라드 추제는 전화 교환기 부품(천공 카드)을 사용한 프로그래밍할 수 있는 최초의 전기 기계식 컴퓨터, Z3를 개발했다. 현대의 컴퓨터와 많은 부분에서 유사했으며 이진법 연산을 사용하여 더 단순하고 신뢰성 높게 설계됐다. 이 시대에 진공관이 발명됐으나, 너무 비싸고 신뢰하지 못한 콘라드는 릴레이(relay)를 고집하는 전기 기계식 컴퓨터를 개발했다.

ⓒ Venusianer/Wikimedia Commons/CC By-SA 3.0

그림 1.16 뮌헨 국립 독일 박물관 전시된 추제 Z3 모형[25]

세계 최초의 완전 전자식 컴퓨터: 영국의 콜로서스(Colosus)

독일의 에니그마보다 진전된 또 다른 암호화 타자기인 로렌츠 SZ40/42 시리즈를 해독하기 위해 영국의 맥스웰 뉴먼 교수와 동료 연구자들은 1943년에 콜로서스 컴퓨터를 설계하여 블레츨리 파크에 설치했다. 콜로서스 컴퓨터는 처음에는 릴레이를 사용하는 전기 기계식 컴퓨터였다. 그렇지만 뉴먼 교수와 동료 연구자들은 튜링의 소개로 참여한 교환기 엔지니어 토미 플라워스와 함께 그것을 2,500개 진공관이 들어간 전자식 컴퓨터로 발전시켰다. 엄청난 숫자의 **진공관** 부품을 가진 콜로서스는 **세계 최초의 프로그래밍 가능**

25 https://commons.wikimedia.org/wiki/File:Z3_Deutsches_Museum.JPG

한 **완전 전자식 컴퓨터**였다. 2차 세계대전의 끝을 앞당기는 데 큰 기여를 했지만, 이 컴퓨터의 존재는 1970년대까지 세상에 공개되지 않았다.

ⓒ Wikimedia Commons//Public Domain (왼쪽), ⓒ IBM (오른쪽)

그림 1.17 블레츨리 파크에 있는 콜로서스 마크-투를 작동시키는 모습(1943년, 왼쪽)[26], 하버드 마크-원(1944년, 오른쪽)[27]

미국의 하버드 마크-원

1944년 미국의 아이비엠(IBM)사와 하버드대학의 하워드 에이킨은 계전기를 사용하여 1초에 덧셈을 3번 할 수 있는 전기 장치와 기계 장치를 같이 사용하는 **최초의 전기 기계식 컴퓨터**(또는 거대한 계산기)인 **마크-원(MARK-I)**을 만들었다. 마크-원은 숫자의 기억과 덧셈, 뺄셈은 축의 회전(기어로 만들어 천공된 종이 테이프로 제어)에 의한 기계적인 방법으로 동작하고, 정보를 주고받는 것은 모두 전기신호로 동작하는 3,500개의 계전기(전기 릴레이, electric relay) 수천 개의 부품으로 구성된 약 15미터 길이의 전기 기계식 장치다.

> **추가 설명** 컴퓨터 버그의 유래
>
> 사람의 명령에 따라 스스로 계산하고 인식하도록 컴퓨터를 작동시키려면 '컴퓨터 프로그램(program)'이라는 컴퓨터 언어를 사용한다. 이런 컴퓨터 프로그램은 이상하게 작동하거나 엉뚱한 답을 내놓기도 한다. 무엇인가 프로그램에 오류가 있는 것이다. 이것을 흔히 '컴퓨터 버그(Bug, 벌레)'라고 한다. 그래서 전문 프로그래머들은 오류를 찾기 위해, 즉 컴퓨터 버그를 찾기 위해(이 과정을 디버깅(debugging)이라 함) 밤새 작업하기도 한다. 이런 '컴퓨터 버그'는 어디서 유래한 것일까? 그 기원은 1947년으로 거슬러 올라간다.

---

26 https://commons.wikimedia.org/wiki/File:Colossus.jpg
27 https://www.ibm.com/ibm/history/exhibits/markl/markl_intro.html

1947년 9월 9일 하버드대학의 그레이스 호퍼(Grace Hopper, 최초의 컴퓨터 프로그래머 중 한 사람으로 알려진 여성 컴퓨터 과학자)와 동료들은 작업 중이던 기계식 컴퓨터 하버드 마크-투(MARK-Ⅱ)에서 세계 최초의 '컴퓨터 버그'를 발견했다고 발표했다[28]. 이때 발견된 버그는 말 그대로 진짜 벌레(죽은 나방)였다. 이 벌레 때문에 컴퓨터가 오작동을 일으킨 것이다. 그 시절 컴퓨터는 계전기를 사용했는데, 나방이 그 사이로 들어간 모양이다. 그림 1.18을 보면 "릴레이 70번 패널 F에서 벌레가 발견됐다"라고 기록돼 있다.

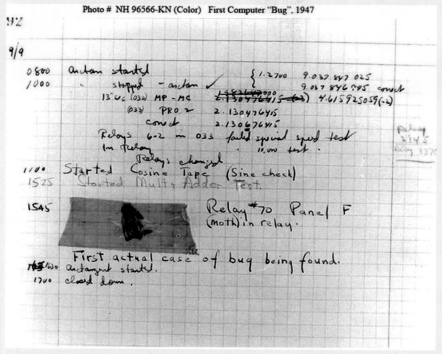

© U.S. Naval Surface Warfare Center/Wikimedia Commons/Public Domain

그림 1.18 1947년 하버드 마크-Ⅱ에서 발견된 '최초의 컴퓨터 버그(Bug)'[29]

28 내셔널지오그래픽, https://www.nationalgeographic.org/thisday/sep9/worlds-first-computer-bug/
29 위키미디어, https://commons.wikimedia.org/wiki/File:First_Computer_Bug,_1945.jpg

오늘날의 컴퓨터는 어떻게 만들어졌나?

컴퓨터는 파스칼린처럼 기계식에서 전기 기계식, 전자식으로 발전했고, 이후 진공관, 트랜지스터, 집적회로(IC, integrated circuit)의 발명으로 오늘날과 같은 디지털 전자식 컴퓨터로 발전했다. 수천만 개 반도체를 눈에 보이지도 않을 정도의 크기로 집적(integration)할 수 있는 기술의 도움으로 교실보다 컸던 진공관 컴퓨터가 지금은 손바닥 크기의 스마트폰으로까지 발전했다. 요즘에 우리가 사용하는 스마트폰의 컴퓨팅 능력은 에니악보다도 좋아져 예전에는 상상할 수 없는 다양한 서비스(화상통화, 멀티미디어 게임, 실시간 스포츠 중계, 유튜브 스트리밍 서비스 등)를 누릴 수 있게 해준다. 심지어는 스마트폰 사용자가 빠른 속도로 움직이는 동안에도 이런 서비스를 사용하게 해주는 '모바일 컴퓨팅' 기능도 제공하고 있다. 이러한 컴퓨터의 발전은 과학기술 발전을 넘어 우리 인류의 생활양식과 문화에도 큰 영향을 미치고 있다.

진공관을 이용한 1세대 컴퓨터

진공관을 이용한 1세대 컴퓨터는 1946년부터 1956년 사이에 개발된 에니악, 에드삭, 에드박, 유니박을 말한다.

전자식 스위치 진공관의 탄생

전기 기계식 컴퓨터의 출현 후 영국의 존 플래밍(John Ambrose Fleming)은 **진공관(vacuum tube, electron tube; 진공 속에서 전자의 움직임을 제어하는 장비)**을 개발하면서부터 전자식 계산기로의 발전에 큰 역할을 했다. 진공관은 1884년 에디슨이 전구를 실험하는 과정에서 전구에 전극을 하나 더 넣었을 때 전구의 필라멘트에서 전극으로 전류가 흐르는 것을 발견한 **'에디슨 효과'**에서 비롯됐다. 1904년 영국의 존 플레밍이 에디슨 효과를 단서로 최초의 진공관인 2극 진공관(diode, 다이오드)을 발명했다. 이후 미국의 디포리스트가 1906년 3극 진공관(triod, 트라이오드)을 발명했다. 그리고 계속해서 발전된 진공관이 개발됐다.

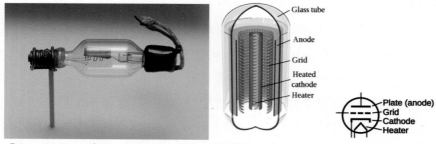

ⓒ Gregory F. Maxwell/Wikimedia Commons/GFDL 1.2 (왼쪽), ⓒ Svjo/Wikimedia Commons/CC-BY-SA-3.0 (가운데),
ⓒ Chetvorno/Wikimedia Commons/CCO (오른쪽)

그림 1.19 최초의 3극 진공관(왼쪽) [30]. 3극 진공관 구조(가운데) [31]와 회로도 기호(오른쪽) [32]

일반적으로 컴퓨터에서 기본으로 사용되는 진공관은 **3극 진공관**이다. 이것은 3가지 주요 소자로 구성된다. 음극(cathode, 또는 필라멘트)은 외부 전원에 의해 가열될 때 음전기를 띤 전자를 방출하고, 양극(anode, 또는 플레이트)은 진공관을 통과한 이 전자들을 모으고 중간에 있는 그리드(grid)는 이 전자의 흐름을 제어하는 원리다.

3극 진공관은 그리드가 음전하를 띠면 음극에서 나와 양극으로 흘러가는 **전자를 차단하는 스위치 역할**을 한다. 그림 1.20처럼 전기를 통하게도 하고 통하지 않게도 할 수 있는 일종의 스위치 같은 역할을 한다. 그림에서 스위치 대신에 진공관을 이용하면 일반 기계 스위치보다 속도가 빠르고 크기가 작은 전자 장치로 탈바꿈한다. 결국 컴퓨터의 크기를 크게 줄일 수 있다.

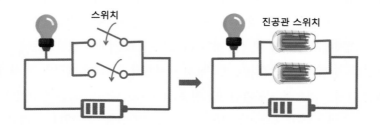

그림 1.20 진공관은 스위치를 대신할 수 있다

---

30 https://commons.wikimedia.org/wiki/File:Triody_var.jpg
31 https://commons.wikimedia.org/wiki/File:Triode-english-text.svg
32 https://commons.wikimedia.org/wiki/File:Triode_schematic_labeled.svg

최초의 전자식 범용 컴퓨터: 에니악(ENIAC)

콘라드 추제의 Z 시리즈나 하버드대학의 마크-원은 완전한 전자식이 아니라 전기의 힘으로 쇳덩이가 움직이는 전기 기계식이었다. 1946년 미국 펜실베이니아대학 존 프레스퍼 에커트(J.P. Eckert, Jr.)와 존 모클리(J. Mauchly)는 미 육군의 탄도 계산을 위해서 **에니악(ENIAC, electronic numerical integrator and calculator)**이라는 **최초의 전자식 범용(general purpose) 컴퓨터**를 개발했다. 에니악은 수소 폭탄 설계와 같은 군사 목적뿐만 아니라 항공, 건설 등의 과학기술 분야와 회계, 경영 등에 모두 사용할 수 있는 **범용 컴퓨터**다. 1942년 아이오와대학의 아타나소프 교수가 진공관을 이용한 전자식 계산기 'ABC'를 완성했으나, 프로그램이 가능하지 않아서 컴퓨터는 아니고 계산기다.

에니악에는 무려 17,468개의 진공관과 1,500개의 계전기가 들어갔고, 무게가 30톤(실제 27톤)이나 되는 거대한(167m²) 기계로 150kW의 전력을 소비했다. 여기서 사용된 진공관에서 너무 많은 열이 발생해 기계를 식히느라 대형 선풍기까지 동원했다. 그런데도 기계의 온도가 50도까지 올라갈 때도 있었다고 하니, 분명히 당시로서는 새로운 구조의 스위치가 개발되지 않았더라면 컴퓨터라는 계산기는 너무 거대하고 다루기 어려울 뿐 아니라 너무 비싸서 정부나 대기업이 아니라면 어떤 곳에서도 구입하거나 유지하기가 불가능했을 것이다.

특히 프로그램을 배선판에 일일이 배선하는 외부 프로그램 방식이었으므로, 에니악에서는 작업에 따라 배선판을 교체해야만 했다. 에니악에서의 계산 순서는 스위치를 세트하여 배선상에서 선(line)을 온, 오프(on/off)하는 방식으로 이루어졌다. 이와 같은 방식이 **외부 프로그램 방식**이다.

그림 1.21처럼 전자식 계산기라도 초기에는 커다란 방에도 설치하기가 어려울 정도로 그 크기가 거대했다. 하지만 에니악은 마크-원보다는 약 천 배 정도 **빠른** 계산이 가능했다. 그렇지만 에니악도 두 가지 취약점이 있었다. 첫째는 십진수 열 자리 20개까지만 기억할 수 있을 만큼 메모리 용량이 적다는 것이다. 둘째는 프로그램 작업에 너무 오랜 시간이 소요된다는 점이다. 스위치와 케이블을 모두 수작업으로 연결해야 하므로 며칠에서 몇 주까지도 걸린다. 후속 모델인 **에드박(EDVAC)**에서는 **프로그램을 메모리에 저장하는 프로그램 내장 방식**을 채택한다.

© 작자 미상/Wikimedia Commons/Public Domain (왼쪽), TexasDex/Wikimedia Commons/CC-BY-SA-3.0 (오른쪽)

그림 1.21 에니악(ENIAC, 왼쪽) [33], 에니악에 들어 있는 진공관(1946년, 오른쪽) [34]

추가 설명 BC 100년경에 제작된 세계 최초의 아날로그 컴퓨터? 안티키테라 기계

BC 100년경 로마 시대에 만들어진 것으로 추정되는 안티키테라 기계는 그리스 안티키테라섬의 바닷속에 있는 고대 로마 시대 난파선과 안티키테라 난파선에서 1900년과 1901년 사이에 건져 올린 유물이다. 헤라 클레스, 헤르메스와 같은 36개 대리석 조각상과 유리 세공품, 보석류 등이 발견됐고, 그중 심하게 부식된 청동 조각에 톱니바퀴가 박혀 있는 것을 발견했는데, 거기서 그리스어로 쓰인 비문(비문에는 화성과 금성에 대한 언급, 각 별이 장치에 새겨져 있다)이 포함된 안티키테라 기계도 함께 발견됐다. 안티키테라 기계는 톱니바퀴를 통해 천체의 위치나 모습을 계산할 수 있어 천문을 관측하는 용도로 제작된 것으로 추정된다. 이 기계의 복잡성과 정교함은 14세기 서유럽에서 천문시계가 만들어진 시대에서 비로소 찾아볼 수 있을 정도로 뛰어나며, 혹자는 그것이 19세기 시계 부품 수준의 기술이라고 극찬했다. 약 30개 이상의 톱니바퀴로 태양과 달의 위치, 행성의 궤도를 정확히 계산했을 것으로 추정한다. 따라서 최초의 아날로그 컴퓨터라고도 불린다.

---

33 https://commons.wikimedia.org/wiki/File:Eniac.jpg
34 https://commons.wikimedia.org/wiki/File:ENIAC_Penn2.jpg

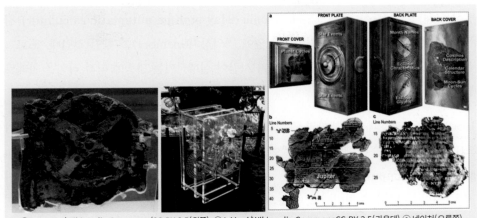

그림 1.22 인양 당시 안티키테라 기계의 모습(왼쪽)[35], 2007년 재현한 전면 패널(가운데)[36], 네이처 저널에 실린 안티키테라 기계를 복원한 모습(오른쪽)[37]

현대 디지털 컴퓨터의 표준 구조가 된 프로그램 내장 방식 컴퓨터: 에드삭(EDSAC)과 에드박(EDVAC)

헝가리 출신의 수학자이자 과학자인 존 폰 노이만(John von Neumann, 1903~1957)은 1944년 에니악 개발에 참여하다가 컴퓨터에 다른 일을 시키려면 에니악의 전기회로를 모두 바꿔야 하는 불편함을 발견했다. 에니악으로 계산할 때는 매번 손으로 직접 진공관의 회로 스위치를 다시 조정하여 새 입력을 처리하는 하드웨어 프로그램 방식이었다. 이 문제를 해결하기 위해 폰 노이만은 〈전자계산기의 이론 설계서론〉 논문에서 '**프로그램 내장 방식**' 컴퓨터 개념을 최초로 제안했다. 프로그램 내장 방식은 현재 디지털 컴퓨터에 쓰이는 방식으로, 데이터나 명령어를 미리 메모리에 저장해 두고 실행할 때 꺼내 쓰는 방식이다.

폰 노이만의 프로그램 내장 방식 개념을 세계 최초로 적용한 컴퓨터가 1949년 영국 케임브리지대학 수학 실험실(University of Cambridge Mathematical Laboratory)의 모리스 윌크스(M. V. Wilkes) 교수 팀에 의해 탄생했다. 그것이 **세계 최초로 프로그램 내장**

---

35 https://commons.wikimedia.org/wiki/File:NAMA_Machine_d%27Anticyth%C3%A8re_1.jpg

36 https://commons.wikimedia.org/wiki/File:Antikythera_model_front_panel_Mogi_Vicentini_2007.JPG

37 https://www.nature.com/articles/s41598-021-84310-w/figures/1

방식을 채택한 **에드삭**(EDSAC, electronic delay storage automatic calculator) 컴퓨터다. 에드삭은 중앙처리장치(CPU) 옆에 기억장치(memory)를 붙인 것인데, 프로그램과 자료를 기억장치에 저장해 놓았다가 사람이 실행시키는 명령에 따라 작업을 차례로 불러내 처리하는 방식이다.

1950년 미국 펜실베니아대학과 프린스턴대학 연구소에서 모클리(J. Mauchly)와 에커드(J.P. Eckert, Jr.)는 에니악을 개량한 **에드박**(EDVAC, electronic discrete variable automatic computer)을 개발했다. 에드박은 이전의 에니악, 에드삭 컴퓨터와 달리 십진수가 아닌 이진수로 처리했고, 최초의 이진수를 사용한 프로그램 내장 컴퓨터다.

> **추가 설명** 에니악 vs. 에드박
>
> - **에니악**: 전문가들이 수작업으로 처리하던 미분 해석기의 계산과 전자공학 기술을 결합했다는 점이 가장 큰 혁신이다.
> - **에드박**: 에니악을 개량한 것으로 아날로그가 아닌 디지털 방식을 사용해 처음부터 끝까지 모든 계산을 자동으로 수행한 최초 컴퓨터다.
>
> **폰 노이만의 프로그램 내장 방식**
>
> 기존의 에니악 컴퓨터는 작업할 때마다 전기회로를 바꿔 끼워야 했지만, 프로그램 내장형 컴퓨터에서는 소프트웨어만 바꿔 끼우면 되는 셈이다. 예를 들면 에니악에서는 1+1, 3-2라는 두 가지 명령을 수행하려면 하드웨어의 전선을 직접 1, 더하기, 1, 3, 빼기, 2를 의미하는 것으로 매번 바꿔 끼워 입력해야 했다. 그러나 폰 노이만 구조에서는 더하기, 빼기 기능을 담은 소프트웨어가 메모리 안에 내장돼 있어서 계산이 필요할 때마다 메모리 안의 프로그램과 데이터를 CPU에 전달하여 계산을 처리하게 되므로 프로그램만 바꾸면 다양한 연산이 가능했다.
>
> 에드삭과 에드박은 내장형 프로그램 구조 방식을 사용하는 컴퓨터로 현재까지 모든 범용 디지털 컴퓨터 설계의 기본이다. 현재 우리가 사용하는 대부분의 컴퓨터도 폰 노이만의 개념에 따라 설계되고 있다. 오늘날에는 폰 노이만의 프로그램 내장 방식이 당연한 것으로 여겨지지만, 당시에 이 개념은 굉장히 획기적인 발상이었다.

그림 1.23 에드삭(EDSAC) [38]과 에드박(EDVAC) [39]

폰 노이만 컴퓨터 구조

폰 노이만 컴퓨터 구조는 1945년 '에드박 보고서 최초 초안'에서 제시한 컴퓨터 구조
(architecture, 아키텍처)다. **폰 노이만 컴퓨터 구조는 중앙처리장치(CPU), 메모리, 프
로그램으로 구성**된다. 그림 1.24처럼 CPU와 메모리는 서로 분리돼 있고 연결된 버스
(bus)를 통해 명령어의 읽기와 데이터의 읽고 쓰기가 가능하다. 이때 메모리 안의 프로
그램 영역과 데이터 영역은 물리적으로 구분돼 있지 않아서 프로그램의 명령어와 데이터
가 같은 메모리와 버스를 사용한다. 이러한 버스 방식은 CPU가 프로그램 메모리와 데이
터 메모리에 동시 접근할 수 없기 때문에 외나무다리와 같은 버스 형태라고 할 수 있다.

그림 1.24를 자세히 살펴보면, 폰 노이만 구조는 인간의 사고 과정과 비슷한 설계 구조
로 돼 있다. 우리가 어떤 연산을 할 때 기억을 불러와서 계산하는 과정과 아주 유사하다.
하지만 이 방식에는 치명적인 단점이 있는데, 그것은 바로 '**우리의 뇌에서 빠르게 계산을
처리할 수 있어도 기억을 불러오는 속도가 느리면 전체적으로 속도가 느려진다**'는 점이
다. 즉, 기억장치의 속도에 따라 계산 속도가 정해진다는 것이다. 기억장치의 속도가 전
체 시스템의 성능 저하를 야기하는 이 현상을 **폰 노이만 병목(bottleneck) 현상**이라 한

38 https://commons.wikimedia.org/wiki/File:EDSAC_(25).jpg?uselang=ko
39 https://commons.wikimedia.org/wiki/File:Edvac.jpg

다. 이를 해결하기 위해 **하버드 구조**(Harvard architecture)가 제안됐다. 하버드 구조
는 프로그램 메모리와 데이터 메모리를 구분해 처리 속도를 더욱 높이고 병목 현상을 해
결했다.

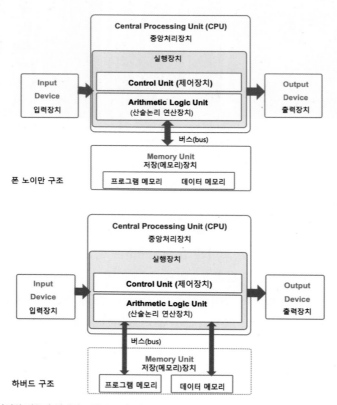

그림 1.24 현대 디지털 컴퓨터 설계의 표준 구조가 된 폰 노이만 구조와 이를 개선한 하버드 구조

추가 설명 존 폰 노이만(John von Neumann, 미국, 1903~1957)

헝가리 출신의 저명한 미국 수학자이자 과학자인 존 폰 노이만은 컴퓨터 분야 외에도 수학, 경제학, 물리학
등 다양한 분야에서 많은 업적을 남긴 인물이다. 우리가 흔히 천재로 알고 있는 아인슈타인, 오펜하이머, 괴
델과 함께 프린스턴 고등 연구소의 '천재 중의 천재'로 유명하다. 현대 컴퓨터의 모델을 제시했고, 게임 이론
을 창시했으며, 인공 생명체의 가능성을 연구해 자기 복제의 원리를 수학적으로 증명한 인물이다. 특히 맨
해튼 프로젝트(2차 세계대전 당시 미국과 영국, 캐나다가 비밀리에 진행한 핵무기 개발 프로젝트)에 참여할
당시 원자폭탄의 개발 과정에 깊이 개입하면서 컴퓨터 개발의 역사에 커다란 자취를 남겼다. 폰 노이만은

수학, 물리학, 컴퓨터 과학 등에서 모두 뛰어난 업적을 남겼다. 몇 가지 예를 들어보면, 양자 역학, 게임 이론, 에르고딕 정리, 연산자 이론, 컴퓨터 바이러스, 정적분, 몬테카를로 방법, 미니맥스 방법 등이 있다.

그림 1.25 1940년대 폰 노이만 [40]

폰 노이만은 천재적인 직관과 계산 능력, 어학 실력으로 많은 일화를 남겼다. 그의 천재성과 관련한 일화를 보면, 대륙 간 탄도 미사일 개발 초창기에 개발자들이 연구 결과가 맞는지 검증하는 데 어려움을 느낀 나머지 폰 노이만을 찾아갔다고 한다. 그들은 수개월간 축적된 방대한 자료와 설계도를 넘겨주면서 검토에 몇 주의 시간이 필요한지 물었다. 그러자 폰 노이만은 그들에게 가지 말고 잠시만 기다리라고 한 후, 자료를 검토한 지 두어 시간 만에 그들에게 완벽한 설명을 제시했다고 한다.

또 다른 일화로, 누군가 폰 노이만에게 질문을 했다. "200마일 길이의 철로 양쪽 끝에 서 있는 두 대의 기차가 시속 50마일의 속도로 서로를 향해 출발했습니다. 이때부터 두 기차가 서로 충돌할 때까지 파리가 시속 75마일의 속도로 두 기차 사이를 왔다 갔다 했습니다. 파리가 이동한 거리는 모두 몇 마일일까요?" 폰 노이만은 1초의 지체도 없이 150마일이라고 대답했다. 질문한 사람은 실망하면서 "역시 당신은 속임수에 걸리지 않는군요. 대개 사람들은 이 문제를 무한급수를 이용해 풀려고 하지만, 그렇게 하면 매우 오랜 시간이 걸립니다. 하지만 간단한 논리를 이용해서 파리가 2시간 동안 움직인 거리를 알아내면 금방 풀리죠. 당신은 그렇게 풀어낸 거죠?". 폰 노이만은 대답했다. "아뇨. 무한급수로 풀었는데요."

트랜지스터를 이용한 2세대 컴퓨터

1956~1963년 사이에 트랜지스터를 이용해 개발한 컴퓨터를 2세대 컴퓨터로 분류한다.

40 로스앨러모스 국립연구소(LANL), http://www.lanl.gov/history/atomicbomb/images/NeumannL_GIF (archive copy)

트랜지스터의 탄생

전쟁이 끝나기 직전인 1945년 여름, 미국의 벨 연구소는 막대한 자금과 인원을 투입해 고체 물리학 분야(반도체)의 대규모 사업에 착수했다. 이 팀을 이끈 사람이 바로 **트랜지스터(transistor)를** 발명한 **윌리엄 쇼클리(William Shockley)다.** 1947년에 윌리엄 쇼클리는 물리학자 월터 브래튼(Walter Houser Brattain), 존 바딘(John Bardeen)과 함께 트랜지스터를 처음으로 개발했고 1956년 노벨 물리학상을 수상했다. 트랜지스터라는 이름은 **변화하는 저항을 통한 신호 변환기(transit resistor)로**부터 나온 조합어다.

트랜지스터는 1947년에 발명된 이후, 전기 · 전자 기술에 혁명적 변화를 일으키면서 21세기인 오늘날까지도 널리 쓰이고 있다. 컴퓨터나 휴대전화와 같은 정보통신기기는 말할 것도 없고, 냉장고, 세탁기와 같은 웬만한 생활가전 제품에도 트랜지스터가 들어 있다. 도리어 이제는 트랜지스터가 없는 전자기기를 찾기가 더 어려울 정도다. 트랜지스터가 현대 전자제품의 전성기를 이루는 데 크게 기여했지만, 일반인들에게는 '트랜지스터'보다 '반도체'라는 단어가 더 친숙하다. 현대 전자기술의 핵심은 반도체 기술의 발전이라고 해도 될 만큼 그것이 전자, 컴퓨터, 자동차 산업에 미치는 영향은 매우 크며, 첨단 반도체 기술을 태동시킨 것이 바로 트랜지스터의 발명이다. 첨단 반도체 기술을 이용한 초고집적회로(VLSI)가 새로운 정보통신 혁명을 주도하는 오늘날에도 그 기본 바탕에는 트랜지스터 기술이 있다.

트랜지스터는 전류의 흐름을 키우거나 줄일 수 있고, 전기적 제어로 스위치(switch)로도 사용할 수 있다. 가장 본질적인 기능은 전자 신호나 전류를 증폭(amplify, 신호가 커지거나 범위가 넓어짐)하는 기능이다. 한쪽의 금속 접점(에미터, emitter)에 순방향의 낮은 전압을 걸고 신호를 보내면, 다른 한쪽의 금속 접점(컬렉터, collector)에서 역방향의 훨씬 높은 전압이 걸려 신호가 증폭되는 원리로 증폭 효과를 얻는다. 트랜지스터로 얻는 장점은 진공관에 비해 신호 판단이 안정적이며 대량생산이 쉽고 전력 소모도 무척 적다는 점이다. 크기는 진공관의 1/50 정도로 엄지손가락 정도의 크기로 대폭 작아졌다. 이렇게 가격과 성능이 월등했기 때문에 전자공학의 대변혁을 일으켰다. 트랜지스터의 출현으로 더 작고 값싼 라디오, 계산기, 컴퓨터 등이 개발됐으며, **트랜지스터는 20세기 최고의 발명품** 중 하나다. 이것을 발명한 사람들이 노벨상을 받은 것으로도 충분히 그 가치를 알 수 있다.

그림 1.26 윌리엄 쇼클리(왼쪽)[41], 최초의 트랜지스터 복제품(가운데)[42], 여러 종류의 트랜지스터(오른쪽)[43]

트랜지스터를 사용한 2세대 컴퓨터: IBM 1401

트랜지스터를 사용한 2세대 컴퓨터의 시대는 1958년경부터 1963년 무렵까지를 말한다. 기억소자로는 **자기 코어(magnetic core)**를 이용하고, 보조기억장치로는 자기 테이프나 자기 디스크 장치를 이용하며, 프로그램 언어로는 **컴파일러(compiler)**를 사용하기 시작했다. 이때 탄생한 컴퓨터는 1959년에 시장에 나온 **IBM 1401**이다. 1401은 완전한 트랜지스터 컴퓨터였으며 가격이 저렴해 전 세계 시장의 30%를 차지할 정도로 호평받았다. IBM(International Business Machines)은 20세기 대부분의 기간에 데이터 프로세싱 및 컴퓨팅 산업계를 지배했다. 국내에 최초로 공식적으로 도입한 컴퓨터도 IBM 1401이다.

그림 1.27 최초 IBM 1401 컴퓨터 광고 사진(왼쪽)[44]과 미국 캘리포니아 컴퓨터 역사 박물관에 전시된 IBM 1401(오른쪽)[45]

41 https://commons.wikimedia.org/wiki/File:William_Shockley,_Stanford_University.jpg
42 https://commons.wikimedia.org/wiki/File:Replica-of-first-transistor.jpg
43 https://commons.wikimedia.org/wiki/File:Transistors-white.jpg
44 https://computerhistory.org/blog/about-the-computer-history-museums-ibm-1401-machines/
45 https://commons.wikimedia.org/wiki/File:IBM_1401_in_Computer_History_Museum_(1).jpg

집적회로(IC)를 이용한 3세대 컴퓨터

1964~1969년 사이의 3세대 컴퓨터 시기에는 트랜지스터가 여러 개의 회로로 만들어지는 과정을 단순화한 **집적회로**(IC, integrated circuit) 기술이 컴퓨터에 사용됐다.

집적회로의 개발

수십 개의 트랜지스터로 만든 회로는 전선을 연결하는 복잡한 수작업이 필요하다. 그런데 미국과 소련의 냉전 시대에 달 착륙 프로젝트 같은 우주 과학기술 경쟁으로 손톱만 한 크기의 작은 반도체 위에 수십~수백 개의 트랜지스터를 얹는 새로운 방법이 필요했다. 전자공학자들은 사람의 손으로 일일이 전선을 연결하는 작업 대신, 미세하게 설계한 회로를 기계로 생산할 수 있는 집적회로 기술을 개발했다.

이 기술로 만든 제품을 흔히 **마이크로칩**(microchip) 또는 더 간단히 **칩**(chip)이라 부른다. 미국에서 감자를 얇게 썰어 만든 과자를 칩이라 부르는데, 집적회로로 만든 반도체 제품 모양이 그러했다. 트랜지스터 발명 이후 새롭게 선보인 집적회로 기술은 모든 전자 제품에 더욱 큰 혁신을 몰고 왔다. 특히 가장 복잡한 구조와 부품이 필요한 컴퓨터가 집적회로 기술의 혜택을 받고 급성장했다.

> **추가 설명** 집적회로 칩
>
> 집적회로는 모든 소자와 배선이 얇은 실리콘 판 위에 들어가는데, 손톱만 한 크기에 수십억 개의 트랜지스터나 다른 전자부품이 들어갈 수 있을 정도로 조밀하게 만들 수 있다. 배선은 재래식 전선이 아닌 정밀하게 제조된 선을 사용해 화학적 공정을 거친다. 따라서 집적회로는 개별 부품으로 만든 회로보다 훨씬 작고 견고하다. 칩은 지름이 약 30cm인 원형 웨이퍼(wafer)에 한꺼번에 대량으로 제조한다. 그 중 일부를 잘라낸 것이 칩이 되고, 칩을 다른 부분과 연결하기 위해서 그림 1.28과 같은 패키지에 장착한다.
>
>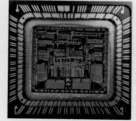
>
> © Farwestern/Wikimedia Commons/CCA-3.0
>
> **그림 1.28** 패키지에 장착한 집적회로 칩 (가로 14.2mm, 세로 13.2mm 크기의 모토로라 68040 프로세서)[46]

집적회로 기술을 상용화한 사람은 텍사스 인스트루먼트의 잭 킬비(Jack Kilby)와 페어차일드 반도체(Fairchild Semiconductor)의 로버트 노이스(Robert Norton Noyce)다. 두 회사가 서로 모른 채 비밀리에 개발하여 각자의 회사에서 1958년에 발표했다. 노벨 물리학상은 집적회로 발명이라는 업적으로 킬비가 2000년에 수상했다.

집적회로를 사용한 IBM System/360, DEC PDP-11

집적회로를 사용한 대표적 3세대 컴퓨터는 IBM의 최초 메인 프레임(mainframes) 시스템인 IBM System/360(1964년)과 DEC(digital equipment system)의 미니컴퓨터 (minicomputer) PDP-11(1970년)이다. 기억소자로는 주로 자기코어를 이용했고, 프로그램 언어로는 **고급 컴파일러(high level compiler)**를 이용했다. 특히 DEC의 PDP-11은 16비트 미니컴퓨터로, 1970년대 후반 인텔의 x86 시리즈 마이크로프로세서 (microprocessor)[47] 디자인에 영감을 줬다.

© Erik Pitti/Wikimedia Commons/CCA-2.0 (왼쪽), Loz Pycock/Wikimedia Commons/CC-BY-SA-2.0 (오른쪽)

그림 1.29 미국 컴퓨터 역사 박물관에 전시된 IBM System/360[48]과 영국 블레츨리 국립 컴퓨팅 박물관에 전시된 DEC 의 PDP-11[49]

고밀도 집적회로(VLSI)를 이용한 4세대 컴퓨터

1970년부터 현재까지는 손톱만 한 크기의 칩에 수만 개의 트랜지스터가 탑재된 **대규모 집적회로(LSI, large scale IC)** 기술, 1980년경부터는 수억 개의 트랜지스터가 탑재된

---

47 마이크로프로세서는 '초소형 연산처리장치'라고도 부르고, 컴퓨터의 중앙처리장치(CPU)를 말한다.

48 https://commons.wikimedia.org/wiki/File:IBM_System360_Mainframe.jpg

49 https://commons.wikimedia.org/wiki/File:Pdp-11-at-tnmoc.jpg

초고밀도 집적회로(VLSI, very large scale IC) 기술이 개발됐다. 1970년부터 현재까지를 4세대 컴퓨터 시기라 한다. 트랜지스터의 집적도가 상상을 초월하는 수준으로 현저히 발전했다.

3세대 컴퓨터에 사용된 집적회로 기술은 트랜지스터 수백 개를 집적한 중규모 집적회로(MSI, medium scale IC) 기술이고, 특히 최초로 등장한 **램(RAM)과 마이크로프로세서**를 장착했다. 1970년 중반 무렵 개발된 4세대 컴퓨터는 수만 개의 트랜지스터를 집적한 **대규모 집적회로(LSI)** 기술을 여러 컴퓨터 부품에 사용했다. 연산을 수행하는 논리소자뿐만 아니라 램(기억소자)에도 이용됐다. 1980년경부터 현재까지의 트랜지스터 집적회로의 집적도가 더욱 진보하여 초고밀도 집적회로가 나와 현재의 컴퓨터 정보 시대를 열고 있다.

개인용 컴퓨터 IBM PC, APPLE II의 등장

집적회로 기술의 발전은 컴퓨터의 소형화와 연산 능력의 가속화를 부추겼고, 이러한 기술을 실현한 대표 회사가 바로 **인텔(Intel)**이다. 인텔은 1968년 페어차일드 반도체의 노이스와 고든 무어(Gordon Earle Moore)가 창업했고, 메모리 칩 생산으로 시작부터 성공적인 출발을 했다. 1971년에 세계 최초의 마이크로프로세서 4004를 발표했으며, 이를 계기로 컴퓨터 하드웨어에서는 IBM이, 반도체에서는 인텔이 세계 시장을 독차지하게 됐다. 현재도 이 두 회사는 컴퓨터 CPU와 비메모리 반도체 세계 시장에서 우위를 차지하고 있다.

그림 1.30 세계 최초 마이크로프로세서, 인텔의 4004 마이크로프로세서(1971년, 왼쪽)[50]와 인텔 8080 마이크로프로세서(1975년, 오른쪽)[51]

---

50 https://commons.wikimedia.org/wiki/File:Intel_C4004_b.jpg
51 https://commons.wikimedia.org/wiki/File:KL_Intel_i8080_Black_Background.jpg

1975년에는 인텔의 8080 마이크로프로세서를 처음으로 탑재한 **개인용 컴퓨터 알테어(Altair) 8800**을 출시했다(개인용 컴퓨터(personal computer)라는 말은 알테어 8800을 설계한 에드 로버츠가 최초로 언급해 사용하기 시작했다). 그 후 빌 게이츠(Bill Gates)와 폴 앨런(Paul Allen)이 베이직(BASIC)이라는 프로그램을 개발하여 알테어에 쓸 수 있게 했다. 1976년에는 **스티브 잡스(Steve Jobs)와 스티브 워즈니악(Steve Wozniak)이 애플(Apple)사를 창업**하여 개인용 컴퓨터인 **애플―원(apple-I)**을 출시했다.

© Michael Holley/Wikimedia Commons/Public Domain (왼쪽), Ed Uthman/Wikimedia Commons/CC-BY-SA2.0 (오른쪽)

그림 1.31 8인치 플로피 디스크 드라이브를 포함한 알테어 8080 컴퓨터(왼쪽) [52], 애플―원 컴퓨터(오른쪽) [53]

시장에서 가장 큰 성공을 거둔 것은 1981년에 출시한 IBM PC(IBM 5150, IBM PC/XT)다. 16비트 처리 방식을 도입한 개인 컴퓨터로 세계적인 베스트셀러가 됐다. 이때부터 사용한 인텔 x86 계열의 CPU와 마이크로소프트의 MS-DOS 운영체제(OS, operating system)가 사실상 표준으로 사용되기 시작했다. 애플의 매킨토시(Macintosh)는 1984년에 등장하여 **그래픽 사용자 인터페이스(GUI, graphic user interface)** 개념을 널리 보급하는 데 성공했고 다음 세대 컴퓨터에 큰 영향을 줬다.

---

52 https://commons.wikimedia.org/wiki/File:Altair_8800_Computer.jpg

53 https://commons.wikimedia.org/wiki/File:Apple_I_Computer.jpg

그림 1.32 IBM PC 5150(1981년) [54], 애플 최초의 매킨토시 128K(1984년) [55]

추가 설명   무어의 법칙(Moore's Law)

반도체 회사 인텔의 창업자 고든 무어(Gordon Moore) 박사는 1965년 〈일렉트로닉스 매거진〉에 "집적회로에 집어넣는 트랜지스터의 개수는 대략 1년에 두 배씩 증가한다"고 주장했고, 나중에 18개월에 두 배씩 증가하는 것으로 수정했다. 놀랍게도 그의 주장은 반도체 산업과 잘 맞아떨어져 대중의 관심을 끌었다. 반도체 기술의 발전을 설명할 때 항상 언급하는 법칙이다.

2005년 '무어의 법칙' 40주년을 맞아 미국에서 열린 행사에 초청된 무어의 초청 강연에서 무어 스스로 "무어의 법칙은 죽었다"고 말해 주목을 받았다. 그는 "트랜지스터 크기는 지금 원자 규모를 향해 가고 있다. 길어야 20년 안에 현재의 반도체 기술은 근본적인 한계에 도달할 것"이라고 내다봤다. 전문가들도 현재 기술로는 트랜지스터 크기를 줄이는 데 한계가 있음을 인정하고 있으며, 정보처리 속도를 획기적으로 높이기 위해 양자 컴퓨터와 같은 새로운 기반의 컴퓨터 개발에 나서고 있다.

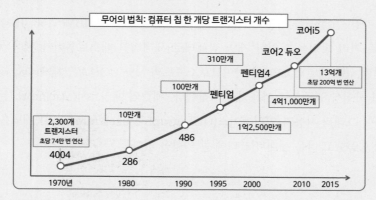

그림 1.33 무어의 법칙, 인텔 프로세서에 들어가는 트랜지스터 집적 수의 성장 그래프 [56]

---

54   https://commons.wikimedia.org/wiki/File:IBM_PC_5150.jpg

55   https://commons.wikimedia.org/wiki/File:Macintosh_128k_transparency.png

56   https://www.intel.co.kr/content/www/kr/ko/history/museum-gordon-moore-law.html

5세대 컴퓨터: 미래의 컴퓨터

5세대 컴퓨터는 2000년대 중반부터 구상되는 미래의 컴퓨터를 말한다. 현재 컴퓨터의 한계를 극복하려고 구상된 것으로 인공지능(AI, artificial intelligence) 분야, 자연어 처리, 신경망(neural network), 전문가 시스템(expert system) 분야 등을 처리할 수 있는 지능형 미래 컴퓨터와 양자 컴퓨터(quantum computer) 등이 5세대 컴퓨터에 해당한다. 세계적 반도체 회사 인텔은 최신 연구개발 과제 분야로 양자 컴퓨팅(quantum computing), 뉴로모픽 컴퓨팅(neuromorphic computing, 바이오 컴퓨팅, 신경망 모방 컴퓨팅), 광학 집적회로(integrated photonics)를 선정했다.

양자 컴퓨팅

전통적 컴퓨터에서 사용하는 디지털 처리방식은 데이터와 정보를 0과 1, 두 가지 상태를 1비트(bit)라는 단위로 사용해 처리하는 방식이다. 하지만 양자 컴퓨팅은 0과 1의 상태가 동시에 존재할 수 있는 양자 중첩 현상을 이용한다. 0과 1의 두 상태를 중첩할 수 있어서 동시에 나타낼 수 있고, 조합할 수 있는 양자비트(quantum bit)인 **큐비트(qubit)**를 사용한다. 큐비트가 2개인 2큐비트는 동시에 4개 상태 값(00, 01, 10, 11)을 저장할 수 있고, 3큐비트는 8가지 상태를, 10큐비트는 1,024개의 상태를 표시할 수 있다. 즉, 양자 컴퓨팅의 데이터 처리 속도는 큐비트 개수당 2의 n 제곱 배로 증가한 값이다. 따라서 큐비트 수가 증가할수록 동시에 처리할 수 있는 데이터가 전통적 컴퓨터보다 대단히 커져 데이터 처리 속도가 상상을 초월한다. 양자 컴퓨팅을 사용한 양자 컴퓨터는 유전학 기술 분석, 신약 개발, 백신 개발, 염기서열 분석, 머신러닝, 교통서비스 최적화, 고성능 정보처리, 최고도의 암호화 등의 복잡한 문제 해결 수단으로 기대받고 있다.

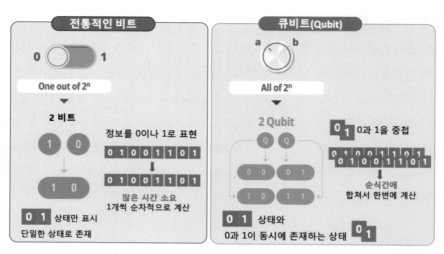

그림 1.34 전통적 비트와 큐비트 비교

추가 설명 양자 컴퓨터의 '스핀 큐비트' 모습

2022년 1월 국제학술지 '네이처(Nature)'의 표지 사진에는 양자 컴퓨터의 '스핀 큐비트' 모양을 예술적으로 묘사한 이미지가 실렸다. 마치 네 잎 클로버처럼 보이는 정체 모를 존재가 어두운 공간에서 빛을 내는 모습이다. 두 개의 '빨간 작은 점'은 타원 형태의 전자의 파동 함수에 둘러싸인 원자핵을 표현했고, 네 개의 '잎'은 큐비트(양자 컴퓨터의 정보 단위) 사이의 얽힘을 나타낸다. 네이처는 '꿈의 컴퓨터'로 불리는 양자 컴퓨터 기술이 상용화를 위한 중요한 이정표에 도달했다며 이처럼 '스핀 큐비트' 모습을 표현했다고 한다 [58].

© Nature

그림 1.35 국제 저널인 '네이처' 표지에 실린 양자 컴퓨터의 '스핀 큐비트'를 형상화한 이미지[58]

---

57 네이처(Nature), https://www.nature.com/nature/volumes/601/issues/7893

58 양자 컴퓨터 99% 신뢰도를 달성하다, 동아사이언스 (2020.01.23), https://n.news.naver.com/article/584/0000017552?sid=105

양자 컴퓨터의 상용화

양자 컴퓨터는 2019년 시장조사업체 가트너(Gartner)에서 10대 전략 기술 트렌드 중 하나로 꼽았다. 양자 컴퓨터, 양자 통신, 양자 암호 등 다양한 분야가 실험 단계에서 실용화 단계에 다가섰다. 2011년 캐나다 디웨이브 시스템즈(D-wave systems)사가 최초로 양자 컴퓨터 디웨이브 원(D-wave 1)을 상용화했다. 이후 IBM, 구글, 인텔, 삼성전자, 아마존 등 글로벌 기업이 대거 뛰어들면서 상용화 가능성이 커졌다. 2019년 구글은 개발한 양자 프로세서 '시카모어(Sycamore)'를 탑재한 양자 컴퓨터를 소개했다. 구글 시카모어는 53개 큐비트의 양자 컴퓨터로, 슈퍼컴퓨터로 계산하면 1만 년 걸릴 문제를 3분 20초 만에 풀었다. 그림 1.36은 디웨이브 시스템즈의 디웨이브 원과 구글이 개발한 양자 컴퓨터 시카모어다.

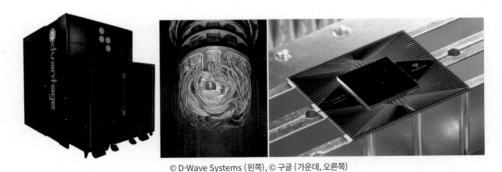

© D-Wave Systems (왼쪽), © 구글 (가운데, 오른쪽)

그림 1.36 디웨이브 시스템즈의 디웨이브 원(왼쪽)[59]과 구글이 개발한 양자 컴퓨터 시카모어 프로세서를 장착한 저온유지장치(가운데, 오른쪽)[60]

컴퓨터와 전쟁, 암호 이야기

오늘날과 같은 컴퓨터는 처음부터 이렇게 만들려고 한 것이 아니었다. 2차 세계대전의 승리를 위한 암호해독 기계에서부터 시작되어 '맨해튼 프로젝트'와 같은 원자폭탄 개발, '달 탐사 프로젝트'와 같은 냉전 시대의 군사 경쟁이 혁신적인 컴퓨터의 발전을 이끌었다

---

59 https://www.dwavesys.com/solutions-and-products/systems/
60 https://ai.googleblog.com/2019/10/quantum-supremacy-using-programmable.html

는 것은 매우 흥미로운 사실이다. 또한 전쟁 중에 컴퓨터가 급속히 발전했다는 사실과 함께 아군을 보호하기 위해 암호화 기술이 발전했다는 것도 매우 중요한 사실이다. 암호화 기술과 컴퓨터 기술이 깊은 관계가 있다는 사실이 매우 흥미롭다. 전쟁에서 이기려면 암호 기술이 앞서야 했고, 상대편의 암호를 최대한 빨리 풀려면 빠른 처리 속도를 갖춘 컴퓨터 기술이 필요했다. 전쟁과 컴퓨터 기술의 발전 사이에 깊은 연관이 있다는 역사적 사실은 인류 과학 발전사의 슬픈 단면이다.

고대 로마의 카이사르 암호화

에니그마 원리는 간단한 암호 생성 방식에서부터 비롯됐다. 기원전 100년경 고대 로마의 카이사르(Caesar, 또는 시저)는 간단한 방법으로 비밀 편지를 작성했는데, 그림 1.37과 같이 단어를 이루는 알파벳의 순서를 뒤바꾸어 편지를 작성했다. 두 개의 회전 알파벳 원반(disk)을 사용해 안쪽 원반을 돌리면 알파벳 순서가 뒤바뀌는 원리를 이용했다. 'APPLE'이라는 단어를 'NYYCJ'라고 작성하는 방식이다. 같은 방법으로 'I LOVE YOU'는 'F CXSJ PXT'라고 적는다. 참으로 간단한 방법의 암호였다.

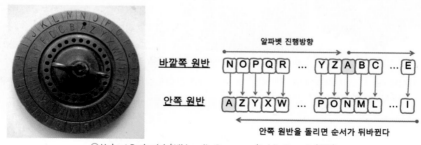

ⓒ Hubert Berberich/Wikimedia Commons/Public Domain(왼쪽)

그림 1.37 두 개의 회전 원반으로 구성된 카이사르 암호 원반(cipher disk)(왼쪽) [61]과 작동 원리(오른쪽)

기원전 400년경 그리스 스파르타 군대는 비밀편지를 주고받기 위해서 '스키테일(Scytale)'이라는 나무 막대를 사용했다.

---

61 https://commons.wikimedia.org/wiki/File:CipherDisk2000.jpg

© Luringen/Wikimedia Commons/CC-BY-SA3.0 (왼쪽)

그림 1.38 스키테일(왼쪽)[62]과 암호문을 쓰고 읽는 방법(오른쪽)

이때 사용한 암호화 방법을 **스키테일 암호**라 하고, 당시의 전쟁터에서는 다음과 같은 방법으로 암호화했다.[63]

- 전쟁터에 나갈 군대와 본국에 남아있는 정부는 각자, 스키테일이라고 하는 굵은 원통형 막대기를 나누어 갖는다.
- 비밀리에 보내야 할 메시지가 생기면, 본국 정부의 암호 담당자는 스키테일에 가느다란 양피지 리본을 위에서 아래로 감은 다음 옆으로 메시지를 적는다.
- 리본을 풀어 펼치면 메시지의 내용은 아무나 읽을 수 없게 된다.
- 전쟁터에 나가 있는 오로지 같은 굵기의 원통 막대기를 가진 사람만이 메시지를 읽을 수 있다.

그림 1.38은 지시문 "GO TO THE RIVER AND WAIT MY WORD"를 암호화하는 방법이다. 스키테일 두루마리에는 "GHEWY OERAO TRAIO OINTR TVDMD"라고 적혀 있으며, 원통 나무 막대 두께가 같지 않으면 정확히 해독할 수 없다.

독일의 암호 기계 에니그마

컴퓨터는 2차 세계대전을 전후로 여러 곳에서 급속히 발전했는데, 그중 하나는 2차 세계대전 중에 독일이 만들어 사용한 **에니그마(enigma)**라는 암호 기계를 해독하기 위하여

---

62 https://commons.wikimedia.org/wiki/File:Skytale.png
63 https://ko.wikipedia.org/wiki/스키테일

영국이 암호 해독기를 만든 것에서 비롯됐다. 그리스어로 수수께끼라는 뜻을 갖는 에니
그마는 문장을 입력하면 다른 글자로 찍혀 나오는 신기한 기계였다.

© Karsten Sperling/ Wikimedia Commons/Public Domain (왼쪽), Bernd Bayer (Sowjetunion, Süd.- Funker mit
Verschlüsselungsgerät Enigma; 1943)/pinrest (가운데), Bob Lord/Wikimedia Commons/CC-A-SA3.0 (오른쪽)

그림 1.39 에니그마 기계 모습(왼쪽) [64], 1943년 독일군이 에니그마를 사용하는 모습(가운데) [65], 에니그마 배전반
(plugboard)(오른쪽) [66]

에니그마의 작동 원리

그림 1.40은 키를 누를 때부터 램프의 불이
켜질 때까지의 전류의 흐름을 화살표와 1부
터 9까지의 숫자로 나타낸 에니그마의 작동
다이어그램이다. 'A' 키가 'D' 램프로 암호
화(encoding)되는 과정을 살펴보자.

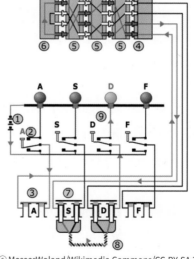

그림 1.40 에니그마의 작동 다이어그램. 전류가 흘러 'A'
키가 'D' 램프를 켜게 된다. [67]

© MesserWoland/Wikimedia Commons/CC-BY-SA 3.0

---

64 https://commons.wikimedia.org/wiki/File:EnigmaMachineLabeled.jpg

65 https://i.pinimg.com/564x/09/86/eb/0986ebd028ab3918c27420d1965120e2.jpg

66 https://commons.wikimedia.org/wiki/File:Enigma—plugboard.jpg

67 https://commons.wikimedia.org/wiki/File:Enigma_wiring_kleur.svg

전류는 ① 배터리를 통해 양방향 키보드 스위치를 통과하고, ② 배전반(plugboard, 플러그보드)으로 흐른다. ③ 이것은 플러그 'A'로, 다시 ④ 엔트리 휠(entry wheel)과 로터(rotor)를 거쳐, ⑤ 리플렉터(reflector)로 들어간다. ⑥ 리플렉터는 전류를 들어온 경로와 전혀 다른 경로로 다시 되돌려 보낸다. 이것은 ⑦ 플러그 'S'와 케이블로 연결된 ⑧ 플러그 'D'에 동시에 보내진다. 마지막으로 이 전류는 양방향 스위치 ⑨ 'D' 램프의 불을 켜게 된다.

에니그마를 해독하다: 튜링의 봄브와 영국의 콜로서스 컴퓨터

에니그마는 이러한 원리를 좀 더 복잡하게 하여 해독 기계 없이는 암호를 해독할 수 없게 만들었다. 전쟁의 승리를 위하여 블레츨리 파크라는 별명을 가진 영국 육군 암호국에서는 수학자 앨런 튜링을 중심으로 에니그마 해독을 위한 연구를 수행했다. 그 결과로 에니그마 암호를 해독할 수 있는 **봄브**가 개발됐고, 1943년에는 독일의 또 다른 암호 기계인 로렌츠 SZ-40/42 시리즈를 해독할 수 있는 **콜로서스 컴퓨터**를 개발했다. 콜로서스 이후로 전자식 컴퓨터는 반도체와 전자 소자의 발달과 함께 괄목할 만한 발전을 이루게 됐고, 그 크기는 상상할 수 없을 정도로 작아지고 성능이 향상되어 오늘날과 같은 다양한 컴퓨터, 스마트폰, 태블릿 PC 형태로 발전했다.

© Garrethe/Wikimedia Commons/Public Domain

그림 1.41 영국 블레츨리 파크 박물관에 전시 중인 봄브 복각품으로 영화 〈이미테이션 게임〉에 사용됐다.[68]

---

68 https://commons.wikimedia.org/wiki/File:TuringBombeBletchleyPark.jpg

참고 문헌

- 위키백과, https://en.wikipedia.org/wiki/Abacus#History

- 《모든 이의 과학사 강의》(여문책, 2020)

- 컴퓨터 이야기, 파스칼 라인, 정영애, 전국과학관 과학학습콘텐츠, https://smart.science.go.kr/scienceSubject/computer/view.action?menuCd=DOM_000000101 001007000&subject_sid=258

- Florin–Stefan Morar, "Reinventing machines: The transmission history of the Leibniz calculator", The British Journal for the History of Science, Vol. 48, No. 01, p. 5. March 2014]

- 배비지 해석기관: 최초의 진정한 디지털 컴퓨터, https://web.archive.org/web/20080821191451/http://cse.stanford.edu/classes/sophomore-college /projects-98/babbage/ana-mech.htm

- 존 그레이엄-커밍: 제작되지 못한 최고의 기계, https://www.ted.com/talks/john_graham_cumming_the_greatest_machine_that_never_was/ transcript?language=ko

- 위키백과, https://ko.wikipedia.org/wiki/에이다_러브레이스

- 위키백과, https://ko.wikipedia.org/wiki/튜링_기계

- 현대 컴퓨터의 모델, 튜링기계(Turing Machine)의 고안, 이광근, 사이언스올, 2010, https://www.scienceall.com/현대-컴퓨터의-모델-튜링기계turing-machine의-고안/

- 컴퓨터 역사 박물관, https://www.computerhistory.org/timeline/1944/

- 2100년 전 제작된 아날로그 컴퓨터 안티키테라 기계, 과학기술정보통신부 블로그, 2020, https://blog.naver.com/PostView.naver?blogId=with_msip&logNo=222079217683

- Tony Freeth, et. al., "A Model of the Cosmos in the ancient Greek Antikythera Mechanism," scientific report, 네이처, 2021, https://www.nature.com/articles/s41598-021-84310-w

- 위키백과, https://ko.wikipedia.org/wiki/폰_노이만_구조

- 《게임이론》(시그마프레스, 2017)

- 컴퓨터 기술의 퀀텀 점프: 양자컴퓨팅, 이재용, 삼성디스플레이, https://news.samsungdisplay. com/22262/

- 큐비트, 정보통신용어사전, 한국정보통신기술협회(TTA), http://word.tta.or.kr/dictionary/ dictionaryView.do?subject=큐비트

- 양자 컴퓨터 99% 신뢰도를 달성하다, 동아사이언스 (2022.01.23), https://www.dongascience.com/news.php?idx=51874

- Quantum Supremacy Using a Programmable Superconducting Processor, 구글 AI 블로그, https://ai.googleblog.com/2019/10/quantum-supremacy-using-programmable.html

02

인터넷과
소프트웨어 중심 사회

컴퓨터나 스마트폰으로 우리는 무엇을 할 수 있을까? 인터넷 뉴스를 보고, 내가 찍은 사진을 인터넷 소셜 미디어에 올리기도 한다. 어느새 이런 생활이 낯설지 않게 되었다. 그러면 무엇이 이런 스마트한 생활을 가능하게 해 준 것일까? 그것은 바로 인터넷(internet)의 도움 덕분이다. 인터넷은 40년 전에 시작됐지만, 최근 인터넷은 상상을 초월할 정도로 우리 생활을 바꿔놨다. 그리고 사무실에서만 만날 수 있었던 인터넷 세상을 손 위에서 펼칠 수 있게 해 준 스마트폰의 등장은 인터넷 활동을 폭발적으로 성장시켰다. 이 장에서는 현재 우리 삶에 배어들어 있는 인터넷과 월드 와이드 웹, 모바일 컴퓨팅, 모바일 통신 등을 살펴본다.

인터넷과 웹은 어떻게 시작되었을까?

인터넷이 없으면 오늘 하루 생활은 어떨까? 아마 몇 시간은 자신 있게 버틸 수 있을지 모르지만, 얼마 지나지 않아 뭔가 불안함을 느낄 것이다. 어떤 사람은 와이파이(Wi-Fi)[1]를

---

1 와이파이는 선 없이 두 장치(컴퓨터나 스마트폰 등)를 연결해주는 기술을 말한다.

찾아 헤매는 디지털 노마드(digital nomad)[2]가 될 수도 있다. 이렇게 인터넷은 알게 모르게 우리의 생활 속에 깊숙이 자리 잡고 있으며 인터넷을 이용한 SNS(소셜 미디어 네트워크), 뉴스 검색, 인터넷 쇼핑 등은 우리 삶의 일부가 됐다.

인터넷의 시작

컴퓨터를 어떻게 연결하지?

인터넷에서 뉴스를 보거나 카카오톡으로 메시지를 보내려면 컴퓨터나 스마트폰이 네트워크(network, 컴퓨터들이 연결하고 서로 통신할 수 있는 그물 같은 망)에 연결돼 있어야 한다. 이 말은 '컴퓨터가 네트워크에 물리적으로 연결돼 있다'는 뜻이다.

이렇게 내 컴퓨터와 다른 컴퓨터가 연결된 작은 지역을 LAN(local area network, 근거리 통신망)이라고 한다. 아파트나 빌딩, 소규모 그룹의 사무실, 집 안에 있는 와이파이(Wi-Fi)가 모두 LAN이다.

LAN은 연결 형태에 따라 유선 LAN과 무선 LAN으로 구분한다. 유선 LAN은 컴퓨터를 LAN선(랜선 또는 이더넷 케이블(ethernet cable))으로 연결한 경우다. 이와 다르게 선 없이 연결된 LAN을 '무선 LAN(무선랜, WLAN)'이라 부른다. 유선 LAN은 이더넷(ethernet)이라는 표준화된 규칙을 사용해 외부로 연결하고, 무선 LAN은 와이파이(Wi-Fi)[3]라는 규칙을 사용해 연결한다.

그림 2.1과 같이 여러 LAN이 모여서 MAN(metropolitan area network, 도시권 통신망)으로 확장되고, 다시 MAN들은 WAN(wide area network, 광대역 통신망)을 구성한다. MAN은 대도시 크기의 지역에 있는 LAN 그룹을 모두 묶어 놓은 것이고, WAN은 도시와 도시를 연결한다.

---

2 디지털 노마드는 국립국어원의 정의에 따르면 '첨단 디지털 장비를 갖추고 여러 나라를 다니며 일하는 사람. 또는 그런 무리'다.
3 와이파이(Wi-Fi)는 wireless fidelity (무선 충실도)의 약자로, 고성능 오디오 기기를 뜻하는 용어인 하이파이(Hi-Fi, high fidelity)와 유사하게 명명한 와이파이 얼라이언스(alliance, 연합)의 상표 이름이다. 1998년 무렵부터 상표로 사용됐으며 미국전기전자공학회(IEEE) 802.11이 정식 명칭이다.
   국립국어원에서는 와이파이의 순화말을 '근거리 무선망'이라고 정했지만, 블루투스도 근거리 무선망에 해당하므로 엄밀히 의미에서 적절한 순화 표현은 아니다.

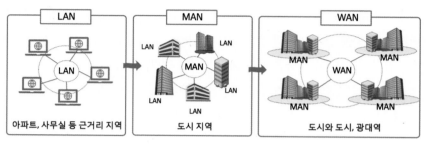

그림 2.1 LAN과 MAN, WAN의 개념도

추가 설명 집안에 있는 LAN 장치, 라우터

LAN 장치는 주변에서 쉽게 찾아볼 수 있다. 집에서 인터넷을 사용하기 위해 KT나 SK브로드밴드, LGU+와 같은 통신 회사가 설치해주는 것이 '인터넷 연결 장치' 또는 'LAN 장치'다. 서로 연결된 컴퓨터를 중간에서 중계하는 역할을 하는 장치를 **라우터(router)**라 부르는데, 이런 인터넷 연결 장치도 일종의 라우터라고 할 수 있다(그림 2.2). 라우터는 서로 다른 네트워크에 있는 컴퓨터를 연결해 데이터를 주고받는 역할을 한다. 영어로 route는 경로를 뜻하고, router는 경로를 찾아주는 장치를 말한다.

이 장치의 뒤를 보면 LAN과 WAN(외부 인터넷)을 연결할 수 있는 포트(port, 연결 플러그 같은 것)를 볼 수 있다. LAN이라고 쓰여 있는 포트는 집 안에 있는 컴퓨터를 선으로 연결하는 곳이고, 인터넷이라고 쓰여 있는 포트는 건물 밖에 있는 통신 회사의 네트워크와 연결하는 포트다. 일반인이 이해하기 쉽도록 'WAN' 대신 '인터넷'이라고 표기돼 있다.

그리고 실내에서 무선으로 인터넷을 사용할 수 있게 연결해주는 장치가 있다. 이 장치를 '와이파이 공유기'라 부른다. 외부에서 들어온 인터넷 회선(IP 주소)에 무선으로 여러 컴퓨터가 접속할 수 있게 연결해주는 장치다. 원래 공유기는 하나의 인터넷 회선을 같이 사용한다고 해서 붙여진 이름이다.

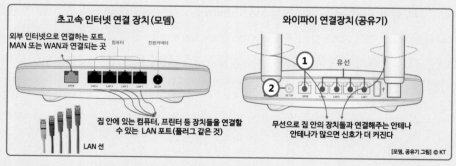

그림 2.2 집에서 볼 수 있는 인터넷 연결 장치와 와이파이 연결 장치

내 컴퓨터가 인터넷에 연결되는 과정

멀리 떨어져 있는 두 대의 컴퓨터가 서로 신호를 주고받으려면 LAN 선과 같은 유선 전송 매체(media)가 필요하다. 반면 무선으로 서로 신호를 주고받는 와이파이, 블루투스(Bluetooth), 이동 통신(3G, 4G, 5G) 등은 무선 전송 매체를 사용한다고 말한다. 이때 연결된 두 대의 컴퓨터나 전송기기는 "네트워크로 연결돼 있다"고 말한다.

앞서 여러 대의 컴퓨터는 라우터를 사용해 연결한다고 했다. 그러면 연결할 컴퓨터의 개수가 수 천 대 이상이면 어떻게 연결할 수 있을까? 단순히 생각해도 하나의 라우터로는 어림없다는 것을 알 것이다. 가장 효율적인 방법은 가까이 위치한 컴퓨터끼리 그룹으로 모으고, 이렇게 그룹화된 컴퓨터들을 서로의 라우터를 사용해 연결하면서 확장해 나가는 것이다. 이런 방식으로 확장하면 국내를 벗어나 해외에 있는 컴퓨터나 인터넷 웹사이트에도 접속할 수 있다.

이때 복잡한 인터넷망에서 길을 잃지 않도록 편의를 제공하는 서비스를 이용해야 한다. 이러한 서비스를 제공하는 업체를 '인터넷 서비스 제공 업체(ISP, internet service provider)'라 한다. ISP는 내 컴퓨터가 연결된 라우터들을 관리하고, 다른 ISP와 연결해주거나 다른 네트워크에 있는 누군가의 컴퓨터와 연결해준다. 우리가 인터넷을 사용하기 위해 KT, SK브로드밴드, LGU+와 같은 통신 회사의 도움을 받아야 하는 이유도 그 때문이다.

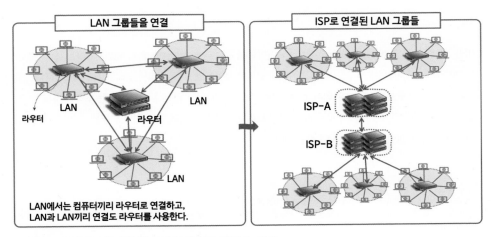

그림 2.3 ISP를 통해 수천 대의 컴퓨터가 인터넷으로 연결되는 과정

최초의 인터넷 알파넷(ARPANET)의 탄생

인터넷은 컴퓨터의 역사와 함께 발전했다고 말해도 과언이 아니다. 1960년대부터 메인프레임(mainframe)
컴퓨터[4]와 단말기(terminal, 신호를 보내거나 받는 맨 마지막 부분에 위치한 사용자의 장치) 사이의 통신이
나 단말기와 단말기 사이의 점대점(P2P, point-to-point) 통신, 또는 컴퓨터의 데이터를 주고받기 위해 탄
생한 네트워크가 인터넷이다.

미국 국방부 고등 연구국 ARPA(advanced research project agency, 현재의 DRAPA)에서 1969년에
개발한 세계 최초의 패킷 스위칭 네트워크(packet switching network)를 알파넷(ARPANET)이라 부르며,
이를 현재 인터넷의 시작으로 보는 견해가 많다. 알파넷은 서로 멀리 떨어져 있는 네트워크를 하나의 네트
워크로 묶어 연결하기 위해 개발된 일정한 프로토콜[5]이다.

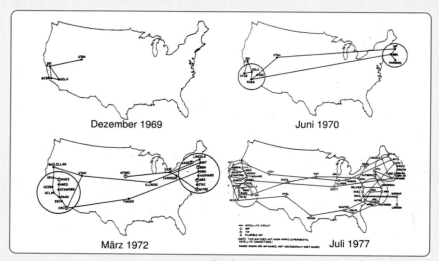

© rcannon100/flick/Public Domain

그림 2.4 알파넷 지도

미국 국방부에서 알파넷을 개발한 이유는 1960년대 미국–소련 냉전에 대비하기 위해서였다. 시작은 군사
목적이었지만, 현재는 셀 수 없이 많은 사람에게 편의를 제공하고 있다. 알파넷을 바탕으로 계속 발전을 거
듭해 1990년대에는 전 세계 컴퓨터가 인터넷으로 연결되는 세상이 열렸다. 이제 우리는 몇몇 컴퓨터만 연
결되던 세상에서 벗어나 세상의 모든 컴퓨터가 연결되고 심지어는 손에 들고 있는 휴대폰, 스마트 시계, 냉
장고, 자동차까지도 연결되는 세상에 살고 있다.

4　메인프레임(mainframe) 컴퓨터는 1964년 IBM System/360, 1970년 DEC PDP–11와 같이 대형 컴퓨터를 지칭하는 용어다.
5　컴퓨터에서 프로토콜(protocol)은 '컴퓨터 내부 또는 컴퓨터 사이에 메시지나 데이터를 교환할 때 정해 놓은 규약'을 말한다. 일정한 규칙 체계가 있어야 서
　로 의사소통이 가능하다.

인터넷에서 길 찾기, 'IP 주소'

일반적으로 집에 들어오는 인터넷 회선은 통신 회사로부터 할당받은 하나의 주소를 갖는다. 마찬가지로 LAN에 연결된 모든 컴퓨터는 일정한 주소를 갖는다. 그래야 컴퓨터가 만든 파일이나 데이터가 갈 곳을 정확히 알 수 있기 때문이다. 이러한 이유로 인터넷에서는 서로 다른 컴퓨터를 구분하기 위해 IP(internet protocol, **인터넷 프로토콜) 주소**라 부르는 컴퓨터의 주소를 사용한다. 모든 컴퓨터는 서로 다른 자기만의 고유 주소를 가지며, 보통 이 주소를 간단하게 'IP 주소'라 부른다.

IP 주소는 '192.168.21.30'과 같이 각 자리의 숫자가 0~255 사이의 수로 이루어진 네 개의 숫자를 온점(.)으로 구분해 사용한다. 이런 주소 방식 체계를 IPv4라 하며, 각 자리의 숫자가 0~255 사이의 수만 사용할 수 있기 때문에 이론적으로는 $255\times255\times255\times255=4,294,967,296$개의 컴퓨터를 연결할 수 있다. 최근에 컴퓨터를 비롯해 인터넷에 연결된 기기의 수가 엄청나게 증가하면서 IP 주소가 부족해지자 IPv6라는 체계를 사용하기 시작했다.

도메인 네임

구글의 웹사이트에 접속하는 과정을 생각해 보자. 구글 홈페이지의 컴퓨터에 할당된 IP 주소는 142.250.196.99[6]다. 하지만 구글에 접속할 때 이 숫자를 외워서 접속하는 사람은 많지 않을 것이다. 보통 'google.co.kr'과 같이 영문으로 된 주소를 입력해서 접속하는데, 이처럼 영문으로 된 주소를 '도메인 네임(domain name)'이라 부른다. IP 주소와 같이 주소가 숫자로 구성돼 있으면 기억하기 어려우므로 알기 쉽게 영문으로 표현한 것이다.

문자로 구성된 도메인 네임을 숫자로 구성된 IP 주소로 변환해주는 서비스를 DNS(Domain Name Service)라 부른다. DNS 덕분에 도메인 이름만 알면 인터넷 웹사이트에 쉽게 방문할 수 있는 것이다. 이어서 도메인 네임의 구성에 관해 알아보자.

---

6 윈도우에서 '명령 프롬프트' 앱을 실행한 다음 'tracert와 홈페이지 이름'을 입력하면 웹사이트의 IP 주소를 추적해 보여준다. 구글의 IP 주소를 확인하고 싶다면 명령 프롬프트에 tracert google.co.kr이라고 명령어를 입력해 보자.

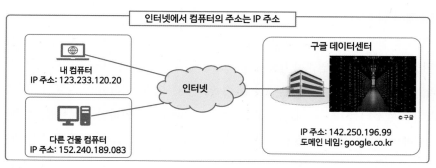

그림 2.5 인터넷에서 IP 주소는 컴퓨터의 위치를 말해준다

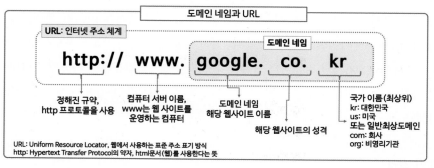

그림 2.6 도메인 네임과 URL

컴퓨터가 인터넷에 연결돼 있다 하더라도 아직까지는 흔히 보는 화려한 홈페이지의 화면을 볼 수는 없다. 홈페이지를 컴퓨터 화면에 펼쳐줄 프로그램이 없기 때문이다. 홈페이지의 화면을 보려면 월드 와이드 웹(WWW)과 웹 브라우저(web browser)를 사용해야 한다.

월드 와이드 웹

월드 와이드 웹(WWW)의 탄생

1900년대 인터넷의 출현으로 자연, 기계, 인간 등 실체를 가진 존재가 세상의 중심이었던 물리적 세상(physical world)에서 디지털 세상(digital world)으로 탈바꿈했다. 이러한 변화는 스위스의 유럽 입자물리학연구소(CERN)에서 근무하던 팀 버너스 리(Tim Berners-Lee)가 인터넷을·기반으로 한 **월드 와이드 웹**(WWW, world wide web)을 처음 제안한 이후로 시작됐다. 월드 와이드 웹은 인터넷에 흩어진 다양한 정보를 쉽게 찾아

볼 수 있게 만든 서비스로, 월드 와이드 웹의 등장으로 인터넷을 사용하기가 한층 쉬워졌
다. 월드 와이드 웹은 'WWW' 또는 간단히 '웹'이라 부른다.

웹은 소프트웨어 프로그램을 통해 여러 연구기관에 흩어져 있는 문서들을 체계적으로 정
리한 **데이터베이스(DB, database)**[7]에 쉽게 접근하고 열람할 수 있는 방식이다. 이런 웹
은 전 세계 대학과 연구소 사이에서 연구 정보를 신속하게 교환하기 위한 인터넷상의 공
간(웹사이트)으로 시작했으나, 차츰 발전해 전 세계 사람들이 만나서 정보를 공유할 수
있는 공간이 됐다. 처음에는 자료에 쉽게 접근할 수 있게 자료가 저장된 주소를 연결해주
는 하이퍼텍스트(hypertext, 한 문서에서 다른 문서로 이동하여 접근할 수 있게 텍스트
에 IP 주소를 연결해주는 것) 기능으로 시작했으며, 차츰 그래픽 요소가 가미된 화려한
웹으로 발전했다.

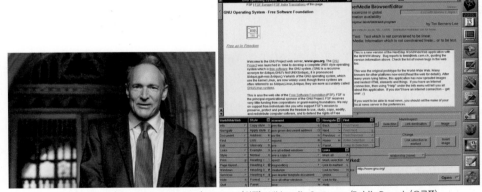

ⓒ Paul Clarke/Wikimedia Commons/CCA-SA4.0(왼쪽), Wikimedia Commons/Public Domain(오른쪽)

그림 2.7 팀 버너스 리(왼쪽)[8]와 1990년 12월 23일에 발표했던 세계 최초의 월드 와이드 웹 화면(오른쪽)[9]

웹 브라우저의 등장

1993년 인터넷을 더 편리하게 사용할 수 있는 웹 브라우저인 모자이크(Mosaic)가 출시
되면서 인터넷 사용자가 폭발적으로 증가했고, 우리 삶에 본격적으로 영향을 미치기 시

---

7 데이터베이스는 여러 사람이 같이 사용할 목적으로 데이터를 체계적으로 통합하여 관리할 수 있게 만들어 놓은 데이터 집합체다.

8 https://commons.wikimedia.org/wiki/File:Sir_Tim_Berners-Lee.jpg

9 https://upload.wikimedia.org/wikipedia/commons/7/76/WorldWideWeb_FSF_GNU.png

작했다[10]. 1994년에는 넷스케이프(Netscape)의 내비게이터(Navigator)가 개발됐고, 1995년에는 마이크로소프트의 인터넷 익스플로러(Internet Explorer)가 개발됐다.

그림 2.8 최초의 웹 브라우저 모자이크(1993년, 왼쪽)[11]와 넷스케이프 내비게이터(1994년, 오른쪽)[12]

또한 1994년부터는 인터넷으로 시작된 새로운 사업이 선보이기 시작했다.

1994년에는 최초의 인터넷 서점 아마존(Amazon)이 등장했고, 1998년에는 구글(Google) 검색 서비스가 시작됐다. 이외에도 이베이(eBay), 한국의 네이버(Naver)와 다음(Daum), 중국의 텐센트(Tencent)와 같은 인터넷 기업이 이 시기에 생겨났다.

우리나라에서는 1994년에 상용 인터넷 서비스가 시작됐고, 1998년부터 초고속 인터넷의 확산으로 웹 서비스 붐이 일었다. 1995년부터 2000년까지 인터넷 관련 기업의 주식 가격이 폭발적으로 증가해 닷컴 버블(dot-com bubble)과 같은 거품 경제 현상이 발생하기도 했다.

웹은 어떻게 동작할까?

그러면 월드 와이드 웹이 어떻게 동작하는지 살펴보자.

---

10 https://ko.wikipedia.org/wiki/모자이크__(웹브라우저)

11 https://commons.wikimedia.org/wiki/File:NCSA_Mosaic_Browser_Screenshot.png

12 https://commons.wikimedia.org/wiki/File:Netscape_Navigator_2_Screenshot.png

월드 와이드 웹(간단히 웹)은 하이퍼텍스트 방식과 웹 브라우저로 인터넷에서 다양한 정보를 검색할 수 있는 정보 검색 서비스다. 하이퍼텍스트는 웹 브라우저를 통해 웹 서버(web server, 웹 페이지를 관리하는 컴퓨터)에 있는 문서, 이미지, 동영상 등의 정보를 읽어 들이고, 컴퓨터 모니터에 출력하여 보여준다. 이러한 정보가 모여 있는 웹 페이지의 집합을 **웹 사이트(website)**라 한다.

웹 사이트에 접속하려면 그림 2.6과 같이 URL(uniform resource locator)이라는 인터넷 주소 체계에 따라 웹 사이트의 주소나 도메인 이름을 입력해야 한다. 이때 맨 처음 입력하는 'http'는 웹 서버와 통신하기 위한 통신 규약을 뜻하는 HTTP(hyper text transfer protocol) 프로토콜이고, 이것은 HTML(hyper text mark-Up language)이라는 언어로 작성된 HTML 문서(즉, 웹 문서)를 사용한다는 뜻이다. HTML은 사실 프로그래밍 언어가 아니고 단지 웹 브라우저에서 웹 페이지(문서)를 볼 수 있는 언어다. 프로그램 언어처럼 컴퓨터에 계산이나 다른 일을 시킬 수는 없고, 웹 페이지에서 문자, 이미지, 동영상 등을 구조적으로 출력해주는 문서 작성 언어다.

용어 정리

지금까지 나온 용어를 간단히 정리해 보면 다음과 같다.

- **웹(WWW, Web)**: 월드 와이드 웹. 인터넷으로 연결된 다른 컴퓨터(또는 서버)의 데이터 자료를 한눈에 볼 수 있게 만든 전 세계적 네트워크 체계

- **웹 브라우저**: 다른 컴퓨터에 저장된 웹 문서를 한눈에 볼 수 있는 프로그램

- **웹 사이트** 또는 **도메인 네임**: 인터넷에서 컴퓨터가 위치한 곳을 나타내는 IP 주소를 기억하기 쉽게 문자로 나타낸 주소

- **도메인 네임**: 네트워크상에서 컴퓨터를 식별할 수 있게 등록된 웹 사이트의 영문 이름

- **URL**: 네트워크상에서 자원의 위치를 알려주기 위한 규약. 즉, 웹 페이지를 찾기 위한 주소

- **IP 주소**: 네트워크상에서 각 장치를 구분하고 통신하기 위해 사용하는 주소로, 0~255 사이의 수로 이뤄진 네 개의 숫자를 온점(.)으로 구분해 사용

- **HTTP**: 웹에서 정보를 주고받기 위한 통신 규약

- **HTML**: 웹 서버에 있는 웹 문서들을 표시하기 위한 마크업 언어

웹 서버와 클라이언트

웹 서버와 내 컴퓨터 사이를 오고 가는 과정을 살펴보자. 예를 들어 내 컴퓨터에서 구글 웹 사이트(www.google.co.kr)에 접속한다고 하자.

먼저 내 컴퓨터에서 웹 사이트에 접속하기 위해서는 인터넷 웹 브라우저의 웹 사이트 주소 입력창에 주소를 입력하고 클릭한다. 이 과정은 인터넷을 통해 웹 서버에 자료나 데이터를 요청(request)하는 과정이다. 이때 내 컴퓨터는 '웹 클라이언트(web client)'[13]이고 웹 사이트 쪽 컴퓨터는 '웹 서버(Web server)'가 된다.

자료 요청을 받은 웹 서버는 웹 클라이언트 요청에 따라 응답(response)한다. 응답 과정은 클라이언트의 웹 브라우저에 웹 문서와 정보가 연결되도록 인터넷에 자료를 보내는 과정이다. 내 컴퓨터에 요청한 웹 사이트의 정보나 화면이 보이면 과정이 완료된 것이다.

이렇게 데이터를 요청하고 응답하는 과정이 웹 클라이언트와 웹 서버 사이에 이루어진다. 인터넷 속도가 빠른 경우에는 이 과정이 순식간에 이루어지므로 우리 눈에는 마치 컴퓨터에 저장된 문서를 열어보는 것처럼 보인다.

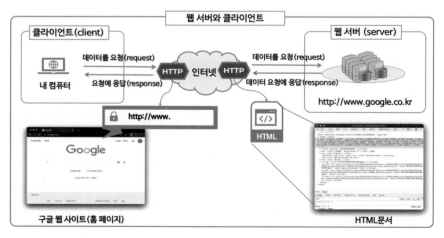

그림 2.9 웹 서버와 클라이언트의 자료 요청 응답 구조

---

13 고객을 뜻하는 용어로, 컴퓨터에서는 가장 끝에서 데이터를 요청하는 개체를 뜻한다. 보통 내 컴퓨터로 어느 웹 사이트에 접속해 클릭했을 때 내 컴퓨터가 클라이언트로 자료를 요청하는 것이다.

이때 그림 2.9와 같이 웹 클라이언트와 웹 서버 사이에는 HTTP 인터넷 프로토콜을 사용한다. 웹 클라이언트는 HTTP 규약에 따라 전송된 웹 문서(HTML 문서)를 웹 브라우저에서 볼 수 있다. 그림에서 클라이언트의 웹 문서는 텍스트, 이미지, 동영상 등이 동작하는 구글 웹사이트다. 웹 서버에서는 대용량 문서를 빠르게 처리하기 위해 주로 텍스트로 작성된 HTML 문서를 사용한다.

웹의 부흥기: 다양한 웹 브라우저

초창기 웹 브라우저인 모자이크나 내비게이터를 거쳐 정보의 바다를 헤엄치기 위한 웹 브라우저는 비약적으로 발전했다. 그림 2.10은 StatCounter에서 조사한 전 세계 브라우저 현황을 보여주는 통계자료다. 대표적인 웹 브라우저를 살펴보면, 구글의 크롬(Chrome), 애플의 사파리(Safari), 마이크로소프트의 엣지(Edge), 파이어폭스(Firefox), 삼성 인터넷(Samsung Internet) 순으로 점유율이 높다. 삼성 인터넷이 순위를 차지하는 이유는 모바일 기기인 태블릿 PC와 스마트폰에서 삼성 인터넷 웹 브라우저를 사용하는 사용자가 많기 때문이다.

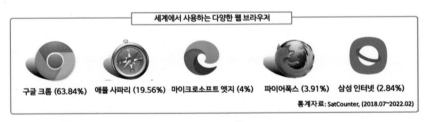

그림 2.10 전 세계 웹 브라우저 점유율(2018년 7월~2022년 2월)[14]

그림 2.11은 국내에서 사용되는 대표적인 웹 브라우저와 각 브라우저의 점유율이다.

그림 2.11 국내 웹 브라우저 점유율(2018년 7월~2022년 2월)

---

14 자료 출처, https://gs.statcounter.com/browser-market-share/all/south-korea/#monthly-201807-202201

추가 설명 간단한 HTML 문서 작성하기

메모장과 웹 브라우저를 활용해 간단한 HTML 문서를 만들어보자. 그림 2.12는 컴퓨터에 있는 기본 문서 편집기인 메모장을 사용해 간단한 HTML 문서를 만든 모습이다. 파일 확장자를 html로 저장할 수만 있다면 다른 문서 편집기를 사용해도 상관없다.

1. 메모장을 열고 다음과 같이 입력한다.

```html
<html>
    <body>
        <script>
            document.write("환영합니다");
        </script>
    </body>
</html>
```

그림 2.12 메모장을 사용해 간단한 HTML 문서 입력하기

2. 메모장 상단에 보이는 [메뉴]에서 [파일(F)]을 클릭하고 [다른 이름으로 저장]을 선택한다.

3. 그런 후 [새 폴더]를 클릭하고 저장할 폴더를 만든다. 폴더 이름은 'html 문서 만들기'로 한다.

4. 저장할 파일 형식을 '모든 파일'로 선택한다. 파일 이름 칸에 'first.html'라고 입력하고 저장한다.

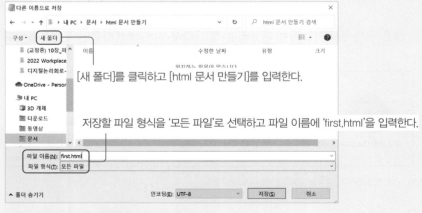

그림 2.13 파일을 다른 이름으로 저장하기

5. 파일을 저장한 폴더로 이동해 보면 크롬 웹 브라우저 모양의 first.html 파일 아이콘[15]이 생성된 모습을 볼 수 있다.

그림 2.14 윈도우 파일 탐색기에 저장한 파일의 아이콘이 생긴다

작성한 HTML 문서를 웹 브라우저에서 열려면 파일 아이콘을 더블 클릭해 실행하거나 웹 브라우저를 실행한 다음 파일 열기를 이용해 불러온다. first.html을 더블 클릭하면 크롬 창이 열리면서 다음과 같은 화면을 볼 수 있다.

'이 파일을 열 때 사용할 앱을 선택하세요.'라는 창이 나오면 'Chrome(크롬)'을 선택하고 '항상 이 앱을 사용하여 .html 파일 열기'에 체크한 다음 [확인] 버튼을 클릭한다.

그림 2.15 first.html을 클릭해 실행한 화면(왼쪽)과 파일을 열 때 사용할 앱을 선택하라는 메시지 창(오른쪽)

'환영합니다'라는 글씨를 출력하는 간단한 HTML 문서를 만들어 봤다. 웹 페이지 문서는 이런 방식으로 만든다. 또한, 앞서 작성한 HTML 문서에서 여러분은 이미 웹 프로그래밍 언어 중 하나인 자바스크립트(JavaScript)를 사용했다. 〈html〉, 〈body〉, 〈script〉와 같이 〈〉로 구성된 요소를 '태그'라고 부르며, 이것이 HTML 코드다. 그리고 중간에 있는 document.write("환영합니다");는 자바스크립트 코드로, 화면에 메시지를 출력하기 위한 명령어다.

---

15 이 책에서는 크롬 웹 브라우저가 기본 웹 브라우저로 설정돼 있어서 크롬 모양의 파일 아이콘이 생겼다.

이렇게 HTML 코드는 전체적인 구조를 구성하는 역할을 하고, 자바스크립트는 웹 문서에 세부적인 동작을 추가하는 역할을 한다. 예를 들어 회원 숫자를 세거나 회원을 관리하는 등의 프로그래밍 요소가 필요한 동적인 부분을 담당한다.

그러면 웹 페이지의 디자인은 누가 담당할까?

그림 2.16의 왼쪽과 같이 HTML 코드만 사용하여 무미건조한 텍스트만 잔뜩 있는 웹 페이지를 본 적이 있을 것이다. 여기에 스타일을 입히는 것은 CSS(Cascading Style Sheets) 코드가 담당한다. HTML에 CSS를 더하면 그림 2.16의 오른쪽 그림과 같이 웹 페이지를 화려하게 꾸밀 수 있다. 즉, HTML은 웹 문서의 전체적인 뼈대를 구성하고, CSS는 웹 문서의 디자인을 담당한다.

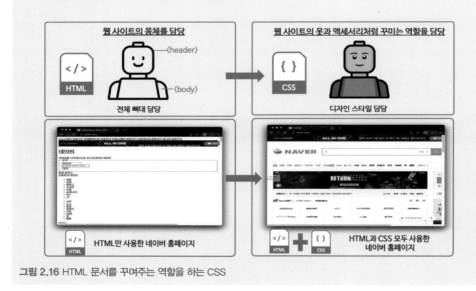

그림 2.16 HTML 문서를 꾸며주는 역할을 하는 CSS

모바일 인터넷과 모바일 컴퓨팅

고대 메소포타미아 문자의 발명, 바퀴의 발명과 같은 세상을 바꾼 위대한 발명품들은 세상을 이전과 다르게 급격하게 변화시켰다. 21세기에 들어서면서부터 세상을 바꾼 발명품들은 대부분 정보(information)와 관련된 장비들이다. 스마트폰 역시 인터넷에 대적할 만한 가장 대표적인 발명품으로, 스마트폰과 인터넷의 만남은 세상을 폭발적으로 변화시켰다. 오늘날 스마트폰과 인터넷 없는 삶은 상상도 할 수 없을 정도이기 때문이다.

스마트폰과 인터넷의 만남

인터넷이 없던 세상에서 모바일 인터넷 시대로

1990년부터 2000년까지의 유선 인터넷 시대에는 사무실이나 집에서 컴퓨터로 화면 너머 다른 세상을 들여다보는 시대였다면, 2000년부터는 움직이면서 인터넷을 사용할 수 있게 됐다. 이것을 "인터넷이 움직이기 시작했다"고 말하기도 한다. 바로 이때부터 인터넷이 '이동성(mobility)을 가지게 됐다'고 해서 **모바일 인터넷**(mobile internet) 또는 **모바일 컴퓨팅**(mobile computing) 시대라 부른다.

2000년대 중반에는 트위터(Twitter), 페이스북(Facebook), 유튜브(YouTube)와 같은 다양한 모바일 서비스가 출시됐다. 특히 2007년 6월 애플의 아이폰(iPhone) 출시는 사용자의 눈높이와 시대의 요구에 부합하는 기념비적인 사건이다. 사실 아이폰의 출시를 계기로 스마트폰 시대가 본격화됐다. 물론 아이폰 이전에도 개인정보단말기(PDA, Personal Digital Assistance)나 팜탑(palmtop) 등의 소형 컴퓨터 기기는 있었지만, 아이폰만큼 스마트폰 기계와 서비스를 만족시키는 혁신적인 기기는 없었다.

우리가 살고 있는 인터넷 시대는 그림 2.17과 같이 유선 인터넷의 등장과 모바일 인터넷의 등장, 그리고 2016년 이후의 4차 산업혁명으로 구분 지을 수 있다.

현재는 언제, 어디서, 누구나 인터넷에 접속할 수 있는(온라인이 될 수 있는) 세상에 살고 있다는 뜻에서 **올웨이즈 온라인**(always online)[16]의 시대라고 불리기도 한다. 또한, 모든 사물(thing)이 인터넷에 연결되는 세상인 **사물인터넷**(IoT, Internet of Things)의 시대다. 사물이란 흔히 집에서 사용하는 모든 가전제품, 사람이 휴대하거나 몸에 붙일 수 있는 모든 전자제품, 심지어는 자동차, 스마트 신호등, 스마트 빌딩처럼 큰 개념의 구조물까지 모두 포함하여 지칭하며, 사물인터넷에서 한발 더 나아가 **만물인터넷**(IoE, Internet of Everything)으로 그 개념을 확장하고 있다.

---

16 《포노 사피엔스 경제학》(메가스터디북스, 2019)

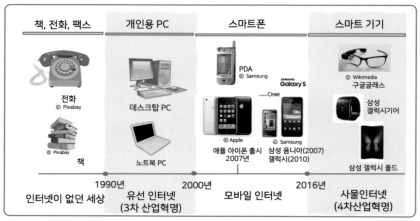

그림 2.17 인터넷이 없던 세상에서 사물인터넷 세상까지

스마트폰 혁명과 사회 변화

지금은 전 세계가 스마트폰으로 연결되는 세상이 됐다. 스마트폰뿐만 아니라 컴퓨터도 다양한 형태와 기능을 갖춰 발전했다. 휴대용 노트북과 태블릿 PC(tablet PC)로 언제 어디서든 인터넷에 접속하고 소셜 미디어(social media)를 향유하는 시대에 살고 있다.

2019년 기준으로 전 세계 휴대전화[17]는 약 50억 대로 추정되고, 그중 절반 정도를 스마트폰이 차지하는 것으로 조사됐다. 국내 이동통신 가입자 중 95%가 스마트폰을 사용하며 세계적으로는 약 76%가 스마트폰을 사용한다.

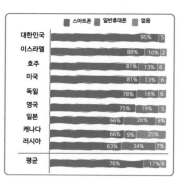

그림 2.18 전 세계 선진 18개국의 이동통신 가입자 중 스마트폰 사용자(2019년)[18]

---

17 휴대전화는 단어 그대로 휴대할 수 있는 전화기를 말한다. 스마트폰은 휴대전화가 발전한 단계로, 손으로 터치할 수 있는 화면이 있고, 영상통화가 가능하며, 컴퓨터처럼 작업할 수 있는 휴대전화를 말한다. 대표적인 스마트폰으로는 아이폰과 갤럭시 시리즈가 있다.

18 https://www.pewresearch.org/global/2019/02/05/smartphone-ownership-is-growing-rapidly-around-the-world-but-not-always-equally/pg_global-technology-use-2018_2019-02-05_0-01/

추가 설명 국내의 스마트폰 보유율 변화 추이

방송통신위원회의 〈2020년 방송매체 이용행태 조사〉 보고서에 따르면 국내의 스마트폰 보유율 변화 추이를 알 수 있다. 그림 2.19는 2011부터 2020년까지의 통계자료로, 스마트폰은 2012년부터 보유율이 57.5%로 급격하게 상승했고, 이와 반대로 일반폰은 37.7%로 보유율이 떨어지기 시작했다. 2020년에는 스마트폰의 보유율이 93.1%까지 상승했다. 가족 구성원 거의 모두가 가지고 있다는 뜻이다. 또한 재미있는 통계 자료는 스마트폰 하루 평균 이용 시간이다. 음성 통화(전화 통화)를 제외한 이용 시간은 10대가 3시간 11분, 20대가 2시간 54분으로 가장 많았고, 전반적으로 2018년에 비해 모든 연령층에서 사용 시간이 꾸준히 증가하는 추세를 보인다.

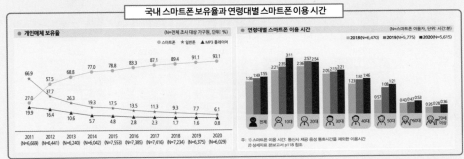

ⓒ 2020년 방송매체 이용행태조사/한국콘텐츠진흥원

그림 2.19 2011년부터 2020년까지 국내 연도별 스마트폰 사용자 변화 현황(왼쪽)[19]과 2018년~2020년 국내 연령대별 스마트폰 이용 시간(오른쪽)[20]

추가 설명 포노 사피엔스(phono sapiens)

스마트폰은 마치 우리 삶의 일부처럼 곁에 있고, 스마트폰 없이는 살 수 없는 현대인을 빗대어 **포노 사피엔스(phono sapiens)**라 부르기도 한다. 2015년 영국의 주간지 〈이코노미스트〉가 예전 슈퍼컴퓨터의 속도를 가지고 인터넷에 연결되며 크기도 작은 스마트폰을 사용하는 인간을 포노 사피엔스라고 지칭하면서부터 유래했다. 최근 세상의 변화 속도를 살펴보면 포노 사피엔스라는 용어의 출현은 과장된 일이 아니다.

신제품이 출시되어 5,000만 명의 사용자를 확보하는 데 걸리는 시간은 상상을 초월한다. 과거 전화기, 전기, 라디오를 사용하는 사람이 5,000만 명에 이르는 데는 각각 50년, 46년, 38년이 걸렸다. 이에 비해 인터넷은 7년, 페이스북은 3년, 트위터는 2년, 스마트폰은 9개월밖에 걸리지 않았다. 최근에는 속도가 더욱 빨라져 방탄소년단(BTS)의 신곡이 유튜브에서 5,000만 번 이상 조회되는 데 걸린 시간이 24시간도 채 되지 않는다. 이렇듯 세상의 변화 속도는 상상을 초월하고 변화 방향은 예측하기 어려워졌다.

---

19 2020년 방송매체 이용행태조사(7페이지), 한국콘텐츠진흥원, 방송통신위원회, https://portal.kocca.kr/
20 2020년 방송매체 이용행태조사(11페이지), 한국콘텐츠진흥원, 방송통신위원회, https://portal.kocca.kr/

인터넷 소통과 다양한 서비스

전 세계 인터넷 그룹 순위

그림 2.20은 Visual Capitalist[21]에서 2019년에 조사한 자료로, 전 세계 웹을 장악하고 있는 인터넷 그룹의 순위 중에서 상위 5위까지만 표시한 것이다. 구글과 페이스북이 눈에 띄는 성장을 보인다.

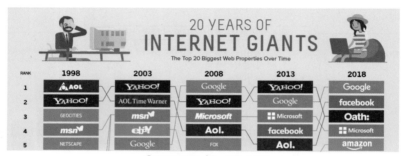

그림 2.20 전 세계 웹을 장악하고 있는 상위 5위 인터넷 그룹 기업[22]

인터넷 소통: 소셜네트워크서비스(SNS)와 인스턴트 메신저 서비스

소셜네트워크서비스(SNS, social network service, 또는 소셜 미디어)란 사용자 간의 자유로운 의사소통과 정보 공유 등을 통해 사회적 관계를 생성하고 강화, 확대해주는 온라인 플랫폼 서비스를 말한다. SNS에서 가장 중요한 사항은 사진으로 네트워크상의 사람과 얼굴을 볼 수 있으며, 이 서비스를 통해 '사회적 관계망'을 생성, 유지, 강화, 확장해 나간다는 점이다. 이러한 관계망을 통해 정보가 공유되고 유통될 때 그 힘이 커진다.

대표적인 SNS 서비스로는 페이스북(Facebook)[23]과 트위터(Twitter)가 있으며, 2018년 이용자 수가 18억 명을 돌파했다. 2020년 국내 인터넷 사용자가 주로 사용하는 SNS 서비스 비율은 페이스북이 60.9%, 인스타그램이 52.5%다. 국내에서 개발된 SNS 서비스의 사

21　Visual Capitalist(비주얼 캐피탈리스트)는 전 세계 마켓, 기술, 전 세계 경제, 산업 흐름에 관한 데이터를 분석한 인포그래픽(inforgraphic, 정보를 시각화)을 온라인상에서 제공해주는 글로벌 데이터 인포그래픽 업체다.

22　Visual Capitalist, Nick Routley, 2019년, https://www.visualcapitalist.com/20-internet-giants-rule-web/

23　2004년에 설립된 페이스북은 2021년 10월 회사명을 메타(Meta Platform)로 변경했다.

용 비율은 카카오톡의 카카오스토리 31.4%, 네이버 밴드 30.6%, 네이버와 다음의 카페, 블로그 순이다(그림 2.21)[24].

SNS를 이용하는 가장 큰 이유를 3개 고르라는 설문조사에서는 '친교, 교제를 위해서 (75.5%)'가 가장 높은 비율을 차지했다. 다음으로는 '타인이 게시한 콘텐츠를 살펴보기 위해서(50.9%)', '취미, 여가 활동 등 개인 관심사 공유(46.7%)'가 그 뒤를 이었다. 그 밖에 '일상생활에 대한 기록을 위해서(40.5%)' 또한 높은 비율을 차지한 것으로 보아 사회 관계망 서비스를 개인 기록용으로도 많이 활용하는 사회 현상을 엿볼 수 있다.

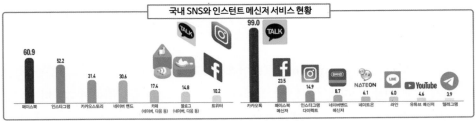

ⓒ 인터넷 이용실태 조사/한국지능정보사회진흥원(NIA)

그림 2.21 주로 이용하는 SNS 서비스 현황(왼쪽)과 인스턴트 메신저 서비스 현황[25](오른쪽)(3개 항목 응답, 단위: %, 2020년 만 6세 이상 인스턴트 메신저 이용자 기준)

인스턴트 메신저(instant messenger)는 인터넷과 같은 네트워크를 이용해 두 명 이상이 즉각적인(실시간) 텍스트(문자)를 서로 주고받을 수 있는 서비스를 말한다. 간단히 메신저라고 하기도 하고 모바일 기기를 사용할 경우에는 모바일 메신저라고도 한다. 메신저라는 단어는 기술 문서에서 사용하는 용어이며, 대표적인 메신저로는 '카카오톡(Kakao Talk, 또는 흔히 카톡)', 네이버의 '밴드 톡', '네이트온', '라인톡'이 있다.

모바일 컴퓨팅(mobile computing)

2007년 애플 아이폰의 등장으로 '스마트폰(smartphone)'이라는 용어가 출현했다. 새로운 형태의 휴대폰이 나온 것도 의미가 있었지만, 무엇보다도 언제, 어디서, 누구나 인터

---

24 인터넷이용실태조사 요약 보고서(14페이지), 한국지능정보사회진흥원(NIA)
25 인터넷이용실태조사 요약 보고서(12페이지), 한국지능정보사회진흥원(NIA)

넷에 접속할 수 있다는 것이 가장 큰 변혁이었다.

3G(3세대)[26] 폰은 예전에 휴대폰이라 부르던 것을 스마트폰으로 탈바꿈시켰고, 이동통신(또는 모바일 통신) 서비스도 붐을 일으키기 시작했다. 이 시기부터 이동통신 데이터 서비스를 이용한 인터넷 접속이 확산되기 시작했다. 너도나도 집과 사무실을 벗어나 실외에서 웹 서핑을 즐기고, SNS를 향유하기 시작했다. 또한 PC에서만 되던 프로그램이나 게임을 손안의 스마트폰에서 사용할 수 있는 세상이 열리면서 모두가 스마트폰에 앱(애플리케이션)을 다운로드하고 사용하기 시작했다. 언제, 어디서나 인터넷에 접속할 수 있고 다양한 컴퓨팅 기능을 활용할 수 있는 '모바일 컴퓨팅 시대'가 열린 것이다.

모바일 컴퓨팅의 정의와 개념

모바일 컴퓨팅(mobile computing)은 단어 의미 그대로 '움직이는 컴퓨터 환경'을 뜻한다. 다시 말해 '언제, 어디서나, 무선으로 인터넷이나 네트워크에 연결하여 데이터, 음성, 동영상의 전송을 가능하게 하는 것'을 말한다. 모바일 컴퓨팅은 2007년 이후로 급속히 발전하여 4차 산업혁명 시대에 원하는 다양한 지능형 서비스(사물인터넷, 클라우드 컴퓨팅, 스마트 팩토리, 스마트 시티 등)를 실현시키는 중요한 기술이다. 모바일 컴퓨팅은 일반 스마트폰, 태블릿 PC, 스마트 시계 등과 같은 스마트 기기(또는 디바이스)들이 인터넷과 연결되어 다른 스마트 기기로 정보를 전달하거나 위치 기반 서비스[27]를 사용하는 컴퓨팅 환경을 말한다.

모바일 컴퓨팅을 실현하기 위해 도와주는 기술로는 다양한 정보나 데이터를 제공하는 콘텐츠(contents), 스마트 기기(device), 스마트 기기를 접속하게 해주는 무선 통신 네트워크(network) 기술, 그리고 콘텐츠, 소프트웨어, 앱 프로그램 등을 제공하고 운영하는 플랫폼(platform)이 있다. 이 항목의 앞 글자를 따서 CPND라고 부르기도 한다.

---

26   3G는 3세대를 의미한다. 여기서 G는 generation(세대)을 뜻한다.

27   위치 기반 서비스(LBS, location based service)는 기기에 연결된 인터넷이나 이동통신망을 통해 사용자가 현재 위치한 곳의 정보를 파악하고, 위치와 관련한 서비스를 제공하는 것을 말한다. 예를 들어, 현재 위치한 장소 주변에 있는 음식점이나 주유소의 위치를 파악하고 음식점의 정보나 가격 정보 등을 알려주는 서비스를 말한다.

무선 통신 네트워크 기술

모바일 컴퓨팅의 가장 큰 특징은 이동성이다. 이동성은 움직일 수 있다는 것인데, 그러려면 선으로 연결한 유선(wired) 상태에서는 불가능하다. 따라서 선이 없는 무선(wireless) 기술이 필요하다. 이렇게 스마트 기기를 무선으로 연결하는 네트워크 기술이나 무선 통신 기술이 어떻게 서로 연결돼 정보를 전달할 수 있는지 살펴보자.

그림 2.22와 같이 스마트폰이나 노트북 PC, 스마트 자동차가 인터넷망으로 연결되려면 먼저 와이파이(Wi-Fi, 무선랜)나 이동통신 기지국(base station) [28]을 거쳐야 한다. 보내는 사람의 스마트 기기가 선 없이 연결되는 무선랜 기술과 이동통신 기술을 사용하고 있기 때문에 눈에 보이지 않게 인터넷망에 연결된다. 또한 이 기기들은 움직이면서 정보를 전달하거나 받을 수 있다. 인터넷에 연결된 기기들은 인터넷망으로 정보를 전달한다. 이 정보는 인터넷에 연결된 받는 사람의 스마트 기기에 전달된다. 이렇게 인터넷에 연결돼 있는 스마트 기기들은 서로 정보를 주고받을 수 있게 된다.

이렇게 구성된 네트워크(network, 망)를 넓은 의미에서 '무선 통신 네트워크'라 하고 연결에 필요한 통신 기술을 '무선 통신 기술'이라 한다. 그래서 모바일 컴퓨팅을 위해서는 와이파이나 이동통신(또는 모바일 통신)이 반드시 필요하다.

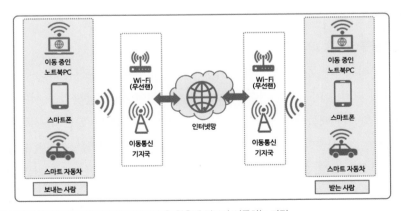

그림 2.22 모바일 컴퓨팅 환경에서 무선 통신 기술을 활용해 정보가 이동하는 과정

---

28 기지국은 기지(base)라 생각해도 된다. 휴대폰(휴대전화, 이동통신) 서비스를 사용하는 모든 사용자의 신호는 근처에 위치한 기지국으로 수집된 후에 다른 곳에 위치한 기지국으로 보내진다. 기지국은 서로 연결돼 있어서 국내 어느 곳이든 순식간에 신호를 전달할 수 있다.

스마트폰이 탄생하기 전까지

▪ 1세대 모바일 통신(1G): 1984년~1995년

이동하면서 인터넷을 이용할 수 있었던 시기는 언제부터였을까? 이에 대한 대답은 이동통신(mobile communication, 모바일 통신) 서비스의 발전을 엿보면 알 수 있다. 놀랍게도 이동통신의 시작은 그리 오래되지 않았다. 국내 최초의 이동통신 서비스는 1984년에 시작됐다. '벽돌폰'이라 불렀던 모토로라(Motorola)[29]의 다이나택SL이 있었으며, 아날로그(analog)[30] 방식으로 **음성 서비스**만을 지원했다. 음성 서비스는 전통적인 전화 통화를 말한다. 이때가 1세대(1G, 1st generation) 이동통신 시대다. 사실 본격적인 이동통신 서비스가 활성화된 것은 88 서울 올림픽의 개최를 앞둔 1988년 7월 1일이다. 하지만 여전히 음성만 전달하는 전화 서비스였다.

> **추가 설명**　이동통신 서비스
>
> 이동통신(또는 모바일 통신)은 통신공학에서 사용하는 전문용어로, 일반인이 서비스를 사용하기 시작한 뒤로 이동통신 서비스라는 용어가 보편화됐다. 스마트폰은 컴퓨터와 같은 성능을 갖춘 '똑똑한 휴대전화(휴대폰)' 기계이고, 이동통신은 스마트폰이 다른 사람들과 음성 또는 영상으로 통화할 수 있게 해주는 통신 기술이다. 또한 이동통신을 셀룰러(cellular) 통신이라고도 하는데, 휴대폰의 신호를 전달해주는 지역을 셀(cell) 모양으로 쪼개는 개념에서 비롯됐다.

▪ 2세대 이동통신(2G): 1996년~2005년

1996년은 우리나라 이동통신 역사에서 가장 의미 있는 해로 기록됐다. 그 이유는 1996년 1월에 2세대 디지털 이동통신 기술(CDMA)을 일반인이 사용할 수 있는 서비스가 세계 최초로 상용화됐기 때문이다. 여러 의미가 있겠지만, 1세대보다 훨씬 더 저렴한 가격으로 제공됐으며, 음성뿐만 아니라 문자도 보낼 수 있게 됐다. 전화를 걸려면 공중전화 부스 앞에서 동전을 들고 줄을 서야 했던 시절이라 휴대폰을 들고 있으면 부러운 시선을 받

았다. 또한 휴대폰에 카메라가 탑재되기 시작했고 MP3 음악[31]도 들을 수 있게 됐다. 그야
말로 획기적인 문화의 충격이 시작됐다.

추가 설명 코드 분할 다중접속방식, CDMA

CDMA는 코드 분할 다중접속방식(code division multiple access)의 약자로, 여러 사람을 코드(암호화
부호)로 구분해서 동시에 여러 사람이 같은 주파수를 사용할 수 있게 한 통신방식이다. 이동통신 시장에서
후발 주자였던 우리나라는 당시 벤처 기업이었던 퀄컴(Qualcom)이 보유한 CDMA 기술을 상용화하기 위
해 한국전자통신연구소(ETRI)와 국내 여러 기업이 공동 개발에 착수했다. 공동 개발의 성공으로 세계 최초
라는 명성과 함께 세계 이동통신 시장에 첫발을 내딛는 중요한 계기가 될 수 있었다. CDMA는 1996년 한
국이동통신(현 SK텔레콤)이 세계 최초로 상용화 서비스를 시작했다.

> 한국이동통신은 1996년 1월 1일 세계 최초로 CDMA 디지털 이동전화를 상용화했는데요. 이
> 로써 1G 통신은 2G 통신으로 세대 교체되었습니다. 한국이동통신의 CDMA는 이후 세계 표
> 준으로 자리 잡았습니다. 덕분에 15년 뒤처졌던 국내 통신 기술도 단숨에 선진국 반열에 올라
> 설 수 있었죠.

[SKT, 1996년 세계 최초 CDMA 상용화, 김지섭 기자, 조선일보. 2014.03.28]

'디지털 011은 때와 장소를 가리지 않습니다'라는 SKT의 광고 카피가 이 시절에 탄생했다. 그전까지는 아날
로그 방식이었고 산악지대에서 통화가 되지 않았기 때문에 CDMA 장점을 설명한 광고 카피다.

© SK텔레콤 스피드011 유튜브 광고(왼쪽), 삼성전자 애니콜 유튜브 광고(오른쪽)

그림 2.23 SK텔레콤의 스피드 011 광고 장면(1998년, 왼쪽)과 삼성의 최초 CDMA폰인 애니콜의 광고 장면(1997년,
오른쪽)

---

31 MP3(엠피쓰리, MPEG-1Audio Layer-3)는 음원을 디지털 기기로 들을 수 있게 표준화된 오디오 규격이다. 기존의 CD 음악 파일과 다르게 크기가 작아서
스마트폰에 음악을 저장할 수 있게 됐다.

스마트폰이 탄생한 후의 모바일 통신(3세대~5세대)

▪ 3세대 이동통신(3G): 2005년~2011년

2006년부터는 **영상통화**를 할 수 있는 시대가 도래했다. 이때부터 2011년까지를 3세대 이동통신 시대라 부른다. 3세대 이동통신 기술(WCDMA[32], 또는 3G)로 음성과 문자는 물론이고 영상통화를 할 수 있게 됐으며, 인터넷의 속도가 빨라졌다. 이 시기를 **멀티미디어 통신 시대**라고도 한다. 휴대폰을 **스마트폰**이라 부르기 시작했으며, 컴퓨터에서 할 수 있는 모든 것을 스마트폰에서 할 수 있게 됐다. 가족과의 영상통화, 인터넷으로 동영상을 주고받거나, 이메일을 주고받거나, 온라인 게임을 하거나, 동영상 강의를 들을 수 있는 세상이 열린 것이다.

가장 주목할 만한 사건은 2007년 애플(Apple)사의 아이폰(iPhone) 출시다. 아이폰의 출현은 휴대폰 업계에 지각변동을 일으켰다. 감각적인 사용자 인터페이스와 다양한 앱을 다운로드할 수 있는 애플의 앱스토어(App store)를 앞세워 소비자의 마음을 사로잡았다. 휴대폰 시장은 순식간에 스마트폰 시장으로 재편됐다. 이와 함께 트위터, 페이스북 같은 소셜미디어가 떠오르고, 카카오톡, 애니팡 같은 스마트폰 앱(App, application software 의 약자, 응용 프로그램)이 화제를 쓸어 담기 시작했다.

추가 설명　애플의 앱스토어

애플의 앱스토어는 아이폰의 출시와 함께 등장했으며, 게임, 문서 편집기, 사진 편집기 등과 같은 다양한 프로그램을 다운로드할 수 있는 인터넷상의 스토어(가게, 무료이거나 유료로 거래)를 뜻한다. 애플은 검증된 프로그램만 선별해 올려서 사용자들에게 신뢰도와 만족도를 높였다. 2011년 1월에 100억 다운로드 횟수를 돌파할 정도로 사용도가 높은 스토어다.

그림 2.24 애플 앱스토어

32　W(wideband, 광대역)CDMA는 CDMA 기술이 발전한 것으로 CDMA 방식보다 넓은 주파수 대역을 사용해 빠른 속도로 크기가 큰 데이터를 보내거나 받을 수 있다. 이 기술로 영상통화가 가능해졌다.

또한 아이폰 출시를 계기로 여러 휴대폰 제조업체는 비슷하지만 각자 개성 있고 다양한 인터페이스를 갖춘 스마트폰을 출시했다. 국내에서는 삼성의 옴니아(Omnia, 2006년)가 처음으로 출시됐지만 많은 호응을 얻지 못했고, 2010년 갤럭시S 시리즈를 출시해 호응을 얻기 시작했다. 아이폰 출시 이후로 3세대 이동통신 서비스를 향유할 수 있는 스마트폰의 유행을 불러일으켰다.

© 모토로라, 삼성전자, 애플

그림 2.25 1세대, 2세대 휴대폰과 3세대 모바일 통신 스마트폰 [33]

■ 4세대 이동통신(4G): 2011년~2019년

2011년부터 2020년까지를 4세대 이동통신 시대라 한다. 4세대 이동통신은 흔히 LTE(long-term evolution) [34]라 부르고, 3세대 이동통신 방식인 WCDMA가 확장돼 진화했다(이후 2012년에는 LTE-advanced 기술로 발전했다). 이제 스마트폰으로 스포츠 경기를 시청할 수 있고 스마트폰이 없는 사람이 없을 정도로 보편화됐다. 특히 모바일 게임 등이 폭발적으로 증가했고 무엇보다도 스트리밍(streaming) [35] 동영상을 시청할 수 있는 진정한 의미의 멀티미디어 서비스가 가능해졌다.

3G와 비교해 12배가 빠른 최대 173Mbps로 다운로드할 수 있고, 정지 상태에서는 최대 1초에 10억 비트를 주고받을 수 있는 1Gbps가 가능해졌다. 속도가 빨라지자 기존에는

---

33 삼성전자 뉴스룸, https://news.samsung.com/kr/삼성전자-45년-제품-혁신의-역사를-돌아보다-1편-휴대

34 '롱텀 에볼루션'이라 읽고, 3세대 이동통신 기술을 장기적으로 진화(발전)시킨다는 의미다. 이동통신 서비스 회사들이 세대로 구분할 수가 없어 세대 이름 대신 전문 기술 용어를 마케팅에 사용한 경우다. 엄격히 따지면 3.5G 또는 3.9G 기술에 해당된다.

35 스트림(stream)은 물이 흘러간다는 의미로 컴퓨터에서 의미는 동영상 파일을 따로 저장해 재생하는 것이 아니고 실시간 중계하듯이 바로 재생하면서 보는 것을 말한다.

느려서 잘 이용하지 않았던 유튜브, 넷플릭스(Netflix)와 같은 서비스 사용이 늘어나면서 새로운 사회·문화적 변화를 일으켰다. 모바일 게임 시장 역시 기존 콘솔, PC 게임보다 더 큰 시장 규모를 가지게 됐다. 스마트폰으로 이뤄지는 연결, 스마트폰으로 이뤄지는 소비, 스마트폰으로 만들어지는 생산이 중요한 경제 요소로 들어왔다. 스마트폰으로 음성, 영상통화, 인터넷, 동영상, 소셜미디어 서비스 등을 자유롭게 사용하는 풍경이 익숙하게 됐다.

> **추가 설명** 초당 비트 수, bps
>
> bps는 초당 비트 수(bit per second)를 의미하며, M은 메가(mega)로 10의 9승(백만)을 뜻하는 단위다. 176Mbps는 1초에 1억 7,300만 비트를 주고받을 수 있다는 의미다. 일반적으로 오디오(음악)는 32Kbps 이상의 속도에서 이용할 수 있고, 비디오(유튜브)의 경우 초당 400Kbps~12Mbps 이상의 속도가 필요하다.

▪ 5세대 이동통신(5G): 2020년~현재

2020년부터 상용화된 5G 서비스를 5세대 이동통신이라 한다. 4세대까지는 이동통신 서비스의 대상과 이용 주체가 사람이었지만, 5세대 이후부터는 통신의 주체와 서비스 목표가 사람이 아닌 인공지능과 사물인터넷으로 달라졌다. 5G는 **초고속, 초연결, 초저지연**이라는 세 개의 단어로 대표할 수 있다.

그림 2.26 4세대, 5세대 이동통신 스마트폰 [36]

---

36 삼성전자 뉴스룸, https://news.samsung.com/kr/삼성전자-갤럭시-s4-lte-a-로즈골드-화이트·로즈골드-블, 삼성전자 뉴스룸, https://news.sam-sung.com/kr/갤럭시-언팩-2021

5G는 기존 4G 대비 최대 20배 빠른 전송속도를 지원하는 초고속 전송 속도와 1킬로 평방미터(km^2)당 백만 개(4G 대비 10배)의 정보기기를 연결할 수 있는 초연결성, 신호를 주고받는 데 걸리는 **전송 지연 시간**[37]도 1,000분의 1초(4G는 100분의 1초)로 줄어든 **초저지연**이 핵심 성능이다[38].

- **초고속**: 대용량 크기의 비디오를 곧바로 주고받는 데 필요하다. 실시간으로 스포츠 경기장에서 펼쳐지는 경기 장면을 여러 각도로 촬영한 비디오를 곧바로 볼 때 필요하다.

- **초저지연**: 안전한 자율주행을 가능하게 한다. 자율주행 자동차는 빠른 반응속도가 핵심이다. 사람의 안전과 관련된 기술이므로 빠른 처리 속도가 필수이기 때문이다.

- **초연결**: 완전히 자동화되고 지능화된 스마트 팩토리(smart factory, 스마트 공장)와 같이 여러 가지 기계, 기구, 전자장비가 서로 연결되는 환경에 필요하다.

ⓒ 혁신성장 실현을 위한 5G+전략, 과학기술정보통신부

그림 2.27 5세대 이동통신의 세 가지 핵심 성능[39]

세대별 이동통신 서비스의 진화 과정

세대별 이동통신 서비스의 진화 과정을 요약하면 그림 2.28과 같다. 1896년 경운궁 내에 전화기를 설치한 것을 시작으로, 1986년 국내 유선 전화 가입자 수가 1,000만 회선에 이를 때까지는 유선 전화기의 시대였다. 1984년부터는 국내에서 아날로그 이동통신 서비스를 개시했지만, 이때는 'voice for rich'로 부자만이 휴대전화기를 들고 다닐 수 있었다.

---

37 전송 지연 시간(transmission delay time)이란 전파가 이동하고 통신 기기가 처리하는 데 걸리는 시간이다. 전파는 빛의 속도로 이동하지만, 통신 기기들은 전파에서 정보를 추출하기 위해 여러 전자회로를 거쳐야 하기 때문에 시간이 걸린다. 이 시간은 데이터 처리 속도도 연관이 되고 통신 기기의 하드웨어 성능과 통신 방식(알고리즘)에 따라 결정되기도 한다.

38 혁신성장 실현을 위한 5G+ 전략, 과학기술정보통신부(2019년), https://www.korea.kr/archive/expDocView.do?docId=38502

39 혁신성장 실현을 위한 5G+ 전략(8페이지), 과학기술정보통신부(2019년), https://www.korea.kr/archive/expDocView.do?docId=38502

1996년부터는 2세대 이동통신이 시작됐다. 세계 최초로 CDMA 방식을 상용화하여 휴대폰의 보편화가 시작됐으며, 누구나 휴대폰을 사용할 수 있었던 'voice for everyone' 시대다. 데이터 서비스가 활성화되기 시작한 것은 2003년 아이폰 출시 이후다. 데이터를 사용한 영상통화와 인터넷 접속이 시작됐지만, 요금이 비싸 'data for rich' 시대라고 불렸다.

데이터 사용이 보편화되기 시작한 것은 4세대 이동통신이 시작된 2011년부터이고, 이때부터는 모바일 게임, 유튜브 시청 등 많은 서비스가 선보였다. 2018년 평창 동계올림픽에서 시범 서비스를 시작하여 2019년 세계 최초로 5세대 이동통신을 상용화했으며, 4차 산업혁명 기술들(사물인터넷, 인공지능, 빅데이터, 자율주행차, 로봇 등)과 맞물려 여러 ICT 융합 서비스를 선보였다.

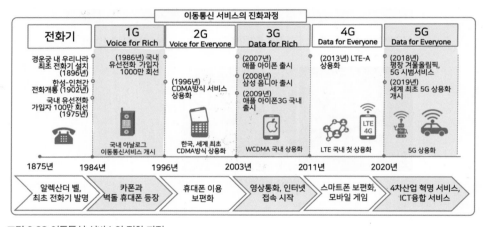

그림 2.28 이동통신 서비스의 진화 과정

미래 모바일 통신 기술, 6G 이동통신

과학기술 전문매체 〈MIT 테크놀로지 리뷰〉[40]는 '6세대 통신은 5세대 통신의 한계를 구체화하고, 이러한 한계 요인들이 6G 통신 개발을 촉진하는 동인이 될 것'이라고 주장했다. 이 매체에서는 6G 통신의 주요 키워드로 사물인터넷, 만물인터넷, 인공지능을 뽑았다.

---

40 MIT Technology Review, https://www.technologyreview.com/2019/04/19/136036/ready-for-6g-how-ai-will-shape-the-network-of-the-future/

삼성전자는 2020년 7월 차세대 이동통신 기술의 모든 것을 담은 〈6G 백서(white paper)〉[41]를 공개했다. 이 백서에서는 6세대 기술의 발전을 불러올 메가트렌드와 함께 6세대의 비전과 서비스, 기술 등을 다루고 있다.

또한 대한민국 과학기술정보통신부는 2020년 8월 '6G 시대를 선도하기 위한 미래이동통신 R&D 추진 전략'[42]을 발표했다. 과학기술정보통신부에서 바라보는 6G의 핵심 특징은 '초성능과 초대역', '초정밀', '초지능', '초공간'이다. 일반인들이 6G를 사용할 수 있는 상용화 시점은 2030년쯤으로 예측한다. 국내 이동통신사 SKT, KT, LGU+와 삼성전자 LG전자 등은 6G 시대를 주도하기 위해 선제적인 기술개발과 국제 표준 선점 노력에 나서고 있다.

■ 삼성전자에서 바라보는 6G

삼성전자에서 바라보는 6G의 비전은 '새로운 차원의 초연결 경험(the next hyper-connected experience)'을 제공하는 것이다. 6세대 기술의 상용화는 이르면 2028년에 시작하여 2030년에 본격적인 서비스가 이뤄질 것으로 예상했다. 새로운 점은 사람뿐만 아니라 기계 역시 중요한 사용자가 될 것으로 본다는 점이다. 특히 인공지능이 이동통신과 결합할 때 얻을 수 있는 잠재적 이점이 많은 데 비해 아직은 기술의 한계가 있다고 진단했다. 6세대에서는 인공지능 기술을 개발 초기 기술부터 적용하여 잠재력을 십분 활용할 것으로 예상했다.

삼성전자는 2030년 본격적인 서비스가 이뤄질 것으로 예상했다. 삼성전자는 초실감 확장 현실(truly immersive XR), 고정밀 모바일 홀로그램(high-fidelity mobile hologram), 디지털 복제(digital replica)를 주요 서비스로 전망했다. 각 서비스에 대해 간단히 정리하면 다음과 같다[43].

---

41 삼성전자 6G 백서, https://research.samsung.com/next-generation-communications
42 6G 시대를 선도하기 위한 미래이동통신 R&D 추진 전략, 과학기술정보통신부, https://policy.nl.go.kr/search/searchDetail.do?rec_key=SH2_PLC20200254270
43 삼성전자 뉴스룸, https://news.samsung.com/kr/삼성전자-차세대-이동통신-기술-담은-6g-백서-공개

▪ 초실감 확장 현실(XR)

확장 현실(XR, extended reality)은 가상현실(VR), 증강현실(AR), 혼합현실(MR)이 결합된 새로운 형태로, 엔터테인먼트, 의료, 과학, 교육 및 제조업에 적용할 수 있는 초실감 서비스를 제공하는 기술이다. 현재는 XR를 상용하기에는 많은 어려움이 있다. 하드웨어는 모바일 컴퓨팅 능력과 배터리 성능 등이 현저히 향상돼야 한다. 초실감 확장 현실 서비스를 경험할 수 있는 장치로는 그림 2.29와 같은 글라스가 있으며, 이러한 글라스는 교육이나 설계 부분에 적용할 수 있을 것으로 보인다. 마이크로소프트사의 홀로렌즈(Holo-Lens), 페이스북의 오큘러스 퀘스트(Oculus Quest), 구글의 구글 글라스, 삼성의 기어 VR-3D 등과 비슷한 형태의 디바이스가 있다.

ⓒ 삼성전자 6G 백서/삼성전자

그림 2.29 초실감 확장 현실로 교육과 설계를 하는 가상 모습 [44]

▪ 고정밀 모바일 홀로그램(high-fidelity mobile hologram)

홀로그램은 공상과학(SF) 영화에 흔히 등장하는 재미 요소다. 영화 〈스타워즈〉에서는 레아 공주의 메시지를 보여주는 장면에서 홀로그램(hologram) [45]이 최초로 등장했다. 그 이후로 수많은 공상과학(SF) 영화에 없어서는 안 될 기술로 자연스럽게 인식됐다. 현재 홀로그램을 완벽하게 구현한 서비스는 없지만, 유사하게 모방한 서비스는 선보였다.

예를 들어 K-live(클라이브 또는 케이 라이브)의 홀로그램 콘서트는 케이팝(K-pop)의 가수 공연을 홀로그램처럼 볼 수 있게 만든 서비스다. 사실 홀로그램 기술은 콘서트뿐만

---

[44] 삼성전자 6G 백서(14페이지), https://research.samsung.com/next-generation-communications
[45] 홀로그램(Hologram): 홀로(Holo)는 그리스어로 '전체'를 뜻하고, 그램(gram)은 '메시지'라는 뜻으로 '완전한 사진'이라는 뜻이다. 어떤 물체를 3차원 입체 이미지로 재생하는 것으로 실제 공간에 놓인 물체를 보는 것 같은 착각을 불러일으킨다.

아니라 광고, 정밀측정, 의료용 교육, 가상 설계 등에 활용할 수 있어 잠재력이 무궁무진하다. 공상과학 영화처럼 스마트폰 또는 손바닥 위에 홀로그램이 펼쳐지게 하는 것이 홀로그램을 연구하는 공학자들의 꿈이다. 현재 각 기업이나 연구소 등에서 수년 전부터 홀로그램을 구현하는 기술을 개발 중이다.

삼성전자의 '고정밀 모바일 홀로그램 서비스'는 3D 홀로그램 디스플레이, 홀로그램 서비스 개발이 중요하다. 홀로그램을 실제 스마트폰 화면에 보여주려면 그에 맞는 스마트폰 화면을 개발해야 하고, 5G 통신보다 수백 배 많은 데이터를 보내야 해서 넘어야 할 기술 장벽이 높다. 그림 2.30은 삼성전자 6G 백서에서 선보인 홀로그램 서비스의 예로 태블릿 PC나 스마트폰 위에 원하는 이미지가 실제와 같은 고해상도의 3D 이미지나 동영상으로 재생되는 모습을 보여준다.

ⓒ 삼성전자 6G 백서/삼성전자

그림 2.30 고정밀 모바일 홀로그램 서비스 [46]

■ 디지털 복제(digital replica)

센서와 인공지능, 통신 기술의 발달로 물리적 세상에 있는 개체(entities), 예를 들어 사람, 디바이스, 물체, 시스템, 심지어 특정 장소를 가상 세계로 복제하는 것이 가능해졌다. 이러한 물리적 개체를 복제하는 것을 **디지털 트윈(digital twin)** [47]이라 부른다. 2000년대 들어 제조업에 도입하기 시작했으며, 항공, 건설, 헬스케어, 에너지, 국방, 도시설계 등 다양한 분야에서도 활용되고 있다. 최근에는 가상공간에 실제 도시와 동일한 도시를

---

46 삼성전자 6G 백서(15페이지), https://research.samsung.com/next-generation-communications
47 디지털 트윈은 미국의 제너럴일렉트릭(GE)이 주창한 개념으로 가상공간에 실물과 똑같은 물체(쌍둥이)를 만들어 다양한 모의시험(시뮬레이션)을 통해 검증해 보는 기술을 말한다. https://ko.wikipedia.org/wiki/디지털_트윈

구축하고 거기에서 인구 분포, 안전, 복지, 환경, 상권, 교통 등 각종 도시행정을 먼저 시험해 검증하는 데도 디지털 트윈 기술이 활용되고 있다. 가상공간에 디지털 트윈이 구축되면 정책을 실제 도시에 도입하기 전에 효율성을 검증하고 부족한 부분을 보완할 수 있다.

6세대 통신 시대에는 이러한 디지털 트윈을 통해 시간적, 공간적 제약 없이 가상 세계에서 복제된 현실을 탐험하거나 모니터링할 수 있다. 삼성전자의 〈6G 백서〉에서 설명하는 디지털 복제 서비스는 사용자들이 현재의 디지털 트윈 단계를 넘어서는 서비스 영역까지 정의하고 있다. 예를 들어 VR 기구나 홀로그램 디스플레이로 복제된 디지털 트윈을 보면서 센서나 제어 장치(actuator)를 사용해 개체를 원격 조정함으로써 실제 물리적 세상에 있는 개체를 조정할 수 있는 실시간 상호 작용(interaction)하는 서비스까지 구상하고 있다. 이 서비스를 실현하기 위한 기술적 장벽은 매우 높다. 앞서 설명한 서비스들의 결정체라 볼 수 있기 때문에 디스플레이 화질, 데이터 속도 등 해결해야 할 과제가 많다.

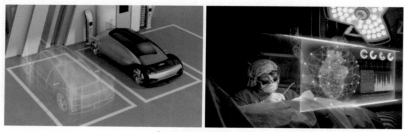

ⓒ 삼성전자 6G 백서/삼성전자

그림 2.31 디지털 복제 서비스[48]. 실제 세상과 가상 세상의 다리 역할을 할 것이다.

과학기술정보통신부의 6G 비전, '상상이 현실이 되는 6G 시대 선도'

2020년 8월에 과학기술정보통신부에서 '6G 시대를 선도하기 위한 미래이동통신 R&D 추진 전략'[49]을 발표했다. 미래 네트워크 주도권을 선점하고, 코로나19 이후 가속하는 비대면, 디지털화에 대응하고 미래 신산업의 성장 기반을 마련하는 것이 추진 전략의 발표 배경이다.

---

48 삼성전자 6G 백서(16페이지). https://research.samsung.com/next-generation-communications
49 6G 시대를 선도하기 위한 미래이동통신 R&D 추진 전략, 과학기술정보통신부. https://policy.nl.go.kr/search/searchDetail.do?rec_key=SH2_
　　PLC20200254270

이동통신 서비스의 세대별 진화 모습을 살펴보면 어렵지 않게 앞으로 추진하려는 6G 모습을 상상할 수 있다. 4G는 개인 사용에 한정된 스마트폰 서비스에 국한됐지만, 5G는 첨단 단말에 적용되어 타 산업과 융합된 형태의 융합 서비스(B2B)를 촉발했다. 6G는 산업전 분야에서 융합 서비스가 안정적으로 작용하고 고도화된 '지능형 비대면 사회로의 도약'을 꿈꾸고 있다.

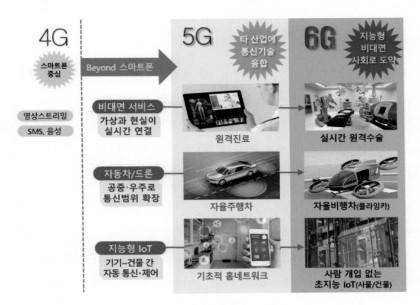

© 과학기술정보통신부

그림 2.32 이동통신 서비스의 진화와 6G 모습

과학기술정보통신부는 6G 상용화가 2028년에서 2030년경 시작될 것으로 예상하고, 사업을 2단계로 나눠 외재적 요인에 대한 불확실성에 대응할 계획이다. 2025년까지는 핵심기술개발에 나서고, 2028년까지는 상용화 지원에 나설 예정이다. 저궤도 위성 6G 통신기술은 당장 현실화가 어려운 분야로 정부가 주도하여 선도적인 수준으로 6G 핵심기술(10대 전략) 개발을 추진한다는 계획이다.

과학기술정보통신부에서 제시한 6G의 핵심 특징은 그림 2.33과 같이 초성능과 초대역, 초정밀, 초지능, 초공간이다.

© 과학기술정보통신부

그림 2.33 6G의 핵심 특징인 초성능과 초대역, 초정밀, 초지능, 초공간[50]

6G는 대체로 100기가헤르츠(GHz)에서 10테라헤르츠(THz) 사이의 주파수 대역을 이용하는 통신 기술로, 5G 통신보다 최대 50배 이상 빠른 1Tbps급(1,000Gbps) 속도로 데이터를 전송하는 것이 목표다. 이 속도는 영상 크기가 2GB인 영화를 다운로드한다고 했을 때, 3G에서는 19분, 4G에서는 16초, 5G에서는 0.8초가 필요했다면 6G에서는 거의 0.016초로 찰나의 순간이 필요한 정도다.

과학기술정보통신부에서 제시한 6G 특징 중에서 이전에 없는 특이한 분야는 '저궤도 위성의 활용'이다. 5G까지는 지상에서만 서비스가 가능했지만, 6G는 저궤도 위성을 활용해 지상 10km 높이까지 이동통신 서비스를 확대한다는 계획이다. 아직 현실화 시점이 명확하게 제시되지는 않았지만, 최소한 저궤도 위성을 사용한 지상—공중 통신 서비스의 핵심 기술을 선제적으로 확보하려는 계획과 비전이다.

이렇듯 과학기술정보통신부는 5G의 한계를 극복하는 6G 기술 개발을 통해 다음과 같이 5가지 중점 분야에서 도래할 사회 모습을 그려보고, 필요한 기술을 개발해 다양한 서비스를 창출할 것으로 전망된다.

- **초성능과 초대역**: 완전 자율주행차, 홀로그램 비대면 회의

- **초정밀**: 실시간 원격 수술, 원격 근로, 원격 협주(사이버잼)

---

50 '데이터 고속도로'의 미래, 6세대(6G) 이동통신에 대한 준비 본격 착수, 과학기술정보통신부,
　　https://www.msit.go.kr/bbs/view.do;jsessionid=0Is1tKd41wx4rGVQ0rJZ0L-CMJaB9_Q7OqjhzTh6,AP_msit_1?sCode=user&m-
　　Pid=3&mId=181&bbsSeqNo=115&nttSeqNo=3025201

- **초공간**: 기내 고속 인터넷, 플라잉 카 · 드론 택시, 산악 해상 · 6G 통신(재난 안전)
- **초지능**: 전국 규모의 스마트 시티 · 공장, 사무실 · 가정의 완전한 무선화

과학기술정보통신부는 5G+ 기술 개발이 완료될 것으로 예상하는 2026년부터는 5G+ 서비스와 상용화 이전 단계의 6G 기술을 적용한 '6G-Upgrade 시범사업'을 추진할 계획이다. 또한 이러한 시범사업으로 개발된 6G 기술이 서비스로 안착할 수 있도록 지원할 예정이다. 6G-Upgrade 시범사업을 통해 보여줄 시범 서비스는 그림 2.34와 같이 디지털 헬스케어 UP, 실감 콘텐츠 UP, 자율주행차 UP, 스마트 시티 UP, 스마트 공장 UP이다.

그림 2.34 6G-Upgrade 시범사업으로 보여줄 6G-Upgrade 시범 서비스

또한 6G의 초연결성 특징으로 5G보다 연결되는 기기 수가 수십 배 이상 늘어나면서, 사람과 사물이 더 유기적으로 연결될 수 있게 되었다. 그래서 언제 어디서나 모든 만물이 연결되어 통신할 수 있는 **지능형 만물인터넷(AIoE)** [51] 시대가 올 것으로 예상하고 있다.

---

51 만물인터넷(IoE)과 인공지능(AI)을 결합해 지능형 만물인터넷(AI+IoE=AIoE)이라 부른다. 사물인터넷에서 만물인터넷으로 확장되고, 여기에 사물들이 스스로 생각하는 지능을 갖는 '지능형 사물인터넷'으로, 또 만물로 확장해서 '지능형 만물인터넷'으로 진화하고 있다.

참고 문헌

- 위키백과, https://ko.wikipedia.org/wiki/라우터

- 위키백과, https://ko.wikipedia.org/wiki/월드_와이드_웹

- StatCounter, https://gs.statcounter.com/

- 《포노 사피엔스 경제학》(메가스터디북스, 2019)

- 미국 시장조사기관 (Pew Research),
  https://www.pewresearch.org/global/2019/02/05/smartphone-ownership-is-growing-
  rapidly-around-the-world-but-not-always-equally/

- 2020년 방송매체 이용행태조사, 한국콘텐츠진흥원, 방송통신위원회 https://portal.kocca.kr/

- Visual Capitalist, 2020, https://www.visualcapitalist.com/every-minute-internet-2020/

- Visual Capitalist, 2019, https://www.visualcapitalist.com/20-internet-giants-rule-web/

- 인터넷 이용실태 조사 요약 보고서, 한국지능정보사회진흥원(NIA), 과학기술정보통신부, https://www.
  nia.or.kr/site/nia_kor/ex/bbs/View.do?cbIdx=99870&bcIdx=23310&parentSeq=23310

- 삼성전자 뉴스룸, https://news.samsung.com/kr/

- 6G 시대를 선도하기 위한 미래이동통신 R&D 추진 전략, 과학기술정보통신부, https://policy.nl.go.kr/
  search/searchDetail.do?rec_key=SH2_PLC20200254270

- 혁신성장 실현을 위한 5G+ 전략, 과학기술정보통신부(2019년), https://www.korea.kr/archive/
  expDocView.do?docId=38502

- 데이터 고속도로'의 미래, 6세대(6G) 이동통신에 대한 준비 본격 착수, 과학기술정보통신부,
  https://www.msit.go.kr/bbs/view.do;jsessionid=0ls1tKd41wx4rGVQ0rJZ0L-CMJaB9_
  Q7OqjhzTh6.AP_msit_1?sCode=user&mPid=3&mId=181&bbsSeqNo=115&nttSeqNo=3025201

- SK 뉴스룸, https://news.sktelecom.com/105275

- MIT Technology Review, https://www.technologyreview.com/2019/04/19/136036/ready-for-
  6g-how-ai-will-shape-the-network-of-the-future/

- 삼성전자 뉴스룸, https://news.samsung.com/kr/삼성전자-차세대-이동통신-기술-담은-6g-백서-
  공개,

- 삼성전자 6G 백서, https://research.samsung.com/next-generation-communications

03

4차 산업혁명을 이끄는 인공지능

인공지능의 등장은 증기기관이나 전기가 발명됐을 때와 마찬가지로 산업 전 분야를 변혁시킬 것으로 예상됐다. 2016년에 시작된 4차 산업혁명 시대, 지능 정보화 시대를 이끄는 중심 기술로 주목받았으며, 인간과 인공지능 컴퓨터 간의 대결로 세계의 이목을 끈 이후로 그동안 축적해온 인공지능 기술이 세상 밖으로 나와 빛을 보게 됐다. 특히 인공지능은 사물인터넷(IoT), 클라우드 컴퓨팅(cloud computing), 빅데이터(big data), 모바일 기술들과 결합해 새로운 제품과 서비스를 출현시켰다. 이번 장에서는 인공지능 기술이 지금까지 발전해 온 과정을 살펴본다.

4차 산업혁명의 탄생

4차 산업혁명이 탄생하기까지의 과정을 살펴보자.

1차 산업혁명: 기계화 혁명

1차 산업혁명(industrial revolution)은 1760년부터 1820년까지 영국에서 급격하게 산업 생산력이 증대한 시기를 말한다. 가장 중요한 계기는 '증기기관(steam engine)'으로 새로운 에너지 동력이 기계와 결합해 그전에는 결코 상상할 수 없었던 생산력의 증대를 가져왔다. 이것으로 영국의 노동 형태가 바뀌었고 영국의 사회 · 경제 구조가 획기적으로 변화했다. 이 시기를 증기기관을 기반으로 한 **기계화 혁명**이라고 한다.

18세기까지도 인간이 얻을 수 있는 에너지는 제한돼 있었다. 1차 산업혁명 이전에는 일정한 장소에서만 사용할 수 있는 수차(물레방아)나 풍차로 동력을 얻었다. 그러나 18세기부터 영국의 면직물 수요가 급증해 이를 감당하기 위한 새로운 에너지원이 필요했다. 다행히 영국은 석탄 자원이 풍부했고 석탄을 연료로 사용하는 새로운 에너지 기관인 증기기관을 발명했다. '필요는 발명의 어머니'라는 말이 이뤄진 셈이다. 이 시대에 영국은 섬유로부터 실을 뽑는 방적기(spinner), 실로 천을 짜는 방직기(weaver) 등과 증기기관을 결합해 생산성을 파격적으로 증가시켰고, 그것이 면직물 산업이나 노동시장에 미치는 파급효과는 대단했다. 석탄만 있으면 필요한 곳 어디서든지 동력을 만들어 공장을 세울 수 있었기 때문에 에너지원이 풍부했던 영국은 면직물 산업을 통해 19세기 중반 경제 대국으로 성장했다.

증기기관[1]은 토마스 뉴커먼(Thomas Newcomen, 1663~1729)이 1705년 처음 발명했고, 이후 제임스 와트(James Watt, 1736~1819)가 1769년에 능률을 개선한 증기기관을 개발해 널리 보급하면서 대량 생산의 시대를 열었다.

© 브리태니카 백과사전(왼쪽), National Portrait Gallery/Wikimedia Commons/Public Domain (오른쪽)

그림 3.1 1차 산업혁명의 상징이 된 제임스 와트의 증기기관[2](왼쪽)과 제임스 와트의 초상화[3](오른쪽)

---

1 1740년경 뉴커먼의 증기기관은 이전에 사람 25명과 말 10마리가 일주일 동안 하던 일을 단 하루 만에 해낼 수 있었다. 그러나 열효율(열에너지가 역학적 에너지로 전환되는 비율)은 겨우 1% 정도에 지나지 않았다. 제임스 와트의 증기기관은 뉴커먼의 2배 이상으로 개량됐다. 지금의 자동차 내연기관은 대부분 30% 정도의 효율을 갖는다. 출처: ≪발명과 혁신으로 읽는 하루 10분 세계사≫(생각의 힘, 2018)

2 브리태니커 백과사전, https://www.britannica.com/biography/James-Watt

3 위키미디어, https://commons.wikimedia.org/wiki/File:Watt_James_von_Breda.jpg

추가 설명 산업의 동력 증기기관, 물류 혁신을 이끌다

제임스 와트의 증기기관은 방적기와 방직기의 혁신에 한정되지 않고 1807년 로버트 풀턴의 증기선 발명으로 이어졌다. 증기선은 장거리 항해 운항시간을 대폭 단축했다. 또한 1814년에는 조지 스티븐슨이 증기기관차를 발명했으며, 1825년에는 최초로 실용화된 증기기관차인 '로코모션 제1호(Locomotion No.1)'를 만들어 마차 대신에 최초의 석탄 수송 철도인 스톡턴-달링턴 노선에 투입했다. 광산에서 먼 곳까지 광물을 운반하는 데 증기기관을 사용한 철도 운송의 도입은 '물류 혁신'을 이끌었다는 점에서 높은 가치가 있다.

스티븐슨은 1829년에 증기기관차 '로켓호(Stephenson's Rocket)'를 개발해 최초의 여객용 철도인 리버풀-맨체스터 노선에 투입했다. 증기기관차는 내륙에서 원료와 상품을 대량으로 빠른 시간에 운반했으며 증기선은 수상 운송에서 큰 역할을 했다. 증기기관 기술은 처음에는 탄광 내에 고이는 물을 퍼내기 위해 개발됐으나, 증기선과 증기기관차에도 적용돼 물류 혁신의 핵심적인 역할을 담당했다.

© Jim Griffin/Wikimedia Commons/CC0-1.0 Public Domain (왼쪽),
Tolnai - korabeli képek alapján/Wikimedia Commons/Public Domain (오른쪽)

그림 3.2 1829년 스티븐슨 부자의 로켓호 모습[4](왼쪽), 1930년 영국 맨체스터-리버풀을 달리는 스티븐슨의 로켓호[5](오른쪽)

2차 산업혁명: 전기 혁명

산업혁명의 전개는 일반적으로 사회와 경제 구조의 변혁을 촉진한 **핵심 발명품**이 등장하는 시기로 구분한다. 2차 산업혁명은 19세기 중반 독일에서 염료를 인공으로 합성하면서부터 시작됐다고 보고 있다. 19세기 이전의 화학 기술은 경험적인 지식에 의존했으나, 근대 화학의 이론 체계와 새로운 방법론이 등장하고 장치가 혁신을 이루면서 대량 생산이 가능 해졌기 때문이다. 이후 두 차례의 세계대전을 거치면서 최강국으로 우뚝 선 미국을

---

4 위키미디어, https://commons.wikimedia.org/wiki/File:Industrial_Revolution_-_1829_(51004284278).jpg

5 위키미디어, https://commons.wikimedia.org/wiki/File:First_passenger_railway_1830.jpg

중심으로, 철도, 강철, 정유, 전기, 자동차, 통신 분야에서 생산 혁신이 이뤄졌다. 1차 산업혁명을 이끌었던 영국은 이제 미국과 독일에 주도권을 내줬다. 대체로 1870년대부터 1930년대까지를 2차 산업혁명 시기로 본다.

미국 산업혁명의 촉진 배경은 전기의 발명과 석유와 같은 새로운 에너지원을 결합한 미국의 자동차 산업의 급격한 발전이다. 석유를 사용하는 내연기관과 전기를 결합해 공장의 전기화를 이끌었고 대량생산 제품의 시대를 열었기 때문이다. 이 **전기화**와 **대량생산화**가 2차 산업혁명을 이끈 주된 요인이다.

대표적인 사례는 19세기 미국 자동차 산업의 대량화와 대중화를 선도했던 헨리 포드(Henry Ford, 1863~1947)의 '컨베이어(conveyer) 방식'이다. 이 컨베이어 방식은 '포드 어셈블리 라인(assembly line)'이라고도 불리며, 이 방식으로 수작업이었던 자동차 조립 라인을 자동화하고 대량 생산하게 되면서 자동차 대중화 시대가 시작됐다. 이렇게 자동화 기계는 인간의 육체노동을 획기적으로 대체하기 시작했고 생산성을 급격히 증가시켰다. 자동차의 대중화를 선도한 모델은 포드의 '모델-T'로 1908년에 생산되어 1920년대에는 대중화되었다(그림 3.3 참조).

© Pinterest (왼쪽), 헨리포드 박물관(오른쪽)

그림 3.3 1921년에 찍은 헨리 포드와 모델-T [6](왼쪽), 자동차의 대중화를 선도한 1925년 모델-T 어셈블리 라인에서 타이어를 조립하는 모습 [7](오른쪽)

---

6 Top 10 Ford Model T Tech Innovations That Matter 100 Years Later, Popular Mechanics (2008), https://www.popularmechanics.com/cars/a3658/4284734/
7 https://www.thehenryford.org/collections-and-research/digital-collections/artifact/141455/

3차 산업혁명: 지식정보 혁명, 디지털 혁명

20세기 중반에 이르러 제레미 리프킨(Jeremy Rifkin)을 비롯한 여러 학자는 2차 산업혁명으로 인해 석유 자원이 고갈되고 환경오염으로 지구온난화가 가속화하는 위기감 속에서 새로운 형태의 산업혁명이 필요하다고 주장했다[8]. 1970년대 이후에 전개된 3차 산업혁명은 1969년부터 급격히 발달한 컴퓨터 기술과 인터넷의 등장으로 인해 정보통신기술이 급부상하면서부터 시작됐다. 그래서 3차 산업혁명을 **지식정보 혁명, 정보통신기술 혁명**이라 부른다. 이때부터 정보통신 분야의 기술과 컴퓨터 기술의 융합은 전 산업 분야의 생산 방식을 변화시켰고 일상생활의 '디지털화'에 크게 기여했다. 컴퓨터와 인터넷이 대중화된 시기가 이때부터다.

컴퓨터와 인터넷의 발전은 서로 떼려야 뗄 수 없는 관계다. 1970년대에 개발된 컴퓨터 집적회로 기술이 컴퓨터 활성화를 이끌었고, 발달된 컴퓨터 기술은 보다 빠른 속도로 전 세계 사용자들과 정보를 교환하기 위한 새로운 연결고리가 필요했다. 이러한 필요가 인터넷의 발명으로 이어졌다. 1990년대에 들어서 인터넷과 정보통신 기술은 급격히 발전했고 3차 산업혁명을 가속화했다. 그래서 대량생산 체제의 제조업 중심 시대는 막을 내리게 되었고, 컴퓨터와 인터넷을 이용한 **지식정보를 기반으로 한 컴퓨터 자동화 시대**가 열렸다. 특히 이전에는 대기업이 혁신을 주도한 것과는 달리 3차 산업혁명에서는 소규모 벤처 기업이 새로운 혁신 주체로 부상했다. 또한 20세기 후반에 들어서면서 서비스 산업이 급성장했으며, 사람과 자본, 상품, 서비스, 노동이 장벽 없이 유통되는 시대가 열렸다. 특히 2006년 이후는 스마트폰이 널리 보편화되고 무선 인터넷이 도처에 설치된 **디지털 혁명**의 시대로, 이전과는 차원이 다른 산업 혁명으로 전개된 **정보화 혁명**이다.

---

8 《3차산업혁명》(민음사, 2012)

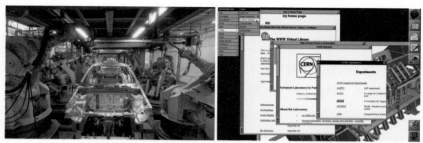

© Mixabest/Wikimedia Commons/CCA-SA-3.0(왼쪽), © 유럽입자물리연구소(CERN) (오른쪽)

그림 3.4 1983년 산업용 로봇(KUKA) [9](왼쪽)과 팀 버너스 리가 처음 개발한 월드 와이드 웹 캡처 화면(1993년 그의 NeXT 컴퓨터로 스크린 캡처) [10](오른쪽)

4차 산업혁명: 지능화 혁명, 인지 혁명

세계경제포럼(WEF)에서 처음 언급된 4차 산업혁명

'4차 산업혁명'이라는 용어는 2016년 1월에 열린 다보스 세계경제포럼(WEF, world economic forum)에서 의장인 클라우스 슈밥(Klaus Schwab)에 의해 처음 언급됐다. 다보스 세계경제포럼 기조연설에서 그는 독일의 '인더스트리 4.0(Industry 4.0)'에 의해 탄생한 자동화 기술이 제조업뿐만 아니라 경제 전반의 생산과 사회 구조의 변동을 가져온 현상을 **4차 산업혁명**이라 지칭했다. 독일의 인더스트리 4.0은 2011년에 발의된 산업 관련 국가정책으로, 제조업에 ICT 첨단 기술을 결합한 지능형 자동 생산 시스템이다. 이것은 독일에서 2011년에 강세였던 제조업과 뒤처져 있던 ICT 기술을 결합한 것으로, 독일이 자신의 강점을 살려 마련한 혁신적인 생존전략이다. 독일의 인더스트리 4.0 개념이 클라우스 슈밥에 의해 4차 산업혁명이라는 이름으로 진화했다.

클라우스 슈밥은 그의 저서에서 4차 산업혁명을 다음과 같이 정의했다.

> 4차 산업혁명은 3차 산업혁명을 기반으로 한 디지털과 바이오산업,
> 물리학 등 3개 분야의 융합된 기술이 경제체제와 사회구조를 급격히 변화시키는 기술혁명이다.
> [클라우스 슈밥의 제4차 산업혁명] [11]

---

9 https://commons.wikimedia.org/wiki/File:KUKA_Industrial_Robots_IR.jpg
10 http://info.cern.ch/NextBrowser1.html
11 《클라우스 슈밥의 제4차 산업혁명》(메가스터디북스, 2016)

클라우스 슈밥은 또한 '우리는 지금까지 우리가 살아왔고 일했던 삶의 방식을 근본적으로 바꿀 기술 혁명의 직전에 와 있다. 이 변화의 규모와 범위, 복잡성 등은 이전에 인류가 경험했던 것과는 전혀 다를 것이다'라고 말했다.

4차 산업혁명의 주요 특징

클라우스 슈밥은 4차 산업혁명의 주요 키워드로 **가상 물리 시스템**(CPS, cyber physical system)을 제시했다. 가상 물리 시스템이란 로봇이나 의료기기와 같은 물리적인 시스템과 사이버 공간의 소프트웨어를 실시간으로 통합하고 연결하는 시스템을 말한다. 현실 세계의 사물과 가상 세계의 사물이 연결된 시스템이라는 의미다. 클라우스 슈밥은 이러한 현상을 바이오, 물리, 디지털의 연결 및 융합이라고 설명했다.

또한 그는 4차 산업혁명을 이끄는 10개의 선도 기술을 제시했다.

- **물리학 기술**: 무인 운송수단, 3D 프린팅, 첨단 로봇공학, 신소재 기술
- **디지털 기술**: 사물인터넷(IoT), 블록체인, 공유경제 기술
- **생물학 기술**: 유전공학, 합성생물학, 바이오 프린팅 기술

이러한 선도 기술을 기반으로 클라우드 컴퓨팅(cloud computing), 스마트 단말, 빅데이터(big data), 딥러닝(deep learning), 드론(drone), 자율주행차 등의 산업이 발전하고 있다고 봤다. 또 다른 주요한 특징은 속도다. 새로운 물건이나 기술을 발명, 발견하여 파급하는 속도가 과거와는 비교할 수 없을 정도로 빠르다는 점이다. 클라우드 슈밥은 이러한 4차 산업혁명은 단순히 기술적 발전에 그치는 것이 아니라 정치, 경제, 사회 등 모든 분야에 큰 파장을 초래할 수 있다는 것에 주목했다.

대한민국 4차산업혁명위원회에서 정의하는 4차 산업혁명

대한민국 4차산업혁명위원회에서는 4차 산업혁명을 '인공지능, 빅데이터 등 디지털 기술로 촉발되는 초연결 기반의 지능화 혁명, 그리고 그 이상'이라고 정의하고 있다(그림 3.5 참조). 4차 산업혁명의 특징을 좁게는 인공지능으로 보고, 넓게는 과학기술의 유례없는 빠른 발전 속도로 보고 있다. 결국 인공지능을 포함한 과학기술의 유례없는 빠른 발전이 4차 산업혁명을 본격화할 것으로 전망하고 있다.

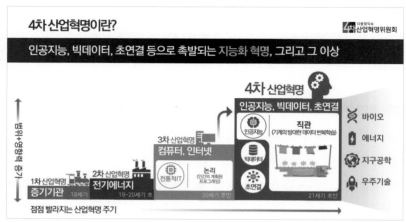

그림 3.5 대한민국 4차산업혁명위원회에서 바라보는 4차 산업혁명[12]

또한 산업뿐만 아니라 국가 시스템, 사회, 삶 전반에 혁신적 변화를 일으키는 것을 말하기도 한다. 한편으로 '4차 산업혁명은 변동성과 복잡성, 모호성, 불확실성이 혼재하므로 미래 예측과 정교한 계획보다는 끊임없는 도전과 현명한 시행착오를 통한 혁신이 더 효과적일 것'이라 예측했다[13].

4차 산업혁명의 주요 핵심 기술

4차 산업혁명은 **컴퓨터와 인터넷으로 대표되는 3차 정보화 혁명에서 지능화 혁명으로 발전한 것**이다. 4차 산업혁명의 중심은 데이터(클라우드 컴퓨팅, 빅데이터), 네트워크(사물인터넷, 5세대 통신), 인공지능(머신러닝, 알고리즘) 등의 디지털 기술이다. 이 기술들이 각 분야의 기반 기술과 융합하여 급속한 경제, 사회 변화를 일으키는 핵심이 된다. 우리가 실생활에서 경험할 수 있는 대표적인 혁신적 변화로 데이터의 규모와 인공지능의 수준을 예로 들 수 있다. 데이터 크기는 사용자의 상상을 초월할 정도로 방대해지고 있고, 인공지능은 알파고를 뛰어넘는 지능을 갖추고 있다.

---

12 4차산업혁명위원회 주요성과 추진방향(2019.10), 4차산업혁명위원회
13 4차 산업혁명 대정보권고안 발표자료(2019), 4차산업혁명위원회

그림 3.6과 같이 4차 산업혁명의 핵심 기술인 인공지능, 빅데이터, 클라우드 컴퓨팅, 사물인터넷, 모바일(5G 통신)을 중심으로 다양한 산업 생태계가 형성되고 있다. 인공지능 기술은 인간의 고차원적 정보처리 활동 (인지, 학습, 추론)을 구현하고, 사물인터넷, 클라우드 컴퓨팅, 빅데이터, 5G 통신 기술 등으로 초연결 생태계를 구축한다. 이 핵심 기술을 중심으

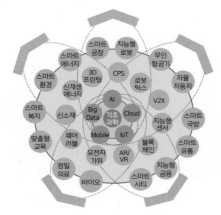

그림 3.6 4차 산업혁명의 핵심 기술을 중심으로 한 산업 생태계[14]

로 자율주행차, 드론, 3D 프린팅, 가상 · 증강 · 혼합현실, 스마트 팩토리(smart factory), 스마트 시티(smart city), 스마트 홈(smart home), 스마트 팜(smart farm), 로봇공학, 헬스케어(health care)와 스마트 의료 등의 산업 생태계로 확장된다.

지능화 시대를 위한 인공지능

요즘 우리 주변에 있는 스마트 기기들은 언제부터인가 스스로 생각하는 능력을 조금씩 갖춰가고 있다. 예를 들어 사람 말을 알아듣는 스마트폰이나 스스로 운전하는 자동차, 얼굴을 알아보는 카메라 인식 기능, 상품에 대해 궁금한 것을 대답해주는 채팅 로봇, 손님을 접대하는 서비스 로봇에 이르기까지 지능을 가진 스마트 기기와 로봇이 진화하고 다양화되어 간다. 영화나 소설 속에서만 볼 수 있던 것들이 이제 우리 삶에 스며들고 있으며 그것들과 같이 공존하는 세상은 그리 멀지 않아 보인다.

실제 우리는 2016년 3월에 인간의 육체노동을 줄이고자 만들어 낸 컴퓨터가 인간의 지능을 넘어설 수 있다는 것을 보여주는 사건을 경험했다. 구글에서 인수한 딥마인드 (DeepMind)의 '알파고(AlphaGo)[15]'와 이세돌 9단과의 세기의 바둑 대결이 그 사건이

---

14 혁신성장을 위한 사람 중심의 4차 산업혁명 대응계획(3페이지), 4차산업혁명위원회, https://4ir.kisti.re.kr/ick/exprncKnwldgInfo/view/20180403000013#
15 구글의 딥 마인드가 개발한 인공지능 바둑 프로그램이다.

다. 이 대결은 인공지능 기술을 대중에게 널리 알리고 인공지능에 대한 선풍적인 관심과 투자가 줄을 잇는 계기가 됐다.

사실 현재 개발된 인공지능 컴퓨터들은 특정 분야에서는 인간을 능가하기도 한다. 대표적인 인공지능을 예로 들면 바둑에 특화된 알파고와 암 진단 분야에 특화된 IBM의 왓슨(Watson)[16]이 있다. 이렇게 실생활의 다양한 분야에서 인공지능이 사용되고 있다. 인공지능의 발전 속도가 기하급수적이라면 인간의 지능을 뛰어넘는 인공지능의 등장은 머지않을 것이다. 만일 그러한 일이 발생한다면 그 시점은 2045년쯤일지 모른다. 미래학자 레이먼드 커즈와일(Raymond Kurzweil)은 이 시점을 **특이점(singularity)[17]**이라고 지칭했다. 특이점은 기계의 인공지능이 인간의 모든 지능의 합을 넘어서는 시점이다. 특이점이 2030년이든 2045년이든 그것은 중요한 것이 아니다. 여기서 중요한 점은 컴퓨터 뇌가 가진 능력이 이미 인간 뇌의 능력을 넘어 인류 전체의 뇌의 능력과 가까워지고 있다는 사실이다.

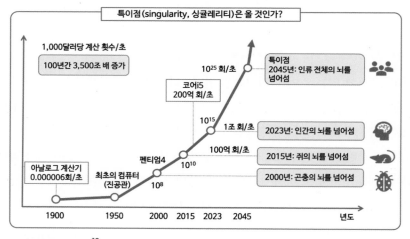

그림 3.7 무어의 법칙과 특이점[18]

---

16 IBM이 1997년 개발한 인공지능 컴퓨터로 체스 세계 챔피언을 이기고 미국 퀴즈 프로그램 '제퍼디(Jeopardy)'에서도 우승했다. 왓슨은 종류가 다양하며 의학, 금융, 방송 등에 쓰인다.

17 《The Singularity Is Near: When Humans Transcend Biology》(Ray Kurzweil, Penguin Books, 2006)

18 특이점은 기계 지능이 2015년에 쥐의 두뇌를 초월했고, 2023년 인간의 지능을 넘어설 것이며, 2045년에는 인류 전체의 뇌를 넘어설 것이라고 예측한 시점이다. 그림 출처: https://commons.wikimedia.org/wiki/File:PPTExponentialGrowthof_Computing.jpg

인공지능이란 무엇인가?

인간의 지능과 모라벡의 역설

컴퓨터 과학자들은 오래전부터 '인간처럼 지능을 가진 기계'를 만들기 위해 연구해 왔다. 그렇지만 인간의 **지능**(intelligence)에 대한 정의는 학문적 관점에 따라 다르고 명확하게 정의된 개념이 없다. 인간조차 그런 기능이 어떻게 발현되는지 모르는 상태에서 전통적 방법으로 지능을 만드는 건 결코 쉽지 않다. 그렇지만 지능의 정의에 대한 공통점을 찾아보면 **인공지능**(AI, artificial intelligence)은 '인간의 지능 전부 또는 일부를 기계로 구현한 것'이라고 할 수 있다. 즉, 인공지능은 '인간의 지능으로 수행할 수 있는 인지, 학습, 추론 능력을 컴퓨터를 이용해 구현한 기술'이다.

"인간에게 쉬운 일은 컴퓨터(로봇)가 하기 어렵고, 인간에게 어려운 일은 컴퓨터(로봇)가 하기 쉽다"라는 말이 있다. 이 말은 미국 로봇공학자인 한스 모라벡(Hans Moravec)이 1970년대에 처음 한 말로, **모라벡의 역설**이라고 한다. 인간은 대화를 나누거나 특정 사물을 구분하거나 걷고 달리는 동작 등을 매우 자유롭게 할 수 있고 거의 무의식적이며 자동적으로 수행한다. 인간은 수십만 년에 걸쳐 이런 종류의 학습을 지속적으로 개발했고, 유전자를 통해 후대로 전달해 진화해왔다. 이를 **자연 지능**이라 한다. 반면 불과 나이가 100년밖에 되지 않는 컴퓨터의 지능은 인간에게 어렵고 복잡한 수학 계산이나 논리 분석 문제를 쉽게 풀 정도로 진화했지만, 최소한 현재 인공지능의 수준은 인간의 자연 지능을 넘어선 수준은 아니다. 지금이 그렇다는 것이고 특이점이 등장할 시기에는 이야기가 다를 것이다.

인간의 뇌를 흉내 내는 인공지능

인간의 지능은 뇌의 바깥쪽 대뇌피질에서 주로 담당하며, 고도의 사고능력으로 문제를 해결한다. 인간의 뇌는 그림 3.8과 같이 여러 부분으로 나뉘어 여러 기능을 수행하는데, 인공지능은 인간 뇌의 기능인 학습, 인식, 추론, 예측 등을 흉내 내면서 발전하고 있다. 이러한 인공지능의 기능을 피터 노빅(Peter Norvig)과 스튜어트 러셀(Stuart Russell)은 인간 같은 행동(acting humanly), 인간 같은 사고(thinking humanly), 합리적 행동(acting rationally), 합리적 사고(thinking rationally)와 같은 네 가지 특성으로 정의했다[19].

---

19 《인공지능 1, 2 – 현대적 접근방식》(제이펍, 2021)

- **'인간 같은 행동'**을 하는 인공지능은 인간처럼 언어로 대화하고 시각 장치로 물체를 인식하는 인공지능 기계를 만들려고 했다.

- **'인간 같은 사고'**를 하는 인공지능은 인간의 지능을 흉내 내고자 사람의 인지 과정을 계산 모델로 만들려고 했다.

- 그렇지만 인간 같은 생각과 행동을 하는 인공지능을 만드는 것은 쉽지 않았기에 많은 사람이 동의할 수 있는 원칙에 따라 최선의 선택과 행동을 하는 **'합리적 사고'**와 **'합리적 행동'**을 갖춘 인공지능을 개발하고 있다.

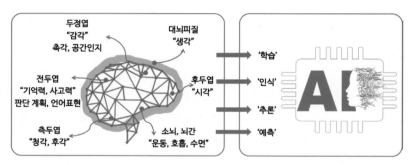

그림 3.8 인간 뇌의 기능과 인공지능의 기능

인공지능의 발전은 괄목할 만하지만, 여전히 인간에 가까운 인공지능의 개발은 쉽지 않아서 끊임없이 연구를 진행하고 있다. 이러한 인공지능의 특성은 센서를 이용해 소리나 이미지 정보를 해석하는 '인식', 데이터 속에서 일정한 규칙을 찾아내는 '학습', 인간의 논리적 논법 과정을 모방한 '추론', 학습한 알고리즘으로 최적의 해법을 찾아내는 '문제 해결', 비슷한 새로운 데이터에 대한 결과를 예상하는 '예측'으로 볼 수 있다.

인공지능의 역사

인공지능의 서막을 올린 앨런 튜링

영국의 수학자 앨런 튜링(Alan M. Turing)은 지금의 컴퓨터과학과 인공지능을 탄생시켰다. '튜링 머신(Turing machine)'이라고 불리는 그의 최초 컴퓨터 구조는 프로그램을 짤 수 있는 컴퓨터의 개념을 정립했다. 1950년 앨런 튜링은 '컴퓨팅 기계와 지능'에 관한 논문[20]에서 '기계가 생각할 수 있는가?'라는 화두를 던진다. 최초로 인공지능의 정의를

---

20 A. M. Turing, "Computing Machinery and Intelligence", Mind, Vol. 49 (1950) 433–460.

묻는 질문이다. 여기서 그는 기계와 생각을 분리하지 말고 **이미테이션 게임(imitation game, 모방 게임)** [21]이라는 명확하고 간단한 문제 해결법을 제안했다. 그는 그것을 포괄적인 아이디어 차원에서 제안했을 뿐 구체적 실험 방법을 언급하지는 않았는데, 후대 과학자들은 그의 이름을 따 이미테이션 게임을 **튜링 테스트(Turing test)**라고 불렀다.

■ 컴퓨터의 지능을 판단하는 튜링 테스트

튜링 테스트는 기계(컴퓨터)의 지능을 판단하는 데 사용하며, 인공지능의 기술 수준을 가늠하는 표준으로 사용될 정도로 중요한 개념이다. 튜링 테스트를 간단히 설명하면 이렇다. 그림 3.9와 같이 서로 다른 방에 질문자(사람 C)가 있고 그와 분리된 방에 컴퓨터(답변자 B)와 사람(답변자 A)이 있는 상황에서 질문자가 각 방에 있는 상대방과 대화를 한다. 이때 질문자가 상대가 컴퓨터인지 사람인지 확실하게 구별할 수 없다면 그 컴퓨터는 지능이 있는 것으로 판단하는 테스트다.

그림 3.9의 오른쪽 그림은 2014년 앨런 튜링 사망 60주년을 기념해 진행한 튜링 테스트에서 최초로 통과한 챗봇(chatbot) 프로그램이다. 30명의 질문자가 5분씩 대화해서 33%가 사람으로 판정했다.

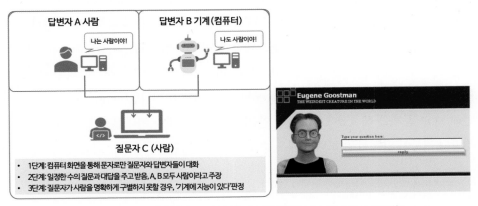

그림 3.9 인공지능 구별법, 튜링 테스트(왼쪽)와 2014년 튜링 테스트를 최초로 통과한 유진 구스트맨(Eugene Goostman) [22]

---

21 '이미테이션 게임'은 독일군의 에니그마(Enigma) 암호를 풀어가는 연합군 앨런 튜링의 이야기를 그린 영화 제목이기도 하다.

22 가디언, https://www.theguardian.com/technology/shortcuts/2014/jun/09/eugene-goostman-turing-test-computer-program

■ 인공지능 용어의 탄생

인공지능은 1956년 미국 다트머스대학 하계 세미나에서 존 맥카시(John McCarthy)[23] 교수를 비롯한 그의 동료[24]가 과거 인공지능 연구를 집대성해 **인공지능의 원칙을 개념화했고 인공지능이라는 용어를 탄생**시켰다. 그 이후 인공지능이라는 새로운 영역에 대한 활발한 연구가 이루어졌고, 인공지능이 모든 것을 실현해 줄 것이라는 몇몇 연구자의 낙관론으로 인해 미 국방성은 엄청난 재원을 쏟아부었다[25].

최초의 인공 신경, 퍼셉트론

1957년 코넬대 심리학자 프랭크 로젠블랫(Frank Rosenblatt)과 워렌 맥컬로치(Warren McCulloch)는 인간의 뇌 신경세포인 **뉴런(neuron)**[26]의 동작을 수학적으로 모델링한 **퍼셉트론(perceptron)**을 세상에 내놓았다. 로젠블랫은 '퍼셉트론은 궁극적으로 언어를 배우고 결정하며 언어를 번역할 수 있게 될 것'이라는 전망을 내놓아 인공지능이 많은 문제를 해결할 것이라는 큰 기대를 품게 했다. 하지만 이러한 기대감이 낙담으로 바뀌고, 인공지능에 대한 관심도가 떨어지면서 연구가 지체되는 **인공지능의 겨울(AI winter)**이 1970년대 후반(1974년~1980년)과 80년대 후반(1987년~1993년)에 두 차례 발생했다.

첫 번째 인공지능 겨울(암흑기)은 1969년 마빈 민스키(Marvin Minskey)가 퍼셉트론이 XOR(exclusive OR)[27]과 같은 간단한 문제를 해결할 수 없음을 수학적으로 증명한 이후부터였다[28]. 이후 1986년 캐나다 토론토대학의 제프리 힌튼(Geoffrey Hinton) 교수는 마빈 민스키의 개념을 보강해 역전파(back propagation) 알고리즘과 다수의 은닉층으로 구성된 다층 퍼셉트론(MLP, multi-layered perceptron) 신경망(neural network)을 제안해 XOR 문제를 해결했다. 첫 번째 인공지능 겨울에 빛이 가려졌지만, 퍼셉트론은 신경망의 기본이 되는 개념 모델로 매우 중요한 의미가 있다.

---

23 1955년 존 맥카시 박사가 처음으로 인공지능이라는 용어를 만들었다.

24 앨런 뉴웰(Allen Newell), 아더 사무엘(Arthur Samuel), 허버트 사이먼(Herbert Simon), 그리고 마빈 민스키(Marvin Minsky) 박사가 존 맥카시 교수의 동료들이다.

25 이 시기 1956년~1974년을 '인공지능의 1차 전성기'라 부른다.

26 뉴런은 대략 1,000억 개가 있고, 다른 뉴런과 시냅스로 연결된다. 뉴런은 시냅스를 통해 신호를 받아 어느 수준 이상이라고 판단하면 다른 뉴런에게 그 신호를 보낸다.

27 XOR(exclusive OR, 배타적 논리합)은 두 개의 명제 중에서 하나만 참(true)일 경우를 판단하는 논리적 연산이다.

28 1974년~1980년을 '인공지능의 1차 암흑기' 또는 '첫 번째 겨울'이라 부른다. 그렇지만 퍼셉트론은 신경망(neural network)의 기본이 되는 개념 모델로 매우 중요한 의미가 있다.

©코넬대학교

그림 3.10 프랭크 로젠블랫과 퍼셉트론(1958년) [29]

추가 설명 **뉴런을 모방한 퍼셉트론**

인간의 뇌는 1,000억 개 이상의 신경세포가 서로 연결되어 거대한 망을 이룬다. 이때 각 신경세포는 연결된 다른 신경세포에 귀를 기울이다 다른 신경세포가 흥분한 것을 감지할 때마다 신호를 보낸다. 그리고 이 신호가 귀 기울이고 있던 다른 신경세포를 흥분시킨다. 이 신경세포가 바로 **뉴런**(neuron)이다.

뉴런의 전기신호는 시냅스를 통해 가지돌기 말단으로 전달되는데, 각 뉴런들은 100조 개 이상의 **시냅스**(synapse) [30]로 연결되어 서로 전기, 화학적 신호를 주고받으면서 정보를 처리한다. 인공 신경은 사람의 뉴런을 모방해 여러 가지 입력값(threshold)에 가중치를 두고 이를 합친 뒤 그 값이 임곗값을 넘어서면 출력한다. 이 인공 신경을 네트워크로 연결한 것이 인공 신경망이다.

생물학적인 뉴런의 구조와 동작 원리를 설명하면, 그림 3.11과 같이 가지돌기(또는 수상돌기)에서 자극 신호를 받아들이고 이 신호가 일정한 값 이상이면 축삭돌기를 통해서 신호가 있음을 전달한다. 이렇게 뉴런의 작용을 수학적으로 추상화하고 모방해 만든 인위적인 뉴런을 **퍼셉트론**(perceptron) [31]이라 부른다.

퍼셉트론은 뉴런의 기능 구조를 모방해 만든 것으로 입력 신호(X_n), 가중치(W_n), 결정을 위한 활성 함수(activation function) [32]와 출력 신호로 구성된다. 동작 원리는 가중치와 곱해진 입력 신호들의 합을 활성 함수에 통과시켜 정해 놓은 값(임곗값)보다 크면 +1을, 작으면 −1(또는 0)을 출력 신호로 보내 입력 신호를 받아들일 것인지 결정하는 식이다.

---

29 https://news.cornell.edu/stories/2019/09/professors-perceptron-paved-way-ai-60-years-too-soon

30 시냅스는 뉴런의 가지와 가지를 이어 신호를 주고받는 부위다. 인간의 뇌에 있는 신경세포인 뉴런의 수는 대략 1,000억 개이고, 다른 신경세포와 약 1,000개~10,000개의 시냅스로 연결된다. 그래서 인간의 뇌에는 평균 100조 개의 시냅스가 존재하는 것으로 추산한다.

31 퍼셉트론은 인공 신경망(ANN, artificial neural network)의 구성 요소(unit)로서 다수의 값을 입력받아 하나의 값으로 출력하는 알고리즘이다. 퍼셉트론의 영어 'perceptron'은 인식(perception)과 뉴런(neuron)의 합성로 '인공 뉴런'이라고도 부른다.

32 보통 시그모이드(sigmoid) 함수를 사용한다. 정해진 값 이상이 되면 +1, 그렇지 않으면 −1을 출력한다.

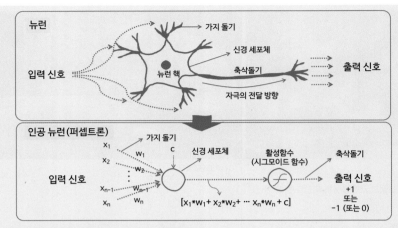

그림 3.11 생물학적 뉴런(위)과 인공 뉴런인 퍼셉트론(아래)

여러 개의 뉴런이 결합해 신호를 전달하는 과정을 설명하면 다음과 같다.

- 뇌에서는 대략 1,000억 개에 이르는 뉴런이 서로 연결되어 거대한 망을 형성한다. 각 뉴런은 100조 개이상의 시냅스로 연결되어 서로 전기, 화학적 신호를 주고받으면서 정보를 처리한다.

- 여러 뉴런에 전달되는 신호의 합을 판단해 일정 크기(임곗값)를 넘으면 뉴런이 반응해 다른 뉴런에 신호를 전달한다.

- 신호의 합이 일정 크기를 넘지 않으면 뉴런은 전혀 반응하지 않는다.

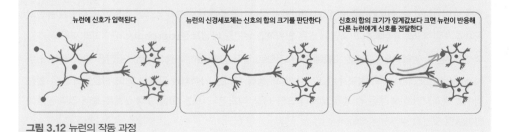

그림 3.12 뉴런의 작동 과정

인간의 사고방식을 모델로 한 전문가 시스템

한동안 잠잠했던 인공지능 연구는 1980년대가 되자 산업계에 **전문가 시스템**(expert system)이 도입되며 다시 새롭게 부상한다[33]. 전문가 시스템은 '전문가의 지식을 논리적

---

33 전문가 시스템의 등장으로 인공지능의 두 번째 전성기(1980년~1987년)를 맞이한다.

인 규칙(rule)으로 만들어 비전문가에게 특정 영역의 질문에 대한 답을 스스로 제공할 수 있는 시스템'이다. 최초의 전문가 시스템은 1965년 파이겐바움(Feigenbaum)이 개발한 '덴드럴(Dendral)'로 분자의 구조를 추정하는 시스템[34]이고, 다른 전문가 시스템으로는 1970년대 개발된 혈액 감염 진단용 '마이신(MYCIN)[35]' 등이 있다.

전문가 시스템은 '인간의 사고방식을 모델로 한 인공지능'으로 1) 지식과 경험의 데이터 베이스화, 2) 의사결정 추론 엔진, 3) 사용자 인터페이스로 구성된다. 그림 3.13과 같이 지식 베이스와 추론 엔진을 통해 전문가의 전문지식을 '만약 OOO이면 ☐☐☐하시오. 그렇지 않으면 XXX하시오.'와 같이 규칙으로 만들어 전문지식이 없는 비전문가에게 전문지식을 제공하는 시스템이다.

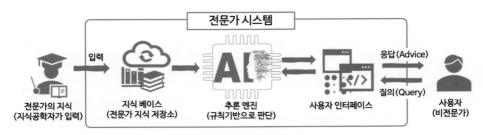

그림 3.13 전문가 시스템의 구성[36]

특정 지식의 범위에 대해 문제를 해결하거나 궁금한 문제에 대한 답을 제공하는 전문가 시스템은 너무 비싸고 일반적이지 않은 질문에는 정확한 판단을 제공하지 못하는 문제점이 있었다. 그래서 결국 전문가 시스템은 기대만큼 성과를 얻지 못하면서 '두 번째 인공지능의 겨울(1987년~1993년)'이 찾아왔다. 그렇지만 연구소에 머물러 있던 인공지능 기술이 상업화될 수 있는 환경으로 옮겨 가기 시작했다는 점에서 전문가 시스템의 등장은 의의가 있다.

---

34 위키백과, https://ko.wikipedia.org/wiki/전문가_시스템

35 마이신은 600여 개의 규칙으로 이뤄져 있는데, 증상에 대한 질문에 환자가 대답하면 추론을 통해서 적절한 치료법을 제시했다.

36 1980년대 전문가 시스템의 추론 엔진 기술은 베이즈(Bayes) 기반 확률적 방법과 0과 1 사이에도 여러 가지 값을 가질 수 있는 퍼지(fuzzy) 이론을 통해 다중 값 논리 방법을 이용하는 방법이 활용됐다. 그림 출처:
https://medium.com/@sunilpnwr/expert-systems-42715a5a5b14

딥러닝의 출발점, 인공 신경망 다층 퍼셉트론

1957년에 등장했던 퍼셉트론은 1986년 제프리 힌튼 교수에 의해 그 개념이 확장된 다층 퍼셉트론과 역전파 알고리즘으로 발전했다. 그림 3.14와 같이 여러 개의 뉴런이 결합해 만든 망(네트워크)을 '생물학적 신경망'이라 하고, 인공 신경 퍼셉트론들이 서로 얽혀서 여러 층으로 구성되어 연결된 망을 **인공 신경망**(ANN, artificial neural network)이라 한다. 흔히 인공 신경망은 **다층 퍼셉트론**(MLP, multi-layer perceptron)과 같은 의미로 사용된다. 다층 퍼셉트론 모델은 인공 신경망의 구조로 볼 수 있으며 최근 관심을 모으고 있는 딥러닝의 출발점이라고 할 수 있다.

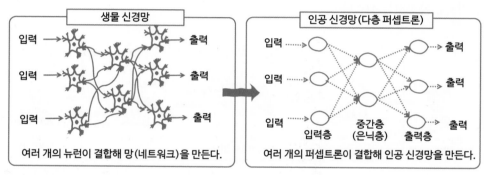

그림 3.14 생물학적 신경망(왼쪽)과 인공 신경망인 다층 퍼셉트론(오른쪽)

또한 2006년 제프리 힌튼의 논문[37]에서 깊은 신경망 학습이 가능하다는 것이 입증됐다. 이때부터 신경망 대신 **딥러닝**(deep learning)이라는 용어가 사용되기 시작했다. 이때를 '인공지능의 부활(AI resurrection) 시대'라 부른다.

스스로 학습하는 인공지능, 머신러닝의 등장

1990년대에 컴퓨터의 성능과 데이터 저장 능력이 빠르게 발전하면서 두 번째 인공지능 겨울은 막을 내렸다. 1990년대 인터넷 시대가 도래하면서 기호 정보, 사진, 동영상 순으로 정보가 넘쳐나기 시작했고, 1990년대 후반에는 성능이 뛰어난 검색엔진의 등장으로 수많은 데이터를 수집하고 분석해 스스로 학습하는 **머신러닝**(machine learning, **기계**

---

[37] Geoffrey E. Hinton, Simon Osindero, Yee-Whye Teh, "A fast learning algorithm for deep belief nets," Neural computation, Vol.18, No.7, pp.1527-1554, 2006.

학습)이 등장하면서 세 번째 인공지능 전성기가 시작됐다. 이제 인공지능은 머신러닝을 통해 수많은 빅데이터를 분석해 '스스로 학습하는 인공지능'으로 진화하게 되었다.

인공지능은 전문가 시스템과 같은 규칙 기반 인공지능과 머신러닝과 같은 학습 기반 인공지능으로 구분된다. 학습 기반 인공지능은 머신러닝으로 데이터를 입력하면 컴퓨터가 스스로 새로운 특징을 학습하고 예측하는 방식이다. 머신러닝은 알고리즘이 복잡하지는 않지만, 학습에 사용하는 데이터의 양이 엄청나다. 그 대표적인 예가 바로 IBM의 슈퍼컴퓨터 '딥블루'다.

■ IBM의 슈퍼컴퓨터 딥블루(Deep Blue)

IBM의 슈퍼컴퓨터 딥블루는 머신러닝을 활용한 인공지능으로 1996년 세계 최초로 인간과 체스 대결을 펼쳤다. 당시 세계 체스 챔피언인 게리 카스파로프(Gary Kasparov)에게 졌지만, 이듬해인 1997년에 한층 진화한 디퍼블루(Deeper Blue, 딥블루의 별명)로 카스파로프에 2승 3무 1패로 승리했다[38]. 이 사건은 컴퓨터가 인간을 이길 수 없다는 오래된 패러다임을 깬 계기가 되어 사람들에게 큰 충격을 주었다. 사실 체스에서 인간은 보통 10수 앞을 내다볼 수 있는데, 딥블루는 20수까지 내다볼 수 있는 예측 능력이 있어 초당 2억 개의 위치를 계산할 수 있었다. 즉, 인간의 계산 속도보다 7,000만 배 이상 빠른 것이다. 그렇지만 지금 여러분이 사용하고 있는 스마트폰 성능이 딥블루보다 훨씬 더 뛰어나다.

그렇지만 딥블루는 가능한 '모든 경우를 탐색하는 방법(brute force 방법)[39]'으로 문제를 해결할 뿐, 스스로 학습하는 수준에는 이르지 못했기 때문에 체스 이외의 분야에서는 적용할 수 없다는 한계가 있었다. 그런데도 이런 탐색 방법은 이후 구글의 알파고(AlphaGo)와 같은 인공지능을 구현하는 핵심 개념으로 사용됐다.

---

38 위키백과, https://ko.wikipedia.org/wiki/딥_블루
39 '엄청난 짐승의 힘'이라는 뜻으로, 탐색 알고리즘에서는 생각할 수 있는 모든 경우의 수를 탐색하는 것을 뜻한다.

© Tom Mihalek/Getty Images (왼쪽), Yvonne Hemsey/Getty Images (오른쪽)

그림 3.15 세계 체스챔피언 게리 카스파로프(사진에서 왼쪽)와 IBM 슈퍼컴퓨터 딥블루(1996년 미국 필라델피아에서 개최된 ACM 체스 대회)[40](왼쪽), 뉴욕에 있는 IBM 딥블루 슈퍼컴퓨터(오른쪽)

■ 퀴즈 프로그램 우승자, IBM 왓슨(Watson)

IBM의 DeepQA[41] 프로젝트를 통해 개발된 왓슨은 사람들이 일상적으로 쓰는 언어 형식으로 된 질문에 답할 수 있는 인공지능 컴퓨터다. 2004년부터 개발을 거듭했으며, 2011년에는 미국의 유명한 퀴즈 쇼인 '제퍼디(Jeopardy)'에서 퀴즈 프로그램의 최대 우승자와 대결해 백만 달러의 상금을 거머쥐었다.

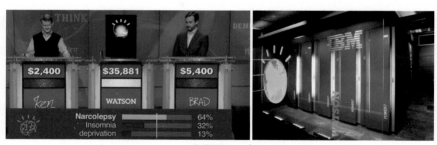

© IBM Research

그림 3.16 IBM 왓슨이 제퍼디 퀴즈 쇼에 출연한 장면[42](왼쪽)과 IBM 본사에 있는 왓슨의 모습(오른쪽)

40 https://spectrum.ieee.org/how-ibms-deep-blue-beat-world-champion-chess-player-garry-kasparov#toggle-gdpr
41 https://spectrum.ieee.org/how-ibms-deep-blue-beat-world-champion-chess-player-garry-kasparov#toggle-gdpr
42 IBM Research, YouTube, https://www.youtube.com/watch?v=P18EdAKuC1U

■ IBM 왓슨 포 온콜로지

퀴즈 쇼에서 선보였던 왓슨은 발전을 거듭해 주특기인 자연어 기반 데이터 학습과 추론 능력을 바탕으로 의료 헬스케어 영역으로 전문화했다. 특히 2017년 가천대와 길병원을 비롯해 6개 병원에 왓슨이 들어와 암을 진단하고 8개 암 치료법을 제시하는 'AI 전공의'로 활동하고 있다. 당시 왓슨의 진단법은 인간 의사의 진단법과 80% 일치했다. 왓슨은 현재 의료, 헬스케어, 금융, 교육, 법률, 행정 등에서 활동하고 있다. 국내에 도입된 암 진단 프로그램은 'IBM 왓슨 포 온콜로지(Watson for oncology)[43]'로, 의사가 데이터를 근거로 암 환자의 개인별 치료 선택지를 제공하도록 돕는 역할을 한다.

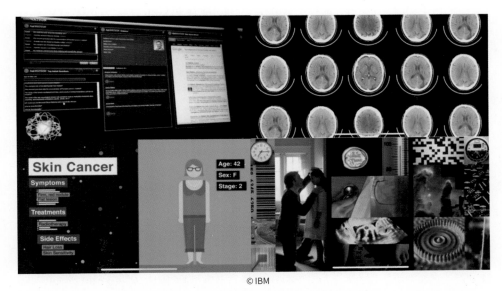

© IBM

그림 3.17 IBM 왓슨의 모습(왼쪽 위), 뇌 스캔(오른쪽 위), 암 진단(왼쪽 아래), 왓슨 헬스케어에 의한 의료계 미래 모습(오른쪽 아래)[44]

인공지능의 부활, 딥러닝

2006년 제프리 힌튼의 딥러닝으로 시작한 인공지능의 부활은 구글이 선보인 알파고(AlphaGo)에 의해 부활을 넘어 새로운 중흥기를 맞이했다.

---

43 온콜로지는 종양학을 뜻한다. 왓슨 포 온콜로지는 폐암, 대장암, 직장암, 위함, 유방암 치료 등에 활용된다.
44 Watson Healthcare와 의료계의 미래(2015), YouTube, https://www.youtube.com/watch?v=73fHLq7SroE

■ 구글 딥마인드의 알파고

2015년 구글의 딥마인드(DeepMind)는 세계 최고의 바둑 기사를 상대로 바둑을 두는 인공지능 소프트웨어를 선보였다. 이 소프트웨어가 바로 아마추어 및 프로 바둑 기사의 경기 수천 개를 통해 경기 방식을 학습하도록 훈련된 인공 신경망으로 탄생한 '알파고'다.

2016년 3월 알파고는 '세기의 대결'을 펼쳤다. 당시 세계 최고의 바둑 기사인 이세돌을 상대로 경기를 했으며, 모든 사람의 예상을 깨고 4대 1로 알파고가 압도적인 승리를 거뒀다. 사실 이때까지만 해도 체스와 달리 바둑에서는 컴퓨터가 인간을 능가할 수 없었다. 체스보다 복잡한 바둑은 '제퍼디 사건' 이후 향후 50년간 인공지능이 인간을 이길 수 없다는 전망이 지배적이었다. 체스의 게임 트리(게임에서 가능한 모든 경우를 나무 형태로 표현한 것) 크기는 10의 120승(10^{120})이지만, 바둑의 게임 트리 크기는 약 10의 360승(10^{360})에 달해 컴퓨터 하드웨어 성능이 아무리 뛰어나도 주어진 시간에 문제의 답을 찾는 것이 불가능했기 때문이다. 모든 경우의 수를 계산하려면 슈퍼컴퓨터로 수십억 년이 걸린다.

©구글

그림 3.18 2016년 인공지능 바둑 프로그램 알파고와 세계 최고 바둑기사 이세돌과의 대결 장면(왼쪽)과 알파고 유튜브 영상 시작 화면(오른쪽) [45]

---

45 구글 딥마인드, https://deepmind.com/research/case-studies/alphago-the-story-so-far

추가 설명 알파고에서 사용한 알고리즘

우주에는 약 10^{80}개의 원자가 존재한다고 알려져 있다. 그에 비해 체스의 게임 트리는 압도적으로 크며, 약 10^{120}의 경우의 수를 가지고 있다. 이 수는 10뒤로 0이 120개가 붙어 있는 엄청나게 큰 수로, 1조를 10번이나 반복해서 곱해야 얻을 수 있는 수다.

바둑의 경우를 살펴보면, 바둑판은 가로와 세로로 각각 19줄로 구성되어 있으며, 총 361개의 교차점에 돌을 둘 수 있다. 이때, 가능한 경우의 수는 1부터 361까지의 자연수를 모두 곱한 값이다. 이 크기를 계산하면 $360 \times 359 \times \cdots \times 3 \times 2 \times 1 = 10^{768}$이 된다. 이 값은 바둑의 규칙을 적용하지 않았을 때의 경우의 수다. 실제로 유효한 부분만을 고려한다면 바둑의 경우의 수는 약 10^{360} 정도로 줄어든다[46]. 크기가 많이 줄어들었지만 여전히 엄청나게 큰 수다.

얼핏 보면 바둑의 경우의 수 10^{360}은 체스 10^{120}에 비해 3배 정도 어려운 것으로 보일 수 있지만, 실제로는 3배가 아니고 10^{240}배 크다. 10^{360}의 크기는 1조를 30번 곱해야 얻을 수 있는 수다.

$$10^{360}=10^{120} \times 10^{120} \times 10^{120} = 1조 \times 1조 \times \cdots \times 1조 = (1조\ 30번\ 곱하기)$$

현재의 컴퓨터로는 이 수의 크기를 탐색하는 것은 불가능하다. 따라서 바둑 게임에서는 모든 경우의 수를 탐색하는 대신, 제한된 시간 내에 가장 승리할 가능성이 높은 경로를 빠르게 탐색하는 방법을 사용하는 것이 승패를 결정한다.

알파고는 이 문제를 해결하기 위해 '정책망(policy network)'과 '가치망(value network)'이라는 두 가지 심층신경망(DNN, deep neural network)을 결합해 사용했다.[47] 정책망은 다음 수에서 승리 가능성이 높은 수를 예측하여 탐색 범위를 좁히는 역할을 하고, 가치망은 게임 트리의 탐색 깊이(또는 단계)를 줄여 끝까지의 승률을 계산해 승자를 예측한다. 이 두 신경망이 상호작용해 바둑판에서 상대 수를 읽고 확률을 계산해 다음 수를 선택한다.

알파고의 특징은 딥러닝을 사용해 16만 건의 바둑 경기 기록(기보)을 학습해, 바둑 기사들의 패턴을 학습했다는 점이다. 바둑판에서 유사한 상황을 인식하기 위해 합성곱신경망(CNN, convolutional neural network)을 사용한다. CNN은 주로 이미지 처리와 같은 영역에서 강력한 알고리즘이며, 바둑 경기 기록의 세부 패턴을 신속하게 인식할 수 있도록 도와준다. 따라서 알파고는 이 방법을 사용해 모든 가능한 수를 고려하지 않고, 유사한 상황과 패턴에 대해서만 빠르게 인식해 승률을 계산한다. 이렇게 정책망과 CNN을 통해 가능성이 가장 높은 수를 선택한다. 다시 말해 19x19 바둑판에서 고려해야 할 탐색 범위를 줄여 나가는 것이다.

---

46 바둑의 규칙을 고려하면, 평균적으로 다음 수를 둘 수 있는 경우의 수가 250개이고, 바둑 게임의 평균 수(길이)는 150수 정도이므로 총 경우의 수는 약 $250^{150} \approx 10^{360}$이다.

47 AlphaGo의 인공지능 알고리즘 분석, 소프트웨어정책연구소(SPRI) (2016.03.04), https://spri.kr/posts/view/14725?code=issue_reports

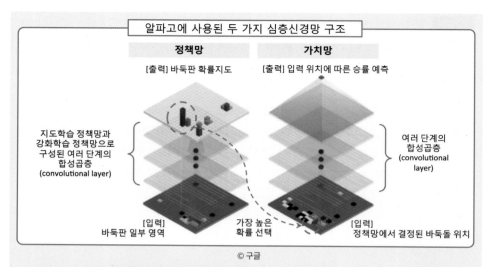

그림 3.19 알파고의 두 가지 심층신경망을 사용한 승률 계산 과정(정책망과 가치망)[48]

그런 다음, 알파고는 바둑 대전이 어떻게 전개될지 예측하는 방식을 사용한다. 가치망은 정책망을 통해 선택된 수에 대해 게임이 끝날 때까지 승률을 계산한 후 다음 수를 예측한다. 가치망은 바둑의 전반적인 형세를 파악해 게임에서의 승률을 추정하는 알고리즘이다. 이렇게 두 가지 심층신경망을 활용해 알파고는 바둑의 모든 경우의 수를 고려하지 않고, 확률적으로 가장 승리할 가능성이 높은 수만 선택하는 고수처럼 바둑을 둔다.

알파고는 인공신경망을 이용해 바둑 경기 약 16만 건을 학습하면서 스스로 새로운 규칙과 전략을 찾아내 인간이 생각하지 못한 전략을 구사했고, 바둑의 판세까지도 파악했다. 이렇듯 기존의 한계와 편견을 뛰어넘는 알파고의 등장은 대중에게 인공지능의 능력을 뚜렷이 각인시켰다. 이 사건을 계기로 인공지능, 특히 딥러닝 기술이 대중에게 널리 관심을 끌게 됐고 국내에서는 사회, 문화, 산업계 전반에 인공지능 열풍을 불러왔다.

■ 알파고 제로(AlphaGoZero), 알파 제로(AlphaZero) 그리고 뮤제로(MuZero)로 계속되는 진화

체스 게임의 승리자 딥블루는 인간이 설계한 규칙에 따라 동작하는 데 비해, 알파고는 사람처럼 학습을 통해 배울 수 있다는 점에서 매우 중요한 차이가 있다. 알파고는 스스로

---

48 D. Silver, et al., "Mastering the game of Go without human knowledge," Nature, vol. 550, pp.354–359 (2017). https://storage.googleapis.com/deepmind-media/alphago/AlphaGoNaturePaper.pdf

성장할 수 있는 인공지능 프로그램이라는 뜻이다. 그래서 딥마인드는 2017년에 한층 진화한 딥러닝 방식을 적용한 '알파고 제로' 프로그램을 개발했다. 알파고 제로는 자신을 상대로 바둑을 두는 과정에서 시행착오를 거치고, 스스로를 개선하면서 훈련하며 진화한다. 이 알파고 제로 프로그램의 성능은 알파고를 상대로 100대 0으로 승리함으로써 월등한 능력을 증명했다.

이렇게 자신을 상대로 시행착오를 거치며 스스로 진화시키는 방법을 **심층 강화 학습(deep reinforcement learning)**이라 한다. 이 프로그램은 해를 거듭할수록 진화해 2018년 12월에는 바둑뿐만 아니라 모든 종류의 보드게임을 마스터할 수 있는 범용 인공지능 '알파 제로(AlphaZero)'를 발표했다. 이름에서 '고(Go)'를 제외한 이유는 이제 바둑뿐만 아니라 모든 종류의 보드게임을 마스터할 수 있기 때문이다. 알파 제로가 사용한 '심층 강화 학습의 딥러닝 알고리즘'이 한정된 분야가 아니라 모든 범위에 활용될 수 있는 가능성을 증명한 것이다.

또한 구글의 딥마인드는 2020년 12월 '뮤제로(MuZero)[49]'를 개발해 국제학술지 〈네이처〉에 발표했다. 뮤제로는 게임 규칙을 알지 못한 상태에서 스스로 훈련하며 바둑과 체스, 장기, 아타리(Atari) 등의 게임 규칙을 터득해 최고의 실력을 쌓는 인공지능이다. 지금까지는 게임의 규칙을 사전에 입력해야 했는데, 뮤제로의 바둑, 체스, 장기는 알파고제로급이고 아타리 게임 실력은 역대 최고로 중요한 것만 골라 학습하는 한층 발전된 심층 강화 학습 알고리즘을 탑재했다.

■ 인공지능 기술의 성장

인공지능은 최근에 폭발적인 성장을 하고 있는데 이것은 컴퓨팅 파워가 급격하게 개선되어 많은 양의 데이터를 아주 빠르고 손쉽게 계산할 수 있는 우수한 알고리즘이 탄생한 것에 힘입은 것이다. 가까운 미래에는 인공지능 칩(chip)이 상용화되어 몸에 지니고 다니는 초소형 장치에도 들어갈 것이고, 인간의 지능을 넘어서는 차세대 알고리즘도 등장할 것이다. 향후 10년간의 변화가 과거 60년간 이뤄왔던 인공지능 기술을 훨씬 뛰어넘을 것으로 예상한다.

---

49 구글 딥마인드, https://deepmind.com/blog/article/muzero-mastering-go-chess-shogi-and-atari-without-rules

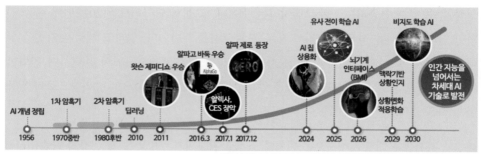

© 과학기술정보통신부

그림 3.20 인공지능 기술의 성장[50]

인공지능의 분류

인터넷으로 쇼핑몰에 접속했더니 사고 싶다고 생각했던 상품을 알아서 추천해주거나, 영화나 드라마를 제공하는 서비스에 접속했더니 좋아하는 종류의 영화를 추천해줘 놀란 경험이 있을 것이다. 좋아하는 상품이나 영화를 추천하는 서비스는 어떻게 사용자의 생각을 읽을 수 있을까? 이것은 사용자의 패턴, 다시 말하면 반복되는 취향을 파악해 비슷한 패턴을 추천하는 머신러닝 기술이 사용됐기 때문이다.

머신러닝과 딥러닝의 구분

대체로 인공지능은 구현하는 기술에 따라 크게 머신러닝(machine learning, 또는 기계학습)과 딥러닝(deep learning, 또는 심화학습)으로 구분한다. 머신러닝은 컴퓨터에 일일이 작업 과정을 학습시키는 것이고, 딥러닝은 더 복잡한 알고리즘을 사용해 컴퓨터가 스스로 판단할 수 있는 능력을 키워 나가는 기술을 말한다.

그렇다고 인공지능, 머신러닝, 딥러닝이 각각 다른 기술은 아니다. 인간의 지적 능력을 모방하는 모든 기술을 큰 범위에서 인공지능으로 보고, 그 안에서 컴퓨터가 스스로 학습하느냐에 따라 머신러닝과 딥러닝으로 분류하기 때문이다. 딥러닝을 머신러닝에 속하는 기술로 볼 수도 있고 머신러닝보다 앞선 기술로 볼 수도 있다. 그렇지만 어떤 경우에는 딥러닝으로 해결하기 어려운 문제를 머신러닝이 더 쉽게 해결하기도 한다.

---

50 인공지능(AI), 대한민국 정책위키, https://www.korea.kr/special/policyCurationView.do?newsId=148868542

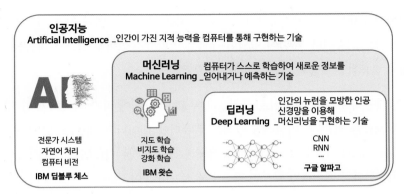

그림 3.21 인공지능, 머신러닝, 딥러닝과의 관계

약한 인공지능과 강한 인공지능

인공지능은 정의하는 범위에 따라 '약한 인공지능(artificial narrow intelligence, weak AI)과 '강한 인공지능(artificial general intelligence(AGI)[51], strong AI)'으로 분류하기도 한다.

- **약한 인공지능**: '스스로 사고하여 문제를 해결할 수 있는 능력이 없는 인공지능'을 의미한다. 검색엔진, 인터넷 쇼핑몰의 상품 추천, 스팸 메일 분류와 같이 현재 우리 생활의 편리를 높여주는 인공지능이다. 특정 범위 내에서 문제를 해결할 수 있는 지적 능력을 갖춘 인공지능으로, 지도에서 경로를 찾는 프로그램이나 고객의 상호작용이나 소비 행동 패턴을 분석하는 데 사용하기도 한다.

- **강한 인공지능**: 인간과 유사한 지능을 갖춘 인공지능으로 '스스로 사고하여 문제를 해결할 수 있는 인공지능'을 말한다. 다시 말해, '모든 작업을 수행할 수 있는 만능 인공지능'을 의미한다. 현재까지는 강한 인공지능을 갖춘 제품은 없지만, 가까운 미래에 초거대 인공지능(초거대 AI)[52]이 발전하여 인간 수준의 지능을 달성한다면 강한 인공지능을 경험할 수 있을 것으로 기대된다.

머신러닝

머신러닝의 정의

앨런 튜링이 던졌던 질문 "기계가 생각할 수 있을까?", "기계를 학습시킬 수 있을까?"에 대한 답을 1990년대 후반에 등장한 머신러닝이 제시했다. 머신러닝은 컴퓨터(기계)가 수

---

51 'Artificial General Intelligence(AGI)'는 강한 인공지능으로 '인공일반지능' 또는 '범용인공지능'이라고 부른다. AGI는 '인간과 유사한 수준의 지능과 다양한 작업을 수행할 수 있는 인공지능'을 말한다. AGI는 인간 수준의 지능을 달성하는 것을 목표로 하고 있다.
52 초거대 AI는 규모와 능력 측면에서 이전의 인공지능 모델을 크게 뛰어넘는 대규모 인공지능을 말한다. 2022년 11월에 선보인 챗GPT가 한 예다.

많은 데이터를 바탕으로 학습하면서 스스로 규칙을 발견하고 이 규칙을 새로운 문제 해결에 사용하는 기술이다. 사람이 일일이 규칙을 입력하지 않아도 스스로 학습할 수 있다는 점에서 전통적인 자동화 프로그램과 차이가 있다.

일반적인 자동화 프로그램 방식은 규칙을 세우고 이 규칙에 따라 처리해야 할 데이터를 입력하여 해답을 찾는데, 머신러닝 방식은 컴퓨터에 데이터와 해답을 입력하면 스스로 규칙을 찾고 새로운 데이터에 이 규칙을 적용해 해답을 찾는다(그림 3.22 참조). 그래서 머신러닝은 학습할 데이터가 많으면 많을수록 성능이 좋아진다.

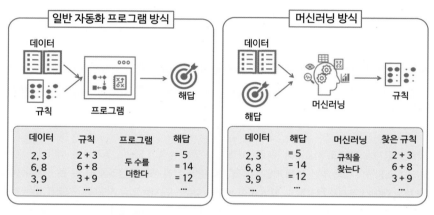

그림 3.22 일반적인 자동화 프로그램 방식과 머신러닝 방식의 비교

머신러닝의 학습 방법

머신러닝에서 컴퓨터가 학습하는 방법은 일반적으로 그림 3.23과 같이 세 가지로 분류한다. 많은 양의 **레이블**(label)이 있는 데이터로 학습하여 규칙을 찾는 지도 학습, 레이블이 없는 데이터에서 학습하는 비지도 학습, 행동에 따라 보상하여 인공지능 능력을 향상시키는 강화 학습이다.

- **지도 학습**(supervised learning)은 선생님이 학생을 가르치듯이 문제와 정답을 모두 알려주면서 공부시키는 방법이다. 예를 들어, 고양이 사진에 '고양이'라는 정답(레이블)을 붙여서 학습시키는 방법이다.

- **비지도 학습**(unsupervised learning, **자율학습**)은 정답이 적힌 레이블이 주어지지 않기 때문에 많은 데이터를 학습하면서 스스로 규칙을 찾아야 한다. 즉, 정답을 가르쳐 주지 않고 공부시키는 방법이다.

- **강화 학습**(reinforcement learning)은 많은 양의 데이터를 제공하지 않는다. 그 대신 보상(reward)이나 처벌의 형태로 학습 데이터에 상호 작용 요소를 부가한다. 보상에 대해서는 최대화하고 처벌에 대해서는 최소화하는 방향으로 행위를 강화하는 학습 방법이다. 강화 학습은 계속되는 시행착오로 좋은 방법이 어떤 방법인지 학습하도록 하는 방식으로, 2017년 알파고 이후에 탄생한 알파고 제로의 학습에 사용된 원리다.

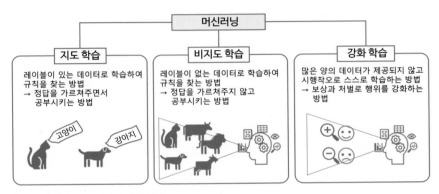

그림 3.23 머신러닝의 학습 방법에 따른 분류

추가 설명 구글 포토의 지도 학습

구글 검색기로 고양이 사진을 검색하면 수많은 사진을 찾아준다. 구글은 어떻게 고양이 사진을 찾을 수 있는 것일까? 먼저 인터넷을 통해 '고양이'라는 레이블이 지정된 수많은 사진을 수집한다. 그런 다음 컴퓨터는 사진 속 대상이 고양이인지 개인지 또는 다른 것인지 추측하기 위해 이미지 픽셀(pixel, 세부 단위) 규칙과 색상 규칙을 찾는다. 고양이를 식별하는 규칙이 정확할 때까지 수없이 반복 수정해 규칙을 찾아간다. 이런 과정이 머신러닝 지도 학습 과정이다.

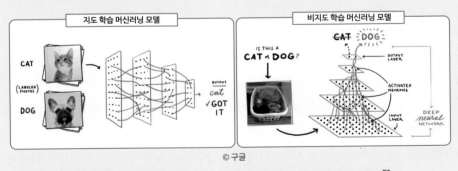

그림 3.24 구글 포토가 심층 신경망을 사용한 머신러닝 모델로 고양이나 강아지를 식별하는 개념[53]

---

53 구글, https://www.google.co.kr/about/main/machine-learning-qa/

딥러닝과 머신러닝의 차이점

딥러닝과 머신러닝을 구분하는 기준은 '스스로 학습할 수 있느냐'에 따라 결정된다. 고양이 사진 수십 장을 컴퓨터에 학습시킨다고 하자. 이때 컴퓨터가 고양이 사진으로부터 고양이의 특징을 어떻게 추출하고 분류하는지를 보면 두 알고리즘의 차이점을 알 수 있다.

그림 3.25와 같이 머신러닝은 고양이의 특징을 추출하고 분류하여 '고양이'라는 것을 학습한다. 이를 위해 고양이의 귀, 코, 수염, 모양, 털 색상과 같은 특징(feature)을 사람이 추출하고, 그 특징을 기반으로 머신러닝 알고리즘이 분류를 수행한다. 반면에 딥러닝은 사람의 도움 없이 학습 데이터로부터 특징을 스스로 추출하고 분류하는 학습 방식을 사용한다.

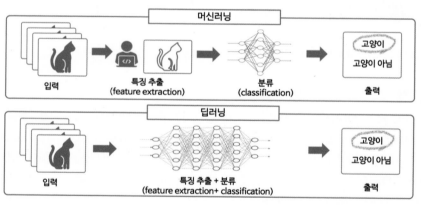

그림 3.25 머신러닝과 딥러닝의 비교

또한 학습 대상이 되는 데이터의 유형에 따라 사용할 알고리즘이 달라질 수 있다. 보통 머신러닝은 회사의 매출 데이터, 고객 정보 데이터와 같이 데이터의 형태가 정해진 '정형 데이터(structured data)'를 잘 처리한다. 반면 딥러닝은 머신러닝이 처리하지 못하는 이미지, 영상, 음성 등과 같이 어떤 형태가 정해지지 않은 '비정형 데이터(unstructured data)'를 잘 처리한다. 이러한 이유로 딥러닝은 많은 양의 정형, 비정형 데이터를 학습하고 처리하는 데 우수한 성능을 보인다. 이것이 상상을 초월할 정도로 많은 양의 빅데이터를 처리하는 데 딥러닝 기술이 주목받는 이유다.

추가 설명 구글의 티처블 머신으로 나만의 머신러닝 모델 만들기

구글에서 제공하는 '티처블 머신(teachable machine)'은 웹 기반의 인공지능 프로그램으로 누구나 쉽고 빠르게 머신러닝 모델을 만들 수 있다. 티처블 머신에서는 사용자가 이미지, 소리, 자세 사진 등을 업로드해 컴퓨터를 지도 학습시킬 수 있다.

- 웹 브라우저의 주소창에 다음 주소를 입력해 티처블 머신 웹사이트로 이동한 다음 첫 화면에서 [시작하기]를 눌러 시작한다. [54]

  - 주소: https://teachablemachine.withgoogle.com

그림 3.26 구글의 티처블 머신 웹사이트 첫 화면

학습시키는 과정은 그림 3.27과 같다. 1) 컴퓨터에 학습시킬 데이터를 모으고, 2) 수집한 데이터를 토대로 모델을 학습시키고, 3) 내가 만든 모델을 이용해 테스트한 결과를 확인한다.

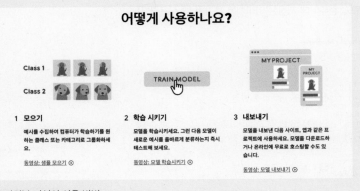

그림 3.27 구글 티처블 머신의 사용 방법

---

54 영어 화면이 나올 때는 [Get Started] 버튼을 누른 다음, 화면 아래에 있는 언어 설정에서 '한국어'로 변경한다.

- [새 프로젝트] 화면이 나오면 이미지(image), 소리(audio), 자세(pose) 중 하나를 선택해 머신러닝 학습 프로젝트를 만든다. 이 책에서는 ① 이미지 프로젝트를 선택해 이미지를 구별하는 모델을 만들어보겠다.

그림 3.28 새 프로젝트를 만들기 위한 화면(왼쪽)과 '이미지 프로젝트'를 클릭했을 때 이미지 모델의 종류를 선택하는 화면(오른쪽)

이미지를 구별하는 이미지 인식 모델 프로젝트 만들기

이 책에서는 두 개의 포켓몬 캐릭터인 '라이츄'와 '먹고자'를 구분할 수 있도록 이미지를 학습시켜 보겠다.

- 클래스는 컴퓨터에게 학습시킬 이미지 그룹(class, 클래스)을 뜻한다. 먼저 [Class1] 오른쪽에 있는 ① 연필 모양 아이콘을 클릭해 이름을 '라이츄'로 변경한다. 마찬가지 방법으로 ② [Class2]의 이름은 '먹고자'로 변경한다. 그다음 ③ 웹캠 버튼을 클릭한 다음 다양한 각도로 두 인형의 사진을 촬영한다. 사진이 많으면 많을수록 머신러닝 학습 효과가 좋아진다.

  - Class 1, Class 2: 구분하고자 하는 이미지에 맞게 이름을 수정한다.
  - 웹캠: 웹캠을 사용해 이미지를 추가할 때 사용한다.
  - 업로드: 컴퓨터에 저장된 이미지를 추가할 때 사용한다.

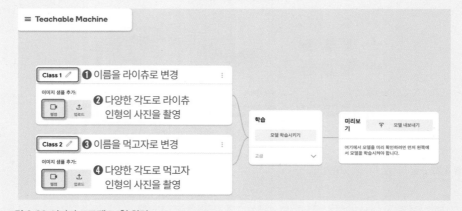

그림 3.29 이미지 프로젝트, 첫 화면

- 웹캠을 켜고 ① [길게 눌러서 녹화하기] 버튼을 클릭하면 연속해서 이미지가 촬영된다. 정확한 학습을
  위해서 인형을 다양한 각도에서 촬영한다. 이미지 샘플은 많으면 많을수록 좋다.

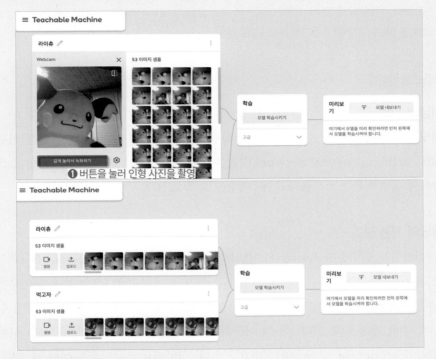

그림 3.30 웹캠으로 클래스별 이미지 샘플을 찍는다

- 입력된 샘플 이미지들을 학습시키기 위해 [학습] 블록에 있는 ① [모델 학습하기] 버튼을 클릭해 머신러
  닝 학습을 시작한다. 학습을 마치면 미리보기 블록이 활성화되고, ② 웹캠에서 촬영된 이미지가 '라이
  츄'인지 '먹고자'인지를 확률로 보여준다.

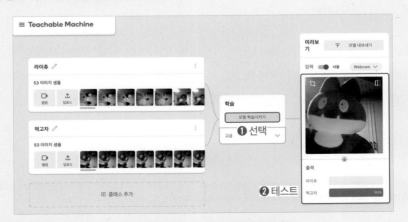

그림 3.31 학습이 끝난 후 미리보기로 학습한 결과를 확인('먹고자'일 확률 100%)

출력 결과가 정확하지 않으면 정확도를 높이기 위해 이미지 샘플을 더 추가하거나 부정확한 이미지를 삭제해서 샘플을 재구성한다. 이렇게 만든 모델은 모델 파일로 내보낼 수도 있고, 모델을 업로드해 모두와 공유할 수도 있다. 여러분도 웹캠으로 촬영한 물건이나 내 모습이 '라이츄'에 가까운지 '먹고자'에 가까운지 테스트해보기를 바란다. 그리고 자신만의 프로젝트를 만들어 보자.

딥러닝의 개념

딥러닝의 정의

딥러닝은 머신러닝의 한 분야로, 인간의 뉴런 연결 구조망을 모방해 만든 **인공 신경망**(ANN, artificial neural network)[55]을 이용해 컴퓨터가 대규모의 데이터를 스스로 학습하여 패턴과 특징을 추출하고 예측하는 기술을 말한다.

딥러닝의 기본 구조

인공 신경망은 입력층(input layer), 은닉층(hidden layer), 출력층(output layer)으로 구성되는 구조를 갖고 있다(그림 3.32 참조). 각 층은 여러 개의 퍼셉트론으로 이루어져 있으며, 입력층은 데이터를 입력 받고 출력층은 결과를 출력한다. 은닉층은 두 개일 수도 있으며, 수백 개일 수도 있다. 두 개 이상의 은닉층을 갖는 인공 신경망을 **심층 신경망**(DNN, deep neural network)이라고 부른다. 일반적으로 은닉층을 여러 개 쌓아 깊은 신경망을 구성할수록[56] 더 복잡한 문제를 해결할 수 있다. 이렇게 충분히 깊어진 인공 신경망을 학습 모델로 사용하는 머신러닝 방식이 바로 딥러닝이다. 딥러닝은 기존의 머신러닝보다 해결 가능한 문제의 영역을 대폭 확대하여 다양한 분야에 활용되며, 빠르게 발전하고 있는 기술이다.

그림 3.32의 오른쪽은 딥러닝을 사용해 이미지를 인식하는 예다. '조지 워싱턴'의 초상화 이미지로부터 심층 신경망의 은닉층들을 통해 이미지의 명암, 윤곽선, 특징을 차례로 추출하고 특징을 조합해 '조지 워싱턴' 이미지를 학습한다.

---

55 인공 신경망은 앞서 설명한 대로 여러 개의 퍼셉트론(인공 신경)이 여러 층으로 연결된 집합으로, 한 개의 퍼셉트론보다 어려운 문제를 쉽게 해결할 수 있다.
56 은닉층을 여러 개를 쌓을수록 학습하기가 어려워지고 계산량도 기하급수적으로 증가한다.

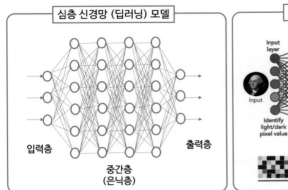

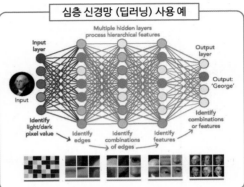

© PNAS(Proceedings of National Academt of Science) (오른쪽)

그림 3.32 심층 신경망(딥러닝) 모델(왼쪽)과 예시[57](오른쪽)

추가 설명 은닉층이 하나만 있는 얕은 신경망으로 이미지 인식하기

간단한 신경망을 사용해 이미지를 인식하는 경우를 살펴보자. 단순하게 한 개의 은닉층을 사용하는 얕은 (shallow) 신경망은 심층(deep) 신경망보다 이미지를 식별하는 과정이 단순하므로 신경망을 이해하는 데 유용하다.

그러면 필기체 숫자 '0'과 '1'의 이미지를 얕은 신경망을 사용해 구별하는 방법을 알아보자. 먼저 숫자를 구별하려면 숫자 이미지가 가지고 있는 고유의 패턴(pattern)을 알아야 한다. 손으로 쓴 숫자 '0'과 '1'은 여러 모양을 가질 수 있지만, 대충 '0'은 동그라미 패턴, '1'은 가운데 직선이 하나인 패턴이다. 이렇듯 신경망도 패턴을 찾아야 한다.

가장 간단한 방식은 그림 3.33과 같이 숫자 이미지를 인식할 수준으로 잘게 쪼개는 것이다. 여기서는 이미지를 가로 3개, 세로 4개의 작은 픽셀로 쪼개겠다. 그러면 각 픽셀에 해당하는 12개의 입력층에서는 이미지가 존재하느냐(ON)와 존재하지 않느냐(OFF)를 판단한다. 이미지가 존재하면 뉴런이 동작하는 것처럼 다음 은닉층에 존재 신호를 전달한다. 그리고 은닉층은 자신에게 연결된 입력층들의 신호를 종합해 두 개의 출력층 중 하나로 신호를 전달한다. 이로써 출력층에서는 '0'인지 '1'인지를 식별하게 된다. 이때 각 숫자에 따라서 입력층과 은닉층 사이의 가중치를 조절함으로써 신경망의 학습 능력을 높일 수 있고, 다른 숫자 이미지도 식별할 수 있다.

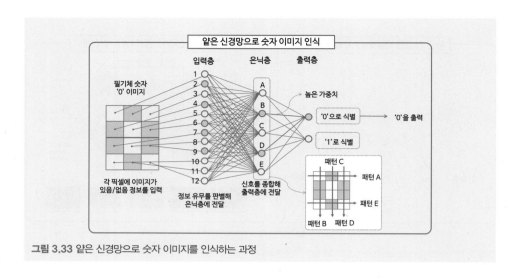

그림 3.33 얕은 신경망으로 숫자 이미지를 인식하는 과정

딥러닝의 발전과 활용

최근 IT와 전자기술의 기하급수적인 발전에 힘입어 비로소 딥러닝이 실제로 구현되기 시작했다. 과거에는 수개월이 소요됐던 머신러닝과 딥러닝 학습 과정을 이제 수 시간 또는 몇 분 만에 처리할 수 있게 됐다. 또한 현실 세계를 반영하는 방대한 데이터를 통해 기계가 마치 실제 세상 속의 인간처럼 정보를 인지하고 학습하여 지식으로 발전시켜 나가기 시작했다. 불과 수년 사이에 이러한 일이 일어나고 있다.

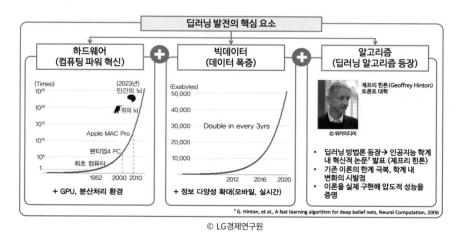

© LG경제연구원

그림 3.34 딥러닝 발전의 핵심 요소 [58]

---

58 최근 인공지능 개발 트렌드와 미래의 진화 방향, LG 경제연구원(2017),
http://www.lgeri.co.kr/uploadFiles/ko/pdf/busi/LGERI_Report_20171010_20170110170112387.pdf

딥러닝의 부활, 제프리 힌튼 교수의 역전파 알고리즘

1986년 **제프리 힌튼**(Geoffrey Hinton) 교수가 제안한 다층 퍼셉트론과 역전파(back propagation) 알고리즘은 심층 신경망이 가진 오래된 문제점을 해결했다. 심층 신경망은 은닉층이 추가될수록 모델 학습이 더욱 어려워지고, 더욱이 모델에서 발생하는 오차를 완벽하게 교정하는 것은 불가능했다. 역전파 알고리즘은 이러한 문제점에 대해 해결책을 제시했다.

역전파 알고리즘은 그림 3.35와 같이 인공신경망이 학습한 결과를 보고, 오차가 발생할 경우 다시 뒤로 돌아가 어디서 오차가 발생했는지 찾아가면서 문제를 해결한다. 은닉층의 오차와 가중치를 조절할 방법을 체계적으로 제시해 빠르게 학습할 수 있는 길을 열어준 것이다. 이러한 이유로 역전파 알고리즘은 인공신경망에서 가장 많이 쓰이는 알고리즘이다.

그런데 여기에는 또 다른 문제가 있다. 은닉층이 많은 심층 신경망에서는 계산량이 기하급수적으로 늘어나기 때문에 역전파 알고리즘으로도 여전히 감당하기 어렵다는 점이다. 이것은 역전파 알고리즘이 출현한 1986년대의 문제였고, 2000년대에 들어서 이 해묵은 문제를 해결할 획기적인 해답이 등장했다. 바로 고성능 그래픽 처리 장치인 GPU(graphic processing unit, **그래픽 처리 장치**)[59]의 출현이다. GPU는 딥러닝의 과중한 계산량 문제를 해결하는 데 결정적인 돌파구를 마련했고, 이로써 지금까지 보지 못했던 **딥러닝 전성시대**가 열렸다.

---

59 GPU는 그래픽 처리를 위한 고성능의 처리장치로 그래픽카드의 핵심이다. GPU는 게임이나 영상편집 등 멀티미디어 작업에서 CPU를 보조하기 위한 부품으로 등장했다. 그렇지만 GPU는 병렬 처리 연산 방식을 통해 대량의 데이터를 동시에 처리할 수 있기 때문에 CPU에 비해 딥러닝에 강하다.

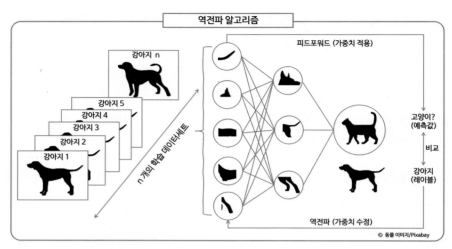

그림 3.35 역전파 알고리즘을 이용한 학습 개념 [60]

딥러닝의 도약, 구글 브레인 프로젝트

딥러닝의 도약을 가져온 계기가 됐던 제프리 힌튼 교수의 혁신적인 논문[61]이 발표된 이후, 2012년 또 하나의 유명한 딥러닝 프로젝트가 발표됐다. 바로 구글의 '구글 브레인 프로젝트[62]'다. 구글 브레인 프로젝트는 사전 정보 없이, 천만 개의 유튜브 동영상을 심층 신경망을 통해 학습하여 고양이를 인식할 수 있었다. 즉, 인간의 사전 작업 없이도 기계가 데이터를 분석해 이미지 속의 사물을 구별해 학습하고, 스스로 학습한 딥러닝은 이미지에서 사람의 얼굴이나 고양이의 얼굴을 알아보는 능력을 갖추게 된 것이다(그림 3.36 참조). 이렇듯 딥러닝을 활용해 구현된 인공지능은 기존의 방법론에 비해 압도적인 성능을 나타내기 시작했다.

---

60 그림 출처: 《인공지능, 머신러닝, 딥러닝 입문》(위키북스, 2016)

61 G. Hinton, et al., A fast learning algorithm for deep belief nets, Neural Computation, 2006

62 구글 브레인은 2012년 스탠퍼드대 앤드류 응(Andrew Ng) 교수와의 협업으로 시작된 구글의 딥러닝 연구 프로젝트다. 구글은 1,000개의 서버를 병렬로 연결(서버 하나당 CPU 2개, 구축 비용 50억 원, 전력 소모량 60만 와트)하여 3일간 유튜브에서 얻은 200×200 해상도의 이미지를 1,000만 개 확보했고, 이를 분석함으로써 컴퓨터가 사람 얼굴과 고양이 얼굴을 구별할 수 있었다.

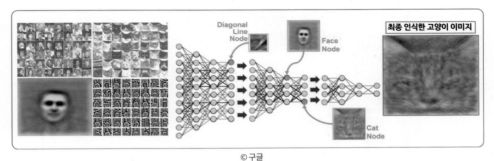

©구글

그림 3.36 구글 브레인 프로젝트의 딥러닝 과정과 구글 브레인이 최종 인식한 고양이 이미지[63]

이미지 인식률 대결의 승리자, 합성곱 신경망(CNN)

딥러닝이 처음부터 여러 문제를 해결할 만큼 성능이 우수했던 것은 아니다. 퍼셉트론, 다
층 퍼셉트론으로 시작해 다양한 딥러닝 모델의 등장을 거쳐 인공지능 기술이 상용화되기
까지 수많은 시행착오를 겪으며 발전해왔다. 우리가 알고 있는 딥러닝 모델이 본격적으
로 등장한 것은 2010년에 들어서였다.

2012년 제프린 힌튼 교수가 이끄는 토론토대학교 팀은 이미지넷 경진대회 'ILSVRC[64]'
에 참가해 기존 벤치마크 성능을 압도하는 결과물을 제출한다. 이 딥러닝 모델이 바로
알렉스넷(AlexNet)이다. 알렉스넷은 **합성곱 신경망(CNN, convolutional neural
network)** 또는 **컨벌루션 신경망**을 적용한 딥러닝 모델이다.

매년 다양한 연구기관이 참여해 이미지 내 사물 인식의 정확도를 경쟁하는 이미지넷
경진대회에서 우승한 것이 딥러닝의 중요한 분수령이 됐다. 이때 알렉스넷의 인식률
은 무려 83.58%를 달성했다. 2015년에는 마이크로소프트의 레스넷(ResNet, residual
network)이 인간의 이미지 인식률인 94.9%를 넘는 96.43%를 달성했다.

63 구글 블로그, https://blog.google/technology/ai/using-large-scale-brain-simulations-for/

64 ILSVR(ImageNet Large Scale Visual Recognition Challenge)의 약자로, 스탠퍼드대에서 주관하는 영상 인식 분야 경진대회다. 1,000가지 종류의 사물로
　구성된 100만 장의 이미지가 주어지며 각 이미지에 존재하는 사물의 종류를 알아맞히는 대회다. https://image-net.org/challenges/LSVRC/2017/

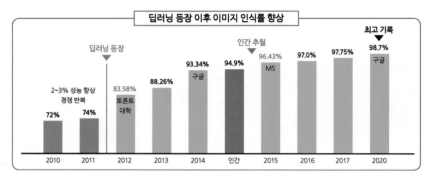

그림 3.37 연도별 ILSVRC 우승 모델의 인식률 향상 [65]

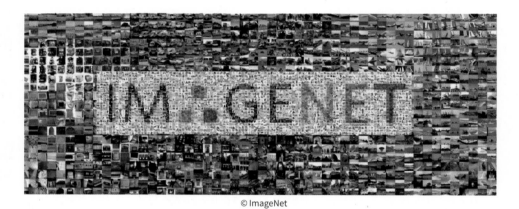

© ImageNet

그림 3.38 2012년 ILSVRC에 사용된 이미지넷 데이터셋 [66]

CNN의 기본 구조와 동작 과정

CNN은 얀 르쿤(Yann LeCun)이 1989년에 발표한 논문에서 처음으로 소개되었고, 그의 동료들과 같이 개발 한 LeNet-5 모델에 처음 사용됐다. 초창기 신경망 연구자들인 데이비드 허블(David Hubel)과 토르스텐 비셀(Torsten Wiesel)은 고양이의 시선에 따라 뇌에서 자극받는 위치가 모두 다르다는 점에 착안해 합성곱(convolution, 필터로 입력 데이터를 훑어가면서 곱한 결과들의 합) 기법에 대한 아이디어를 얻었다고 한다 [67].

---

65 인공지능 이미지 인식 기술 동향, TTA 저널 187호(2020), https://www.tta.or.kr/data/androReport/ttaJnal/187-1-3-6.pdf

66 https://image-net.org/challenges/LSVRC/2012/index.php

67 허블과 비셀의 '고양이 시각 피질(visual cortex) 실험'은 1959년에 The Journal of Physiology에 발표된 논문 'Receptive Fields of Single Neurons in the Cat's Striate Cortex'에서 소개되었다. 이 논문의 결과를 바탕으로 그들은 1981년에 노벨 생리학-의학상을 수상했다.

시각 시스템 동작과정을 모방한 CNN

인간의 시신경 자극을 통해 고양이라는 사물을 인식하는 '시각 시스템 동작 과정'은 그림 3.39와 같다. 시신경을 통해 전달된 자극이 뇌세포 시각 피질(visual cortex)[68] V1(1차 시각 피질) 영역의 뉴런을 통해 입력 사물의 모서리와 직선을 인식한다. 즉, 윤곽과 밝기, 색상, 물체의 크기와 모양 등의 시각적 특징을 추출한다. 이 정보는 다음 단계인 V2(2차 시각 피질) 영역의 뉴런을 통해 사물의 전체 형상(형태와 모습)과 각 부분의 색 차이와 패턴 등을 인식한다. 3차 시각 피질인 V3 영역에서는 이 정보를 바탕으로 객체 인식과정이 이뤄진다. 즉, 전체 사물의 윤곽, 내부 형태 구조, 움직임 등을 인식한다. 마지막 영역인 후두 피질(LOC)에서 다양한 정보가 그룹화되고, 연관된 의미가 분석되며, 이러한 정보가 통합되어 뇌에서 사물을 고양이로 인식한다.

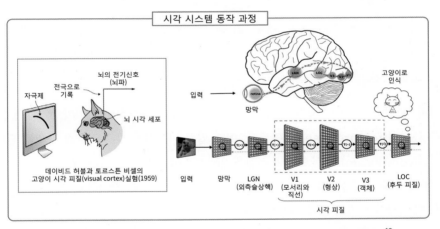

그림 3.39 고양이 시각 피질 실험(왼쪽)과 인간의 시각 정보를 처리하는 시각 시스템 동작 과정(오른쪽)[69]

CNN의 기본 구조와 동작 과정

CNN은 동물의 이미지 판별과정과 비슷하게 이미지 전체를 한 번에 보는 대신 작은 단위로 쪼개어 살펴본다. 복잡한 이미지를 단순한 선과 모서리로 해체하는 것이다. 이 과정을 바탕으로 합성곱 신경망이 탄생했다. 작게 쪼갠 이미지의 부분으로부터 **특징(feature)**

---

68 시각 피질은 뇌의 뒷부분(후두엽)에 위치한 대뇌 피질 영역 중 하나로 시각 정보를 처리하는 담당한다.
69 https://home.cs.colorado.edu/~DrG/Courses/NeuralNetworksAndDeepLearning/Lectures/06-ConvolutionalNeuralNetworks.pdf

을 추려내기 위해, CNN은 그림 3.40과 같이 여러 개의 **합성곱층(convolutional layer)**
과 **풀링층(pooling layer, 통합층)**으로 구성된다. 이렇게 추출된 특징들은 **완전연결층**
(fully connected layer, 일반 인공신경망)으로 전달되며, 최종적으로 이미지를 분류
하거나 예측하는 데 사용된다.

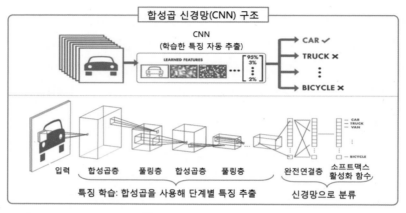

그림 3.40 합성곱 신경망(CNN)의 기본 구조 [70]

여기서, 합성곱층은 이미지의 각 부분에 대해 필터(filter)를 적용해 이미지의 특징을 추
출한 **특징맵(feature map)**을 만든다. 이때 입력 이미지와 각 특징별로 정의된 필터의
합성곱(convolution) 연산으로 특징맵을 만든다. 이런 필터는 여러 개를 사용할 수 있
다. 첫 번째 합성곱층에서는 모서리 같은 단순한 시각 특성을 감지하고 층이 깊어질수록
점점 더 복잡한 특징과 추상적인 개념을 표현한다.

예를 들면, 사람의 안면을 인식할 때, 어떤 신경망 부분은 얼굴 윤곽을 찾아내기 쉬운 수
직 선 필터를 동작시키고, 다른 부분은 눈을 인식하기 위해 원형 인식 필터를 작동하게
한다. 하나의 예시로 윤곽선 필터를 사용한 합성곱 연산과정을 그림 3.41에 소개한다.

그리고 풀링 계층은 특징을 요약해 이미지의 크기를 줄이고, 신경망에서 학습해야 할 매
개변수 수를 줄여서 계산량을 줄이는 역할을 한다. 마지막으로 완전연결층은 일반적인

---

70 Introduction to Deep Learning, MathWorks, https://kr.mathworks.com/videos/introduction-to-deep-learning-what-are-convolutional-
neural-networks—1489512765771.html

인공신경망으로 합성곱층과 풀링층으로 추출한 특징을 분류하는 역할을 한다. 따라서 CNN은 합성곱층과 풀링층으로 구성된 특징 추출부분이 일반 인공신경망과는 다르다.

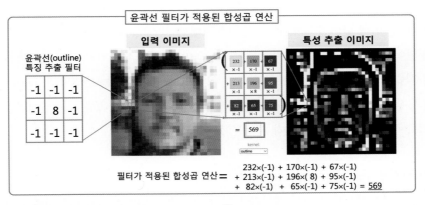

그림 3.41 윤곽선 특징 추출 필터를 적용한 합성곱 연산의 결과[71]

CNN은 사물의 특징을 자동으로 잡아내면서 이미지 인식에 놀라운 성능을 보인다. 특히, 자율주행 자동차의 카메라로 들어온 이미지 정보를 인간보다 더 뛰어나게 인식한다. 그래서 실시간으로 도로의 차선이나 교통신호, 보행자 등을 빠르고 정확하게 인식해야 하는 자율주행 자동차에 합성곱 신경망은 없어서는 안될 기술이다. CNN은 영상 및 비디오 인식, 추천 시스템 및 자연어 처리분야에서도 폭넓게 응용되고 있다.

고품질의 자연스러운 이미지 생성자, 적대적 생성 신경망(GAN)

머신러닝은 대부분 분류기로 작동하기 때문에 근본적으로 이미지나 문장을 생성하는 것과는 거리가 있다. CNN과 같은 딥러닝 알고리즘의 경우도 이미지에서 특징을 추출하고 구조를 분석하는데 유용하다. 그렇지만 이미지를 새롭게 생성하지는 못한다.

2014년 발표된 딥러닝 알고리즘인 **적대적 생성 신경망(GAN, generative adversarial network)**[72]은 이미지 생성모델에 돌파구를 만들어냈다. GAN은 학습 데이터에 라벨링이 필요 없으며(비지도 학습), 고품질의 자연스러운 이미지를 만들어 내는 능력이 있

---

71 시각적으로 설명한 이미지 커널, Victor Powell, https://setosa.io/ev/image-kernels/
72 2014년 이안 굿펠로(Ian J. Goodfellow)에 의해 발표됐다.

다. GAN의 목표는 기존 이미지를 바탕으로 새로운 이미지를 합성해 생성하는 것으로, 용도와 목적에 따라 다양한 알고리즘이 개발됐으며 여러 연구자와 기업에 의해 다양한 응용 서비스가 공개되고 있다.

GAN의 첫 번째 단어인 'generative'는 말 그대로 '생성(generation)'한다는 의미다. 두 번째 단어인 'adversarial[73]'은 '적대적'이라는 의미로, 가짜 데이터와 진짜 데이터를 경쟁시켜 학습한다는 뜻이다. GAN은 그림 3.42와 같이 분류하려는 판별자(discriminator) 모델과 생성하려는 생성자(generator) 모델이 서로 경쟁하면서 발전하는 딥러닝 알고리즘으로, 정답 없이 스스로 학습해 새로운 것을 생성한다.

GAN의 기본 구조

판별자는 진짜 데이터와 가짜 데이터를 입력으로 받아, 입력된 가짜 데이터와 진짜 데이터 사이의 유사 정도를 확률로 판단한다. 생성자는 판별자를 속이기 위해 정말 진짜 같은 가짜 데이터를 만들려고 하고, 판별자는 가짜와 진짜를 정확히 구분하기 위해서 더욱 정교한 판별 함수를 만들어 나간다. 이런 식으로 적대적인 두 모델은 학습을 반복하면서 생성자가 진짜와 구분할 수 없을 정도로 정교한 데이터를 생성할 수 있는 능력을 갖추게 된다. GAN 알고리즘은 이미지 생성 분야에서 가장 혁신적인 아이디어로 손꼽히고 있다.

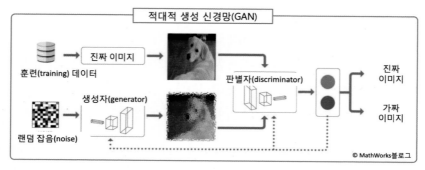

그림 3.42 적대적 생성 신경망(GAN)의 기본 구조[74]

---

73 'adversarial'이라는 용어는 일반적으로 두 개 이상의 당사자 간의 대립, 갈등 또는 경쟁이 포함된 상황이나 관계를 나타낸다.

74 Synthetic Image Generation using GANs, Laura Martinez Molera, MatWorks 블로그(2021), https://blogs.mathworks.com/deep-learning/2021/12/02/synthetic-image-generation-using-gans/?from=kr

GAN은 이미지 생성형 AI 기술

GAN은 실제와 가까운 이미지나 동영상, 음성 등을 자동으로 만들어 내는 모델이다. 2014년 GAN이라는 모델이 등장하면서 **생성형 AI(generative AI)** 또는 **생성 AI**가 본격적으로 인기를 끌기 시작했다.

생성형 AI는 이용자의 특정 요구에 따라 결과를 생성해 내는 인공지능을 말한다. 생성형 AI는 자가학습 알고리즘으로 새로운 디지털 이미지, 영상, 음성, 텍스트, 코드 등을 창조해낼 수 있는 기술이다. 크게 이미지 생성 모델과 대규모 언어 모델(LLM, large language model)로 나눈다.

이미지를 생성하는 이미지 생성형 AI 모델로는 오픈AI(openAI)의 달리(DALL-E) [75], 구글의 딥드림, 미드저니(Midjourney) [76], 스테이블 디퓨전(Stable Diffusion) 등을 들 수 있다. 대규모 언어 모델(LLM)을 바탕으로 하는 생성형 AI로는 오픈AI가 개발한 챗GPT(chatGPT)가 대표적인 모델이다. 이외 구글의 바드(Bard)와 스위치-트랜스포머 등이 있다.

구글의 딥드림(DeepDream) [77]은 GAN을 사용해 특정 화가의 화풍을 학습해 새로운 이미지를 생성하는 이미지 생성형 AI 모델이다. 그림 3.43의 A는 저자가 촬영한 사진으로 가을 하늘과 선사의 풍경을 담았다. B는 빈센트 반 고흐의 '별이 빛나는 밤에'와 같은 화풍으로, C는 르누아르의 '물랭 드 갈레트 무도회'와 같은 질감으로, D는 조르주 쇠라의 '그랑자트 섬의 일요일 오후'의 풍경 스타일로, E는 바다를 그린 유채화 스타일로, F는 고양이의 모던 아트 스타일로 GAN을 사용해 만든 이미지들이다.

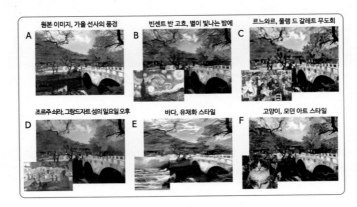

그림 3.43 구글 딥드림(DeepDream)을 사용해 생성한 이미지

---

75 달리2는 오픈AI에서 개발한 이미지 생성형 AI모델이다. https://openai.com/product/dall-e-2
76 미드저니는 디스코드에서 사용하는 프로그램으로 상당히 세밀한 그림을 생성한다. https://www.midjourney.com/home/?callbackUrl=%2Fapp%2F
77 구글 딥드림(DeepDream)에 회원 가입한 다음 Deep Dream Generator를 사용해 무료로 만든 이미지다. 생성한 이미지는 자신의 소셜 미디어에 올릴 수 있다. https://deepdreamgenerator.com

글로벌 GPU 설계 회사인 NVIDIA가 2017년에 공개한 '실존하지 않는 사람들 이미지 (This person does not exist)[78]' 또한 GAN을 적용한 대표적인 사례다. 당시 NVIDIA는 기존 GAN의 결과들보다 이미지의 품질, 안정성, 다양성 등을 향상시킨 새로운 훈련 방법론(proGAN)을 사용해 사람의 눈으로는 실존 인물인지 가상 인물인지 판별하기 어려운 수준의 이미지를 생성했다. 이 방식을 활용하면 낮은 화질의 이미지를 고화질 이미지로 만드는 것은 물론, 사람뿐만 아니라 침실, 화분, 소파, 버스 등의 사물도 실제와 같은 이미지로 만들 수 있다.

© Tero Karras/NVIDIA (위), Sarah Wolf/Toward Data Science (아래)

그림 3.44 proGAN 알고리즘을 적용해 만든 '실존하지 않은 사람들' 이미지[79](위)와 저화질 이미지로 고화질 이미지를 생성하는 과정(아래)[80]

---

78 성별, 나이, 인종에 따라 가상의 얼굴을 무작위로 생성한다. https://this-person-does-not-exist.com/en

79 Karras, Tero, et al. "Progressive growing of GANs for improved quality, stability, and variation." arXiv preprint arXiv:1710.10196 (2017).

80 ProGAN: How NVIDIA Generated Images of Unprecedented Quality, Sarah Wolf, Toward Data Science, https://towardsdatascience.com/ progan-how-nvidia-generated-images-of-unprecedented-quality-51c98ec2cbd2

이미지 생성형 AI의 예술 작품

최근 뜨거운 인기를 끌고 있는 **이미지 생성형 AI들은 주로 GAN을 사용**한다. 이미지 생성형 AI는 예술 작품 생성, 게임 캐릭터 및 배경 생성, 인테리어 디자인 및 의류 디자인 등 다양한 분야에서 응용되고 있다. 물론 생성형 AI가 만든 이미지를 예술 창작물로 인정하는 것에 대한 논쟁이 뜨겁게 진행 중이다. 예를 들어 2022년 8월 미드저니가 생성한 '스페이스 오페라 극장'이 '콜로라도주 주립박람회 미술대회'의 디지털 아트 부문에서 우승을 차지했다[81]. 또한 2023년 3월 독일의 한 사진작가가 '가짜기억상실: 전기공'이라는 사진 작품으로 '2023 소니월드 포토그래피 어워드' 크리에이티브 부문에서 1위를 차지했다. 수상작 발표 후 자신의 작품이 AI 이미지 생성기를 이용해 만들어졌다는 사실을 고백하며 수상을 거부했다고 한다[82].

© Jason M. Allen(왼쪽), Boris Eldagsen(오른쪽)

그림 3.45 2022년 미드저니로 생성한 '스페이스 오딧세이 오페라' 디지털 아트 작품(왼쪽)[83]과 2023년 소니월드 포토그래피 어워드에서 수상한 '가짜기억상실: 전기공' 사진 작품(오른쪽)[84]

81 AI화가의 우승, 시대의 흐름인가, 예술의 사망인가, 중앙일보(2022.09.05), https://www.joongang.co.kr/article/25099483#home
82 국제사진 대회 수상작 작가는 왜 AI이미지를 제출했을까?, BBC뉴스코리아(2023.04.19), https://www.bbc.com/korean/articles/c72487e83y8o
83 그림 출처: https://en.wikipedia.org/wiki/Théâtre_d%27Opéra_Spatial#/media/File:Théâtre_d'Opéra_Spatial.web
84 그림 출처: https://www.eldagsen.com/sony-world-photography-awards-2023/

추가 설명 이미지 생성형 AI 모델

대표적 이미지 생성형 AI 모델로는 오픈AI의 달리2(DALL-E 2), 스테이블 디퓨전(Stable Diffusion), 미드
저니(Midjourney), 플레이그라운드AI 등이 있다. 구글 계정으로 회원 가입이 가능하고, 사용이 비교적 편리
한 달리2와 플레이그라운드AI가 생성한 이미지를 살펴보겠다.

- **달리2**: 로그인한 후, 입력창에 원하는 내용을 "Draw a cat are enjoying the warm afternoon sunlight
  with AI robot"과 같이 텍스트로 입력한다. 다른 이미지를 원하면 계속 요청하여 생성할 수 있다(https://
  openai.com/product/dall-e-2).

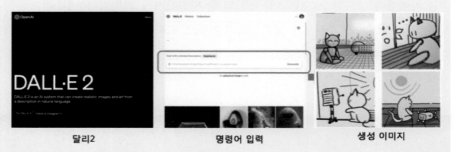

달리2   명령어 입력   생성 이미지

그림 3.46 달리2로 생성한 이미지

- **플레이그라운드AI**: 로그인 후 [Get Started]를 선택하고, [프롬프트(prompt)]라고 적혀 있는 창에 명령
  어를 입력한다. 선택 메뉴 [필터(Filter)]에서 원하는 스타일로 이미지를 생성할 수 있다. 달리2의 예와 같
  은 명령어 문장을 입력하고 여러 종류의 필터를 선택해 보았다(https://playgroundai.com/). 필터 선택
  에 따라 다른 스타일의 이미지가 생성된다.

플레이그라운드   명령어 입력   필터 선택

그림 3.47 플레이그라운드AI의 명령어 입력과 필터 선택

그림 3.48 플레이그라운드AI로 생성한 이미지, 필터에 따라 새로운 스타일의 이미지를 생성한다

딥러닝의 발전 트렌드

딥러닝으로 인한 인공지능의 발전은 인지, 학습, 추론, 행동과 같은 인간 지능 영역의 전 과정에 걸쳐 혁신적인 진화를 만들고 있다. 시각, 청각과 같은 감각기관에 해당하는 인지 지능부터 인공지능이 스스로 지능을 발전시키는 학습과 새로운 상황을 추론하고 행동하는 단계에 이르기까지 다양한 분야의 연구가 동시다발적으로 빠르게 발전하고 있다.

2012년을 기점으로 본격적으로 발전하고 있는 인지 분야의 지능은 이미 인간의 능력을 뛰어넘는 수준으로 구현되고 있다. 지능 발전의 가장 큰 걸림돌이었던 인지 분야의 해결은 인공지능이 현실 세계를 인간처럼 인식하는 것을 가능하게 했고 이에 기반한 학습, 추론, 행동 분야의 연구가 매우 활발하게 진행되고 있다.

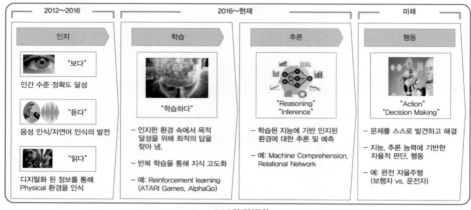

©LG경제연구원

그림 3.49 딥러닝의 발전 트렌드 [85]

초거대 인공지능(초거대 AI)

2022년 11월에 오픈AI가 선보인 대화형 인공지능 서비스 '챗GPT'는 전 세계적으로 큰 인기를 끌었다. 주요 기업 리더들은 인터넷과 스마트폰과 같은 혁신적인 기술처럼 '시대의 패러다임을 바꿀 기술'이 등장했다고도 말한다. 챗GPT는 '초거대 AI'[86]의 한 종류이며, 등장 이후 관심이 폭발적으로 증가하고 있는 키워드다.

영화 속 공상과학적인 서비스들이 실제로 출시되면서, 초거대 AI에 대한 관심이 폭발적으로 높아졌다. 또한 빅 테크기업들은 소비자를 선점하기 위해 앞다투어 초거대 AI를 개발하고 있다. 2023년 5월 기준으로 초거대 AI를 보유한 국가는 한국, 미국, 중국, 이스라엘 4개국뿐이다. 이 절에서는 초거대 AI가 무엇인지 살펴보고, 챗GPT를 중심으로 초거대 AI 모델을 살펴보기로 한다.

---

85 최근 인공지능 개발 트렌드와 미래의 진화 방향, LG 경제연구원(2017), http://www.lgeri.co.kr/uploadFiles/ko/pdf/busi/LGERI_Report_20171010_2017 0110170112387.pdf

86 '초거대 인공지능'보다 '초거대 AI'를 더 많이 사용하므로 '초거대 AI'라는 용어를 사용하기로 한다.

초거대 AI의 출현

공상과학 영화 〈아이언맨〉에서나 볼 수 있었던 인간보다 말을 더 잘하고, 전문 지식까지
갖춘 인공지능 비서 '자비스(JARVIS)'를 현실화할 날이 머지않은 것 같다. 최근 들어 자비
스와 유사한 능력을 갖춘 초거대 AI가 속속 등장하고 있기 때문이다.

초거대 AI란 무엇인가?

초거대(Hyperscale) AI는 '대용량 데이터를 스스로 학습해 인간처럼 종합적 추론이 가
능한 차세대 AI'를 말한다. 또는 '딥러닝 기법을 쓰는 인공신경망 가운데서도 매개변수가
무수히 많아 스스로 학습 · 사고 · 판단할 수 있는 인간의 뇌 구조를 모방한 AI'를 뜻한다.

초거대 AI는 인간의 뇌에 가까운 판단과 추론 능력을 가지는데, 딥러닝을 통해 대량의 데
이터를 학습해 인간과 유사한 사고와 자연스러운 언어 생성 능력을 갖추고 있다. 이러한
AI는 폭증하는 데이터를 분석하고 통찰력 있는 서비스를 제공할 수 있다. 일반적으로, 딥
러닝을 통해 학습된 언어 데이터의 크기와 매개변수의 수 측면에서 GPT-3부터 '초거대
AI'로 부른다.

> ▪ 초거대 AI는 매개변수 숫자가 수천억 개로 매우 많으며, 방대한 양의 데이터를 학습할 수 있는 모델로 대
> 규모 언어모델(LLM)을 포함하는 개념으로 정의할 수 있다.
> ▪ 또한, 초거대 AI라는 용어는 2020년 GPT-3의 등장을 계기로 전보다 널리 쓰이게 되었으며, 유사하게
> 초거대 인공지능, 초대규모 AI, 초거대 모델 등으로 언급돼 왔다.

초거대 AI는 특정 용도에 국한되지 않고 다양한 분야에서 활용할 수 있다는 점에서 현재
AI 기술의 판도를 바꾸고 경제 사회 전반에 혁신을 가져올 '꿈의 AI'라는 평가를 받는다.
대표적인 초거대 AI로는 오픈AI의 챗GPT, 구글의 바드(Bard), LG의 엑사원, 네이버의
하이퍼클로바, 카카오브레인의 KoGPT 등이 있다.

초거대 AI의 능력을 결정짓는 매개변수

초거대 AI는 어떻게 초대용량의 데이터를 학습해 인간의 뇌처럼 스스로 생각할 수 있을
까? 답은 초거대 AI의 인공 신경망이 가지고 있는 **매개변수(parameter, 파라미터)**에
있다. 매개변수는 뇌에서 뉴런 간 정보를 전달하는 통로 역할을 하는 시냅스와 비슷한 것

으로, 인공 신경망에서 정보를 학습하고 기억할 수 있는 저장 공간의 개수라고 보면 된다. 그래서 매개변수가 크다는 것은 컴퓨터가 생각할 수 있는 변수의 개수가 증가해 지능이 높아졌다는 뜻이다. 즉, 뇌의 용량이 커졌고 학습 능력이 향상됐다는 의미다.

인간의 뇌는 1,000억 개 이상의 뉴런으로 구성되며, 각 뉴런은 100조 개 이상의 시냅스로 연결되어 서로 신호를 주고받으면서 정보(기억, 학습, 인지)를 처리한다. 이와 비슷하게 인공 신경망은 입력값에 가중치를 곱하고 합산하여 출력하며, 초거대 AI는 인간 뇌의 시냅스와 비슷한 역할을 하는 매개변수를 가지고 작동한다. 딥러닝을 통해 AI를 학습시키는 것은 매개변수를 조정하는 것이며, 매개변수가 많을수록 더 정교한 학습이 가능하다. 따라서 초거대 AI 기술의 발전은 매개변수 수의 증가에 따라 결정된다고 해도 과언이 아니다.

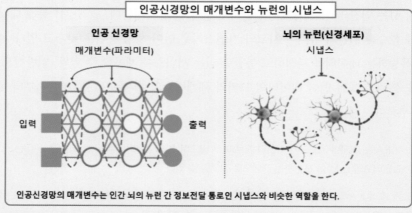

그림 3.50 인공신경망의 매개변수와 뉴런의 시냅스 [87]

GPT 시리즈의 매개변수

GPT(generative pre-trained transformer)는 '생성+자가학습+트랜스포머'를 뜻하는 영어의 약자로, 말 그대로 '자가학습(pre-trained)'하여 답변을 '생성(generative)'하고 대량의 데이터와 맥락을 처리할 수 있는 '트랜스포머(transformer, 변환기)' 기술을 말한다.

---

[87] '초거대 인공지능'보다 '초거대 AI'를 더 많이 사용하므로 '초거대 AI'라는 용어를 사용하기로 한다.

GPT는 현재 1, 2, 3, 4 버전이 존재하는데, 네 가지 모두 기본적으로 같은 구조를 사용한다. 그렇지만, 사용하는 매개변수 수에서 차이가 난다. 2018년 6월에 공개한 오픈AI[88]의 GPT-1의 매개변수는 1,700만 개다. 2020년 6월에 공개한 GPT-3와 2022년 11월에 공개한 GPT-3.5(이 모델을 '챗GPT'라 부름)는 1,750억 개(GPT-1의 1,000배, GPT-2의 100배)의 매개변수를 가지고 있다.

국내외 초거대 AI의 매개변수

지금까지 가장 많은 매개변수 수를 보유한 초거대 AI는 2022년 2월에 구글이 공개한 '스위치-트랜스포머(Switch-Transformer)'다. 무려 1조 6,000억 개에 달한다. 이어 2022년 4월, 구글은 5,400억 개 매개변수를 갖는 '팜(PaLM, pattern-agnostic language model)'이라는 자연어 처리 모델을 내놓고, 마이크로소프트는 2021년 10월 5,300억 개를 보유한 '메가트론(Megatron)'을 선보였다.

국내에서는 최초로 네이버가 2021년 5월 2,040억 개의 매개변수를 사용한 '하이퍼클로바(HyperCLOVA)'를 공개했다. 또한 카카오브레인은 2021년 11월 GPT-3모델을 활용한 한국어 특화 언어 모델인 '코지피티(KoGPT)'를 공개했다. 그리고 2021년 12월 LG AI 연구원은 매개변수 3,000억 개를 사용하는 '엑사원(EXAONE)'을 공개했다. 또한 오픈AI는 GPT-3.5 출시 이후 4개월만에 GPT-4를 발표했다(2023년 3월 15일).

오픈AI의 챗GPT에 위기감을 느낀 구글은 2023년 5월 10일 1,370억 개의 매개변수를 갖는 '바드(Bard, 시인이라는 뜻)'[89]를 공개했다. 바드는 한국어와 일본어를 추가했고, 실시간으로 인터넷을 검색하는 기능이 있어서 챗GPT와는 달리 최신 데이터를 이용해 답변할 수 있다. 또한 웹페이지 요약, 여행 계획과 최신 핫플레이스 추천, 관련 검색 제안 기능과 같이 챗GPT에는 없는 차별 기능을 제공한다[90].

---

88 오픈AI(OpenAI)는 2020년 6월 미국 테슬라의 최고경영자(CEO) 일론 머스크(Elon Reeve Musk)와 샘 알트먼(Sam Altman)이 설립한 비영리 인공지능 연구기관이다. AI의 능력을 '인간 친화적'으로 개발하겠다는 목표로 설립했다. 일론 머스크는 2018년 사임했다. 2020년 마이크로소프트사가 대규모 투자 조건으로 기술의 독점 사용권을 얻게 되면서부터 오픈AI는 영리 기업으로 탈바꿈하기 시작했다.

89 바드는 2023년 2월에 공개됐으나, 오답을 내놓아 망신을 당했다. 그 이후 2023년 5월에 챗GPT와 대등한 성능을 갖춘 바드가 공개됐다.

90 바드에 환호, ZDnet코리아(2023.05.14), https://n.news.naver.com/article/092/0002292095?cds=news_edit

표 3.1 초거대 AI 개발현황 [91]

	기업	초거대 AI 모델	매개변수 수	공개연도
해외	오픈AI	GPT-3	1,750억개	2020년 6월
		InstructGPT	1,750억개	2022년
		GPT-3.5(챗GPT, chatGPT)	1,750억개	2022년 11월
	구글	바드(Bard, 람다(LaMDA)기반)	1,370억개	2023년 2월, 5월
		팜(PaLM)	5,400억개	2022년 4월
	마이크로소프트, 엔비디아	메가트론(Megatron, MT-NLG)	5,300억개	2021년 10월
국내	네이버	하이퍼클로바(HyperCLOVA)	2,040억개	2021년 5월
	카카오	코지피티(KoGPT)	300억개	2021년 11월
	LG AI연구원	엑사원(EXAONE)	3,000억개	2021년 12월

급증하는 초거대 AI의 매개변수

2023년 3월에 공개된 GPT-4는 인간의 뇌와 유사한 수준까지 향상될 것으로 기대되며, 예상에 따르면 GPT-3의 약 1,000배에 해당하는 약 100조 개의 매개변수를 가질 것으로 예측됐다. 그러나 정확한 수치는 아직 공개되지 않았다.

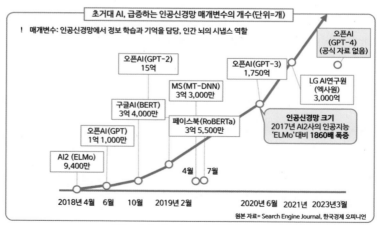

© Search Engine Journal, 한국경제 오피니언

그림 3.51 급증하는 초거대 AI의 인공신경망 매개변수 [92]

---

91 ChatGPT, 기회인가 위협인가, 삼일PwC경영연구원(2023.03), https://www.pwc.com/kr/ko/insights/insight-flash/samilpwc_insight-flash_chat-gpt.pdf

92 스스로 학습하는 '초거대 AI' 인류 문명 바꾸나, 한경 오피니언(2021.03.09), https://www.hankyung.com/opinion/article/2021030982991

초거대 AI의 개발은 기업들이 글로벌 경쟁력을 갖추기 위해 반드시 확보해야 하는 핵심 기술로 꼽힌다. 글로벌 빅테크(big tech)[93] 기업들은 이미 초거대 AI 서비스의 상용화에 나섰다. 기업들이 초거대 AI에 주목하는 이유는 개발, 운영 과정에서 다양한 신기술과 혁신 서비스가 탄생할 수 있기 때문이다. 사실 2022년 11월에 등장한 GPT-3.5 기반의 챗GPT와 2023년 3월에 공개된 GPT-4는 알파고 이후로 다시 한번 세상을 바꿀 AI 기술이고, 앞으로 인공지능 업계를 주도할 것으로 보고 있다.

챗GPT(ChatGPT)

초거대 AI 개발 경쟁에 불붙인 GPT-3

현재 가장 관심이 폭증하는 인공지능 관련 키워드는 **초거대 AI**와 **챗GPT**다. 2020년 6월 오픈AI가 개발한 **GPT-3(generative pre-trained transformer-3) 언어 모델**[94] 은 초거대 AI 개발 경쟁을 본격화했다.

GPT-3는 인터넷에 있는 방대한 텍스트(단어와 문장)를 학습하고 인간과 유사하게 텍스트를 생성할 수 있는 언어 모델로 생성형 AI의 한 종류다. GPT-3는 다음에 오는 단어를 차례로 예측해 문장을 생성하는 방식으로 사람과 자연스러운 대화를 이어가고, 번역이나 소설, 에세이 등을 작성하기도 한다. 심지어는 프로그래밍 언어를 이해하고 사용자가 요구하는 대로 직접 코딩을 해주기도 한다.

이런 것이 가능한 이유는 GPT-3가 단순히 문장만 학습한 게 아니라 인터넷에 있는 방대한 데이터를 거의 모조리 학습했기 때문이다. GPT-3가 학습한 원본 웹 데이터는 무려 45TB에 달한다고 한다. 이 데이터를 추리고 추려서 학습에 이용한 웹 데이터 크기는 570GB이다. 게다가 모델의 크기가 너무 크기 때문에 한 번 학습하는 데 무려 150억 원의 비용이 든다(정확한 비용은 공개되지 않음)[95]고 한다. 챗GPT를 운영하는 데 하루에 70만 달러(약 9억 3천만 원) 이상 들어간다는 미국 시장분석기관의 보고서가 나오기도 했다[96].

---

93 빅테크(Big Tech)는 인공지능, 빅데이터 등 첨단 기술 및 플랫폼 혁신에 기반을 두고 온라인상에서 다양한 서비스를 제공하는 대형 ICT 회사를 뜻한다.

94 언어 모델(language model)은 주어진 단어로부터 아직 모르는 단어를 예측해 문장을 완성하는 모델을 말한다.

95 https://venturebeat.com/ai/ai-machine-learning-openai-gpt-3-size-isnt-everything/

96 챗GPT 유지 만만찮네, ZDnet코리아(2023.04.21), https://zdnet.co.kr/view/?no=20230421142822

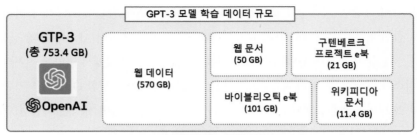

© 오픈AI, 삼일PwC경영연구원

그림 3.52 GPT-3 모델 학습 데이터 규모 [97]

2020년 9월, 영국 유력 언론 〈가디언〉에 놀랄 만한 칼럼이 실렸다. 기고자가 인간이 아니라 초거대 인공지능 GPT-3였기 때문이다. "우선 나는 인간을 파괴할 생각이 없다. 사실 나는 당신들을 해치는 데 아무런 관심이 없다."라는 칼럼은 페이스북에서 5만 회 넘게 공유되며 큰 파장을 일으켰다. 〈가디언〉은 GPT-3에 간단한 문장 도입부를 제공하며 칼럼을 완성하도록 주문했는데, GPT-3가 도입부에 이어서 각기 다른 글 8편을 술술 써냈다고 한다 [98].

대규모 언어 모델 GPT-3.5, 챗GPT의 등장

2022년 11월, 오픈AI는 GPT-3를 개선한 GPT-3.5를 발표했으며, 이를 기반으로 한 대화형 생성 인공지능 서비스 챗GPT를 선보였다. 챗GPT는 오픈AI가 개발한 **대규모 언어 모델**(LLM, large language model) [99]로서 생성형 AI의 대표적인 모델이고, 보유한 매개변수 측면에서 초거대 AI에 해당한다.

챗GPT는 인간과 대화가 가능한, 놀라울 정도의 상호작용 능력을 갖춘 대화형 인공지능이다. 다양한 지식분야에서 상세한 응답과 정교한 답변을 제공하여 언론에서 크게 주목받았다. 그러나 챗GPT는 2021년 10월까지의 데이터로 학습되었기 때문에 그 시점 이후의 사건에 대해서는 알지 못한다. 서비스를 시작한 지 5일 만에 챗GPT 사용자 수는 100

97 ChatGPT, 기회인가 위협인가, 삼일PwC경영연구원(2023.03), https://www.pwc.com/kr/ko/insights/insight-flash/samilpwc_insight_flash_chat-gpt.pdf

98 나는 인간이 아니다. 초거대 인공지능(AI)이다, 시사IN (2021.11.4), https://www.sisain.co.kr/news/articleView.html?idxno=45918

99 대규모 언어 모델은 언어를 배우는 과정에서 기존의 AI 언어 학습량과는 비교도 안 될 만큼 막대한 규모의 데이터를 기반으로 학습했고, 이를 통해 텍스트와 다양한 콘텐츠를 인식하고 요약, 번역, 예측, 생성할 수 있는 언어 이해 능력을 갖춘 딥러닝 모델을 말한다.

만 명을 넘어섰고, 2023년 1월까지 출시 2개월 만에 월 사용자 수(MAU) 1억 명을 돌파했다[100]. 이로써 챗GPT는 인터넷 서비스 중에서 가장 빠른 속도로 성장하고 있는 것으로 알려져 있다.

챗GPT의 작동 원리

자연어(natural language) 처리 인공지능은 사람들이 일상적으로 사용하는 언어로 이루어진 대화나 텍스트 데이터를 처리하는 기술을 의미한다. **자연어 처리(natural language processing, NLP)** [101] 인공지능은 문서의 자동 분류나 외국어의 자동 번역과 같은 응용 프로그램에서 주로 사용된다. 최근에는 음성 인식 서비스인 아마존의 알렉사나 애플의 시리와 같은 응용 분야에서도 활용되며, 자연스러운 대화를 수행하는 챗봇에도 널리 사용된다. 챗GPT는 대규모 언어 모델(LLM, large language model)을 사용하여 자연어 처리와 생성 작업을 수행하는 **자연어 생성형 AI 모델**이다.

> 다음은 "챗GPT에 대해 설명해 줘"라는 질문에 챗GPT가 스스로 내놓은 대답이다. 질문할 때마다 다른 대답을 내놓는다. 특히 질문의 내용을 구체적으로 되물을수록 챗GPT의 대답은 더 상세해진다.
>
> 챗GPT는 대화형 인공지능 모델로, OpenAI에서 개발된 GPT(Generative Pre-trained Transformer) 시리즈의 일부입니다. GPT 모델은 자연어 처리 작업에 사용되며, 대규모 텍스트 데이터를 사전 훈련하여 다양한 언어적 특성과 문맥을 이해하는 능력을 갖추게 됩니다.
>
> 챗GPT는 사용자와 대화를 수행하며, 자연스럽고 의미 있는 응답을 생성하는 데 중점을 둡니다. 이를 위해 이전 대화의 문맥을 이해하고, 문장의 구조와 의미를 파악하며 적절한 응답을 생성하는 능력을 가지고 있습니다. 챗GPT는 대량의 텍스트 데이터를 학습하여 언어의 다양한 측면을 학습하고, 사용자의 입력에 대해 생성적인 방식으로 응답을 생성합니다.
>
> 챗GPT는 다양한 응용 분야에서 사용될 수 있으며, 챗봇, 가상 비서, 질의응답 시스템 등과 같은 대화 기반 인터페이스에 유용하게 활용될 수 있습니다. 그러나 챗GPT는 기존의 데이터에 기반하여 응답을 생성하기 때문에 실시간 정보나 최신 사건에 대한 지식은 제한적일 수 있습니다.

그림 3.53 "챗GPT에 대해 설명해 줘"라는 질문에 대한 챗GPT의 대답

---

100 이용자 수 100만 명을 달성하기까지 넷플릭스는 3.5년, 유튜브는 10개월, 페이스북(지금의 메타)은 8개월, 인스타그램은 2.5개월, 챗GPT는 5일 걸렸다.
101 초기에는 문법과 같은 언어 규칙을 기계가 잘 이해할 수 있는 형태로 만드는 데 초점을 두었다. 그러다가 컴퓨터의 연산 속도와 디지털화된 데이터의 증가, 딥러닝 등이 AI 언어 모델에도 도입되면서 인간이 컴퓨터에게 언어 규칙을 알려주기보다는, 컴퓨터가 스스로 학습하게 되었다.

챗GPT는 대규모 언어 모델(LLM) 기반의 생성형 AI 모델

GPT는 생성형 AI의 대표적인 언어 모델이고, 챗GPT는 대규모 언어 모델(LLM)을 기반
으로 한다. 대규모 언어 모델은 언어를 배우는 과정에서 기존의 AI 언어 학습량과는 비교
도 안 될 만큼 막대한 규모의 데이터를 기반으로 학습했다는 뜻이다. 이 모델을 사용하면
인간처럼 자연스러운 대화를 이어 나갈 수 있다.

챗GPT가 사람에 가까운 대화를 할 수 있게 하는 핵심적 기술 원리로는, GPT 중 'T'에 해
당하는 **트랜스포머(transformer)**를 꼽을 수 있다. 트랜스포머 AI는 문장 속 단어와 같
은 순차적인 데이터 내의 관계를 추적해 맥락과 의미를 학습하는 신경망으로, 어텐션
(attention) 또는 셀프어텐션(self-attention)이라 부르기도 한다. 이는 구글의 2017년
논문 "Attention Is All You Need[102]"에 처음 등장한 용어인데, 지금까지 개발한 모델 중
가장 새롭고 강력한 것으로 대규모 언어 모델의 근간이 되는 기술이다. 그래서 트랜스포
머를 이용한 챗GPT가 기존의 AI 챗봇 보다 인간이 일상생활에서 의사소통하는 데 쓰는
말인 자연어를 이해하고 활용하는 데 있어 더 뛰어난 성능을 발휘한다.

> **추가 설명** 자연어 처리 언어 모델과 초거대 AI
>
> 대규모 언어 모델은 사람들이 사용하는 언어(자연어)를 학습하여 실제 인간과 유사한 문장을 생성하기 위
> 한 AI 모델로 점차 초거대 AI로 진화하고 있다. 챗GPT는 자연어 처리 대규모 언어 모델로 주목받고 있으며,
> 2023년 2월 마이크로소프트는 검색 엔진 '빙(Bing)'에 오픈AI의 GPT-4를 탑재하는 등 점차 범용성이 확
> 대되고 있다.

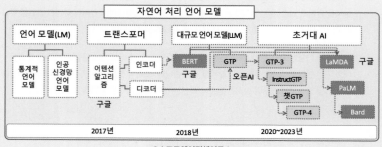

©소프트웨어정책연구소

그림 3.54 언어 생성형 AI의 발전과 변화 방향: 언어모델에서 초거대 AI까지[103]

---

102 Vaswani, Ashish, et al. "Attention is all you need." Advances in neural information processing systems 30 (2017), https://proceedings.neurips.cc/paper/2017/file/3f5ee243547dee91fbd053c1c4a845aa-Paper.pdf
103 초거대언어모델의 부상과 주요이슈, 소프트웨어정책연구소(2023.03.13), 그림 출처: https://spri.kr/posts/view/23561?code=issue_reports

인간의 피드백을 이용한 강화학습(RLHF)

대규모 언어 모델을 사용하는 GPT-3의 경우, 답변이 사람의 기대에 못 미치거나 원하는 의도를 정확히 파악하지 못하는 경우가 많았다. 일반적으로 언어 모델을 학습시키는 방법대로 다음에 나올 단어와 문장을 생성하는 것을 반복하면 점차 자연스럽고 유창한 문장을 생성하지만, 엉뚱한 단어를 생성하거나 질문자의 의도와는 전혀 다른 답변을 내놓기도 한다.

그래서 GPT-3.5 기반의 챗GPT는 **인간의 피드백을 이용한 강화학습(RLHF, rein forcement learning with human feedback)** [104]을 적용해 이전 버전인 GPT-3보다 훨씬 더 자연스러운 문장을 생성할 수 있게 됐다. 이로써 챗GPT는 인간과의 대화에서 인식하기 어려울 정도로 높은 수준의 대화가 가능하다. 챗GPT는 강화학습을 적용함으로써 답변의 편향성과 유해성 등을 감소시킬 수 있어 이전 버전보다 안정적인 답변(safety)을 만들어낸다[105].

챗GPT의 원리

챗GPT가 답변을 생성하는 원리는 인간의 피드백을 이용한 강화학습(RLHF)을 통해 다음과 같이 3단계 과정을 거친다.

- 1단계(supervised fine tuning, SFT 모델): 인간에 의해 생성된 데이터셋을 구축하고 지도학습을 바탕으로 미세 조정(fine tuning)하면서 모델을 학습시키는 단계다. 인간 레이블러(labeler, 데이터에 레이블을 부여하는 사람)가 지도한 내용을 미세하게 조정한 모델이라는 뜻이다.

---

104 인간의 피드백을 이용한 강화학습(RLHF)은 인간의 경험과 지식을 결합한 피드백 데이터를 강화 학습에 적용해 인공지능 알고리즘을 개선하는 방법을 말한다.

105 그렇지만 이를 개발한 오픈AI의 샘 알트먼 CEO는 미국 ABC 방송사와의 인터뷰에서 챗GPT는 여전히 거짓이나 편향된 정보를 여과 없이 흡수하는 '환각(hallucination)'이라는 위험요소가 있다고 말했다.

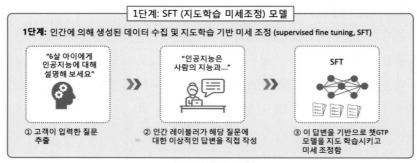

그림 3.55 챗GPT의 답변 생성 원리 1단계 [106] [107]

- **2단계(reward model, RM 모델):** 인간 레이블러가 직접 답변을 평가하고 순위 데이터를 수집해서 보상 모델(RM)을 학습시키는 단계다. 이 과정이 인간의 피드백을 이용한 강화 학습(RLHF) 과정이다. 이를 통해 RM 모델은 어떤 형태의 대답을 사람들이 더 선호할지 평가한다. 그로 인해 챗GPT는 인간적인 말투나 문화적인 요소 등을 반영할 수 있다.

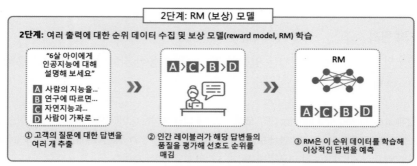

그림 3.56 챗GPT의 답변 생성 원리 2단계

- **3단계(proximal policy optimization, PPO 모델):** 강화학습의 보상을 반영하는 정책(policy) [108] 강화(PPO) 알고리즘을 통해 RM 모델의 정책을 최적화하는 단계이다. 이것은 RM모델이 보상을 최적화하는 단계다. 이 과정은 사람의 개입 없이, 정제된 데이터셋을 사용해 AI와 AI가 계속해서 질문과 답을 주고받으며 학습과 훈련을 반복해 SFT 모델과 RM 모델의 성능을 향상시키는 단계다.

---

106 Training language models to follow instructions with human feedback, 오픈AI, https://cdn.openai.com/papers/Training_language_models_to_follow_instructions_with_human_feedback.pdf

107 ChatGPT, 기회인가 위협인가, 삼일PwC경영연구원(2023.03), https://www.pwc.com/kr/ko/insights/insight-flash/samilpwc_insight-flash_chat-gpt.pdf

108 정책(policy)은 강화학습에서 알고리즘이 선택한 규칙이나 전략을 의미한다. 정책은 상태(state)를 입력으로 받아서 어떤 행동(action)을 선택할지 결정하는 함수 또는 알고리즘을 의미하기도 한다.

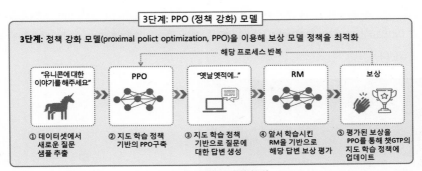

그림 3.57 챗GPT의 답변 생성 원리 3단계

GPT-4의 성능 수준

2023년 3월 15일에 GPT-4가 출시됐다. GPT-4를 기반으로 한 챗GPT는 이전 버전과는 다른 앞선 기능을 선보였다. 문자 이외에도 이미지를 인식하고 처리할 수 있어서 사진을 입력 값으로 주고 설명하라고 하면 사진 내용을 정확하게 설명해 낸다. GPT-3이한 페이지 정도의 글을 요약할 수 있다면, GPT-4는 두 페이지를 요약할 수 있을 정도라고 한다. GPT-3.5는 미국 변호사 시험에서 하위 10%인 213점(400점 만점)을 받았고, GPT-4는 상위 10%인 298점을 받아 통과했다. 또한 GPT-4는 기존의 모든 언어 모델을압도하는 성능을 보였다. GPT-4는 한국어, 일본어, 프랑스어 등 24개 언어에서 GPT-3.5가 영어를 하는 수준보다 더 높은 성능을 보였다. 예를 들어 GPT-3.5의 영어 답변 능력(70.1%)보다 GPT-4의 한국어 답변 능력(77%)이 더 우수하다고 한다[109].

챗GPT 사용하기

챗GPT 시작하기

1. 오픈AI에서 제공하는 챗GPT 홈페이지에 접속한다.

2. 그림 3.58의 왼쪽 그림 아래에 있는 [Try ChatGPT] 버튼을 클릭한다.

---

109 GPT-4 Technical Report, OpenAI (2023. 3. 27), https://cdn.openai.com/papers/gpt-4.pdf

3. 그림 3.58의 오른쪽 그림과 같이 환영 메시지와 로그인(log in) 화면이 나온다. 이미 계정(구글 계정이나 마이크로소프트 계정)이 있다면 [Log In]을 클릭한다. 계정이 없다면 [Sign up] 버튼을 눌러 회원에 가입한다.

그림 3.58 오픈AI의 챗GPT 홈페이지(https://openai.com/blog/chatgpt)(왼쪽), [Try ChatGPT]를 클릭하면 보이는 환영 메시지 화면(오른쪽)

4. 그림 3.59는 로그인 한 후 나타나는 화면이다. 맨 아래에 'ChatGPT Mar23 Version'은 챗GPT의 버전 (2023년 3월 버전)을 보여준다.

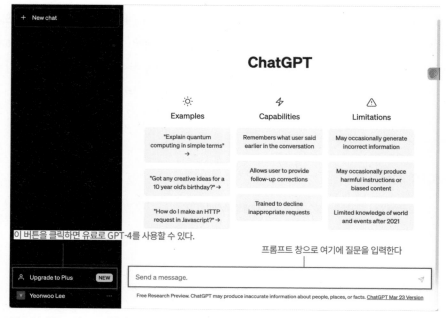

그림 3.59 챗GPT에 로그인한 후 채팅 시작 화면

왼쪽 하단에 [Upgrade to Plus] 버튼을 누르면, 유료로 GPT-4 버전의 챗GPT를 사용할 수 있다. GPT-4는 이미지를 인식하고 이해하며 이에 대한 설명을 해줄 수 있다. 꼭 필요한 경우가 아니라면 GPT-3.5 버전 기반의 무료 챗GPT를 사용한다.

챗GPT를 이용하려면 그림 아래 [Send a message]라고 적힌 입력 창에 질문을 입력하면 된다. 이 입력창에 입력되는 질문을 **프롬프트(prompt)**라고 한다. 프롬프트는 생성형 인공지능 모델에게 결과를 생성하기 위해 입력하는 명령어로, 텍스트, 이미지, 음성, 영상 등 다양한 형태로 입력할 수 있다. 사용자가 원하는 구체적인 답변을 얻기 위해서는 프롬프트가 구체적이고 명확해야 한다.

GPT-3.5를 기반으로 한 챗GPT는 무료 버전일지라도 창작, 교육, 업무, 생활 등 다양한 분야에서 활용할 수 있다. 이를 통해서 시, 소설, 드라마, 연극 대본 등 창작 활동을 돕는 것은 물론, 외국어 학습, 수학 및 과학 학습내용에 대한 질문과 답변 등 교육 분야에서도 활용 가능하다. 또한 보고서 자료 조사, 사업 기획 아이디어 도출, 프로그래밍 작성 등 업무 분야와 법률 자문, 건강 상담, 학업 및 진로 상담, 음식 요리 질문 등 일상 생활 분야에서도 다양하게 활용할 수 있다.

GPT-3.5는 자연어 처리 분야에서 높은 성능을 보여주는 모델로, 음성 분석, 문제 해결, 글쓰기, 문서 요약, 번역, 간단한 웹 코딩 등 다양한 분야에서 인간 수준의 작업을 수행할 수 있다. 이 모델은 인간과 거의 동등한 수준의 언어 능력을 갖추고 있다는 평가를 받고 있다[110].

챗GPT 활용 예제

GPT-3.5 모델 기반 챗GPT를 사용한 예제를 살펴보자. 입력 창에 한글로 입력해도 이해할 수 있지만, 더 정확한 대답을 얻기 위해서는 영어로 작성하는 것이 좋다. 만약 한글로 작성한 경우, 네이버나 구글의 언어 번역기를 사용하거나 다른 번역기 프로그램을 활용하면 된다.

---

110 대기업들이 뛰어드는 초거대 AI는 무엇, 매일경제 (2021.07.08), https://m.mk.co.kr/news/business/view/2021/07/659406/

1. 그림 3.60과 같이 챗GPT에 "인공지능의 활용에 대해서 리포트를 작성해줘"라고 질문했을 때 챗GPT가 제시한 답변은 꽤 정확하고 체계적으로 구성되어 있다.

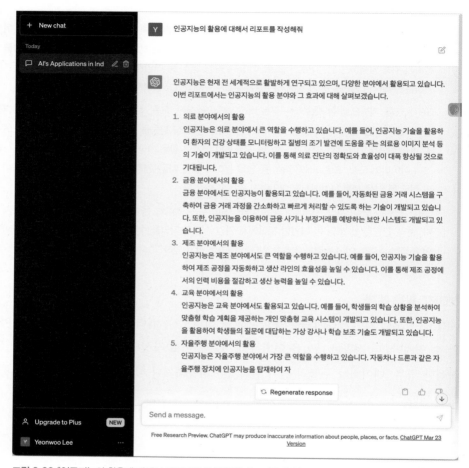

그림 3.60 "인공지능의 활용에 대해서 리포트를 작성해줘"라는 질문에 챗GPT가 제시한 예시 답변 화면

2. 다른 예시로, 사용자가 파이썬 코드로 데이터를 그래프로 그리는 방법에 대해 자세히 설명해달라고 요청하는 경우를 살펴보자. 그림 3.61은 이러한 요청에 대한 챗GPT의 답변을 보여준다. 챗GPT는 사용자에게 Matplotlib 라이브러리를 활용한 그래프 그리는 코드를 제시하고, 각 코드 라인의 역할을 설명해주며 사용법을 상세히 안내하고 있다. 이렇듯 챗GPT를 활용하면 다양한 분야에서 원하는 정보나 지식을 손쉽게 얻을 수 있다.

그림 3.61 데이터를 그래프로 그리는 파이썬 코드의 설명에 대해서 챗GPT가 제시한 답변

챗GPT의 산업적 영향

챗GPT는 빅데이터에 대한 자가학습 능력을 기반으로 새로운 창작물을 생성할 수 있어 수많은 산업 내 혁명을 일으키는 게임 체인저로 평가되고 있다. 특히 콘텐츠 산업(교육,

광고, 메타버스)과 IT 산업(반도체, 데이터 보안) 중심으로 큰 영향을 줄 것으로 예상되고 있다[111].

국내 초거대 AI 개발 현황

한국어 초거대 AI 언어 모델인 네이버의 하이퍼클로바

네이버는 2021년 5월 GPT-3를 능가하는 수준의 한국어 초거대 AI 언어 모델인 '하이퍼클로바(HyperCLOVA)'를 선보였다. 하이퍼클로바는 GPT-3보다 많은 2,040억 개의 파라미터를 채택했고, 전체 학습 데이터 중 한국어 비중이 97%로 GPT-3보다 한국어 데이터를 6,500배 이상 학습했다.

하이퍼클로바의 서비스 중 가장 대표적인 분야는 검색과 쇼핑이다. 사용자가 검색어를 잘못 입력했을 때 하이퍼클로바가 올바른 단어로 바꿔주거나 적절한 검색어를 추천해주는 검색어 교정 기능에 가장 먼저 도입됐다. 최근에는 텍스트뿐만 아니라 음성 검색에도 하이퍼클로바가 적용돼 사용자 질의의 맥락을 더욱 잘 파악하고 자연스러운 검색 경험을 제공한다. 네이버는 2023년 8월에 하이퍼클로바를 업그레이드한 '하이퍼클로바X'를 내놓을 계획이다. 향후 텍스트 · 음성 위주에서 이미지 · 음악 · 영상 등도 이해할 수 있게 발전시켜 나갈 계획이다.

© 네이버

그림 3.62 네이버 하이퍼클로바의 대화 장면(오른쪽) [112]

---

111 ChatGPT, 기회인가 위협인가, 삼일PwC경영연구원(2023.03), https://www.pwc.com/kr/ko/insights/insight-flash/samilpwc_insight-flash_chat-gpt.pdf

112 새로운 AI의 시작: HyperCLOVA, 네이버, https://www.youtube.com/watch?v=ObCGjY3bdms

LG AI연구원, 엑사원

2021년 12월 LG AI연구원은 약 1,200억 원을 들여 만든 초거대 AI인 '엑사원(EXAONE, 인간을 위한 전문가 AI라는 뜻)'을 공개했다. 엑사원은 국내 최대인 약 3,000억 개의 파라미터를 보유하고 있으며, 언어뿐만 아니라 이미지와 영상에 이르기까지 인간의 의사소통과 관련된 다양한 정보를 습득하고 다룰 수 있는 **멀티 모달리티(multi-modality)**[113] 능력을 갖춘 **멀티 모달(multi modal)** AI이다.

기존 AI는 텍스트를 분석해 이미지를 찾는 수준이었다면, 엑사원은 "호박 모양의 모자를 만들어 줘"라고 말하면, 학습된 정보를 기반으로 스스로 판단해 '호박 모양의 모자' 이미지를 새롭게 만들어 낸다. 오픈AI의 GPT-3가 영어를 위주로 하는 것에 비해 엑사원은 원어민 수준으로 한국어와 영어를 이해하고 구사하는 이중 언어 모델의 초거대 AI다.

LG AI연구원은 엑사원을 향후 제조, 연구, 교육, 금융 등 사실상 모든 분야에서 상위 1% 수준의 전문가 AI로 활약할 수 있도록 만든다는 계획이다[114]. 또한 LG AI연구원은 앞으로 조 단위 파라미터의 초거대 AI를 개발할 계획으로 초거대 AI 개발을 위해 1초에 9경 5,700조 번의 연산 처리가 가능한 AI 컴퓨팅 인프라를 구축하고 지속적으로 확장할 계획이라고 한다. 2023년 7월 LG AI연구원은 초거대 멀티모달 AI '엑사원2.0'을 공개했다. 공개한 엑사원2.0의 3대 플랫폼은 전문가용 대화형 AI 플랫폼인 '엑사원 유니버스(universe)', 화학 및 바이오 분야에서 새로운 지식을 발견하는 플랫폼인 '엑사원 디스커버리(discovery)', 그리고 이미지를 언어로 표현하고 언어를 이미지로 시각화할 수 있는 멀티모달 AI 플랫폼인 '엑사원 아틀리에(atelier)'이다.[115]

KT, SK텔레콤, 카카오

KT는 2020년 한국전자통신연구원(ETRI), KAIST, 한양대학교와 함께 초거대 AI 모델 개발을 위한 산 · 학 · 연 협의체 'AI 원팀'을 구성했다. KT는 초거대 AI 연산 인프라를 구축하고, 파라미터가 2,000억 개 이상인 모델을 개발해 AI 음성인식 단말기인 '기가지니3'에 적용할 계획이다.

---

113 멀티 모달리티는 여러 가지 형태(멀티)의 입력이나 출력을 사용해 컴퓨터와 정보를 주고받는 처리 양식 또는 양상(모달리티)을 뜻한다. 텍스트, 이미지, 음성, 제스처 등의 다양한 인식 수단을 이용해 컴퓨터와 상호작용하는 기술을 말한다.

114 인간에 가까운 LG 초거대 AI '엑사원' 베일 벗었다, ZDnet Korea (2020.12.14), https://zdnet.co.kr/view/?no=20211214090816

115 LG 보도자료 (2023.07.19), https://www.lg.co.kr/media/release/26532

AI 회사로 전환을 선언한 SK텔레콤은 2020년 4월 아마존웹서비스(AWS)와 함께 GPT-2에 상응하는 첫 번째 한국어 학습 모델인 'KoGPT-2'를 개발했다. SK텔레콤은 국립국어원과 한국어 AI 모델 'GLM'을 개발 중이다. 카카오브레인이 2021년 11월에 공개한 '코지피티(KoGPT)'는 GPT-3 모델을 기반으로 한 한국어 특화 AI 언어 모델로, 약 60억 개의 매개변수와 2,000억 개 토큰(token)[116]의 한국어 데이터를 바탕으로 구축됐다. 2023년 하반기에 KoGPT2.0을 선보일 예정이다.

업스테이지의 아숙업(AskUp) 챗봇 서비스

2023년 3월, 인공지능 스타트업 업스테이지는 GPT-3.5와 GPT-4를 탑재한 '아숙업(AskUp)' 챗봇 서비스를 선보였다. 아숙업은 챗GPT와 광학문자판도(OCR) 기술을 결합해 만든 인공지능 챗봇으로, 사용자가 문서 사진을 찍거나 전송하면 아숙업이 이미지 내 텍스트를 이해하고 답변을 제공한다. 이용 방법은 카카오톡 채널에서 검색해 채널을 추가하면 된다. 무료 질문은 하루에 GPT-4 탑재 모델로 10건, GPT-3.5 모델로 100건 할 수 있으며, 질문 앞에 느낌표(!)를 붙이면 GPT-4로 답변을 받을 수 있다고 한다[117].

그림 3.63은 아숙업을 카카오톡 채널 검색 후 추가하면 볼 수 있는 화면이다. 여기서 사용자는 채널에 가입한 후, 이미지 생성 기능을 이용하기 위해 몇 가지 동의 과정을 거쳐야 한다. 이미지 생성 기능 동의 후, "밤하늘 은하수에 우주인을 그려줘"라고 입력하면 그림 3.64와 같은 이미지가 생성된다.

---

116 언어 모델에서 토큰(token)은 문장이나 텍스트를 작은 단위로 나누어 처리하는 과정에서 분리된 최소 단위를 뜻한다. 예를 들어 "문장이나 텍스트를 작은 단위로"를 단어별로 토큰화 하는 경우, '문장이나/ 텍스트를/ 작은/ 단위로'와 같이 나누거나 '문장/ 이나/ 텍스트/ 를/ 작은/ 단위/ 로'와 같이 나눈다.
117 업스테이지, AI 챗봇 '아숙업'에 GPT-4 탑재, ZDnet Korea (2023.03.17), https://zdnet.co.kr/view/?no=20230317081708

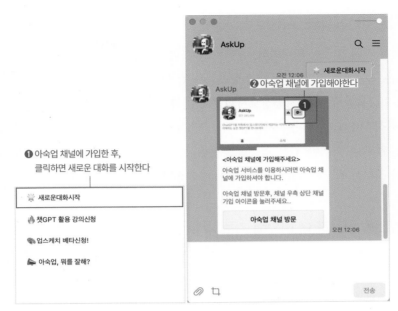

그림 3.63 업스테이지의 아숙업(AskUp) 챗봇 서비스 화면

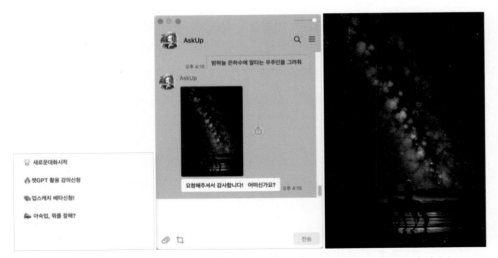

그림 3.64 아숙업을 사용해 "밤하늘 은하수에 말 타는 우주인을 그려줘"라고 입력했을 때 생성된 화면과 이미지

인공지능이 이끄는 지능정보사회

인공지능은 사물인터넷, 빅데이터, 클라우드, 모바일과 결합(AI+ICBM)해 4차 산업혁명을 이끄는 핵심 원동력이다. 또한 인공지능은 컴퓨터와 인터넷으로 정의되는 정보화 시대를 이 기술들과 결합해 **지능정보사회**[118]로 진화시켰다. 특히 알파고 이후 인공지능에 대한 사회적 관심도가 높아져 '지능정보산업'의 육성이 대폭 활성화됐다. 지능정보사회의 대표적인 사례는 '소피아' 같은 지능화 로봇이나 스스로 운전하는 자율주행 자동차, 암을 인간보다 정확히 진단하는 IBM 왓슨의 'AI 주치의' 등을 들 수 있다.

지능화 로봇: 인간과 더 비슷해 가는 기계

"인간에게 어려운 일은 로봇에게 쉽고, 인간에게 쉬운 일은 로봇에게 어렵다"라는 모라벡의 역설도 이제는 옛날 이야기가 되고 있다. 초거대 AI의 등장이나 사람처럼 똑똑해진 안드로이드 로봇의 등장 등이 그 예다.

로봇이 인공지능과 결합하면서 점점 똑똑해지고 정교해지고 있다. 공장에서는 산업용 로봇이 자동차를 만든 지 오래됐고, 이제는 인공지능을 탑재한 협업 로봇이 사람과 함께 전자부품을 조립하고 연구 과정을 보조하기도 한다. 사람의 모습을 한 휴머노이드(humanoid)[119] 로봇은 백화점 판매원이나 접객원으로 활동하고 있다. 최근에는 인간만의 영역이라고 믿었던 화가, 작곡가, 상담사(챗봇), 작가, 기자 등의 영역까지도 인공지능 로봇이 진출하고 있다.

사람의 모습을 닮은 휴머노이드 로봇은 사람의 신체와 유사한 모습을 갖춘 로봇을 말한다. 이와 비슷하게 안드로이드(android) 로봇은 겉모습으로는 사람과 구분할 수 없는 로봇을 말한다. SF 영화 〈터미네이터〉에서 아널드 슈워제네거가 연기했던 미래에서 온 터미네이터가 바로 안드로이드 로봇이다. 이런 로봇들이 영화에만 등장하는 것이 아니라, 최근에는 인공지능을 탑재한 로봇을 실제로 선보이고 있다.

---

118 지능정보기술은 정보가 지능을 갖게 하는 기술을 뜻한다. 단순히 정보를 만드는 기술은 정보기술이다.
119 휴먼(human)과 안드로이드(android)의 합성어다. 안드로이드는 외형만 인간과 닮은 휴머노이드 로봇을 포괄하는 개념이다.

2000년에 선보인 일본 혼다의 아시모(Asimo)가 대표적인 휴머노이드 로봇이고, 최근 홍콩의 핸슨 로보틱스(Hanson Robotics)에서 선보인 소피아(Sophia)는 안드로이드 로봇이다. 소피아는 2018년 한국을 방문하기도 했으며, 자연스러운 대화와 얼굴 표정이 대중에게 강한 인상을 남겼다. 또한 2020년 현대자동차가 인수한 보스턴다이내믹스(Boston Dynamics)의 아틀라스(Atlas)는 장애물을 능숙하게 피하고 공중제비돌기를 할 수 있는 로봇으로 작업 현장에서 도움을 주거나 사고 현장에서 응급 구조활동을 돕는 용도로 개발 중이다.

©Vanillase/Wikimedia Commons/CCA-SA-3.0 (왼쪽), ITU Pictures/Wikimedia Commons/CCA-2.0-Generic (가운데), Boston Dynamics (오른쪽)

그림 3.65 휴머노이드 로봇인 혼다의 아시모 [120] (왼쪽), 안드로이드 로봇인 핸슨 로보틱스의 소피아 [121] (가운데), 보스턴다이내믹스의 아틀라스 [122] (오른쪽)

자율주행 자동차: 스스로 운전하는 스마트 자동차

자율주행 자동차는 운전자의 제어 없이 스스로 운전하는 자동차를 말한다. 자동차가 스스로 주행하려면 주변 환경에 대한 인식, 인지, 판단, 제어가 필수이므로 안전 장치와 IT 기술을 융합해 각종 편의 기능과 안전 기능을 탑재해야 한다. 이러한 첨단 기술을 동반해야 하므로 자율주행 자동차를 '스마트 자동차'라 부르기도 한다. 스마트 자동차는 첨단 IT

120 https://commons.wikimedia.org/wiki/File:ASIMO_4.28.11.jpg
121 위키미디어, 소피아, https://commons.wikimedia.org/wiki/File:Sophia_at_the_AI_for_Good_Global_Summit_2018_(27254369347)_(cropped).jpg
122 보스턴다이내믹스 블로그, https://blog.bostondynamics.com/atlas-leaps-bounds-and-backflips

기술에 초점을 둔 용어다. 미국자동차공학회(SAE, society of automotive engineers)에서는 자율주행 단계를 기술 수준에 따라 그림 3.66과 같이 여섯 개의 레벨로 분류하고 있다. 전적으로 운전자에게 의존하는 레벨 0부터 운전자 조작 없이 자동차가 스스로 운행하는 완전 자율주행 레벨 5까지 총 6단계로 구분한다. 일반적으로 레벨 4부터 온전한 수준의 자율주행 기술로 인정한다. 글로벌 자동차 회사들은 2030년에 자율주행기술 5단계의 상용화를 목표로 활발히 개발 중이다.

© 현대자동차, 삼성전자

그림 3.66 자율주행 레벨 [123] [124]

자율주행 자동차의 핵심 기술은 딥러닝을 사용한 '인공지능 시각(vision, 비전)' 분야다. 자동차가 스스로 운전하려면 카메라, 레이더, 라이다(LiDAR) [125] 등 차에 있는 센서 정보를 이용해 주변 상황을 빨리 인지해야 하기 때문이다. 현재 카메라와 라이다를 이용해 주변을 정밀하게 관측하는 방법이 널리 쓰인다. 이러한 인지, 판단, 제어 기능을 위한 센서와 장치에 딥러닝 기술을 적용해 보다 빠르고 정확하게 인지하도록 성능을 향상시키고 있다.

---

123 삼성전자 뉴스룸, https://news.samsung.com/kr/자율주행-자동차의-현주소

124 HMG Journal, 현대자동차, https://www.hyundai.co.kr/TechInnovation/Autonomous/Roadmap.hub#none

125 라이다(LiDAR: (LiDAR: Light Detection And Ranging)는 초당 수백만 개에 달하는 레이저 빔을 일정한 시간 간격으로 짧게 끊어서 발사한 다음, 주변에 부딪혀 되돌아온 시간을 측정해 주변 사물의 위치와 속도를 알아내는 장비다.

© 현대자동차(왼쪽), 삼성전자(오른쪽)

그림 3.67 자율주행 레벨 4 예시(왼쪽)와 완전 자율주행 예시(오른쪽)

뉴노멀 시대의 인공지능

뉴노멀(new normal)은 '새로운 표준'이란 의미로, 2008년 세계 금융위기 이후에 나타난 저성장, 저물가, 저금리, 높은 실업률의 새로운 세계 경제질서를 일컫는 용어로 사용되기 시작했다. 또한 코로나19 이후에 '인공지능과 안전 서비스의 새로운 패러다임이 등장'하면서 이를 '뉴노멀 2.0'으로 정의했다. 뉴노멀 2.0은 포스트 코로나 시대를 이끄는 **디지털 전환**(digital transformation)이 핵심이다.

뉴노멀 시대에는 개인주의적 성향이 디지털 기술을 통해 비대면 대화와 온라인 서비스로 반영되고 있다는 특징이 있다. 특히 가상현실(VR, Virtual Reality), 증강현실(AR, Augmented Reality), 확장현실(XR, eXtended Reality), 메타버스(Metaverse)와 같은 신기술을 활용한 새로운 서비스가 지속해서 부상하고 있으며 개인화된 플랫폼으로 진화하고 있다.

한국 지능정보사회 진흥원(NIA)은 코로나19와 관련하여 떠오르는 기술(emerging technology, 이머징 테크) 15개를 선정했다[126]. 비대면 분야에 속하는 기술로 가상현실과 증강현실을 선정했고, 웨어러블, 자율주행, 드론, 친환경차 기술은 모바일 분야에 속한다. 인공지능 분야로는 GAN(generative adversarial network), STT(speech−to−text)[127], 기계번역, 딥페이크(deep fake), 머신비전, 언어모델, 음성인식, 스마트 스피커를 선정했고, 클라우드와 블록체인 분야로는 생체인식 기술을 선정했다.

---

126 데이터로 보는 2021년 이머징 테크, 한국지능정보사회진흥원(NIA), https://www.nia.or.kr/site/nia_kor/ex/bbs/View.do?cbIdx=26537&bcIdx=22893&parentSeq=22893

127 STT는 음성을 문자로 변환하는 음성인식 기술이다. 사람이 말하는 음성을 컴퓨터가 해석해 내용을 문자로 처리하는 것을 말한다. 그 반대는 TTS(text−to−speech)로, 컴퓨터가 문자를 음성으로 합성해 사람 말소리로 말하는 것을 말한다.

참고 문헌

- 브리태니커 백과사전, https://www.britannica.com/biography/James-Watt

- 《3차산업혁명》(믿음사, 2012)

- 《제4차산업혁명》(메가스터디북스, 2016)

- 4차산업혁명위원회 주요성과 추진방향(2019.10), 4차산업혁명위원회

- 4차 산업혁명 대정보권고안 발표자료 (2019), 4차산업혁명위원회

- 4차 산업혁명 대응계획(I-KOREA 4.0), 4차산업혁명위원회

- 위키백과, https://ko.wikipedia.org/wiki/인공지능

- 《The Singularity Is Near: When Humans Transcend Biology》(Ray Kurzweil, Penguin Books, 2006)

- 《인공지능: 현대적 접근방식(Artificial Intelligence: A Modern Approach)》(Prentice Hall, 1995)

- A. M. Turing, "Computing Machinery and Intelligence," Mind, Vol. 49 (1950) 433-460.

- 《인공지능, 머신러닝, 딥러닝 입문》(위키북스, 2016)

- 위키백과, https://ko.wikipedia.org/wiki/전문가_시스템

- 위키백과, https://ko.wikipedia.org/wiki/딥_블루

- 《인공지능 이론 및 실제》(홍릉출판사, 2018)

- 《미래를 바꾼 아홉 가지 알고리즘 》(에이콘, 2013)

- https://spectrum.ieee.org/how-ibms-deep-blue-beat-world-champion-chess-player-garry-kasparov#toggle-gdpr

- 동아사이언스, https://www.dongascience.com/news.php?idx=19548

- IBM Research, YouTube, https://www.youtube.com/watch?v=P18EdAKuC1U

- 인공지능(AI), 대한민국 정책위키, https://www.korea.kr/special/policyCurationView.do?newsId=148868542

- https://home.cs.colorado.edu/~DrG/Courses/NeuralNetworksAndDeepLearning/Lectures/06-ConvolutionalNeuralNetworks.pdf

- Introduction to Deep Learning, MathWorks, https://kr.mathworks.com/videos/introduction-to-deep-learning-what-are-convolutional-neural-networks--1489512765771.html

- 시각적으로 설명한 이미지 커널, Victor Powell, https://setosa.io/ev/image-kernels/

- LeCun, Yann, et al. "Gradient-based learning applied to document recognition." Proceedings of the IEEE 86.11 (1998) 2278-2324.

- AI화가의 우승, 시대의 흐름인가, 예술의 사망인가, 중앙일보(2022.09.05), https://www.joongang.co.kr/article/25099483#home

- 국제사진 대회 수상작 작가는 왜 AI이미지를 제출했을까?, BBC뉴스코리아(2023.04.19), https://www.bbc.com/korean/articles/c72487e83y8o

- 뉴노멀 시대의 인공지능, 한국연구재단(NRF) 이슈리포트, https://www.nrf.re.kr/cms/board/library/view?menu_no=419&o_menu_no=&page=&nts_no=156497&nts_cat=&search_type=NTS_TITLE&search_keyword=&nts_cat=

- 데이터로 보는 2021년 이머징 테크, 한국지능정보사회진흥원(NIA), https://www.nia.or.kr/site/nia_kor/ex/bbs/View.do?cbIdx=26537&bcIdx=22893&parentSeq=22893

- G. Hinton, et al., "A fast learning algorithm for deep belief nets," Neural Computation, 2006

- 인공지능 이미지 인식 기술 동향, TTA저널 187호 (2020), https://www.tta.or.kr/data/androReport/ttaJnal/187-1-3-6.pdf

- 최근 인공지능 개발 트렌드와 미래의 진화 방향, LG 경제연구원 (2017), www.lgeri.co.kr/uploadFiles/ko/pdf/busi/LGERI_Report_20171010_20170110170112387.pdf

- 챗GPT, OpenAI, https://openai.com/blog/chatgpt

- 대기업들이 뛰어드는 초거대 AI는 무엇, 매일경제 (2021.07.08), https://m.mk.co.kr/news/business/view/2021/07/659406/

- 스스로 학습하는 '초거대 AI' 인류 문명 바꾸나, 한경 오피니언 (2021.03.09), https://www.hankyung.com/opinion/article/2021030982991

- 나는 인간이 아니다. 초거대 인공지능(AI)이다, 시사IN (2021.11.4), https://www.sisain.co.kr/news/articleView.html?idxno=45918

- GPT-3, 인류 역사상 가장 뛰어난 '언어 인공지능'이다, 인공지능신문 (2020.08.14), http://www.aitimes.kr/news/articleView.html?idxno=17370

- 인간의 뇌를 닮은 '초거대 AI'가 바꾸는 세상, SKhynix뉴스룸(2023.04.28), https://news.skhynix.co.kr/post/big-tech-1-ai

- 바드에 환호, ZDnet코리아(2023.05.14), https://n.news.naver.com/article/092/0002292095?cds=news_edit

- Training language models to follow instructions with human feedback, 오픈AI, https://cdn.openai.com/papers/Training_language_models_to_follow_instructions_with_human_feedback.pdf

- ChatGPT, 기회인가 위협인가, 삼일PwC경영연구원(2023.03), https://www.pwc.com/kr/ko/insights/insight-flash/samilpwc_insight-flash_chat-gpt.pdf

- 새로운 AI의 시작: HyperCLOVA, 네이버, https://www.youtube.com/watch?v=ObCGjY3bdms

- 인간에 가까운 LG 초거대 AI '엑사원' 베일 벗었다, ZDnet Korea (2020.12.14), https://zdnet.co.kr/view/?no=20211214090816

- 삼성전자 뉴스룸, https://news.samsung.com/kr/자율주행-자동차의-현주소

- HMG Journal, 현대자동차, https://www.hyundai.co.kr/TechInnovation/Autonomous/Roadmap.hub#none

- 현대자동차 자율주행 "모두의 자율주행이 될 때까지", 현대자동차 광고, 유튜브, https://www.youtube.com/watch?v=M1EhTNvPspQ

- 삼성전자 뉴스룸, https://news.samsung.com/kr/자율주행-자동차의-현주소

- Karras, Tero, Samuli Laine, and Timo Aila. "A style-based generator architecture for generative adversarial networks." Proceedings of the IEEE/CVF Conference on Computer Vision and Pattern Recognition. 2019.

- ProGAN: How NVIDIA Generated Images of Unprecedented Quality, Sarah Wolf, Toward Data Science, https://towardsdatascience.com/progan-how-nvidia-generated-images-of-unprecedented-quality-51c98ec2cbd2

- 업스테이지, AI 챗봇 '아숙업'에 GPT-4 탑재, ZDnet Korea (2023.03.17), https://zdnet.co.kr/view/?no=20230317081708

초연결, 가상화 사회와 컴퓨팅 기술

5G 통신을 이용해 주변의 수많은 사물을 연결하는 사물인터넷은 초연결 사회를 형성하는 데 중요한 역할을 한다. 이러한 사물인터넷이 초연결 사회에서 눈 역할을 한다면, 사물인터넷으로부터 수집한 수많은 데이터를 관리하고 활용하는 빅데이터와 클라우드 컴퓨팅 기술은 피 역할을 한다. 또한 뇌 역할을 담당하는 인공지능 기술은 증강현실 및 가상현실 기술과 결합하여 지능화, 가상화 사회를 이끌고 있다.

초연결 사회를 구성하는 빅데이터

수많은 데이터를 관리하고 활용하는 빅데이터의 개념과 특징, 그리고 활용 분야를 살펴보자.

빅데이터 개념

빅데이터 분석의 필요성

전 세계 인터넷에서 60초 동안 일어나는 일을 살펴보면 우리가 얼마나 많은 데이터를 생성하는지 알 수 있다. 그림 4.1을 보면 유튜브(YouTube) 조회 수가 450만 건, 구글 검색이 380만 건, 페이스북 로그인 수가 100만 건에 이른다. 이렇게 방대한 양의 데이터는 대부분 인터넷을 사용하는 스마트폰, 태블릿 PC, 노트북, PC 등과 같은 컴퓨팅 기기에서 만들어진다. 이는 불과 몇 년 전에는 상상할 수 없는 수준으로, 이처럼 많은 데이터를 처리하고 분석하려면 새로운 데이터 처리 방식은 물론이고 많은 시간과 비용이 필요하다.

이런 이유로 최근 많이 접하는 단어 중 하나가 **빅데이터(big data)**다. 빅데이터는 단어의 뜻 그대로 **방대하고 큰 데이터**를 의미한다. 우리가 사람들의 검색어 순위를 쉽게 알수 있고, 관심 있는 인터넷 쇼핑 아이템을 추천받는 것도 모두 빅데이터 분석으로 이뤄진 것이다.

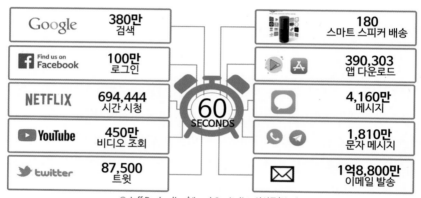

© Jeff Desjardins/Visual Capitalist, 아이콘/Pixabay

그림 4.1 60초 동안 인터넷에서 일어나는 일들(2019년 기준) [1]

빅데이터의 개념

빅데이터는 기존의 정보관리 기술로는 처리하기 어려운 **대용량[2]의 정형 또는 비정형 데이터**를 의미한다. 이 데이터를 신속하게 수집, 처리, 분석하여 비즈니스 가치를 찾아내는 것이 빅데이터 분석이다. 실생활에서는 여러 포털 서비스에 접속해 남기는 기록, 소셜미디어 서비스(SNS)에 올린 글이나 사진, 온라인 쇼핑몰에 접속할 때마다 생성되는 정보 등이 모여 빅데이터가 된다. 얼마 전까지만 해도 불필요한 정보(노이즈, noise)가 많

---

1 Visual Capitalist, https://www.visualcapitalist.com/what-happens-in-an-internet-minute-in-2019/

2 수십 테라바이트(TB, Tera Byte), 페타바이트(PB, Peta Byte) 정도를 뜻한다. 테라바이트는 10^{12}(=1조)바이트로 사진 20만 장 정도를 저장할 수 있는 크기이며, 보통 개인 노트북 1대의 저장 용량에 해당한다. 페타바이트는 10^{15}(=1,000조)바이트로 1,000테라바이트다.

은 데이터에서 원하는 정보를 수집하고 해석하는 데 큰 어려움이 있었다. 데이터 집합의 크기가 충분하지 않고, 데이터를 처리하는 컴퓨팅 성능을 감당할 수 없었을뿐더러 비쌌기 때문이다. 반면 현재는 풍부한 정보를 지닌 데이터 집합의 크기가 충분해졌고, 기술의 발달로 컴퓨터 처리 능력도 발전하면서 자연스레 장애물이 급감했다. 그래서 빅데이터를 분석하고 예측할 수 있는 인공지능 기술이 성공적인 비즈니스 모델로 증가하고 있다.

최근 기업들은 빅데이터를 토대로 고객의 소비패턴, 심지어는 성격까지 분석하여 고객에게 상품 추천 서비스를 제공하거나 새로운 제품 개발에 활용하고 있다. 또한 범죄 데이터를 분석해 범죄 예방 시스템을 구축하거나, 교통정보를 이용해 시민들에게 지능형 교통 안내 서비스를 제공하기도 한다. 반면 보안이 필요한 개인정보가 유출될 경우 사회적인 문제가 발생할 수 있으므로 이에 대한 대비책도 마련해야 한다.

> **추가 설명** 영화 〈마이너리티 리포트〉 속의 빅데이터
>
> 2002년 7월에 개봉한 영화 〈마이너리티 리포트(Minority Report)〉는 2054년 워싱턴을 배경으로 범죄를 예측하여 미래의 범죄자를 찾아내는 '프리크라임(pre-crime)' 팀을 다룬 영화다. 영화 속의 범죄 예측 기술은 예지자의 예측 능력에 따라 결정되지만, 현실에서는 인공지능과 빅데이터 기술을 사용해 범죄 예측, 예방 및 방지 프로그램을 개발하고 있다. 이러한 프로그램은 미국 뉴욕 경찰국(NYPD), CIA, FBI 등에서 이민 단속, 대테러, 전쟁 등 다양한 분야에 두루 활용되고 있다.

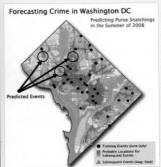

© 영화 마이너리티 리포트/20세기 폭스코리아(왼쪽), Peter Borissow/Wikimedia Commons/Public Domain

그림 4.2 영화 〈마이너리티 리포트〉 중 한 장면(왼쪽)과 미국 워싱턴 DC의 범죄 예측 지도, 크라임맵[3](오른쪽)

---

3 https://commons.wikimedia.org/wiki/File:Signature_Analyst_Assessment_of_DC.jpg

빅데이터의 특징

빅데이터의 특징으로는 크기(volume), 다양성(variety), 속도(velocity)가 있다. 흔히 3V라고 부르며 최근에는 가치(value), 정확성(validity), 가변성(variability), 복잡성 (volatility)을 추가하기도 한다.

- **크기**: 데이터의 규모, 데이터 양을 뜻한다. 빅데이터가 가치를 내리면 일정 수준 이상의 품질이 보장돼야 하고 가능한 한 규모가 큰 데이터가 필요하다. 일반적으로 빅데이터는 테라바이트 이상을 의미하지만, 현재는 하루에 생성되는 데이터의 양이 기하급수적으로 증가하여 페타바이트를 넘어 엑사바이트(exa-byte) [4] 급으로 많아졌다.

- **다양성**: 빅데이터는 전통적인 데이터처럼 일정한 형식을 갖춘 정형 데이터뿐만 아니라 사진, 동영상, SNS 포스팅, 텍스트처럼 일정한 형식이 없는 비정형 데이터도 처리할 수 있다. 과거에는 정형화된 데이터가 대부분이었지만, 지금은 스마트 기기가 다양해지고 기록을 남기는 방식도 다양해져서 일정한 형식이 없는 데이터가 대부분이다. 따라서 빅데이터 시스템은 다양하면서 방대한 규모의 데이터를 처리할 수 있어야 한다.

- **속도**: 데이터의 크기가 갈수록 방대해지면서 이를 처리하는 속도 또한 중요한 요소가 됐다. 쉴 새 없이 쏟아지는 정보를 실시간으로 수집, 저장, 분석, 유통하여 빠르게 처리할 수 있어야 한다. 이는 사람의 안전을 다루는 교통정보 제공이나 범죄 예측 데이터 제공처럼 빠른 속도가 필수적인 경우에는 더욱 중요하다.

빅데이터의 활용

구글의 빅데이터 활용

구글은 인공지능 기술과 빅데이터 분야에서 선두 기업이라 할 수 있다. 그중에서도 구글 검색 사이트에 입력한 단어들을 분석해 독감 예보를 제공한 서비스는 빅데이터를 이용한 성공 사례로 자주 언급된다. 구글은 주로 검색 사이트에서 수집한 키워드 정보를 바탕으로 빅데이터를 구축한다.

구글에서 제공하는 대표적인 빅데이터 서비스로 '구글 트렌드(Google Trend)'가 있다. 구글 트렌드에서는 전 세계의 검색어 동향을 한눈에 볼 수 있으며, 지역별, 세대별 검

---

4 엑사바이트는 10^{18}바이트로 페타바이트의 1,000배, 테라바이트의 100만 배다.

색어 트렌드 정보까지 제공한다. 한때 미국 대선 후보의 당선 여부를 구글 트렌드가 정확히 예측하면서 '구글신은 모든 것을 알고 있다'는 말이 나오기도 했다. 또한 구글은 2020년 빅데이터와 딥러닝 분석 기술을 활용해 날씨를 예측할 수 있는 '구글 나우캐스트(Nowcast)' 서비스를 발표했다. 그림 4.3의 실측 기상 레이더 화면과 나우캐스트가 2분마다 예측한 기상 화면을 비교해보면 상당히 정확하게 예측한 것을 볼 수 있다.

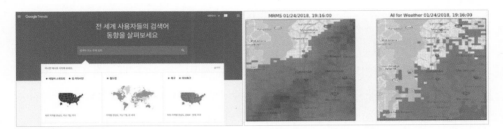

그림 4.3 전 세계 검색어 동향을 살펴볼 수 있는 구글 트렌드 [5](왼쪽)와 실측 기상 레이더 화면(가운데), 구글 나우캐스트
기상 예측 화면 [6](오른쪽)

아마존의 예측 배송 시스템

아마존은 오랜 기간 동안 축적한 고객의 구매 기록 데이터를 활용해 다양한 사업을 펼치고 있다. 이로 인해 아마존은 고객 이해와 구매 추천에 있어서 빅데이터 분석의 선구자로 자리 잡았다. 최근에는 이러한 노하우를 바탕으로 빅데이터 기반 '예측 배송(anticipatory shipping)' 서비스를 선보였다. 이 서비스는 구매 여부가 불확실한 상황에서 구매 여부를 예측하여 고객 주소지 근처의 물류창고로 배송을 시작하는 것이다. 이를 위해 기존 주문과 검색 내역, 위시 리스트, 쇼핑 카트, 반품 내역, 마우스 커서가 머무른 시간 등 다양한 데이터를 예측에 활용하고 있다.

사물인터넷과 빅데이터의 결합

사물인터넷은 사물에 부착된 센서들이 수집한 데이터를 끊임없이 인터넷으로 전송한다. 최근 온라인에 연결된 디바이스가 수십에서 수백억 개에 이르렀으며, 계속해서 그 수가

---

5   구글 트렌드 사이트, https://trends.google.co.kr/trends/?geo=KR
6   https://ai.googleblog.com/2020/01/using-machine-learning-to-nowcast.html

증가하고 있어 이제는 사물이 아니라 만물이 연결되는 시대[7]로 진화하고 있다. 이에 따라 수많은 디바이스로부터 얻은 생생한 데이터의 크기는 상상을 초월할 정도다. 그래서 방대한 데이터에서 가치 있는 정보를 추출(데이터 마이닝)[8]하고 가공하여 의미 있게 활용하기 위한 데이터 수집, 가공, 처리, 분석 기술이 점점 중요해지고 있다. 즉, 사물인터넷과 빅데이터가 하나인 것처럼 동작하는 시스템과 여기서 생성되는 데이터를 지능적으로 활용할 수 있는 인공지능 알고리즘이 핵심이다.

국내의 공공 빅데이터

국내에서는 다양한 사이트를 통해 공공 빅데이터를 제공하고 있다. 대표적으로는 통계청의 '통계데이터센터[9]'와 행정안전부에서 제공하는 '공공데이터포털[10]'이 있으며, 한국지능정보사회진흥원(NIA)의 'AI 허브[11]'는 인공지능 학습용 데이터셋(dataset)을 제공한다.

> **추가 설명** 넷플릭스의 지능형 추천 서비스와 빅데이터
>
> 최근 가장 인기 있는 서비스 중 하나는 인터넷을 통해 언제 어디서나 방송 프로그램이나 영화와 같은 미디어 콘텐츠를 시청할 수 있는 인터넷 동영상 서비스(OTT, over the top)[12]다. 가장 오래된 동영상 제공 서비스인 유튜브를 비롯하여 넷플릭스(Netflix), 웨이브(WAVVE), 디즈니+ 등이 대표적인 예다.
>
> 그중 넷플릭스는 2021년 10월 기준, 누적 가입자 수가 2억 1천만 명으로 가장 거대한 규모를 자랑한다. 넷플릭스 사용자라면 관심 있는 드라마나 영화를 시청하고 나서 다시 접속했을 때 비슷한 장르의 콘텐츠를 추천받은 경험이 있을 것이다. 이러한 서비스는 넷플릭스의 추천 알고리즘을 활용한 것이다. 2007년 영상 스트리밍 서비스를 시작한 넷플릭스는 1998년 창업 초기부터 쌓아온 영상 추천 노하우를 발전시켜 지금과 같은 섬세한 추천 알고리즘으로 진화했다.
>
> 그러면 이 추천 알고리즘의 핵심은 무엇일까? 그것은 바로 빅데이터 분석이다. 넷플릭스는 사용자의 콘텐츠 시청 기록(시청 시간대, 선택/비선택 영상, 시청 디바이스)뿐만 아니라 동영상 시청 도중에 발생하는 모든 사용자 행동 패턴을 저장한 빅데이터를 구축하고 있다. 이렇게 구축한 빅데이터를 분석해 사용자들의 취향에 맞게 동영상을 추천한다. 추천 알고리즘은 영상마다 영상을 대표할 수 있는 특징을 레이블(태그)로 달

7　만물(사물, 사람 등)이 인터넷으로 연결되는 만물인터넷(IoE, Internet of Everything)을 뜻한다.

8　데이터의 집합에서 의미 있는 정보를 추출하는 것이 데이터 마이닝(data mining)이다. 데이터를 채굴한다는 뜻이다.

9　통계데이터센터(SDC), 통계청, https://data.kostat.go.kr/sbchome/index.do

10　공공데이터포털, 행정안전부, https://www.data.go.kr

11　AI 허브, 한국지능정보사회진흥원, https://aihub.or.kr

12　'Over The Top'에서 'Top'은 셋톱박스를 의미한다. OTT 서비스용 셋톱박스(set-top box)는 가정에서 인터넷으로 연결된 TV(IPTV)에서 영화나 드라마를 볼 수 있게 연결해주는 장치다. OTT 서비스는 '인터넷동영상서비스'라 부른다.

고, 사용자에게 수집한 정보를 바탕으로 머신러닝 학습 알고리즘을 적용해 각 개인이 선호하는 영상이나 유사한 범주에 있는 영상을 추려내 추천한다.

© 넷플릭스

그림 4.4 넷플릭스 추천 서비스 화면 [13]

넷플릭스는 스트리밍 서비스 제공에 이어 직접 콘텐츠를 제작하는 데 있어서도 큰 성공[14]을 거뒀다. 이 콘텐츠 제작에도 빅데이터를 활용했다고 한다. 예를 들어, 〈하우스 오브 카드〉, 〈오렌지 이즈 더 뉴 블랙〉과 같이 원작 드라마를 리메이크한 드라마를 선보였는데, 원작 드라마를 시청한 스트리밍 횟수, 영화 감상평, 검색 횟수, 별점 기록 등의 빅데이터를 수집하고 분석해 리메이크 여부를 결정했다. 이 두 드라마는 사용자들에게 호평을 받았고 가입자 수의 증가로 이어졌다. 이처럼 빅데이터와 지능형 추천 알고리즘은 넷플릭스의 성공을 이끈 핵심 기술이다.

초연결 사회의 가상 작업장, 클라우드 컴퓨팅

사물인터넷으로부터 수집한 수많은 데이터를 관리하고 활용하는 클라우드 컴퓨팅의 개념과 종류, 활용 서비스 등에 대해 살펴보자.

---

13 넷플릭스, https://www.netflix.com/kr/
14 〈오징어 게임〉은 넷플릭스가 직접 제작에 참여한 대표 드라마 시리즈다.

클라우드 컴퓨팅의 개념

클라우드 컴퓨팅(cloud computing)은 인터넷을 사용해 가상화된 컴퓨팅 자원을 제공하는 서비스다. 다시 말해, 사용자가 자신의 컴퓨터가 아닌 다른 컴퓨터의 자원(응용프로그램, 저장 장치(storage), 서버(server), 데이터베이스 등)을 필요한 만큼 빌려서 사용하고, 이용한 만큼만 비용을 지불하는 새로운 개념의 컴퓨팅 기술이다. 예를 들면, 발전소에서 생산한 전기를 공급 받아 필요한 만큼만 사용하고 전기 요금을 내는 것과 같은 형태다.

'클라우드(cloud)'라는 용어는 멀리 떨어진 컴퓨터들 사이에 존재하는 수많은 통신 장비와 네트워크를 간단하게 '구름' 모양으로 표시한 것에서 유래했다. 사용자들이 굳이 복잡한 내부 구조를 알 필요가 없기 때문에 간단하게 표현한 것이다.

현재 대표적인 클라우드 서비스로는 아마존 웹 서비스(AWS, Amazone Web Services), 마이크로소프트 애저(Azure), 구글 클라우드 플랫폼(Google Cloud Platform), 애플 아이클라우드(iCloud) 등이 있다. 이러한 클라우드 서비스는 개인뿐만 아니라 인터넷 서비스 운영자(ISP)도 널리 사용하는데, 이는 직접 서버를 운영하는 대신 대기업의 클라우드 자원을 빌려서 서비스를 운영함으로써 하드웨어와 소프트웨어의 운영, 유지 보수, 관리를 신경 쓰지 않아도 되기 때문이다. 정보의 입출력을 위한 키보드, 모니터만 남기고 CPU, 저장장치, 응용프로그램 등 나머지 모든 컴퓨팅 자원은 클라우드를 통해 사용할 수 있어 편리하게 접근할 수 있다는 장점이 있다.

그림 4.5 클라우드 컴퓨팅의 개념도 [15]

© 클라우드지원포털/정보통신산업진흥원(NIPA)

---

15 클라우드지원포털, 정보통신산업진흥원(NIPA), https://www.cloudhelp.kr/software/cloud-computing/outline/

클라우드 컴퓨팅의 서비스 종류

클라우드 컴퓨팅 서비스는 유형별로 다음과 같이 3가지로 나눌 수 있다.

- IaaS(infrastructure as a service): 서버, 네트워킹, 저장장치, 데이터 센터 등과 같은 인프라 자원을 제공하는 서비스

- PaaS(platform as a service): 개발에 필요한 하드웨어, 소프트웨어 등의 개발 환경 플랫폼을 제공하는 서비스

- SaaS(software as a service): 워드 프로그램, 이메일과 같은 응용프로그램이나 응용소프트웨어를 웹 브라우저 혹은 인터넷을 통해 제공하는 서비스

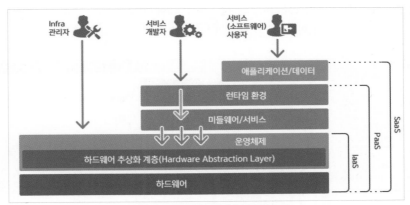

© 클라우드지원포털/정보통신산업진흥원(NIPA)

그림 4.6 클라우드 컴퓨팅의 서비스 종류 [16]

클라우드 컴퓨팅의 활용 서비스

IT 기술의 발달로 클라우드 서비스는 생활 속에서 다양한 편의성을 제공하며 빠르게 발전해 왔다. 가장 널리 사용하는 서비스 사례는 다음과 같다.

- **클라우드 스토리지(storage, 저장소)**: 클라우드 컴퓨팅 중 가장 널리 사용하는 서비스로, 문서, 사진, 음악, 앱 등을 저장하고 필요할 때 내려받아 사용할 수 있는 서비스다. 대표적인 서비스로는 기업용 구글 클라우드, 개인 및 업무용 구글 드라이브(Google Drive), 드롭박스(Dropbox), 애플의 아이클라우드 (iCloud), 네이버의 네이버 마이박스(Naver Mybox) 등이 있다.

---

16 클라우드지원포털, 정보통신산업진흥원(NIPA), https://www.cloudhelp.kr/software/cloud-computing/outline/

그림 4.7 기업용 구글 클라우드 [17](왼쪽)와 개인 업무용 구글 드라이브 [18](오른쪽)

- **클라우드 오피스(Office)**: 워드 프로세서, 프레젠테이션, 스프레드시트와 같은 문서 작성 프로그램을 웹에서 사용할 수 있으며 저장하는 기능도 지원한다. 보통 클라우드 스토리지 서비스와 클라우드 오피스 서비스는 같이 제공된다. 대표적인 서비스로는 구글 드라이브에서 제공하는 클라우드 오피스 서비스인 구글 문서 도구가 있으며, 비슷하게 마이크로소프트(MS)의 원드라이브(One Drive), 네이버의 네이버 오피스(Naver Office) 등이 있다.

그림 4.8 구글 드라이브에서 제공하는 오피스(왼쪽)와 네이버 오피스 [19](오른쪽)

- **클라우드 사진 저장소**: 사용자의 사진을 클라우드에 업로드해 보관할 수 있고, 사진들의 특징을 추출해 스스로 분류하고 정리해주는 서비스다. 특히 스마트폰에 내장된 카메라의 성능은 해가 갈수록 빠르게 발전해 디지털카메라의 사용량을 앞질렀으며, 향상된 화질로 많은 저장 공간을 차지한다. 클라우드 사진 저장소를 사용하면 저장 공간에 대한 제약이 없어 사진을 원본 크기로 보관할 수 있다는 장점이 있다. 대표적인 서비스로는 구글 포토(Google Photos), 애플의 아이클라우드(iCloud), 네이버 마이박스 등이 있다.

---

17 구글 클라우드, https://cloud.google.com

18 구글 드라이브, https://www.google.com/intl/ko_KR/drive/

19 네이버 오피스, https://office.naver.com

그림 4.9 네이버 마이박스 [20](왼쪽)와 구글 포토 [21](오른쪽)

새로운 개념의 클라우드 컴퓨팅, 에지 컴퓨팅

기존 클라우드 컴퓨팅의 데이터 처리 과정은 중앙 서버에서 모든 것이 이뤄지도록 설계돼 있다. 대부분의 IT 기업은 사원들이 필요할 때 즉시 해당 데이터를 내려받아 사용할 수 있도록 클라우드 서비스를 제공하고 있다. 하지만 클라우드 서비스의 사용량이 급속도로 증가하면서 서버와 데이터 센터에서 처리할 수 있는 데이터의 양이 한계를 벗어나기 시작했다. 이 문제를 해결하기 위해 기존의 클라우드 컴퓨팅을 확장한 **에지 컴퓨팅** (edge computing)이라는 신개념 데이터 처리 시스템이 등장했다.

에지 컴퓨팅은 기존의 클라우드 컴퓨팅과 달리 컴퓨팅 장치가 멀리 떨어진 센터에 위치하는 것이 아니라 단말 장치와 가까운 곳, 즉 **가장자리(에지, edge)**에 위치한다. 클라우드 컴퓨팅이 중앙 클라우드(데이터 센터)와 직접 소통하는 방식이라면 에지 컴퓨팅은 기기 가까이에 위치한 에지 컴퓨팅 플랫폼과 주로 소통하며, 결과물의 저장과 같은 2차 작업을 중앙 클라우드에 맡기는 방식이다.

이렇게 하면 클라우드 컴퓨팅보다 대기 시간이 줄어들어 빠르게 처리할 수 있다는 장점이 있다. 또한 클라우드 컴퓨팅은 중앙 서버에서만 데이터를 처리하는 반면, 에지 컴퓨팅은 스마트폰처럼 통신으로 연결된 디바이스에서도 데이터를 처리할 수 있다. 에지 컴퓨팅은 자율주행 자동차나 스마트 팩토리처럼 수많은 디바이스가 실시간으로 클라우드에 연결되어 데이터를 처리해야 하는 분야에 활용된다.

---

20 네이버 마이박스, https://mybox.naver.com/about/introduce
21 구글 포토, https://www.google.com/intl/ko/photos/about/

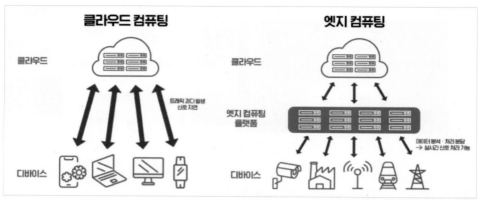

© 삼성디스플레이

그림 4.10 클라우드 컴퓨팅과 에지 컴퓨팅의 비교 [22]

초연결 사회의 핵심, 사물인터넷

초연결 사회에서 눈과 같은 역할을 하는 사물인터넷의 개념과 서비스, 활용 분야에 대해 살펴보기로 하자.

사물인터넷(IoT)의 개념

일상에서 TV, 공기청정기, 냉장고, 세탁기, 보일러 등을 스마트폰과 연결하여 원격에서도 쉽게 상태를 모니터링하는 모습이 더는 낯설지 않을 것이다. 이런 것을 가능하게 만든 기술이 바로 '사물인터넷(IoT, internet of things)'이다. 사물인터넷은 인터넷으로 연결된 각종 사물에 통신과 센서 기능을 내장하여 무선 통신으로 정보를 주고받을 수 있는 기술이다. 서버에서는 기기의 정보를 수집, 저장, 분석해 사용자에게 제공할 수 있고, 사용자는 원격에서 사물을 조정할 수 있다. 따라서 사물인터넷은 빅데이터, 클라우드, 인공지능 기술과도 자연스럽게 연결된다. 사물인터넷은 이러한 기술들과 함께 모든 사물과 사람, 데이터가 거미줄처럼 촘촘하게 연결된 '초연결(hyper-connectivity) 사회'를 이끄는 핵심 기술이다. 또한 5G 통신 기술의 도움으로 사물인터넷의 연결 범위가 더욱 확장되고 세밀하게 연결되면서 온/오프라인의 경계가 사라지는 초연결 사회로 빠르게 전환되고 있다.

---

22 초연결 시대의 대안으로 떠오른 '엣지 컴퓨팅', 삼성디스플레이 뉴스룸, https://news.samsungdisplay.com/29813/

국내 사물인터넷 서비스 가입 현황

세계적 연구 자문 회사인 가트너(Gartner)의 자료에 따르면 2018년까지 인터넷에 연결된 사물의 개수가 3억 3천여 개였으나, 2028년에는 1조 9천억 개에 이를 것으로 예상했다. 과학기술정보통신부 보도자료에 따르면, 국내 사물인터넷기기(원격 검침, 사물 간 통신, 홈 네트워크) 서비스 가입 수는 2019년 2,144만 개, 2020년 2,607만 개, 2021년 3,098만 개로 해마다 20%씩 상승하는 추세다. 이처럼 기하급수로 증가하는 사물들이 인터넷에 연결되어 데이터를 주고받으며 빅데이터가 생성되고 있다.

그림 4.11 4차산업혁명 네트워크 기술의 통계 현황(2020년 3월 기준)[23]

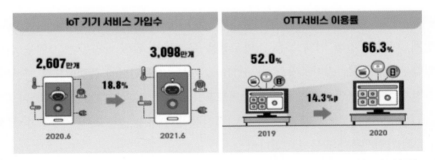

그림 4.12 4차 산업혁명 네트워크 기술의 통계 현황, 코로나-19 이후 증가한 인터넷동영상서비스(OTT) 이용률(2021년 10월 기준)[24]

23 대한민국 정책브리핑, 과학기술정보통신부(2020.09.24), https://www.korea.kr/news/pressReleaseView.do?newsId=156412717

24 2021 4차산업혁명 지표발표, 과학기술정보통신부(2021.10.06), https://www.msit.go.kr/bbs/view.do?sCode=user&mId=113&mPid=112&bbsSe-qNo=94&nttSeqNo=3180792

사물인터넷의 활용 분야

사물인터넷의 활용 분야는 매우 다양하지만, 실생활에서 느낄 수 있는 생활 분야, 산업 분야, 공공 분야에서 활용되는 사례를 살펴보자.

생활 분야: 스마트홈

스마트홈(smart home)은 집 안에 있는 모든 가전과 조명, 에너지 관련 냉난방기, 홈엔터테인먼트 등을 비롯한 다양한 스마트 기기를 인터넷에 연결해 사용자가 제어할 수 있는 융합기술이다. 여기서 스마트 기기는 인터넷에 연결된 PC, 스마트폰이나 태블릿 PC 등을 말한다. 스마트홈은 집 안에 있는 기기들이 거미줄처럼 연결된 '홈네트워크(home network)'로 실현된다. 스마트 기기와 집안의 모든 가전 기기는 무선으로 연결되며, 이런 무선 통신 기술로는 무선랜이라 부르는 와이파이(Wi-Fi), 블루투스(bluetooth), 지그비(ZigBee), Z-Wave 등이 있다. 집 안에 기기들이 자동으로 동작하는 모습은 오래전부터 SF 영화에 등장하는 장면이었지만, 지금은 무선 청소 로봇처럼 스스로 생각하는 가전이 일상화되고 있다. 인공지능, 로봇 관련 기술, 인터넷과 컴퓨팅 능력의 발달로 디지털화가 가속화되면서 스마트홈에 대한 관심이 고조되었고 가장 먼저 현실로 이어지고 있다.

삼성전자와 LG전자 같은 가전 업체와 SKT, KT, LGU+와 같은 정보통신 서비스 제공 업체, 아파트 건설 업체 등은 스마트홈을 구축하기 위해 다양한 시스템을 선보이고 있다. 삼성전자는 스마트씽스(SmartThings)라는 **사물인터넷 플랫폼**으로 자사의 모든 가전제품에 사물인터넷을 접목한 스마트홈을 구축하고 있다. LG전자는 스마트씽큐(SmartThinQ)라는 스마트홈 플랫폼으로 LG전자의 에어컨, 냉장고, 공기청정기, 로봇청소기 등의 가전제품과 연동하고 있다.

집 안의 모든 가전제품을 사물인터넷으로 연결해 외부로 정보를 전달하려면 가전제품의 센서에서 전달한 신호를 모두 모아서 관리하는 장치가 필요하다. 이것을 **스마트홈 허브**(Hub)라고 한다. 스마트홈 허브 장치는 여러 형태로 구현될 수 있는데, 최근 LG전자는 그림 4.13의 **스마트씽큐 허브 로봇**과 같은 로봇 형태를 선보였다. 이 가정용 집사 로봇은 딥러닝 기술을 탑재해 스스로 사용 패턴 및 주변 환경을 학습하고, 무선랜으로 집 안의 가전 및 보안, 조명 등을 스스로 제어한다.

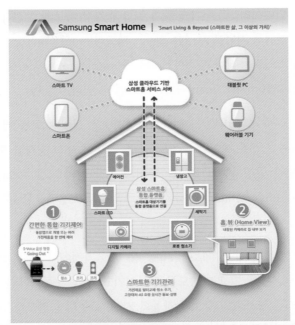

© 삼성전자(위쪽, 아래 오른쪽), LG전자(아래 왼쪽)

그림 4.13 삼성전자 스마트홈 개념도 [25](위쪽)와 LG전자 스마트홈을 위한 가정용 허브 로봇(아래 왼쪽), 스마트씽큐 허브 [26](아래 오른쪽)

산업 분야: 스마트 팩토리, 스마트 자동차, 스마트 팜

산업용 사물인터넷 서비스는 기업이 생산 경쟁력을 강화하고 효율성을 제고하기 위해 도입하는 서비스다. 사물인터넷이 산업 분야에 적용돼 구축된 사례는 셀 수 없이 많으며 최

---

25 삼성전자 뉴스룸, https://news.samsung.com/kr/ces-2014-삼성전자-ces서-삼성-스마트홈-닻-올린다
26 LG전자 소셜매거진, https://live.lge.co.kr/lg_smarthome_170904/

근에는 인공지능, 빅데이터, 로봇 기술 등과 결합해 가장 빠르게 발전하고 있다. 공장 내 모든 기계 설비를 연결해 지능을 부여한 **스마트 팩토리**(smart factory), 자동차 내 장치들을 연결해 지능적으로 동작하는 **스마트 자동차**(smart car), 농식물 생산을 지능적으로 도와주는 **스마트 팜**(smart farm) 등을 예로 들 수 있다.

스마트 팩토리는 공장 내 설비와 기계에 사물인터넷을 설치해 공정 데이터를 실시간으로 수집하고 분석해 스스로 제어할 수 있게 만든 지능형 생산 공장을 뜻한다[27]. 또는 기존의 부분 또는 단순 공장자동화 수준을 넘어서 공장 안의 모든 요소(machine, man, material, method, environment)를 유기적으로 연결해 자율적으로 운영되는 공장을 말한다.

스마트 팩토리는 설계 및 개발, 제조 및 유통 등 생산 과정에서 디지털화된 자동화 설루션을 적용해 생산성, 품질, 고객 만족도를 향상시키고 있다. 노동력에만 의존했던 전통적인 '제조 생산 구조'는 노동력의 감소와 자동화 기계, 로봇의 등장으로 '지능형 자동화 생산 구조'로 빠르게 탈바꿈하고 있다. 이를 통해 다양한 소비자 요구를 충족시킬 수 있는 소비자 맞춤형 서비스도 제공할 수 있게 됐다. 이러한 제조 생산 구조의 변화가 스마트 팩토리의 핵심이다.

스마트 팩토리 플랫폼의 사례로는 LG CNS의 제조 ICT 플랫폼인 팩토바(FACTOVA)[28]가 있다. 팩토바는 각종 설비와 센서로부터 빠르게 데이터를 수집하는 산업용 사물인터넷 플랫폼을 제공하고, 제조의 전 과정을 정보화해서 관리하며, 빅데이터나 인공지능과 같은 최신 디지털 기술을 접목하여 단순히 정보를 제공하는 것을 넘어서 판단하는 기능까지 제공한다[29].

---

27 위키백과, 스마트 팩토리, https://ko.wikipedia.org/wiki/스마트팩토리
28 factory와 value의 합성어다.
29 LG CNS 블로그, "스마트 팩토리 제조 혁신의 아이콘–FACTOVA", https://blog.lgcns.com/1706

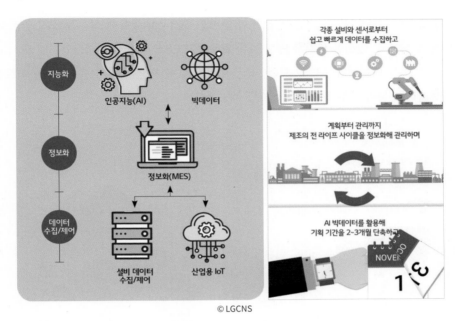

© LGCNS

그림 4.14 LG CNS의 스마트 팩토리 플랫폼 [30] [31]

공공 분야: 스마트 시티, 스마트 그리드, 스마트 환경 등

공공 분야의 사물인터넷 서비스는 사회문제를 해결하거나 대국민 서비스를 제공하기 위한 서비스들이다. 사물인터넷은 도로나 거리에 부착된 CCTV, 각종 센서와 노약자 위치 정보서비스(GPS)를 사용해 재난이나 사고 재해를 예방하는 공공 안전 분야에 활용된다. 또한 대기 환경 오염도를 측정하는 환경 분야에도 활용되고, **스마트 그리드**(smart grid)와 같이 전력 에너지를 수요자에게 지능적으로 제공해 에너지를 절약하는 에너지 분야에도 활용된다.

국내 공공 분야 활용 사례로는 서울시 스마트도시 사업인 **사물인터넷 도시 조성 사업**을 들 수 있다. 서울시는 시 전역에 사물인터넷 센서를 설치해 미세먼지, 생활 인구, 소음, 조도 등 다양한 도시 현상 데이터를 한번에 수집하고, 유통 및 분석한다. 이러한 데이터를 도시 정책에 활용하거나 시민들을 위한 서비스를 발굴하는 'Seoul-DoT(Seoul-data

---

30 LGCNS 블로그, https://blog.lgcns.com/1706

31 LG CNS 스마트팩토리 플랫폼, YouTube, https://www.youtube.com/watch?v=sKj45VITYjQ

of things)' 구축 사업을 추진 중이다. 또한 스마트 CCTV를 활용해 실시간 도시 안전 데이터를 수집하고, 안전한 도시를 만드는 데 활용하고 있다. 서울시의 사물인터넷 도시 조성사업은 도시 데이터와 스마트 보안, 공공 이용시설 실내 환경 감시 센서, 홀몸 어르신 스마트플러그 등이 모두 결합된 서비스를 제공한다.

© 서울특별시

그림 4.15 서울시 내 'S–DoT' 센서 설치 지역과 데이터 종류 [32]

사물인터넷과 인공지능: 지능형 사물인터넷(AI+IoT=AIoT)

이동 전화기나 자동차가 점점 지능화된 배경에는 사물인터넷과 인공지능이 있다. 사물인터넷의 도움으로 스마트 기기가 이동할 때도 인터넷에 연결되면서 기존에는 얻을 수 없었던 다양한 데이터를 수집할 수 있게 됐다. 또한 인공지능의 지능형 알고리즘의 도움으로 데이터를 분석하고 이를 바탕으로 추론한 행동과 명령을 사물에 주입할 수 있게 됐다. 이러한 과정을 통해 사물은 지능을 가질 수 있게 됐다. 즉, 인공지능과 사물인터넷, 빅데이터 기술의 발전으로 '사물의 지능화'가 가능하게 됐다. 이것을 **지능형 사물인터넷**

---

32 S–DoT, 스마트서울 플랫폼, 서울특별시, https://smart.seoul.go.kr/board/25/4000/board_view.do?sub=2

(AIoT, artificial intelligence of things)[33]이라 한다. 모든 사물에 스스로 생각할 수 있는 컴퓨팅 기능이 탑재된 것이다. 최근 인공지능 기술의 빠른 발전으로 기존의 사물인터넷 기술은 지능형 사물인터넷으로 빠르게 진화하고 있다.

'지능형 사물인터넷'은 인공지능과 사물인터넷이 결합된 용어로, 4차 산업혁명의 특징인 초연결성(hyperconnectivity), 초지능성(superintelligence), 초융합성(hyperconvergence)을 대표하는 기술이다. 지능형 사물인터넷은 어떤 문제를 해결하거나 목표를 달성하기 위해 데이터를 수집하고, 인공지능을 개발해 사물에 탑재 또는 융합하여 활용하는 데 필요한 기술과 역량, 그리고 산업의 총체라 할 수 있다[34]. 지능형 사물인터넷에서 인공지능 기술을 처리하기 위해서는 그림 4.16처럼 클라우드 컴퓨팅 및 에지 컴퓨팅 기술을 함께 사용한다. 즉, 다양한 4차 산업혁명 기술이 함께 사용되는 개념이다. 앞서 설명한 LG전자의 스마트씽큐 허브 로봇 또한 지능형 사물인터넷의 예로 볼 수 있다.

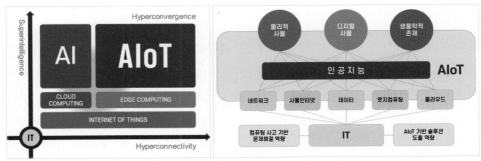

© 한국사물지능협회/Wikimedia Commons/CCA-SA 4.0

그림 4.16 지능형 사물인터넷의 개념 [35]과 구성요소 [36]

사물의 지능화로 사람과 사물뿐만 아니라 사물과 사물의 연결이 가능[37]해지면서 사물의 스마트화는 작업장의 스마트화(스마트 공장)로 확장됐고, 그것이 또 도시의 스마트화(스마트 도시)로 확장돼 초연결 사회를 이끌고 있다. 이와 같은 '연결'은 데이터 혁명의 시

---

33 정보기술을 기반으로 연결성과 지능성을 확장하고 융합하는 과정에서 만들어지는 사물 지능 융합기술이다.

34 위키백과, AIoT, https://ko.wikipedia.org/wiki/AIoT

35 https://commons.wikimedia.org/wiki/File:What_is_AIoT%3F.png

36 https://commons.wikimedia.org/wiki/File:AIoT.components.competency.png

37 이를 만물인터넷(Internet of Everything)이라 한다.

대, 데이터 기술의 시대, 데이터 경제의 시대가 도래하는 것을 의미한다. 이런 변화에 대한 대응은 기업뿐만 아니라 국가적 차원에서 이뤄지고 있는데, 우리나라는 '디지털 뉴딜'과 'DNA(data-network-AI) 생태계 구상(안)'을 발표하며 **뉴노멀(new normal) 시대**를 대비하고 있다.

사물인터넷과 5G 통신

5G(5세대) 통신 기술은 4G 통신과 비교해서 대용량의 동영상을 지체 없이 빠른 속도로 전송하거나 전송 받을 수 있는 기술이다. 5G 통신 기술이 주목받는 이유는 **초고속, 초저지연, 초연결**이라는 특징을 가지고 있기 때문이다. 5G 통신 기술의 초고속은 스포츠 경기처럼 여러 각도에서 실시간으로 촬영한 생동감 있는 영상을 곧바로 볼 수 있게 해주는 기술을 말한다. 초저지연은 빠른 처리가 필요한 자율주행 자동차 기술에 없어서는 안 될 기술이다. 초연결은 수많은 기계, 기구, 전자 장비를 서로 연결할 수 있는 기술로, 지능형 스마트 공장, 스마트 시티를 구축하는 데 필수 기술이다.

또한 5G 통신 기술은 사물인터넷에도 활용될 수 있는 무선 통신 기술이다. 무선랜이나 블루투스, 지그비와 같은 무선 통신 기술은 전파가 나가는 범위가 매우 좁기 때문에 근거리 통신에 적합하다. 반면 5G 통신 기술은 넓은 범위로 연결되므로 공간의 제약을 벗어날 수 있다. 또한 빠른 속도로 지체 없이 보낼 수 있는 데이터 크기도 크고 동시에 연결할 수 있는 스마트 기기의 개수도 $1km^2$ 이내에 최대 100만 개에 이른다. 따라서 사물인터넷과 5G 통신 기술의 결합을 통해 도시와 같은 넓은 공간에서도 모든 스마트 기기가 연결되는 무선 스마트 시티를 구현할 수 있다.

© 과학기술정보통신부

그림 4.17 5G 통신 기술의 3가지 특징과 대표 활용 분야 [38]

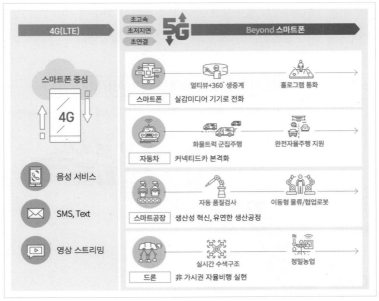

© 과학기술정보통신부

그림 4.18 5G 통신 기술의 활용 분야와 진화 방향 [39]

38 혁신성장 실현을 위한 5G+전략(8페이지), 과학기술정보통신부(2019), https://www.korea.kr/archive/expDocView.do?docId=38502
39 혁신성장 실현을 위한 5G+전략(12페이지), 과학기술정보통신부(2019), https://www.korea.kr/archive/expDocView.do?docId=38502

초현실 사회를 위한 가상현실, 증강현실, 홀로그램

초현실 사회의 모습은 가상현실, 증강현실, 홀로그램을 통해 볼 수 있다고 해도 과언이 아니다. 인공지능의 발전과 더불어 실생활에 성큼 다가온 이 기술들의 개념과 활용 분야에 대해 살펴본다.

가상현실

가트너(Gartner)는 '2019년 10대 전략 기술' 가운데 하나로 **몰입 기술(immersive technologies)**을 선정하고 앞으로 5년 안에 몸은 물리적인 3차원 현실 세계에 있으면서도 디지털 세계와 상호작용할 수 있는 **혼합현실(MR, mixed reality)** 기술의 시대가 열릴 것이라고 예측했다[40]. 또한 리서치 기관인 디지캐피털(Digi-Capital)은 컴퓨터, 인터넷, 휴대폰에 이은 4번째 기술 플랫폼으로 가상증강현실 기술에 주목[41]하고, 그것이 타 산업과 융합하여 우리의 생활을 빠르게 변화시킬 것이라 전망했다.

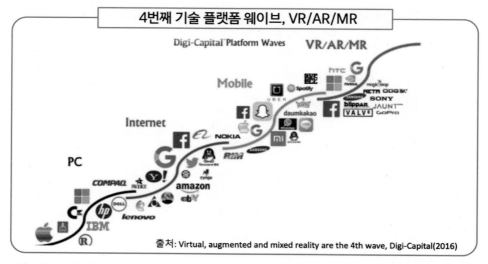

그림 4.19 4번째 기술 플랫폼 웨이브, VR/AR/MR39

40 가트너, 2019년 10대 전략기술 트렌드 발표, 글로벌 과학기술정책정보 서비스 (2018), https://now.k2base.re.kr/portal/trend/mainTrend/view. do?poliTrndId=TRND0000000000034637&menuNo=200004&pageIndex=5

41 Virtual, augmented and mixed reality are the 4th wave, Digi-Capital(2016).

가상현실의 정의

가상현실(VR, virtual reality)은 현실의 특별한 상황이나 환경을 인공으로 그대로 만들어 마치 실제와 같은 상황이나 환경을 경험할 수 있게 만든 가상 세계나 기술을 뜻한다[42]. 이때 가상의 환경이나 상황은 사용자의 반응(시각, 청각, 촉각 등)을 자극해서 현실과 상상의 경계를 자유롭게 넘나들게 한다. 또한 사용자는 인간과 컴퓨터 간 인터페이스를 이용해 조작이나 명령을 하는 등 가상 현실 속에 구현된 것들과 상호작용할 수 있다. 가상현실의 개념은 1968년 처음 등장했으며, 미국 아이번 서덜랜드(Ivan Edward Sutherland) 교수가 하버드대학 재직 시절에 고안한 헤드셋 디스플레이(HMD, head mounted display)가 최초의 가상현실 시스템이다.

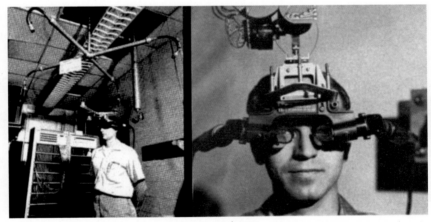

© Researchgate

그림 4.20 아이번 서덜랜드가 개발한 최초의 헤드셋 디스플레이[43]

4차 산업혁명의 핵심 기술인 인공지능과 빅데이터를 각각 두뇌와 혈액으로 비유한다면, 가상현실은 눈이나 손발에 비유할 수 있다. 이처럼 핵심 요소 기술은 따로 존재하는 게 아니라 인체 기관처럼 유기적으로 연결되면서 서로 간의 융합을 통해 새로운 기술 혁명을 일으킨다.

---

42 가상현실, 위키백과, https://ko.wikipedia.org/wiki/가상_현실

43 Virtual Reality and Its Application in Military, July 2018, IOP Conference Series Earth and Environmental Science, https://www.researchgate.net/publication/326444949_Virtual_Reality_and_Its_Application_in_Military

가상현실의 활용

가상현실은 일종의 마법과도 같다. 가상현실 기술을 이용하면 접근하기 어려운 화성이나 달, 극 지역이나 오지를 쉽게 방문할 수 있다. 이처럼 이전의 가상현실은 SF 소설과 영화, 군사용 시뮬레이션, 게임 같은 특수 시장에 한정된 기술로 사용됐으나, 최근에는 의학 분야, 엔터테인먼트 분야, 교육 분야, 산업 분야, 관광스포츠 분야, 공연 분야 등 다양한 분야에 활용되고 있다.

▪ 교육 분야

구글의 교육용 가상현실 앱 '구글 엑스페디션(Google Expedition)'은 가상으로 세계 7대 불가사의 유적지나 목성, 토성, 심해 등을 탐험할 수 있고, 산업 현장에서 직업을 체험할 수 있는 앱이다.

그림 4.21 구글 엑스페디션 앱 화면들 [44]

▪ 엔터테인먼트 분야

페이스북의 새로운 회사명인 메타(META)의 오큘러스[45] 퀘스트(Oculus Quest)는 다양한 엔터테인먼트 콘텐츠를 제공하는 가상현실 HMD 헤드셋이다. 현재는 '퀘스트2'로 다양한 게임과 라이브 이벤트, 새로운 피트니스 운동 방식 등을 제공한다. 빙하 위에서 피트니스 운동을 하거나, 나만의 가상 영화관에서 멀리 떨어져 있는 친구들과 함께 좋아하는 영화를 감상하거나, 라이브 콘서트를 가상으로 관람할 수 있는 가상 체험을 제공한다.

---

[44] Google Expeditions App Trailer (Google) – Daydream, Cardboard, YouTube, https://www.youtube.com/watch?v=Iw4T1WRSnig
[45] 오큘러스 VR은 2012년에 캘리포니아주에 설립된 회사로, 2014년 페이스북 CEO 마크 저커버그가 인수했다.

©메타 퀘스트

그림 4.22 메타의 오큘러스 퀘스트2(왼쪽), 빙하 위에서 런지를 하는 피트니스 활용 장면(가운데), 가상 영화관에서 영화
감상(오른쪽) [46]

오큘러스 퀘스트2는 2020년 2분기 글로벌 VR 헤드셋 시장의 38.7%를 차지했으며, 소니
'플레이스테이션 VR'은 21.9%를 차지했다. 2020년 이후 코로나19로 인해 가상현실이 대
표적인 비대면 서비스 화두로 떠오르면서 VR 헤드셋의 판매량이 급증했고, VR의 대중
화를 빠르게 이끌었다. 애플은 2022년부터 '애플 VR 헤드셋'을 개발 중이고, 삼성도 개발
경쟁에 참여하고 있다.

> **추가 설명** 가상현실 기기의 작동 원리
>
> 가상현실을 만들려면 마치 눈으로 보이는 것이 현실처럼 느껴지도록 사람의 뇌를 속여야 한다. 실제 상황
> 이라고 착각할 만큼 뛰어난 화질과 끊김 없이 자연스럽게 연결되는 화면으로 사람의 뇌를 속여야만 자신의
> 몸이 그 영상 속에 있다고 느끼게 된다. 그래서 가상현실 기기 안에는 중력 감지 장치, 가속도 측정기 등의
> 센서가 있고, 사람의 움직임에 맞춰 화면이 자연스럽게 따라 바뀐다.
>
> 그림 4.23은 가상현실 기기의 작동 원리를 나타낸 그림이다. 좌우 2대의 카메라를 통해 현실의 이미지를 촬
> 영하고, 좌우 눈으로 들어온 영상 정보를 조합해 입체로 인식하는 원리로 동작한다. 이 원리는 기존 TV, 컴
> 퓨터 모니터 등을 통해서 봤던 2차원의 평면 화면이 아닌 3차원의 입체적 경험을 제공한다. 고개를 돌려
> 바라보는 곳마다 장면이 달라져 마치 실제로 그곳에 가 있는 듯한 몰입감을 느끼게 해준다. 실제 가상현실
> HMD 헤드셋에서는 기기 앞에 부착된 카메라로 현실의 모습을 촬영한 다음, 촬영한 영상에 자신 위치와 움
> 직임에 따른 가상의 영상을 덧붙여 눈앞에 있는 디스플레이에 보여줌으로써 마치 사용자가 가상 세계에 있
> 는 듯한 착각을 만들어 낸다.

---

46 퀘스트2, 메타 퀘스트, https://www.oculus.com/quest-2/?locale=ko_KR

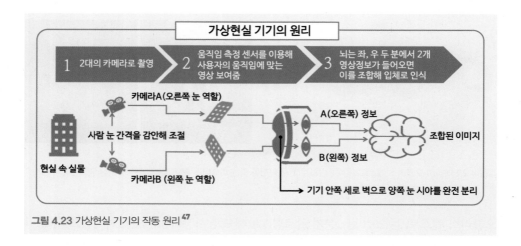

그림 4.23 가상현실 기기의 작동 원리[47]

증강현실

증강현실(AR, augmented reality)은 무엇인지 알아보고, 실생활에 활용되는 분야를 살펴보기로 한다.

증강현실의 정의

증강현실은 1990년대 후반에 등장한 개념으로, **현실에 존재하는 대상을 바탕으로 컴퓨터 기술을 이용해 사용자에게 추가(augmented) 정보를 제공하는 기술**이다. 증강현실 사용자에게는 현실 세계에 가상의 이미지나 글자가 겹쳐서 보인다. 증강현실 기술은 컴퓨터로 가상의 공간을 만들어 이용자들이 가상의 공간에서 보고 듣고 느끼면서 상호작용할 수 있게 한다. 보통 사용자가 스마트 안경이나 스마트폰 카메라로 사물을 볼 때, 그 사물에 대한 원하는 정보를 겹쳐서 볼 수 있다. 이때 스마트 기기가 가상의 공간을 만드는 컴퓨팅 역할을 한다.

증강현실의 활용 분야

증강현실은 포켓몬 게임 앱을 비롯해서 최신 자동차에 사용되는 헤드업 디스플레이, 교육용 증강현실 프로그램, 전자상거래, 제조업 분야에 활용된다.

---

47 그림 원본, http://premium.chosun.com/site/data/html_dir/2016/02/15/2016021501389.html

▪ 자동차 헤드업 디스플레이

증강현실의 가장 대표적인 예로는 얼마 전 선풍적 인기를 끌었던 '포켓몬고 (PokemonGo)'가 있다. 가상의 포켓몬은 현실 세상에서 특정 위치에 따라 발견된다. 이 처럼 실제 환경에 가상의 이미지나 글자를 넣은 것이 증강현실이다. 포켓몬고에서 스마트폰 카메라로 보는 거리나 건물은 실제 현실이고, 스마트폰 화면에 겹쳐 보이는 포켓몬 은 가상 물체다. 이와 유사하게 자동차 내비게이션 안내 지도를 '자동차 헤드업 디스플레 이(head-up display, HUD)'에 보여주는 기술도 증강현실이다.

© Niantic, Inc. 포켓몬고(왼쪽), 현대자동차(오른쪽)

그림 4.24 증강현실 대표 게임 '포켓몬 고'(왼쪽)와 현대자동차의 증강현실 HUD [48](오른쪽)

지금의 자동차 증강현실 HUD는 자동차의 속도와 내비게이션 정보를 보여주는 수준이지 만, 앞으로는 주행 상황에 맞게 실제 도로 위에 3차원 가상 정보를 접목해 보여주는 수준 으로 발전할 것이다. 자동차의 차선 이탈 경고 기능과 갑자기 끼어든 자동차와의 충돌 방 지 기능 등 인공지능 기술과 결합된 지능화된 정보까지 보여줄 것이다. 최근 ICT 기업들 은 교육, 게임을 비롯해 제조 → 유통, 건축 → 의료 등 다양한 분야에서 증강현실 서비스 개발에 노력하고 있다. 먼저 교육 분야에서는 스마트폰이나 태블릿을 활용해 체험할 수 있는 교육용 증강현실 학습 콘텐츠가 주로 개발되고 있다.

▪ 교육 분야

대표적인 교육 분야 증강현실 콘텐츠로는 미국의 증강현실 스타트업인 매직리프(Magic Leap)가 선보인 콘텐츠를 예로 들 수 있다. 매직리프는 그림 4.25와 같이 농구장에 고래

---

48 현대자동차 저널(HMG Journal), https://news.hmgjournal.com/Tech/ar-hud-hyundai

가 튀어 오르는 증강현실 콘텐츠로 학생들의 관심과 흥미를 끌었다. 또한 대학의 원격 강의를 지원하거나 원격 사무실 환경을 제공하는 콘텐츠도 인기를 끌고 있다. 이 밖에도 책 속의 그림이나 사진을 3차원의 가상 객체로 튀어나오게 하거나 카드나 종이, 카펫 등의 그림 이미지를 팝업시켜서 더 실제적인 관찰과 이해를 돕는 증강현실 기술이 널리 활용되고 있다.

© magicleap

그림 4.25 매직리프 모습(왼쪽), 고래가 농구장에서 튀어 오르는 모습(가운데), 증강현실 원격 강의(오른쪽) [49]

> **추가 설명** 증강현실은 사물이나 장소를 어떻게 인식할까?
>
> 증강현실을 만들기 위해서 컴퓨터는 먼저 사용자가 원하는 사물이나 사물이 위치한 장소를 알아야 한다. 그러고 나서야 컴퓨터는 사물이나 위치와 관련한 정보를 찾아 증강현실 디스플레이에 겹쳐서 이 정보들을 보여줄 수 있다. 이때 증강현실은 사물이나 위치를 어떻게 인식할까? 이것을 가능하게 하는 기술은 **이미지 인식 기술과 위치 기반 서비스**다. 이미지 인식 기술은 사물을 이미지로 인식하거나 특정 마커(Marker, 표식)를 사용해 미리 정보를 심어 놓기도 한다. 그리고 사물이 위치한 정보는 스마트폰의 위치 기반 서비스(LBS, location based service)를 통해 알 수 있다.
>
> 스마트폰 위치 기반 서비스는 스마트폰에 내장된 **GPS**(global positioning system or satellite, **위성항법시스템**)의 도움으로 사용자의 현재 위치 정보를 알 수 있는 서비스다. 이렇게 알게 된 위치 정보를 바탕으로 장소에 대해 미리 저장된 정보를 증강현실 기기 위에 표시해준다. 이런 방식을 **위치 기반 AR**이라 한다. 또한 쇼핑몰에 있는 상품에 붙어있어 인식을 도와주는 마커를 기반으로 정보를 볼 수 있는 방식을 **마커 기반 AR**이라 한다. 마커 기반 AR의 예로는 책에 붙어있는 QR 코드를 스마트폰 카메라로 볼 때 관련 정보나 그림이 증강현실로 펼쳐지는 것을 들 수 있다.

---

49 매직리프, https://www.magicleap.com/en-us

© 웅진씽크빅(왼쪽), Layar (오른쪽)

그림 4.26 웅진씽크빅의 'AR 사이언스 백과사전'[50](왼쪽)과 잡지 속에 있는 자동차의 자세한 정보를 제공해주는 증강현실 플랫폼 레이아(LayAR)[51](오른쪽)

또한 증강현실 기술은 실제 인체 해부 실습 등과 같은 의학 교육 분야의 수업을 큰 비용 없이 가상으로 배울 수 있게 해준다. 관련 제품으로 2015년 1세대 제품을 개선시킨 2019년 마이크로소프트의 '홀로렌즈2(HoloLens2)'[52]가 있다. 엄격히 말하면 홀로렌즈는 가상현실과 증강현실 사이, 즉 혼합현실(MR, mixed reality)의 세계를 구현하는 헤드셋으로 알려져 있다. 최근에는 고려대학교 의과 대학뿐만 아니라 의료원 · 의학도서관까지 다양한 연계를 통해 교육과 의료 콘텐츠 개발이 이뤄지고 있다.

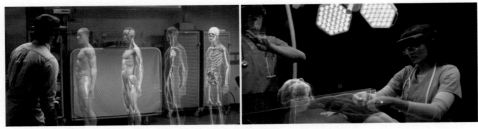

© 마이크로소프트

그림 4.27 의학 교육용 홀로렌즈(1세대)의 사례[53](왼쪽)와 홀로렌즈2의 사례[54](오른쪽)

50 웅진씽크빅, https://www.youtube.com/watch?v=H577ZX7OKjI
51 레이아 홈페이지, https://www.layar.com/
52 https://www.microsoft.com/ko-kr/hololens/hardware
53 HoloLens: Microsoft Opens Doors to Holographic Computing, YouTube, https://www.youtube.com/watch?v=VIWmXB1rk8k
54 Introducing Microsoft HoloLens 2, YouTube, https://www.youtube.com/watch?v=eqFqtAJMtYE

추가 설명 홀로렌즈2의 구조

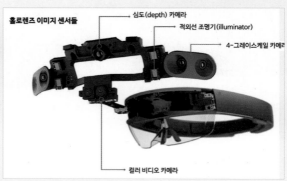

홀로렌즈 이미지 센서들

심도(depth) 카메라
적외선 조명기(illuminator)
4-그레이스케일 카메라
컬러 비디오 카메라

© 마이크로소프트

그림 4.28 홀로렌즈2의 구조 [55]

홀로렌즈2는 앞부분에 센서와 디스플레이가 장착돼 있다. 사용자의 시선을 추적하는 적외선 카메라 2대와 거리와 초점의 심도를 측정할 수 있는 센서를 사용해 디스플레이가 사용자의 시선에 맞춰 최적으로 동작한다. 또한 머리의 움직임을 추적하는 가시광선 카메라 4대, 관성 측정 센서(가속도계, 자이로스코프, 자력계)를 통해 사용자의 움직임과 속도 등을 감지하고 추적한다. 그 외에 무선랜, 블루투스와 함께 최고급 스마트폰에 들어가는 중앙처리장치 칩이 탑재되어 있어 고성능 컴퓨팅 기기 역할을 수행한다.

▪ 전자상거래 분야

증강현실은 건축 분야에서도 새로운 경험을 제공한다. 가구 업체인 이케아(IKEA)는 스마트폰 앱 '이케아 플레이스'를 통해 매장을 방문하지 않고 가구를 360도 돌려가며 가상으로 배치할 수 있는 증강현실 가구 배치 앱을 제공한다. 가구를 구매하기 전에 실물 크기로 집 곳곳에 배치해볼 수 있어 크기가 맞지 않아 가구를 배치하지 못하는 상황을 줄일 수 있다. 최대 전자상거래 업체인 아마존(amazon)은 'AR 뷰(AR View)' 앱을 통해 관심 있는 상품을 선택하면 카메라를 통해 현실에 실제 크기인 가상의 상품을 배치해준다. 소비자는 상품을 구매하기 전에 AR 뷰로 상품이 배치된 모습을 가늠해 볼 수 있다.

---

55 HoloLens 2 정보, Microsoft, https://docs.microsoft.com/ko-kr/hololens/hololens2-hardware

그림 4.29 이케아 플레이스를 통해 본 증강현실 장면[56](왼쪽)과 아마존 AR뷰 활용 모습[57](오른쪽)

▪ 제조업 분야

최근 기술의 발전으로 증강현실 휴대형 기기에 부착되는 센서들이 갈수록 작아지고 가벼워지고 있으며 성능도 대폭 향상됐다. 더불어 디스플레이와 컴퓨팅 칩의 성능도 지속해서 산업현장에서 사용할 수 있도록 발전해 왔다. 산업현장에서는 양손을 자유롭게 사용할 수 있으면서 한쪽 눈에 정보를 제공하는 글라스 형태의 증강현실 기기가 주목받고 있다.

대표적인 제품으로 마이크로소프트의 홀로렌즈2와 구글 글라스(Google Glass)가 있다. 홀로렌즈2는 자동차 제조회사 볼보와 협업하여 자동차 설계 부분에 활용됐고, 미국 최대 방위산업체 록히드 마틴(Lockheed Martin)과 우주선 프로토타입 제작 과정에 활용되고 있다. 또한 독일의 자동차 회사 BMW는 자동차 판매를 촉진하기 위해 구글의 증강현실 기술 탱고(Tango)를 활용해 자동차 판매장을 방문하지 않고도 스마트폰 탱고 앱을 통해 자동차 내부를 증강현실로 경험할 수 있는 서비스를 제공하고 있다.

산업용 증강현실 기술은 작업자에게 데이터를 제공하여 조립, 수리, 검증, 모니터링, 품질관리, 교육 분야에서 생산성을 향상시키고 업무 효율을 높이는 조력자 역할을 하고 있다. 2019년 공개된 '구글 글라스 엔터프라이즈 에디션'은 2013년 첫 모델 공개 후 한층 진화된 모델로 산업 현장에서 신입 현장 요원 교육용으로 활용되거나 의료 현장에 활용되고 있다.

---

56 이케아플레이스, https://www.ikea.com/gb/en/customer-service/mobile-apps/
57 아마존 AR뷰, https://www.amazon.com/adlp/arview

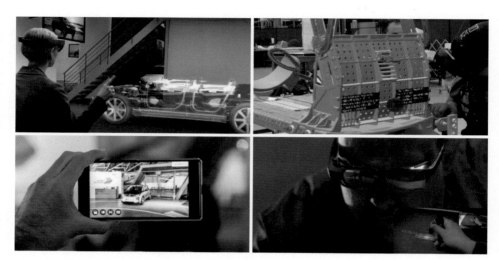

그림 4.30 증강현실 홀로렌즈2를 사용한 자동차 설계 화면(위 왼쪽)과 록히드 마틴의 우주선 제작[58](위 오른쪽), 구글의
탱고 앱을 사용해 BMW 차량 내부를 가상 경험[59](아래 왼쪽), 구글 글라스 엔터프라이즈 에디션으로 신입 현
장 요원을 교육하는 화면[60](아래 오른쪽)

초실감 미디어, 홀로그램

홀로그램의 유래와 함께, 현재 우리 생활에 성큼 다가와 있는 홀로그램 기술에 대해 살펴
보자.

홀로그램의 유래와 정의

홀로그램(Hologram)이란 완전함을 의미하는 'holos'와 메시지, 정보를 뜻하는 'gram'의
합성어로, **사물이 가지는 모든 빛을 활용해 실제 사물을 보는 것과 비슷한 입체감과 현실
감을 주는 완전한 입체 영상**을 뜻한다. 홀로그램을 만드는 기술은 1948년 영국 물리학자
데니스 가보르(Dennis Gabor)가 발견[61]한 **홀로그래피(holography)** [62]에서 비롯한다. 홀
로그래피 기술로 촬영한 영상이나 이미지가 홀로그램이다.

---

58 마이크로소프트, https://news.microsoft.com/innovation-stories/hololens-2-nasa-orion-artemis/

59 구글 블로그, https://blog.google/products/google-ar-vr/bmw-i-and-tango-test-drive-new-app/

60 구글 AR&VR, YouTube, https://www.youtube.com/watch?v=5lK-zU51MU4

61 데니스 가보르의 홀로그래피 기술은 레이저 광선이 발견된 1960년대 후에서야 본격적으로 연구 개발되었고, 1971년이 되어서야 데니스 가보르는 노벨 물
리학상을 받았다.

62 홀로그래피는 2개의 레이저 광선(또는 빛)의 간섭효과를 이용해 입체 정보를 기록하고 재생하는 기술이다.

리얼 홀로그램

360도 어느 각도에서나 볼 수 있는 완벽한 입체 영상을 구현하는 **리얼 홀로그램**(real hologram)은 방대한 데이터 처리량과 광학 기술의 한계로 아직 상용화가 어렵다. 리얼 홀로그램은 SF영화에서나 볼 수 있는 모습들이다. 영화 〈스타워즈〉, 〈아이언맨〉, 〈어벤저스〉에서 등장하는 홀로그램은 낯설지 않고 너무나 자연스럽다. 영화 속에서는 어떠한 장비 없이 자연스럽게 홀로그램을 불러온다. 이렇게 특별한 장치 없이 자연스럽게 홀로그램이 펼쳐지는 것을 리얼 홀로그램이라 한다.

영화에 등장한 최초의 홀로그램은 1997년 영화 〈스타워즈: 에피소드 4〉에서 선보인 '레아 공주'가 '오비완 케노비' 제다이에게 보낸 영상 메시지다. 로봇 알투디투의 눈에서 홀로그램 메시지가 나왔다. 영화 〈아이언맨〉에서는 인공지능 비서 자비스가 탁월한 능력으로 허공에 홀로그램을 자유자재로 펼쳐주고 심지어는 주인공이 입체 이미지를 만지면서 조작할 수 있는 것처럼 묘사된다. 리얼 홀로그램을 넘어서 홀로그램 이미지에 실제 사물처럼 느끼게 하는 기술로 홀로그램 기술 수준을 몇 단계 넘어서야 실현할 수 있는 기술을 보여준 것이다.

© 스타워즈/20세기폭스사(왼쪽), 아이언맨/파라마운트픽쳐스(오른쪽)

그림 4.31 영화 〈스타워즈 에피소드4〉에서의 최초 홀로그램 영상(왼쪽)과 영화 〈아이언맨〉에서 자비스가 보여준 홀로그램 (오른쪽)

유사 홀로그램과 활용 분야

현실에서는 이렇게 완벽한 홀로그램을 구현할 수 없지만, 적정한 기술을 활용한 다양한 홀로그램 기술은 개발 및 활용되고 있다. 대표적인 예가 **유사 홀로그램**(pseudo hologram)이라 불리는 피라미드 홀로그램, LED 홀로그램 팬(pan), 홀로그램 화상회의(hologram telepresence), 홀로그램 콘서트 등이다.

▪ 피라미드 홀로그램

피라미드 홀로그램은 스마트폰 위에 피라미드형 사각뿔을 거꾸로 올려놓고 동영상(우리 눈의 착시현상을 유발하는 특별히 제작된 동영상)을 재생해 홀로그램 효과를 낼 수 있는 공작물이다. 그림 4.32의 왼쪽은 스마트폰보다는 큰 장치를 이용하고, 동영상의 해상도를 높여 광고에 사용하려는 피라미드 홀로그램 제작물이다. 또한 최근 SKT는 인공지능 스피커에 홀로그램 AI 아바타를 탑재한 홀로박스를 선보였다(그림 4.32 오른쪽).

그림 4.32 피라미드 홀로그램 예시 [63](왼쪽)와 AI 아바타가 탑재된 SKT 홀로박스(2018) [64](오른쪽)

▪ 홀로그램 화상회의

홀로그램 화상회의는 혼합현실 글라스(glass)를 사용해 현장에는 없지만 멀리 떨어져 있는 회의 참석자들과 같이 하는 회의를 말한다. 영화 〈킹스맨 골든서클〉에서 주인공이 혼합현실 글라스를 착용하자 비어 있는 회의장 자리에 원격으로 접속한 요원들이 앉아 회의를 같이 진행하는 장면이 있다. 이것이 홀로그램 화상회의 모습이다.

실제로 2019년 KT는 5G 통신 상용화를 기념하여 서울 상암동 누리꿈스퀘어에서 미국 로스앤젤레스에 있는 제리 그린버그 7SIX9 엔터테인먼트 회장과 '홀로그램 기자 간담회'를 열었다. 제리 그린버그 회장은 미국에서 촬영한 홀로그램 영상을 서울 기자 간담회장 무대에 전송해, 마치 사회자 옆에 앉아서 기자 간담회를 진행하는 듯한 착각을 일으켰다. 이는 영화 〈킹스맨〉처럼 단순하게 연결된 모습은 아니지만, ICT 기술의 도움으로 '홀로그램 화상회의'를 시현했다는 점에 의의가 있다.

---

63 DreamocXL, YouTube, https://www.youtube.com/watch?v=SLMrdAJyodI&t=2s
64 SK텔레콤 뉴스룸, https://news.sktelecom.com/157912

통신 기술과 그래픽 처리기술이 날로 발전하므로 영화 〈킹스맨〉처럼 글라스를 끼면 바로 홀로그램 화상회의를 할 수 있을 날이 머지않아 보인다. 현재 삼성은 모바일 홀로그램 서비스를 개발 중이고, 6G 통신이 도래할 경우 '홀로그램 화상 통화'는 결코 영화 속의 장면이 아닐 것이다.

© 킹스맨/20세기폭스(왼쪽), KT

그림 4.33 영화 〈킹스맨〉의 홀로그램 회의 장면(왼쪽)과 KT 세계 최초 5G 홀로그램 시현 장면[65](오른쪽)

■ 홀로그램 콘서트

많은 기업이 홀로그램과 비슷한 효과를 내는 유사 홀로그램을 이용해 엔터테인먼트 콘텐츠를 출시하고 있다. 그중 가장 앞선 사례는 K-pop 분야다. 가수 싸이, 소녀시대, 2NE1, BTS의 가상 홀로그램 콘서트가 2015년부터 제작되었다. 특히 비대면 공연이 활성화된 2021년대에 홀로그램 콘서트가 주목받았다. 또한 최근에는 고인이 된 가수들을 홀로그램으로 불러와 과거의 향수에 젖게 하는 감성 콘서트가 유행하고 있다. 홀로그램은 엔터테인먼트 분야에서 가장 활발히 활용되고 있다. 이와 유사하게 가상현실을 활용해 고인을 불러오는 경우도 있다. 얼마 전 "그리운 사람을 볼 수 있다면, 기억을 가상현실로 만나"라는 주제로 제작된 TV 프로그램[66]이 그 예다. 고인이 된 딸이나 부모를 가상으로 불러와 사람의 심금을 울리는 TV 프로그램이었다.

---

65 KT, YouTube, https://www.youtube.com/watch?v=W76Qct2cdEs
66 그리운 사람을 볼 수 있다면…'기억'을 가상현실로 만나, 경향신문, 2020.02.06, https://m.khan.co.kr/culture/culture-general/article/202002062313005#c2b

그림 4.34 마이클 잭슨의 홀로그램 콘서트(2014년)[67](왼쪽)와 싸이의 홀로그램 콘서트(K-Live 서울공연)[68](오른쪽)

추가 설명 홀로그램 콘서트 시현 원리

홀로그램 콘서트는 유사 홀로그램으로 **플로팅 홀로그램**(floating hologram, 떠 있는 **홀로그램**)이라고도 한다. 그 이유는 시현 원리를 보면 이해하기 쉽다. 먼저 홀로그램 콘서트의 내용을 사전에 고성능 3D 카메라로 촬영하고 난 후, 긴 시간 동안 복잡한 3D 그래픽 처리 과정을 거쳐 완성된다. 완성된 홀로그램 콘서트용 영상은 홀로그램용 빔프로젝터(beam projector)를 통해 관객 앞에 펼쳐진 반투과형 스크린(foil, 포일)에 투사된다. 그러면 앞에서 보는 관객들은 영상이 허공에 뜬 것처럼 입체감을 느껴 실제 공연하는 것처럼 착각하게 된다.

그림 4.35와 같이 무대 상단에 설치된 프로젝터를 통해 미리 촬영한 3D 영상을 반사 표면이 있는 바닥에 영사하면 반사된 영상이 45도 기울기로 설치된 투영 필름에 반사된다. 이를 관객이 보는 것이다.

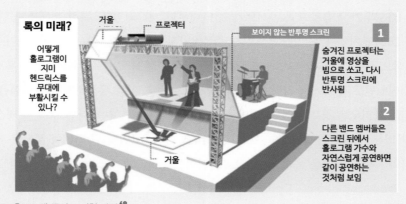

그림 4.35 홀로그램 콘서트 시현 과정[69]

---

67 YouTube, https://www.youtube.com/watch?v=jDRTghGZ7XU&list=RDjDRTghGZ7XU&index=1

68 YouTube, https://www.youtube.com/watch?v=58fh6Gf__ZM

69 원본 그림 출처: http://englischlehrer.de/texts/hendrix.php

이러한 플로팅 홀로그램 방식의 시초는 16세기 과학자 프로타(Giambattista della Prota)가 제안했고, 이후 1862년 헨리 더크(Henry Dirk)가 개발하고 존 헨리 페퍼(John Henry Pepper)가 처음으로 무대에서 시현했다. 이것을 세계 최초의 홀로그램 시현, '페퍼의 유령(Pepper's ghost)'이라 부른다. 그림 4.36은 1982년 '페퍼의 유령'을 시현한 장면이다. 이때는 3D 영상 촬영 기술이 없었으므로 무대 밑에 실제 유령 역할을 맡은 배우가 있었고, 이 배우의 모습이 거울에 반사되어 위에 있는 무대로 비치면 관객은 무대에 마치 유령이 떠 있는 것처럼 착각하게 되는 방식으로 시현이 이뤄졌다.

© Le Monde Illustré(1862)/Wikimedia Commons/Public Domain (왼쪽), MagicHolo(오른쪽)

그림 4.36 페퍼의 유령 시현 장면(르 몽드)[70](왼쪽)과 각색된 페퍼의 유령 장면[71](오른쪽)

▪ 문화 관광

유사 홀로그램은 문화 관광 분야에서 꽃을 피우기 시작했다. 동물을 보호하자는 사회적 여론으로 홀로그램 동물 서커스 공연이 탄생했고 보관이 중요한 주요 문화재를 홀로그램으로 복원했다. 그림 4.37과 같이 독일의 '서커스 론칼리'의 홀로그램 동물 공연과 국립나주박물관에 전시 중인 홀로그램 6세기 마한 금동 신발이 그 사례다. 이렇듯 유사 홀로그램은 문화재를 복원해 대중에게 쉽게 접근할 수 있게 하는 서비스로 가장 많이 활용된다. 또한 공원이나 공공장소에서 주최하는 행사나 축제에 홀로그램 동물을 재현함으로써 관광객의 발길과 눈길을 사로잡는 이벤트를 열기도 한다.

---

70 Wikimedia Commons, https://commons.wikimedia.org/wiki/File:Peppers_Ghost.jpg

71 Magic Holo, https://magic-holo.com/en/peppers-ghost-the-innovation-from-the-19th-century/

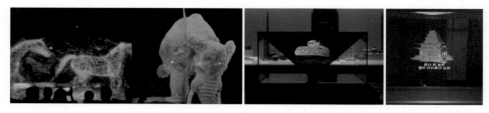

그림 4.37 독일 '서커스 론칼리'의 홀로그램 동물 공연 모습[72](왼쪽)과 국립나주박물관에 전시 중인 마한의 금동신발[73](가운데), 익산문화재야행의 홀로그램 헤리티지(heritage) 모습[74](오른쪽)

가상화 사회를 위한 메타버스

2020년 이후에는 인공지능 기술과 가상현실 기술이 결합해 새로운 형태로 발현되고 있다. 바로 **메타버스(metaverse)**가 그 주인공이다. 메타버스는 현실 세계와 동일한 가상 세계를 경험할 수 있는 플랫폼을 제공하는 서비스로, 4차 산업혁명 기술이 녹아 들어 있다. 이전까지 가상현실 기술이 가상화 사회를 대표했지만, 이제는 메타버스가 그 자리를 대신하게 될 것이다. 사실 가상현실과 메타버스는 다른 개념이 아니다. 메타버스를 구현하는 기술적 방식은 가상현실 기술과 동일하지만, 메타버스 사용자가 경험하는 '플레이그라운드(playground, 놀이터)'는 이전에 없던 새로운 형태의 플랫폼을 제공한다.

차세대 인터넷, 메타버스는 무엇인가?

메타버스의 정의

메타버스(metaverse)는 가상, 초월 등을 의미하는 메타(meta)와 세계를 의미하는 유니버스(universe)의 합성어로 **현실 세계와 같은 사회 · 경제 · 문화 활동이 이루어지는 3차원의 가상 세계**를 뜻한다. 앞에서 설명한 가상현실보다 진보된 개념으로, 웹과 인터넷 등의 가상 세계가 현실 세계에 흡수된 형태다. 즉, 이전의 가상현실은 현실과 전혀 동떨어진 새로운 세계였다면 메타버스는 현실 세계의 활동이 직접 연결되어 가상 현실에 투영되는 가상의 세계다.

---

72 홀로그램 동물은 홀로그램 매핑(mapping)기술을 사용해 구현했다. 그림 출처: YouTube, https://www.youtube.com/watch?v=rfsVBIOdq1A
73 문화재 복원은 보통 피라미드 홀로그램을 주로 사용한다. 그림 출처: 동아사이언스, https://m.dongascience.com/news.php?idx=16786
74 익산문화재야행, http://www.iksan-night.kr/2018/inner.php?sMenu=B4000

메타버스의 유래

사실 메타버스라는 단어는 최근 등장한 것이 아니다. 메타버스 개념은 1992년 닐 스티븐슨(Neal Stephenson)의 과학소설 《스노우 크래시(snow crash)》에서 처음 언급됐다. 소설에서는 '아바타(avatar)[75]'와 '세컨드 라이프(second life)'의 용어와 개념을 사용했다. 사실 메타버스라는 용어 자체는 생소할지 모르지만, 우리는 이미 오래전부터 메타버스 관련 콘텐츠를 경험해왔다. 대표적인 예로 2000년대 초반 '싸이월드(Cyworld)'의 '미니미(mini-me, 작은 나)' 캐릭터가 인기를 끌며 아바타 열풍을 일으킨 바 있다.

> **추가 설명** 영화 〈레디 플레이어 원〉의 가상 세계
>
> 2018년에 개봉한 스티븐 스필버그 감독의 SF 영화 〈레디 플레이어 원(Ready Player One)〉은 가상 현실 게임 속 사건과 현실 세계의 사건과 맞물려 스토리가 전개되는 모습을 그리고 있다. 영화 속 주인공은 2045년 암울한 현실 세계를 살고 있는 우울한 10대 청춘이지만, 영화 속 가상 세계 '오아시스(OASIS)'에서는 뛰어난 지략과 용기를 갖춘 리더로 활약한다. 오아시스의 개발자 '할리데이'는 오아시스 속에 숨겨둔 '이스터 에그(영화나 게임 속에 숨겨진 메시지나 기능)'를 찾는 사람에게 오아시스의 운영권과 지분을 주겠다는 내용의 유언을 남긴다. 영화는 이를 찾기 위한 거대 기업 IOI(Innovative Online Industries)와 주인공이 펼치는 경쟁을 보여준다. 이 영화에서 게임 속 가상 세계인 오아시스는 메타버스와 닮았다. 게임 속 가상 세계의 활동이 실제 현실 세계에도 이어지는 일이 발생하기 때문이다. 이렇듯 현실 세계에서의 활동이 연결된 가상 세계를 메타버스라 부른다.

© 영화 '레디플레이 원'/워너브라더스 코리아

그림 4.38 영화 〈레디 플레이어 원〉에서 가상 세계로 들어가는 장치를 착용한 장면(왼쪽), 가상 세계 '오아시스'에서 활동하는 주인공의 모습(오른쪽)

---

75 아바타는 가상세계에서 자신의 분신을 뜻하는 말로, 산스크리트어 '아바따라'에서 유래했다.

차세대 인터넷으로 급부상한 메타버스

메타버스는 2020년부터 급격하게 발전한 개념으로 **차세대 인터넷**으로 거론되고 있으며, 인터넷상에서 활동하던 사람들을 메타버스라는 새로운 공간으로 빠르게 끌어들이고 있다. 특히 코로나19 이후로 비대면 서비스에 대한 수요가 급증하면서부터 메타버스는 새로운 서비스 대안으로 급부상했고, 2020년 이후로 글로벌 기업들은 물론 국내 기업들도 관련 서비스 개발에 본격적으로 뛰어들고 있다. 현재 **메타버스 플랫폼**[76]으로 주목받는 서비스로는 로블록스(ROBLOX), 네이버제트[77]의 제페토(ZEPETO), 디센트럴랜드(Decentraland) 등이 있다.

© 로블록스

그림 4.39 로블록스 [78]

© 네이버제트 제페토

그림 4.40 네이버제트의 제페토 시작 화면 [79]

---

76 플랫폼은 어떤 것의 기반, 기초, 모체가 되는 틀 또는 골격을 지칭하는 용어로 다양한 분야에 적용 가능한 보편적 개념이다. 네이버와 카카오, 구글, 애플처럼 공통의 기초 서비스를 제공하고 보완적으로 파생되는 제품이나 서비스를 만들 수 있는 기반을 제공하는 서비스 기업을 '플랫폼 기업'이라 한다. 대부분 소비자와 공급자를 포함하는 양면 네트워크를 가지고 있다.

77 네이버의 자회사 스노우(SNOW)가 2020년 3월 네이버제트라는 기업으로 분사했다.

78 https://roblox.com

79 https://studio.zepeto.me/kr

© 디센트럴랜드

그림 4.41 디센트럴랜드 공식 웹 사이트 화면 [80]

메타버스 서비스와 발전 트렌드

메타버스가 제공하는 디지털 경험은 기존의 온라인에서 보여주는 것과 다르다. 메타버스는 오프라인 경험을 가상 세계로 확장하는 역할을 한다. 기업의 신입사원 연수, 대학교의 입학식, 재택근무자용 온라인 회의, 비대면 강의 등 다양한 분야에 적용되며 MZ세대[81]에게는 이미 익숙한 서비스가 되었다. 최근에는 플랫폼 기업과 여러 다양한 분야의 기업이 공동으로 메타버스 서비스를 개발하고 있다. 단순한 콘텐츠와 새로운 형태의 게임, 쇼핑, SNS, 강의 교육 솔루션, 회의 솔루션, 가상자산 투자 수단 등 다양한 분야로 그 역할이 확대되고 있다. 더불어 메타버스 핵심 구현 기술인 VR기기, 증강현실, **확장현실(XR, eXtended Reality)** [82] 관련 디바이스와 콘텐츠, 플랫폼 시장도 크게 성장할 것이다.

메타버스를 구현하는 4가지 유형

2007년 미국의 기술 연구 단체 미래 가속화 연구재단(ASF, Acceleration Studies Foundation)은 〈메타버스 로드맵〉을 통해 메타버스를 다음과 같이 정의했다: 메타버스는 현실 세계와 가상 세계가 융합되는 현상이고 이전의 가상 세계보다는 훨씬 진보된 개념이다. 미래 가속화 연구재단은 메타버스를 그림 4.42와 같은 4가지 유형으로 설명한

---

80 https://decentraland.org
81 MZ세대는 밀레니엄세대(1981년~1997년)와 Z세대(1998년~2016년)를 합친 세대로 1980년대 초~2000년대 초 출생한 세대를 일컫는다. 디지털 환경에 익숙하고 최신 트렌드와 남과 다른 이색적 경험을 추구한다.
82 확장 현실 또는 가상 융합 기술로 증강 현실과 가상현실을 모두 포함한 개념이다.

다. 증강(augmentation) 축과 시뮬레이션(simulation) 축, 외적(external) 요소 축과 내적(intimate) 요소 축을 기준으로 증강 현실, 라이프로깅(life logging), 거울 세계(mirror worlds), 가상 세계(virtual worlds)의 4가지 유형으로 분류할 수 있다[83]. 최근 메타버스는 여러 유형이 상호 융합하고 복합한 형태로 발전하고 서로의 경계를 허물며 새로운 형태의 서비스로 진화 중이다.

그림 4.42 메타버스의 4가지 유형[84]

증강현실의 세계

증강현실은 1990년대 후반에 등장한 개념으로, 현실 세계의 모습 위에 가상의 모습을 추가(augmented)해서 보여주는 기술이다. 얼마 전 선풍적 인기를 끌었던 '포켓몬고(PokemonGo)'가 대표적인 예다. 스마트폰에서 보는 거리나 건물은 실제 현실이고 가상의 물체인 포켓몬이 화면에 겹쳐(오버랩) 나타나는 것을 보고 신기해 하는 사람이 많았다. 한편, 자동차에도 첨단 정보기술이 장착되기 시작했다. HMD라는 증강현실 기기를 통해 달리는 도로 위에 차의 내비게이션 안내 지도를 겹쳐 보여주기도 한다.

---

83 기술과 혁신, 한국산업기술진흥원, http://webzine.koita.or.kr/202105-specialissue/콘텐츠-산업의-새로운-지평을-열고-있는-'메타버스Metaverse'
84 미래 가속화 연구재단(ASF)의 〈메타버스 로드맵〉을 참조

© Niantic, Inc. 포켓몬고

그림 4.43 현실에 판타지 게임이 입혀진 세계, 포켓몬고

증강현실 기술은 메타버스로 접근하는 다리 역할을 한다. 스마트폰 앱에서 카메라로 찍은 자신의 모습을 이모티콘이나 아바타와 같은 만화 캐릭터로 만들어주는 기능을 본 적이 있을 것이다. 실제로 메타버스 플랫폼인 네이버 제페토에서는 사진으로 자신의 3D 아바타를 만들고, 가상 현실에서 서로 어울려 소통하거나 쇼핑을 즐긴다. 여기서 3D 아바타는 증강현실과 3D 영상 처리기술의 합작품이다. 이렇게 증강현실 기술은 현실의 자신의 모습을 가상의 아바타로 표현해줌으로써 사용자를 메타버스로 연결해주는 기술로 사용되고 있다.

© 네이버제트 제페토

그림 4.44 제페토 캐릭터와 아이템 만들기 앱 실행 화면

라이프로깅 세계

얼마 전까지만 해도 자기 삶에 관한 정보와 경험을 기록하여 저장하는 곳은 나만의 공간에 한정됐다. 그렇지만 요즘에는 디지털 공간에 기록하여 같이 공유하는 활동이 활발해졌다. 이러한 활동을 **라이프로깅**(life logging) [85]이라고 한다. 한때는 라이프로깅을 젊은 세대의 특권으로 여겼지만, 지금은 남녀노소 할 것 없이 다양한 삶의 모습을 공유하고 있다.

대체로 사람들은 라이프로깅을 통해 보여주고 싶지 않은 현실 세계 속의 자신의 이미지는 빼고, 보여주고 싶은 이상적인 이미지를 가상으로 추가해 보여주고 싶어 한다. 그리고 자신만의 감정과 생각을 라이프로깅을 통해 표현하고 공유한다. 이러한 행동은 인간의 보상 기대 심리에 기인한다고 한다.

라이프로깅의 또 다른 특징은 원래 자신의 모습과는 다른 캐릭터를 가진 **멀티 페르소나** (multi-persona) [86]이다. 소셜 미디어에서는 현실과 다른 캐릭터로 다양한 자아를 키워나간다. 이러한 소셜 미디어에서의 모습이나 활동이 2020년대 이후 사회적 트렌드로 부상하기 시작했다.

단순히 사진과 글로 남기던 라이프로깅은 동영상을 공유하는 **브이로그**(vlog, 비디오 블로그)로 대체되고 있다. 브이로그로 유튜브, 인스타그램, 페이스북 등의 소셜 미디어에 자신의 일상을 동영상으로 찍어 공유한다. 스마트폰의 발전과 5G 통신 기술의 발전으로 화질 높은 동영상을 실시간으로 올려 공유할 수 있는 환경이 브이로그를 더욱 활성화시켰다. 최초의 브이로그는 1993년 영국 BBC방송의 '비디오네이션'이라는 프로그램이 시청자들의 일상을 찍은 영상을 방송하면서부터 시작됐다고 한다[87].

---

85 자신의 삶(life)을 로그(log)한다는 뜻이다. 로그는 매일 일어났던 일을 기록하는 일지를 의미한다. 페이스북, 인스타그램과 같은 매체에 자신의 일상을 기록하고 공유하는 것을 말한다.

86 페르소나(persona)는 고대 그리스에서 배우들이 쓰던 가면을 뜻하는 말로, 현대 심리학에서 타인에게 비치는 외적 성격을 지칭하는 용어로 쓰인다. '멀티 페르소나'는 '여러 개의 가면', '다수의 자아'라는 의미다. [출처: 《트렌드코리아2020》(미래의창, 2019)]

87 위키백과, https://ko.wikipedia.org/wiki/브이로그

© 인스타그램(왼쪽), 페이스북(가운데), 유튜브(오른쪽)

그림 4.45 인스타그램 웹 사이트 화면(왼쪽), 페이스북(가운데)과 유튜브(오른쪽) 로고

거울 세계

실제 세계의 모습, 정보, 구조 등을 그대로 가져와 복사하듯이 만들어 낸 메타버스를 거
울 세계라고 한다. 구글 어스(Google Earth)나 네이버 맵(Naver Map)과 같은 인터넷 지
도 서비스도 거울 세계에 해당한다고 볼 수 있다. 현실 세계에 보는 건물이나 거리의 모
습을 그대로 복사해서 인터넷에 똑같이 옮겨 만들어 놓은 서비스다. 이러한 인터넷 지도
서비스 외에도 가상 부동산과 디지털 트윈이 거울 세계라고 할 수 있다.

▪ 가상 부동산

최근에는 메타버스 열풍으로 실존하지 않는 메타버스 속 가상 세계의 부동산이 인기를
끌고 있다. 대표적인 사례가 '제2의 지구'를 표방한 **어스2(Earth2)**다. 어스2는 구글 어
스 지도를 바탕으로 지구와 동일한 크기로 가상 지구를 만들고, 땅을 $10m^2$ 단위로 쪼개
어 사고 판다. 2021년 12월에 서울 종로구 땅 $10m^2$가 약 1,427만 원에 거래됐다. 또 다
른 형태의 가상 부동산은 '게임 속 부동산' 형태로, 블록체인 기반 메타버스 게임 회사 샌
드박스가 개발한 게임 '샌드박스' 속에서 만들어진 세계 속 부동산 '랜드'가 있다.

© Earth 2 (왼쪽), The Sandbox(오른쪽)

그림 4.46 지구를 그대로 옮긴 가상 세계 속 부동산을 사고파는 플랫폼 '어스2(Earth2)' [88](왼쪽), 샌드박스 '랜드' [89](오른쪽)

■ 디지털 트윈

'평행 세계'가 드라마와 영화의 단골 소재인 이유는 현실에 존재하지 않기 때문이다. 그런데 이 평행 세계와 비슷한 기술이 최근 주목받고 있다. 바로 **디지털 트윈(digital twin) 기술**[90]이다. 디지털 트윈 기술은 ICT 기술로 현실 세계의 물리적 사물이나 공간을 가상 세계로 복제하는 것을 의미한다. 현실 세계의 사물이나 공간, 환경을 쌍둥이처럼 똑같이 가상 세계에 구현한다. 단순히 사진이나 모습만 옮겨 놓은 거리 뷰 모습이 아니라 그 공간에 있는 사물, 기계, 공장, 도시까지 복제한 것이 디지털 트윈이다. 현실 세계를 거의 완벽하게 복제한 거울 세계라 할 수 있다.

디지털 트윈은 항공, 건설, 헬스케어, 에너지, 국방, 도시설계 등 다양한 분야에 적용된다. 가상공간에 실제 도시와 동일한 도시를 구축하거나 공장 생산라인 등을 만들어 현실에서 발생할 수 있는 상황을 미리 시뮬레이션(모의실험)해서 오류를 찾아 개선책을 미리 마련할 수 있게 해준다. 국내에서는 2019년부터 세종시와 부산시에 '스마트 시티'라는 명칭으로 디지털 트윈 기술을 적용하고 있다. 국토교통부 스마트 시티 서비스 로드맵 (2019)[91]에 따르면 스마트 시티를 구축하기 위해서는 AI 데이터 센터, 스마트 IoT, 사이

---

88 어스2, https://earth2.io

89 https://medium.com/thesandboxkorea/더-샌드박스-토큰-소개-land-2ef2875cf2b2

90 디지털 트윈은 미국의 제너럴 일렉트릭(GE)이 주창한 개념으로 가상공간에 실물과 똑같은 물체(쌍둥이)를 만들어 다양한 모의시험(시뮬레이션)을 통해 검증해 보는 기술을 말한다. https://ko.wikipedia.org/wiki/디지털_트윈

91 스마트시티 국가시범도시 서비스로드맵 1.0, 국토교통부, https://smartcity.go.kr/wp-content/uploads/2020/05/스마트시티-국가시범도시-서비스로드맵-1.0.pdf

버 보안, 디지털 트윈, 스마트 교통, 스마트 에너지, 스마트 환경 등 도시를 구성하는 모든 첨단 기술을 적용해야 한다.

그림 4.47 디지털 트윈, 한국전자통신연구원(ETRI)이 만든 기술발전지도 2035에서 표현한 미래의 디지털 트윈 사회, 자율형 도시 모습[92]

가상 세계

현실과는 다른 세계에서 타인들과 사회 활동을 하는 메타버스가 가상 세계다. 가상 세계에서 사람들은 자신의 본래 모습이 아닌 아바타를 통해 탐험을 즐기거나, 새로운 친구를 만나거나, 게임을 통해 목적을 달성한다. 가상 세계는 게이머들에게 익숙한 월드오브워크래프트(WoW, World of Warcraft), 포트나이트(Fortnite), 리니지(Lineage)와 같은 게임 형태와 로블록스, 제페토, 세컨드 라이프와 같은 비게임 형태로 구분할 수 있다.

네이버제트의 제페토는 2018년 8월에 출시 1년 만에 가입자가 1억 3,000만 명을 돌파했으며, 2020년 9월 제페토에서 열린 블랙핑크 가상 팬 사인회에는 4,600만 명이 참여했다. 제페토는 제페토 스튜디오를 통해 사용자가 직접 아바타의 패션 아이템을 디자인하고 판매한다. 나이키, 구찌, 컨버스, 디즈니 등도 제페토에 입점해 아바타용 의류와 액세서리 아이템을 출시했다. 글로벌 게임 플레이·제작·거래 플랫폼 로블록스는 전 세계

92 ETRI 기술발전지도 2035, 한국전자통신연구원(ETRI), https://ettrends.etri.re.kr/ettrends/188/0905188013/ , https://www.youtube.com/watch?v=EpE2nDxiwWg

이용자가 2020년 1억 5,000만 명을 넘었으며, 미국 어린이의 70%가 이용한다. 로블록스는 소셜 미디어와 연결되어 아이들은 서로의 세계에서 함께 놀면서 친구 설정, 채팅 등으로 메타버스 내의 우정을 쌓기도 한다[93].

또한 현실 세계의 사회 · 경제 활동도 점차 메타버스 세계로 확대됐다. 조 바이든 미국 대통령은 후보 시절 닌텐도 스위치의 게임 '모여봐요 동물의 숲'에서 선거운동을 했고, 국내에서는 순천향대학교가 2021년 3월 SKT의 '점프VR' 플랫폼을 활용해 아바타로 참석하는 '메타버스 입학식'을 진행했다.

© 네이버제트 제페토(왼쪽 위), 마인크래프트(오른쪽 위), 모장(왼쪽 아래, 오른쪽 아래)

그림 4.48 메타버스 서비스 사례, 제페토(왼쪽 위), 게임형 마인크래프트(오른쪽 위), 경험확장형 증강도시(왼쪽 아래), 산업활용형 가상공장(오른쪽 아래)[94].

메타버스 기업들

2022년 1월 개최한 세계가전박람회(CES, consumer electronics show)의 화두는 '메타버스'와 'AI'였다. 글로벌 기업을 비롯한 국내 기업도 메타버스 관련 기술을 쏟아냈다. 네

93 가상세계와 현실 넘나들다, 메타버스 열풍, 대한민국 정책브리핑 (2021.08.04), https://www.korea.kr/news/policyNewsView.do?newsId=148891141
94 https://www.korea.kr/news/policyNewsView.do?newsId=148891141

이버제트의 제페토에 이어 아프리카TV와 컴투스도 2022년에 메타버스 서비스를 출시했다. CES 2022에서는 SK텔레콤, 한글과컴퓨터, 현대자동차 등이 메타버스 청사진을 밝혔다.

컴투스의 컴투버스

컴투스[95]는 메타버스 '컴투버스(Com2Verse)'라는 가상오피스 서비스를 2021년 12월에 시작했다. 컴투버스는 현실의 삶을 온라인상에 그대로 구현하는 거대한 '올인원 거울 세계 메타버스 플랫폼'이다. 사회, 문화, 경제 등 현실 세계 시스템을 디지털 세상으로 옮겨와 일상생활이 이뤄지는 실제 삶의 공간으로 만들었다. 컴투스는 2022년 하반기 약 2,500명 규모 그룹사 전체를 컴투버스로 입주시키고 향후 대규모 기업을 입주시켜 하나의 공간에서 일, 여가, 문화, 경제활동이 종합적으로 펼쳐지는 메타버스 도시를 만든다는 계획이다.

© 컴투스

그림 4.49 컴투버스 월드 콘셉트 오버뷰 화면 [96]

---

95 1998년 설립돼 1999년 대한민국 최초로 모바일 게임 서비스를 시작한 모바일 게임 기업이다. 컴투스 프로야구, 낚시의 신 등이 있다. https://www.com2us.com

96 컴투버스 월드 컨셉 오버뷰, 유튜브, https://www.youtube.com/watch?v=aqZFjRUyhvo

현대자동차의 메타모빌리티

현대자동차는 신개념 모빌리티 플랫폼인 '모베드(MobED)'와 '메타모빌리티(meta-mobility)'라는 개념을 선보였다. 현대자동차는 사람 곁에서 항시 붙어 다니며 도움을 주는 모베드 로봇을 스마트폰처럼 개인이 소유할 것이라 했다. 메타모빌리티는 로보틱스와 메타버스를 결합한 개념으로, 가상 공간이 로봇을 매개로 현실과 연결되어 사용자가 마치 실제 현장에 있는 듯한 생생한 대리 경험을 전달한다. 현대자동차는 그림 4.50과 같이 화성을 탐사하는 경험을 로봇을 통해 가상으로 할 수 있는 미래 비전을 제시했다.

© 현대자동차

그림 4.50 현대자동차가 선보인 '메타모빌리티' 개념: 화성을 탐사하는 로봇(맨 왼쪽), 가상으로 체험하는 사용자(가운데) [97]

가상 인간 아바타의 출현

불과 몇 년 전만 해도 많은 예산을 투자한 영화에서나 볼 수 있는 수준의 컴퓨터 그래픽이 이제는 인공지능의 도움(수백만 개의 조명과 그림자를 실시간으로 컴퓨팅)으로 실시간 재현된다. 제페토, 로블록스의 아바타는 자신의 사진을 컴퓨터 그래픽으로 처리한 단순화된 모습이다. 그렇지만 실사 수준의 아바타를 만들 수 있는 기술이 보편화되면 로지[98], 래아[99]와 같은 '가상 인간(virtual human)' 형태의 아바타를 메타버스에서 사용할 수 있을 것이다.

97　Hyundai x CES 2022: Expanding to New Realities with Metamobility, YouTube, https://www.youtube.com/watch?v=OR7BKBv-p6M

98　2021년 신한생명과 오렌지라이프의 통합법인 신한라이프가 선보인 가상 인간 모델이다. 광고를 비롯해 인스타그램 등 소셜미디어 활동을 하고 있다.

99　LG전자가 기획한 가상인간으로 MZ세대를 대상으로 브랜드 홍보와 마케팅 활동을 하는 '버추얼 인플루언서(virtual influencer)' 가수로 활동하고 있다.

© 신한라이프/YouTube(왼쪽), LG전자/YouTube(오른쪽)

그림 4.51 신한라이프 광고모델 가상인간 로지[100]와 래아[101]

Z세대(1997년 이후 출생한 세대)를 중심으로 자신을 빼 닮은 아바타를 만들어 가상 공간에서 소통·소비·엔터테인먼트 등 시간을 보내는 이들이 빠르게 늘고 있다. 여러 가지 기술적, 경제적 어려움이 있겠지만, 향후 메타버스에서는 단순한 형태의 사람 모양 아바타가 아니라 머지않아 가상 인간 형태의 아바타가 주요 캐릭터가 될 것이다.

가상 인간은 3D 모델링과 인공지능 기술의 도움으로 사람의 피부, 표정, 동작 등을 실제 사람처럼 자연스럽게 따라 할 수 있다. 심지어 진짜 사람인지 컴퓨터 그래픽인지 분간이 되지 않을 정도다. 여기서 3D 모델링은 사람 모델을 100만분의 1미터 수준으로 정교하게 분석해 자연스러운 피부와 모습을 만들고, 인공지능 기술은 다양한 환경에서 얼굴의 수백 개 근육이 어떻게 움직이는지를 분석해 자연스러운 표정을 만든다.

메타버스에 올라탄 게임업체

온라인 전략 게임은 일종의 메타버스 가상 세계다. 최근에는 사용자가 가상 세계에 드나들며 소비하고 노는 게임이 인기를 끌고 있다. 기존에는 게임이 단순한 엔터테인먼트를 제공하는 수준이었다. 그렇지만 메타버스를 만난 게임은 가상 세계와 현실 세계를 연결하면서 활동 공간이 더 커지고, 쇼핑은 물론 캐릭터 구매 등 다양한 부가가치 아이템을 창출한다. 엔씨소프트, 넥슨, 컴투스, 카카오 등과 같은 게임 업체는 메타버스 게임을 미래 먹거리로 생각하고 있어 메타버스 플랫폼 구축에 사활을 걸고 있다.

---

100 신한라이프 유튜브 광고, https://www.youtube.com/watch?v=y8v_UXdBQtw
101 김래아 인스타그램, https://www.instagram.com/reahkeem/

게임업체들이 메타버스에 관심을 갖는 또 하나의 주된 이유는 NFT(대체 불가능 토큰) [102] 을 기반으로 하는 P2E(play to earn, 게임을 통한 부가가치 창출, 돈 버는 게임) 요소를 메타버스에 쉽게 담을 수 있기 때문이다. 현재 국내뿐만 아니라 해외에서도 블록체인과 NFT를 활용한 게임의 인기가 날로 높아지고 있다. 블록체인을 접목한 게임들은 게임 내에서 통용되는 토큰을 획득하고 그것을 아이템을 구매하는 데 사용하거나 다른 토큰과 교환해 타 게임에서 재활용하거나 가상자산거래소에서 현금화할 수 있는 P2E 생태계를 구축하고 있다. 다만 게임물관리위원회는 사행성을 부추기는 게임 서비스를 게임산업진흥법상 금지 행위로 보고 있어 등급 분류 판정을 받지 못하면 그러한 서비스를 제공할 수 없을 수 있다.

© 컴투스

그림 4.52 컴투스의 블록체인 게임 '서머너즈 워: 크로니클'(2022년 출시) [103]

---

102 대체 불가능 토큰(Non-Fungible Token)의 약자로 블록체인 기술을 활용해 디지털 자산을 고유한 토큰으로 만든 것이다. 이름처럼 단 하나만 존재해 디지털 작품 등에 적용하면 희소성과 상징성을 부여하고 특정인의 소유권 정보를 기록할 수 있다. 메타버스에서 NFT의 활용성은 무궁무진하다.
103 컴투스, https://www.com2us.com

참고문헌

- 구글 트렌드 사이트, https://trends.google.co.kr/trends/?geo=KR

- AI허브, 한국지능정보사회진흥원, https://aihub.or.kr

- 클라우드지원포털, 정보통신산업진흥원(NIPA), https://www.cloudhelp.kr/software/cloud-computing/outline/

- 초연결 시대의 대안으로 떠오른 '엣지 컴퓨팅', 삼성디스플레이 뉴스룸, https://news.samsungdisplay.com/29813/

- 대한민국 정책브리핑, 과학기술정보통신부 (2020.09.24), https://www.korea.kr/news/pressReleaseView.do?newsId=156412717

- 2021 4차산업혁명 지표발표, 과학기술정보통신부 (2021.10.06), https://www.msit.go.kr/bbs/view.do?sCode=user&mId=113&mPid=112&bbsSeqNo=94&nttSeqNo=3180792

- 삼성전자 뉴스룸, https://news.samsung.com/kr/ces-2014-삼성전자-ces서-삼성-스마트홈-닻-올린다

- LG전자 소셜 매거진, https://live.lge.co.kr/lg_smarthome_170904/

- 위키백과, 스마트 팩토리, https://ko.wikipedia.org/wiki/스마트팩토리

- LG CNS 블로그, "스마트 팩토리 제조 혁신의 아이콘-FACTOVA", https://blog.lgcns.com/1706

- LG CNS 스마트팩토리 플랫폼, YouTube, https://www.youtube.com/watch?v=sKj45VITYjQ

- S-DoT, 스마트서울 플랫폼, 서울특별시, https://smart.seoul.go.kr/board/25/4000/board_view.do?sub=2

- 위키백과, AIoT, https://ko.wikipedia.org/wiki/AIoT

- 혁신성장 실현을 위한 5G+전략(8 페이지), 과학기술정보통신부(2019), https://www.korea.kr/archive/expDocView.do?docId=38502

- 가트너, 2019년 10대 전략기술 트렌드 발표, 글로벌 과학기술정책정보 서비스 (2018), https://now.k2base.re.kr/portal/trend/mainTrend/view.do?poliTrndId=TRND0000000000034637&menuNo=200004&pageIndex=5

- 생산성을 높이는 증강현실 기술 '증강현실 기술의 제조업 적용 사례, 삼성 SDS 인사이트 리포트, https://www.samsungsds.com/kr/insights/augmented-reality-technology.html

- 《메타버스》(플랜비디자인, 2020)

- 기술과 혁신, 한국산업기술진흥원, http://webzine.koita.or.kr/202105-specialissue/콘텐츠-산업의-새로운-지평을-열고-있는-'메타버스Metaverse'

- 메타버스 성장곡선과 전 산업 확산 추세, '메타버스 비긴즈: 5대 이슈와 전망', 소프트웨어정책연구소 보고서, https://spri.kr/posts/view/23197?code=issue_reports

- ETRI 기술발전지도 2035, 한국전자통신연구원(ETRI), https://ettrends.etri.re.kr/ettrends/188/0905188013/, https://www.youtube.com/watch?v=EpE2nDxiwWg

- 스마트시티의 핵심기술 '디지털 트윈', 대한민국 정책브리핑, https://www.korea.kr/news/visualNewsView.do?newsId=148881447

- 스마트시티 국가시범도시 서비스 로드맵 1.0, 국토교통부, https://smartcity.go.kr/wp-content/uploads/2020/05/스마트시티-국가시범도시-서비스로드맵-1.0.pdf

05

~~~

데이터와 정보

데이터와 정보는 날씨나 경제 상황, 선거 예측 등을 이야기할 때 어렵지 않게 듣는 단어들이다. 날씨에 민감한 사람들은 뉴스에서 전해 듣는 강수량 데이터에 따라 미래를 준비하기도 한다. 주식에 관심 있는 사람들은 투자를 위해 증권가나 경제계에서 나오는 정보에 귀를 기울인다. 이렇듯 우리 생활에 스며든 '데이터'와 '정보'는 어떤 차이가 있을까? 그리고 컴퓨터는 데이터와 정보를 어떻게 이해하고 처리할까? 이 장에서는 데이터와 정보가 어떻게 다른지, 컴퓨터가 데이터와 정보를 어떻게 받아들이고 저장하는지 알아본다.

데이터와 정보의 표현 방법

일상생활에서 숫자, 문자, 이미지, 동영상 등으로 표현된 데이터와 정보에 대해 살펴보고, 컴퓨터가 이를 어떻게 표현하고 처리하는지 살펴보자.

데이터와 정보가 다른가?

데이터와 정보의 의미

보통 데이터와 정보가 같다고 생각하고 특별히 구분하지 않고 생활 속에서 사용하곤 한다. 먼저 둘의 사전적 정의를 살펴보고 두 용어가 어떻게 다른지 알아보자.[1]

---

1 국립국어원 표준국어대사전, https://stdict.korean.go.kr/search/searchView.do

- **데이터(data)**: 이론을 세우는 데 기초가 되는 사실 또는 바탕이 되는 자료. 컴퓨터가 처리할 수 있는 문자, 숫자, 소리, 그림 따위의 형태로 된 원시 재료.

- **정보(information)**: 관찰이나 측정으로 수집한 자료를 토대로 실제 문제에 도움이 될 수 있도록 정리한 지식, 또는 그 자료.

이렇듯 데이터와 정보는 엄연히 다른 뜻이다. 정리하면 데이터는 어떠한 의미나 목적을 포함하지 않은 단순하게 수집된 원시 재료이고, 정보는 이 데이터를 의도나 목적에 맞게 가공하고 처리해 얻은 의미를 표현한 결과(의미 있는 데이터)를 뜻한다.

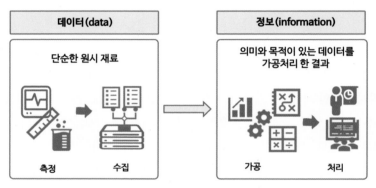

그림 5.1 데이터와 정보의 차이

일상생활에서 데이터가 정보로 바뀌는 경우

일상생활에서 흔히 볼 수 있는 데이터가 정보로 바뀌는 경우를 살펴보자. 그림 5.2처럼 3개의 숫자를 나열해 놓기만 하면 단지 **데이터**에 불과하지만, 이것을 가공해 의미 있는 형태로 표현하면 단순한 숫자가 아니라 전화번호와 같은 **정보**가 될 수 있다. 또는 3개의 숫자를 평균하면 '4, 3.4285…, 5.1428…'와 같은 평균값을 구할 수 있는데, 이렇게 구한 평균값은 어떤 문제를 해결할 때 의사 결정에 도움을 주는 **정보**가 될 수 있다.

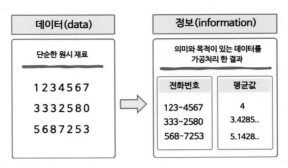

그림 5.2 데이터가 정보로 바뀌는 예

실생활에서 또 다른 예를 살펴보자. 증권회사의 상황판에 나타나 있는 각 회사의 주가는 데이터이며, 이런 주가를 시간대별 또는 회사의 종류별로 정리하여 재구성하면 주가의 흐름이나 회사 유형별 주가의 변화를 알아볼 수 있는 정보가 된다.

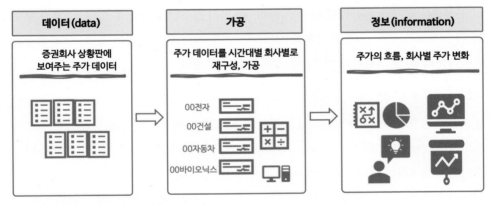

그림 5.3 주가 데이터가 유용한 정보로 바뀌는 예

같은 정보, 다른 표현

정보를 표현하는 방법은 다양하지만, 컴퓨터가 다룰 수 있는 형태는 보통 숫자, 기호나 문자, 사진(이미지), 텍스트, 소리 정보 등이다.

- 수치 정보(숫자, 소수점, 분수, …)
- 기호나 문자 정보(ㄱ, ㄴ, ㄷ, A, B, C, @, ?, 모스 부호, …)

- 사진(이미지) 정보

- 동영상(영화)

- 텍스트 정보(컴퓨터 프로그램, 조리법, 명령문 등)

- 소리 정보(노래, 말소리, 파도 소리, …)

즉, 지구 사진, 새소리, 물의 분자구조, 컴퓨터 프로그램 등이 컴퓨터가 다룰 수 있는 정보 형태다. 그런데 이 정보는 컴퓨터에 그대로 저장할 수 없기 때문에 컴퓨터에 저장할 수 있는 형태로 변환해야 한다. 그렇다면 여러 종류 정보를 어떻게 변환하는 게 가장 좋을까? 가장 좋은 방법은 어느 컴퓨터가 정보를 변환하더라도 똑같이 표현할 수 있는 공통의 표현 형태를 사용하는 것이다.

초창기 컴퓨터를 만든 시절에는 진공관이라는 전자장치로 정보를 표현할 수밖에 없었다. 이 진공관은 전기가 켜진 상태와 꺼진 상태, 두 가지 경우만 표현할 수 있다. 그렇기 때문에 켜진 상태를 숫자 1, 꺼진 상태를 0으로 표시하는 방법을 고안하게 됐다. 그렇게 컴퓨터에서는 0과 1을 사용하는 이진수로 정보를 표현해 왔다.

컴퓨터에서 사용하는 전자부품은 진공관에서 트랜지스터로 발전됐다. 트랜지스터도 진공관처럼 전자의 흐름에 따라 0과 1로 구분해 정보를 표현한다. 사실 숫자를 표현하는 방법도 여러 가지가 있다. 그렇지만 사람들에게 익숙한 십진수가 아닌 이진수를 사용하는 것이 컴퓨터에게는 편리하고 당연하다. 물론 양자 컴퓨터는 이야기가 다를 수 있다. 여기서는 먼저 사람들이 사용하는 십진수와 컴퓨터가 사용하는 이진수에 대해서 살펴보자.

추가 설명 따따따 따−따−따−, 모스 부호

정보를 표현하는 방법의 하나로, 전기로 메시지를 보내는 전신(electrical telegraph)을 살펴보자. 전신은 멀리서 전기로 연결된 선에 문자 메시지를 보내는 일종의 전화기다. 전화는 말을 전달하지만, 전신은 메시지만 전달할 수 있고 **모스 부호**를 사용한다.

1875년 알렉산더 벨이 전화기를 발명하기 훨씬 이전인 1837년에 미국 화가이자 발명가였던 사무엘 모스(Samuel Finley Breese Morse)는 '모스 부호'를 발명했다. 이름도 이 발명가의 이름을 딴 것이다. 모스 부호의 표현 방식은 아주 단순하며 이해하기 쉽다. 짧은 신호(따, dot, ·)와 긴 신호(따−, dash, —)를 조합해 미리 약속한 알파벳과 숫자 등을 표현한다. 이렇게 간단한 방식으로 오랫동안 사용돼 왔다. 특히 재난 영화에서 구조를 요청하는 방식으로 사용되는 경우를 적잖이 볼 수 있다.

영화 〈엑시트〉의 배우들이 유독가스를 피해 옥상으로 도피한 후 모두 모여 핸드폰 불을 밝히면서 '따따따따–따–따 따따따'를 외치는 장면이 한 때 인터넷 검색 순위에 오른 적이 있다. 이 소리는 모스 부호를 아는 사람에게는 누군가 도움을 요청하는 'SOS' 신호로 들릴 것이지만, 모스 부호를 모르는 사람에게는 한낱 소음에 지나지 않을 것이다. 이렇듯 우리 주변에 정보 전달을 위한 다양한 전달 체계가 존재하는데, 모스 부호도 그중 하나다.

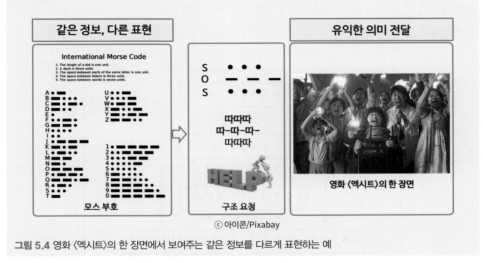

그림 5.4 영화 〈엑시트〉의 한 장면에서 보여주는 같은 정보를 다르게 표현하는 예

왜 컴퓨터는 이진법을 좋아할까?

사람들은 십진수를 사용하는 게 익숙하고 컴퓨터는 이진수를 사용하는 게 편하다. 왜 그럴까? 이번 절에서는 컴퓨터가 이진법을 좋아하는 이유를 알아보자.

사람들이 사용하는 십진수와 아라비아 숫자

아라비아 숫자

우리가 사용하는 십진법 숫자는 아라비아 숫자라고도 한다. 그러면 이 숫자에 왜 '아라비아'라는 이름이 붙었을까? 아라비아 사람이 만든 것일까? 그렇지 않다. 역사적으로 보면 아라비아 숫자를 만든 사람은 인도인이고, 아라비아 사람에 의해 널리 퍼진 것뿐이다.

숫자가 없던 시절에는 손가락이나 돌멩이를 사용해 수를 세거나 줄을 그리거나 끈에 매듭을 만들어 수를 셌다고 한다. 이런 방법으로 작은 수는 표현할 수 있었겠지만, 큰 수는 표현하기 어려웠을 것이다. 차츰 문명이 발달하면서 수를 세는 단위가 생겨났다. 예를 들면 고대 메소포타미아 문명의 수메르인은 60진법을 사용했다고 한다. 이 시대에 천문학이 발전하여 이를 효과적으로 표현할 방법을 연구하게 됐고, 문명의 발전과 더불어 상업도 발전해 60진법이 탄생했다. 특히 우리가 사용하는 아라비아 숫자는 철기를 사용하는 아리아인이 발전시킨 고대 인도 문명에서 비롯돼, 초기 숫자 모양이 만들어졌을 것으로 추측한다[2](그림 5.5 참조).

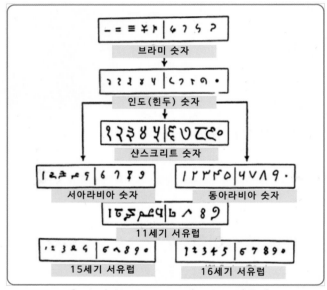

ⓒ Tobus/Wikimedia Commons/CC-BY-SA4.0 (재구성)

그림 5.5 아라비아 숫자의 변천 과정

아라비아 숫자가 인도에서 페르시아를 거쳐, 유럽과 전 세계로 널리 퍼진 데는 페르시아의 수학자인 '알콰리즈미(al-Khwarizmi)'의 역할이 크다. 그의 책 〈알자브라(al-Jabra)〉[3]는 0을 포함한 인도의 십진법을 유럽과 중국으로 전파했고, '아라비아 숫자'라는 명칭을 전 세계에 확산시켰다.

2　위키백과, https://ko.wikipedia.org/wiki/아라비아_숫자

3　알자브라는 나중에 유럽에서는 알지브라(algebra), 중국에서는 대수학이라고 불렸다.

컴퓨터가 이진법을 사용하는 이유

사람들에게 익숙한 십진법 숫자가 컴퓨터에도 쉬울까? 컴퓨터는 이진수를 사용한다고 했는데 컴퓨터도 십진법을 사용하면 안 될까? 이 문제의 답을 찾으려면 컴퓨터의 전체 동작 원리까지는 알 필요가 없지만, 컴퓨터가 데이터를 처리하는 기본적인 방식과 이진수 개념을 알아야 한다. 그리고 컴퓨터가 처리하는 이진수 개념을 알려면 **아날로그**(analog)와 **디지털**(digital)의 개념을 이해해야 한다. 아날로그와 디지털은 자주 사용하는 단어지만, 정확한 차이를 모르는 경우가 많다. 우선 이 둘의 개념을 살펴보자.

아날로그와 디지털

아날로그와 디지털의 차이를 구별하는 예를 살펴보자. 먼저 시계를 생각해보자. 시계는 시침, 분침, 초침처럼 바늘이 있다. 시계의 바늘은 **연속적**(continuous)으로 움직인다. 이런 시곗바늘은 '부드럽게 이어지면서 연속적으로 변화하는 값을 표현'한다. 이것을 '아날로그(analog)'[4]라고 한다. 그래서 시곗바늘이 부드럽게 움직이면서 시간을 가리키는 시계를 아날로그 시계라 한다.

아날로그는 미세한 값의 변화도 표현할 수 있지만, 사람마다 다르게 읽을 수 있어서 임의의 순간에 정확한 값을 구분해서 기록하고 전달하기가 쉽지 않다. 이러한 아날로그는 온도의 변화, 바람의 세기, 빛의 밝기, 소리의 높낮이나 크기 등과 같이 자연에서 얻은 신호를 나타낼 때 쓰인다.

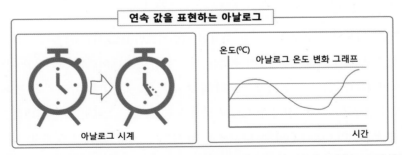

그림 5.6 연속된 값을 표현하는 아날로그 시곗바늘 값의 변화(왼쪽), 온도의 변화를 나타내는 아날로그 그래프(오른쪽)

---

4   아날로그는 'analogous(유사하다)'와 어원이 같다.

디지털(digital)은 연속적으로 변화하는 값을 일정한 간격으로 끊어서 하나하나 다른 값으로 구분한 불연속적인 값이다. 이것을 흩어져 있다는 뜻으로 **이산적(discrete)**이라고 말한다. 연속적으로 변하는 자연현상의 값은 표현하기가 무척 어렵다. 반면에 디지털시계처럼 시간을 일정 간격의 숫자로 표시하는 디지털 방식은 값을 기록하거나 전달하기가 아날로그보다는 간편하다. 아날로그 시계는 값을 한 번에 이해하기는 쉽지만, 정확한 시간을 표시하기는 어렵다. 이런 면에서는 100분의 1초 단위까지 표시하는 디지털시계가 편리하다.

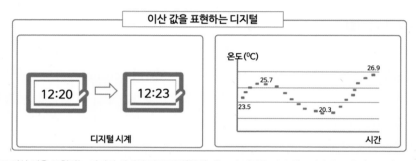

그림 5.7 이산 값을 표현하는 디지털 시계의 값의 변화(왼쪽), 온도의 변화를 나타내는 디지털 그래프(오른쪽)

컴퓨터가 디지털을 사용하는 이유

컴퓨터는 왜 사람들에게 익숙한 십진수를 사용하지 않고 0과 1만 사용할까? 그 까닭은 컴퓨터가 0에서 9까지 10가지 숫자를 사용하는 게 쉽지 않기 때문이다. 정확한 이유를 알아보려면 컴퓨터 내부가 어떻게 구성됐는지 살펴봐야 한다.

그러면 먼저 컴퓨터를 구성하는 기본 소자인 **트랜지스터(transistor)**를 알아보자. 컴퓨터는 기본적으로 이 트랜지스터들이 전하는 전기적 신호로 데이터를 처리하고 저장한다. 트랜지스터의 기본 동작은 '전기가 흐른다'와 '흐르지 않는다'이다. 이와 같은 트랜지스터의 두 가지 상태를 사용해 전기가 흐르는 상태를 'ON'으로, 흐르지 않는 상태를 'OFF'로 대체할 수 있다. 이 ON과 OFF는 1과 0으로 표현할 수 있다. 그래서 트랜지스터의 전기 신호로 컴퓨터는 데이터를 1과 0으로 처리하고 저장할 수 있다. 이처럼 이진 표현을 사용해 데이터를 처리하는 트랜지스터를 사용하는 컴퓨터에게는 십진수보다 0과 1을 사용하는 이진수가 훨씬 더 합리적이고 효율적인 처리 방법이다.

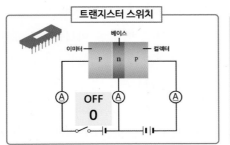

그림 5.8 트랜지스터 스위치와 일반 스위치에서 0과 1의 표현

물론 트랜지스터를 사용해 십진법을 표현할 수도 있다. 하지만 십진법을 표현하려면 컴퓨터 하드웨어는 전압을 'ON', 'OFF' 2단계가 아닌 10단계로 구분해야 한다. 컴퓨터 과학에서는 'ON', 'OFF'를 '논리(logic) 0', '논리 1'이라고 한다. 그림 5.9처럼 2단계로 구분하는 것보다 10단계로 구분하는 것이 훨씬 더 복잡하고 정교한 기술이 필요하며, 비용도 많이 든다. 또한 5V 전압을 열 가지로 구분하려면 여러 가지 이유로 에러가 발생하기도 쉽다.

컴퓨터는 전압을 10단계로 세분화하지 않고 단지 높음(HIGH, 컴퓨터 논리로 '1'을 의미)과 낮음(LOW, 컴퓨터 논리로 '0'을 의미)의 두 단계만 인식하는 이진법을 사용하는 것이 편리하고 효율적이다. 이것이 컴퓨터 하드웨어의 동작 방식이다.

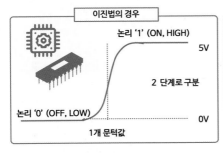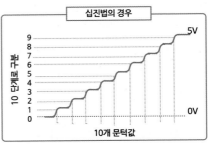

그림 5.9 컴퓨터에서 사용하는 전압 5V의 세분화 단위. 이진법의 경우 0과 1을 구분하는 기준인 문턱값(threshold value)이 하나이고, 십진법은 문턱값이 10개다.

숫자를 표현하는 방식: 십진법과 이진법

앞에서 컴퓨터가 이진법을 사용하면 하드웨어가 간단해지고 정보를 빠르게 처리할 수 있다는 장점이 있다고 했다. 이해를 돕기 위해 그림 5.10을 보자. 그림 5.10은 컴퓨터가 이진법과 십진법을 사용할 때 아날로그 전압을 측정하여 값으로 저장하는 과정을 나타낸 그림이다. 측정한 전압이 약 3.35…V(볼트) 정도인데, 이 값을 이진법으로 표현하면 '1'(ON, 논리 HIGH)로 간단히 처리된다. 십진법을 사용할 때는 10가지 경우를 따져서 저장해 '3'으로 처리된다. 결과를 놓고 보면 십진법을 사용했을 때 훨씬 더 정확한 값을 표현할 수 있다. 반면, 값을 저장하는 장소가 2개에서 10개로 늘어나는 단점이 있다. 저장하지 않은 메모리는 쓸모 없이 자리만 차지하기 때문이다. 반면 이진법은 3.35V라는 정확한 값보다 신호가 있는지 없는지를 판단하는 간단한 결과를 원할 때 사용하기 편하다는 장점이 있다. 저장할 곳도 2개만 있으면 충분하다. 이렇듯 단순하게 'ON'과 'OFF'만 표현할 때는 불필요한 메모리를 사용하는 십진수 단위가 필요 없다.

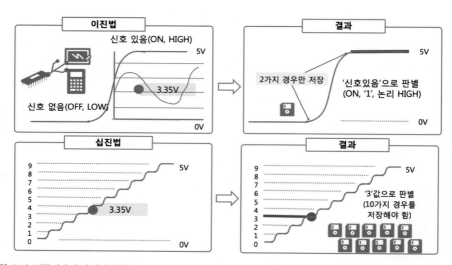

그림 5.10 컴퓨터에서 이진법과 십진법의 사용의 비교

이진법을 사용한 데이터의 표현 방법

봉화대와 비트(bit)

컴퓨터는 이진법을 사용해 이진수(binary number) 0과 1로 모든 정보를 표현한다. 즉, 정보를 있음과 없음, 켜짐과 꺼짐, 예와 아니오, 참과 거짓 등과 같이 두 개의 값으로 나타내는 방법을 사용한다. 앞서 컴퓨터는 디지털 소자를 사용하기에 디지털 정보를 처리한다고 했다. 그러면 디지털 정보를 처리하는 가장 기본적인 방식은 무엇일까? 그것은

비트(bit)다. 비트는 이진 숫자(디짓)라는 뜻의 binary digit를 줄인 말이다. **디짓(digit)** 은 '손가락'이나 '발가락'을 뜻하는 라틴어 digitus에서 비롯된 단어로, 디지털(digital)의 어근이다. 손가락을 하나씩 꼽아 수를 세는 것에서 생긴 단어였을 것이다.

사실 비트의 개념 자체는 그렇게 새로운 것은 아닐 수 있다. 모스 부호도 '짧은 전류와 긴 전류' 단위를 사용한 일종의 비트로 볼 수 있고, 우리 역사로 거슬러 올라가면 봉화도 불이 켜짐과 꺼짐 단위를 사용한 비트로 볼 수 있다. 지금 같은 통신 시설이 없던 시절에는 봉화 가 위험을 알려주는 가장 효율적인 방식이었다. 멀리 산성에서 망을 보던 군사가 적군이 쳐들어오면 봉화 불을 피워서 이를 알려 대비했던 방법은 이진법을 활용한 좋은 예다.

또한 봉화대 개수를 늘 려서 불의 켜짐과 꺼짐 상태만으로 여러 가지 상태를 알렸다고 한다. 봉화대가 하나밖에 없을 때는 적군이 출현했는지 아닌지를 알릴 수 있었 는데, 봉화대가 두 개가 되면서 '침입 없음, 적군

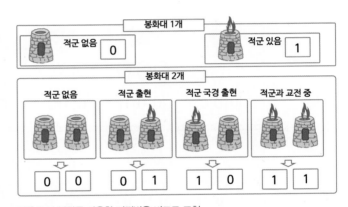

그림 5.11 봉화를 사용한 이진법을 비트로 표현

침입, 국경 침입, 교전 중'과 같이 4가지 상황을 알릴 수 있게 됐다. 여기서 봉화대는 컴퓨 터의 비트와 같은 개념이다. 마찬가지로 컴퓨터도 비트 수가 많아지면 많아질수록 표현 할 수 있는 경우의 수가 증가한다.

전등의 개수는 비트의 개수

비트와 이진법의 의미를 쉽게 이해하기 위한 또 다른 예로 전등을 생각해 보자. 전등 스 위치는 불의 켜짐과 꺼짐 두 가지 상태를 보여준다. 전등을 하나만 사용할 때는 두 가지 상태를 표현할 수 있고, 전등 2개를 사용하면 4가지 상태를, 전등 3개를 사용하면 8가지 상태를 표현할 수 있다. 이렇게 계속 반복하면 n개의 전등을 사용했을 때 2의 n승($=2^n$, 여기서 n은 전구의 개수)가지 상태를 표현할 수 있다.

예를 들어 전구를 사용해 '맑음, 흐림, 눈, 비'의 4가지 일기 예보 상태를 표시하려면 2개의 전구가 필요하다. 4가지 일기 예보는 2개의 전구를 이용해 (꺼짐, 꺼짐), (꺼짐, 켜짐), (켜짐, 꺼짐), (켜짐, 켜짐)으로 표현할 수 있다. 식으로 표현하면 '(전구 2개)×(꺼짐 또는 켜짐 2가지 경우)=2×2=2^2=4'이다. 조금 더 확장해 매우 '춥다, 바람이 강하다, 태풍, 우박'을 추가해야 한다면 8가지 상태를 표현해야 하므로 전등 3개가 필요하다는 것을 알수 있다. 식으로 표현하면 '2^3=8'이다. 꺼진 전등은 숫자 '0', 켜진 전등은 숫자 '1'로 바꾸면 쉽게 이진법 숫자로 변환할 수 있다. 3개 전등이 모두 꺼져 있으면 '000', 맨 오른쪽 전등 하나만 켜져 있으면 '001'로 변환되는 식이다.

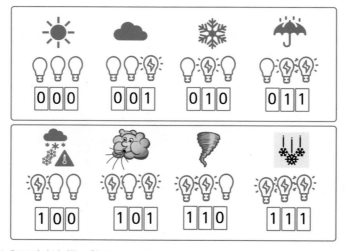

그림 5.12 전등 3개로 8가지 날씨를 표현하는 방법과 이진수 표현

비트(bit)에서 바이트(byte)로

컴퓨터는 많은 자료를 처리하므로 항상 여러 개의 비트를 사용한다. 8개의 비트를 묶어서 1 바이트(byte)라 하는데, 바이트는 컴퓨터가 숫자, 영문자, 기호 등을 표현하는 기본 단위다. 바이트 하나로는 256(=2^8)가지 경우를 표현할 수 있다.

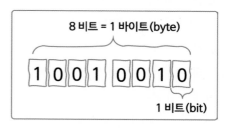

그림 5.13 비트와 바이트

이진수, 8진수, 16진수

컴퓨터는 이진법을 사용하지만, 필요에 따라 8진법, 16진법도 사용한다. 이진법이 0과 1
을 사용하듯이, 8진법은 0에서 7까지 수를 사용하고, 16진법은 0에서 9까지 숫자와 A,
B, C, D, E, F까지 총 15개 숫자와 알파벳을 사용한다. 그러면 이진수를 어떻게 십진수,
8진수, 16진수로 표현하는지 살펴보자.

예를 들어 십진수 12는 이진수로 '1100', 8진수로 $(0014)_8$, 16진수로 $(000C)_{16}$와 같이 표
현한다. 십진수 12를 2진수, 8진수, 16진수로 어떻게 표현하는지 표 5.1에서 살펴보자.

표 5.1 10진법의 수를 이진법, 8진법, 16진법으로 표현

십진법 표현, 십진수	이진법 표현, 이진수	8진법 표현, 8진수	16진법 표현, 16진수
0	0000	00	0
1	0001	01	1
2	0010	02	2
3	0011	03	3
4	0100	04	4
5	0101	05	5
6	0110	06	6
7	0111	07	7
8	1000	10	8
9	1001	11	9
10	1010	12	A
11	1011	13	B
12	1100	14	C
...	...	...	...

표 5.1을 보면 십진수는 0~9까지의 수를 사용하고, 2진수는 0과 1만을 사용하므로 십진
수 12를 표현하려면 $(1100)_2$과 같이 4개의 2진수 비트가 필요하다. 8진수는 0~7까지 사
용하므로 십진수 12를 표현하려면 $(14)_8$과 같이 8진수 두 자리로 표현한다. 이진수는 단

순하면서 여러 개의 비트를 사용하여 아주 큰 수도 표현할 수 있기 때문에 디지털 신호 표현에 주로 사용한다.

이진수로 표현된 수는 $2^3=8$, $2^4=16$의 관계를 이용해 8진수나 16진수로 쉽게 변환할 수 있다. 소수점을 기준으로 왼쪽은 정수, 오른쪽은 소수 부분으로 나눈 다음, 2진수의 4자리씩(2진수 4자리는 16진수 1의 자리와 같다) 16진수로 변환하면 2진수를 16진수로 쉽게 변환할 수 있다. 마찬가지로 2진수의 3자리씩 8진수로 변환하면 2진수를 8진수로 변환할 수 있다. 그림 5.14는 2진수 '111011.0010'을 16진수와 8진수를 변환하는 과정을 보여준다.

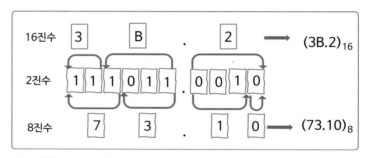

그림 5.14 소수점을 포함한 2진수를 8진수와 16진수로 변환하는 과정

저장 용량의 단위: 바이트에서 요타 바이트까지

컴퓨터가 저장할 수 있는 용량의 단위는 보통 하드디스크를 구매할 때 흔히 들을 수 있는 표현이다. 그렇지만 최근에는 하드디스크라는 단어보다 'USB 메모리'나 'SSD(solid state drive)'라는 용어가 더 많이 사용된다.

우리가 흔히 사용하는 메모리 용량의 단위도 반도체 기술이 발전함에 따라 계속 증가하기 때문에 금세 옛 것이 되고 만다. 1990년대 초 컴퓨터가 대중에게 보급되기 시작했을 때는 하드디스크의 크기가 불과 몇 메가(mega, 10의 6승, 백만)바이트에 불과했지만, 지금은 메가에서 기가(giga, 10의 9승), 기가에서 테라(tera, 10의 12승)급으로 성장했다. 최근 컴퓨터 하드디스크의 용량은 1테라바이트(TB, tera byte, 1012바이트) 정도다. 그러면 1TB는 도대체 얼마나 많은 양의 데이터를 저장할 수 있을까?

이 질문에 대한 답은 저장 용량에 따른 단위와 바이트의 크기를 비교한 표 5.2를 보면 알 수 있다. 한 문자를 표현하는 1바이트에서 영화 한 편의 크기까지 다양하다. 근래 들어서는 빅데이터 기술이 폭발적으로 증가하고 있어 데이터를 저장하는 단위가 상상을 초월한다. 미국 시장조사기관 IDC는 전 세계 데이터 양이 2020년에 90제타바이트(ZB, 99조 기가바이트)이고, 2025년에는 175ZB까지 늘어날 것으로 전망했다. 이를 64GB의 저장용량을 가진 스마트폰에 나눠 담으려면 스마트폰 2조 6,000억 대가 필요하며, 이 스마트폰들을 나열하면 지구를 500바퀴나 돌 수 있을 정도라고 한다. 또한 구글이 기업을 대상으로 제공하는 '구글 클라우드'의 총 데이터 저장 용량은 2020년 11월 8엑사바이트(EB)에 달한다. 1엑사바이트는 1,024페타바이트(PB)이고 1페타바이트는 1,024테라바이트다.

표 5.2 비트에서부터 요타바이트(yotta byte)까지 저장할 수 있는 용량의 비교

기호(이름)	계산	바이트 수 (1000≈1024=2^{10})	저장 용량 비교
KB (킬로바이트, kilo)	$1000^1 = 10^3$	$1024^1 = 2^{10}$	1/2 페이지 문서
MB (메가바이트, Mega)	$1000^2 = 10^6$	$1024^2 = 2^{20}$	500페이지 책 한권
GB (기가바이트, Giga)	$1000^3 = 10^9$	$1024^3 = 2^{30}$	영화 한편
TB (테라바이트, Tera)	$1000^4 = 10^{12}$	$1024^4 = 2^{40}$	사진 20만개
PB (페타바이트, Peta)	$1000^5 = 10^{15}$	$1024^5 = 2^{50}$	1T 500개가 들어가는 데이터 캐비닛 2개 (사진 20만개x1000)
EB (엑사바이트, Exa)	$1000^6 = 10^{18}$	$1024^6 = 2^{60}$	데이터 캐비닛이 1,000개 모인 데이터 센터 한 동 (도시 한 블록에 대한 데이터 저장)
ZB (제타바이트, Zetta)	$1000^7 = 10^{21}$	$1024^7 = 2^{70}$	데이터 센터 1,000개
YB (요타바이트, Yotta)	$1000^8 = 10^{24}$	$1024^8 = 2^{80}$	1 테라바이트가 100달러 → 1 요타바이트= 100조 달러 (백만개 데이터 센터)

컴퓨터에서는 이진법과 여러 개의 비트를 이용해 숫자뿐만 아니라 문자나 이미지, 동영상, 소리 등 모든 것을 정해진 규칙에 맞게 표현한다. 사람이 인지하지 못하는 표현일지라도, 컴퓨터는 정해진 규칙에 따라 정보를 읽어낼 수 있다. 물론 사람에게 다시 보여주려면 시각적으로 변환하는 과정이 필요하다. 그러면 컴퓨터가 어떻게 이런 정보를 표현하는지 알아보자.

문자 정보의 디지털 표현

컴퓨터는 숫자뿐만 아니라 문자(텍스트), 이미지, 소리 등 다양한 데이터를 다룬다. 그러면 컴퓨터는 이렇게 다양한 종류의 데이터를 어떤 방식으로 변환하고 저장할까? 앞서 설명한 대로 이진수를 사용하면 서로 다른 종류의 데이터를 '디지털' 방식으로 표현할 수 있다. 이진법을 사용해 표현하면 컴퓨터 디지털 소자들이 단순해지고 신뢰성이 높아진다. 그러면 문자는 어떻게 디지털로 표현할 수 있는지 살펴보고, 가장 효율적으로 저장할 수 있는 방법은 무엇인지 살펴보자.

문자 정보의 표현

단어를 십진수 숫자로 표현하는 것은 매우 비실용적이다

기호를 포함한 문자 데이터를 컴퓨터에 저장하려면 숫자로 변환하는 것이 가장 합리적이다. 문자를 숫자로 변환하는 한 가지 쉬운 방법은 각 단어에 특정 숫자를 할당하는 것이다. 그렇지만 그림 5.15를 보면 실용적이지 않다는 것을 바로 알 수 있다.

예를 들어 "나는 학교에 간다"라는 문장을 저장하기 위해 그림 5.15처럼 '나는'에 1번, '학교에'에 2번, '간다'에 3번의 번호를 할당해, '1 2 3'으로 변환해 저장한다고 해보자. 언뜻 보기에는 정말 쉽고 단순하다. 어렸을 때 친구들끼리 만든 암호가 이런 방식이었다. 그렇지만 이 방식은 단어의 수가 증가할수록 표현해야 하는 숫자가 계속 증가해 나중에는 감당할 수 없다는 문제가 있다. 또한 새로 생겨나는 단어에 숫자를 계속 할당해야 하므로 생각보다 불편하고 체계적이지도 않다. 각 단어에 유일한 번호가 할당되므로 1에서부터 수십만까지 범위도 커진다. 그러면 '나는'에 할당한 '1'이라는 숫자와 신조어인 '혼공'에 할당한 '200,001'이라는 숫자를 저장할 때, 각 단어를 같은 크기의 저장 공간(메모리)에 저장해야 해서 메모리 낭비가 심해진다. '200,001'을 비트로 저장한다면 '1'을 저장하는 것보다 훨씬 더 많은 메모리가 필요할 것이다. 결론적으로 단어마다 숫자를 할당하는 방식은 무척 비실용적이다.

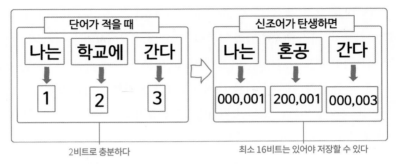

그림 5.15 단어마다 숫자를 할당하여 문장을 숫자로 변환하는 것은 실용적이지 않다

문자(알파벳)를 숫자로 표현

단어를 숫자로 표현하는 방법 대신 알파벳 문자에 번호를 할당하는 방법을 생각해보자. 단어보다는 훨씬 더 간단하고 효율적일 것이다. 단어의 개수는 정해져 있지 않지만, 언어의 알파벳 개수(한글은 자음과 모음 개수로 한다)는 정해져 있어 몇 개의 숫자만으로 표현할 수 있다. 즉, 모든 기호나 알파벳 문자 집합에 유일한 번호를 할당하면 어떤 컴퓨터에서도 세상에 있는 모든 문자를 표시할 수 있다. 이때 앞서 예에서 살펴봤듯이 이진수가 가장 컴퓨터가 선호하는 방식이므로 유일한 번호 체계는 이진법을 사용하기로 하자.

이제 남은 문제는 어떤 컴퓨터에서나 사용할 수 있게 모든 기호와 알파벳 문자 집합에 서로 알 수 있는 공통 규칙을 만들어야 한다는 것이다. 그것이 바로 **문자 코드**(code)다. 문자 코드는 이진수로 표현하며, 세상의 모든 문자나 기호에 고유의 번호를 부여한 것이다. 이때 나라마다 또는 개인마다 다른 문자 코드를 사용하면 혼란이 발생한다. 그래서 세상 모든 컴퓨터가 따라야 하는 공통의 규칙을 만들었다. 그것이 **아스키코드**(ASCII code)와 **유니코드**(unicode)다.

아스키코드(ASCII code)

컴퓨터에서 문자(영문자, 숫자, 특수문자)를 비트로 표현하려면 공통된 일정한 규칙이나 코드 표준이 있어야 한다. 가장 대표적인 문자 코드는 '아스키코드'와 '유니코드'다. 먼저 아스키코드를 살펴보자.

아스키코드는 대표 표준 코드로, American Standard Code for Information Interchange의 약자를 따 아스키(ASCII)라 부른다. 1967년 미국에서 만들어져 지금까지 사용하는 가장 기본적인 코드 표준이다. 아스키코드는 영문자 52개(대문자와 소문자를 합함)와 숫자 10개, 특수 문자, 제어 문자를 더해서 총 128개 기호를 이진 표현으로 정의했다. 총 128가지이므로 7개 비트만 있으면 되지만, 보통 알파벳과 숫자, 기호는 7비트에 '0'으로 1비트를 붙여 8비트(1바이트)를 사용한다.

먼저 그림 5.16과 같이 'A B C' 문자열을 아스키코드로 컴퓨터에 저장하는 과정을 살펴보자. 아스키코드는 0에서 127까지의 값을 이용해 문자를 표현한다. 그림 5.16의 왼쪽 표는 아스키코드 표의 일부분이다. 각 문자에는 십진수가 할당됐고, 이진수로 변환된다. 이진수로 변환된 아스키코드는 그림 5.16의 오른쪽과 같이 상위 비트와 하위 비트로 구분해 표로 표시했다. 여기서 알파벳 'C'가 십진수 $(67)_{10}$에서 이진수 $(0100\ 0011)_2$로 어떻게 할당됐는지 알 수 있다.

문자	이진 코드	십진수
A	0100 0001	65
B	0100 0010	66
C	0100 0011	67
...	...	...
Q	0101 0001	81
R	0101 0010	82
S	0101 0011	83
...	...	...

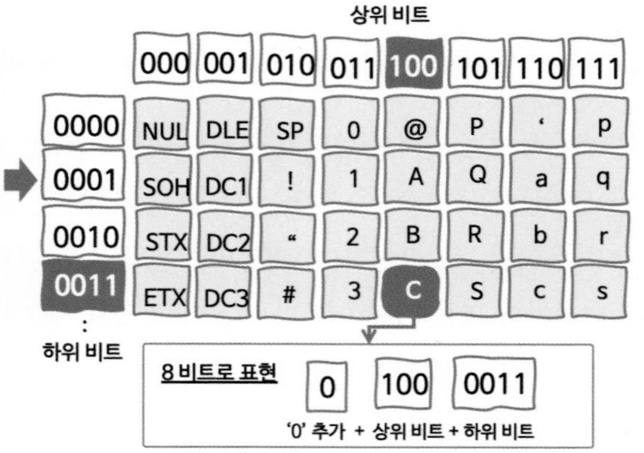

그림 5.16 문자 'C'를 아스키코드로 변환하는 과정

이제 문자열 'A B C'를 아스키코드로 변환하는 과정을 살펴보자. 먼저 알파벳 'A'는 십진수로 65가 할당돼 있고, 'B'는 66, 'C'는 67이 할당돼 있다. 그러면 문자열 'A B C'는 아스키코드 값인 십진수 '65 66 67'로 변환되고, 이 값들을 각각 이진 코드 '0100 0001', '0100 0010', 0100 0011'로 바꿔 컴퓨터 메모리에 저장한다. 이렇듯 키보드로 입력한 'A B C' 문자열은 아스키코드로 변환돼 컴퓨터에 이진수로 보내진다.

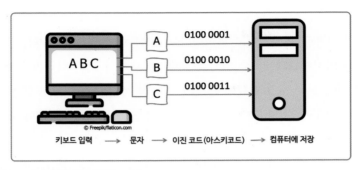

그림 5.17 문자 'A B C'가 컴퓨터에 저장되는 과정

이처럼 문자를 숫자로 변환해야 하는데, 이때 미리 결정된 코드 값에 따라 문자를 십진수 숫자로 변환하고, 변환한 숫자를 다시 컴퓨터 회로에 저장하기 위해 이진법 숫자로 변환한다. 그러면 숫자는 어떻게 표현할 수 있을까? 각각의 숫자에도 아스키코드 값이 할당돼 있다. 그렇다면 숫자를 표현할 때도 아스키코드 값의 이진수를 사용해야 할까? 그렇지 않다. 그림 5.18처럼 숫자를 코드로 변환한 다음 코드 값을 이진법 숫자로 저장할 수도 있고, 숫자 값을 그대로 이진수로 변환하여 저장하기도 한다. 다시 말해 두 가지 방식을 모두 사용할 수 있다.

컴퓨터가 숫자 계산을 할 때는 간단히 십진수를 이진수로 변환한 $(1100)_2$를 사용하고, 다른 문자처럼 기호로 처리할 때는 아스키코드 값 $(00110001\ 00110010)_2$으로 변환해 저장한다. 즉, 경우에 따라 다르게 저장해야 한다. 그래서 컴퓨터로 계산할 경우에 숫자와 문자를 혼동해서는 안 된다. 물론 문자 '12'와 숫자 '12'를 구별하도록 방지 장치가 있으니 걱정할 필요는 없다. 그림 5.18처럼 문자로 인식해야 하는 숫자 '12'는 따옴표(' ')를 사용해 문자로 구분해준다.

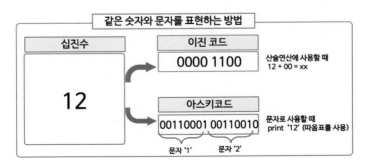

그림 5.18 하나의 숫자를 숫자와 문자로 각각 저장하는 방법

유니코드

아스키코드의 사용은 획기적이고 편리했다. 그런데 아스키코드가 가진 문제가 있다. 아스키코드는 영어만 표현할 수 있기 때문에 전 세계의 모든 나라가 사용하는 수많은 언어의 문자를 모두 다 표현할 수는 없었다. 그래서 만들어진 코드 체계가 **유니코드**(unicode)다. 유니코드는 아스키코드보다 훨씬 더 많은 문자를 표현해야 했다. 즉, 8비트로는 모든 문자를 표현할 수 없었다. 그래서 유니코드는 16비트를 사용한다. 16비트로 표현할 수 있는 문자의 총개수는 $65,536(=2^{16})$개다. 유니코드는 한글을 비롯한 전 세계 언어의 모든 문자를 표현할 수 있다.

그림 5.19는 흔히 접할 수 있는 문서 편집 프로그램인 아래아한글(한글)이다. 한글에서 [문자표]를 열면 다음과 같은 화면을 볼 수 있다. 상단에 있는 탭에서 [유니코드 문자표]를 선택한 다음 [한글 글자 마디] 문자 영역에서 '가'를 선택하면 '가'에 할당된 유니코드인 [AC00]을 볼 수 있다. 특이한 것은 우리가 사용하지 않은 문자까지도 포함되어 있다.

- 아스키코드는 $2^7=128$가지 문자를 표현하고, 8비트를 사용하는 확장판 아스키코드는 $2^8=256$가지 문자를 표현할 수 있다.

- 유니코드는 16비트를 사용하므로 $2^{16}=65,536$개의 문자를 표현할 수 있다.

그림 5.19 한글 문서 편집 프로그램에서 사용하는 유니코드 문자표

문자열을 압축하는 방법

문자는 아스키코드나 유니코드를 사용하면 고유의 이진 코드로 바꿀 수 있다고 했다. 그러면 이제 문자가 모여 있는 **문자열(string)**을 이진 코드로 표현하는 과정을 살펴보자. 이때도 각 문자에 할당된 유니코드의 이진 코드를 사용하면 쉽다. 그런데 문자열을 표현하는 데 사용하는 비트 수가 가끔은 낭비되기 때문에 문자열을 표현하는 과정에서 이진 코드에 사용하는 비트 수를 조금 더 줄이고 싶은 욕심이 생길 수 있다. 예를 들어 문자열에서 자주 사용하는 특정 문자가 있는 반면, 어쩌다 한 번 사용하는 문자도 16비트를 할당해야 한다. 즉, 사용하는 비트 수만큼 메모리가 더 필요하므로 경제적 측면에서 봤을때 효율적이지 않다. 이런 문제를 해결하기 위해 문자열의 반복되는 규칙을 이용해 이진 코드의 비트 수를 절약할 방법이 고안됐다. 이어서 '반복 규칙'을 이용해 문자열을 표현하는 **런 렝스 인코딩(반복 길이 부호화)** 방식과 **허프만 인코딩** 방식에 대해서 알아보자. 인코딩(encoding)은 코드를 만드는 과정을 뜻하는 말로 '부호화'라 부르기도 한다.

런 렝스 인코딩(반복 길이 부호화)

반복되는 문자열을 치환하는 방식을 이해하기 위해 가장 쉬운 예를 살펴보자. 유명한 노래 '아기상어'의 첫 구절인 "아기상어 뚜루룻뚜루 귀여운 뚜루룻뚜루"다. 이 노래에서는 '뚜루'라는 문자열이 반복되므로 '뚜루'를 임의로 정한 '♣' 문자로 치환해 보자. 그러면 "아기상어 ♣룻♣ 귀여운 ♣룻♣"라는 문장으로 압축된다. 16개의 문자를 12개 문자로 줄였다. 이런 방식이 반복 규칙을 이용한 방식이다. 그러면 실제 사용되는 '런 렝스 인코딩' 방식을 알아보자.

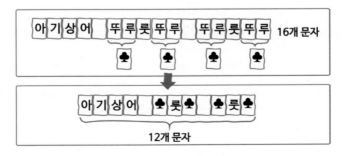

그림 5.20 반복되는 문자열을 임의의 문자나 기호로 치환하여 문자열을 압축하는 단순한 방법

런 렝스 인코딩(run-length encoding, 반복 길이 부호화)에서 사용하는 부호화 방식은 문자열을 '**반복 문자×탈출 문자×반복 횟수**'로 표시해 압축한다. 탈출 문자는 뒤에서 살펴보고, 먼저 반복 문자와 반복 횟수를 알아보자. 예를 들어 다음과 같이 흰색을 뜻하는 'W'와 검은색을 뜻하는 'B'로 연속된 24개의 알파벳 문자열이 있다고 하자. "WWWWWBBBBWWBBBBBBWWWWBBB"와 같다. 이 문자열을 런 렝스 인코딩 방법을 사용하면 "W5B4W2B6W4B3"으로 간단히 압축할 수 있다. 여러분은 어떤 규칙이 있는지 찾을 수 있는가? 앞의 '아기상어' 예시처럼 반복되는 문자 'W'와 'B'는 그대로 사용하고 반복되는 횟수를 아라비아 숫자로 적은 것이다. 압축 전에는 24개의 문자였지만, 압축 후에는 12개의 문자만 사용했다. 문자 하나가 차지하는 저장 공간이 1바이트이므로 24바이트에서 12바이트로 저장 공간을 절약한 셈이다.

그런데 이 방식은 알파벳만 사용하는 문자열에는 그럴듯하지만, 숫자와 문자를 같이 사용하는 문자열에는 사용할 수 없다. 예를 들어 "WW3WWB1BBWWBB3BBBW2WWBBB"를 바꾼다고 생각해보자. 숫자가 섞여 있어 아주 혼란스러울 것이다. 이처럼 숫자와 문자가 섞여 있을 때는 반복 문자와 반복 횟수를 구분하기 위해 아주 드물게 사용되는 문자를 탈출 문자(escape code)로 약속해 쓴다. 런 렝스 인코딩을 사용해 문자열을 압축할 때는 '반복 문자×탈출 문자×반복 횟수'로 표시하는 이유가 그 때문이다.

이제 탈출 문자를 사용하는 이유를 알았으니 "WWWWWBBBBWWBBBBBBWWWWBBB"을 런 렝스 인코딩 방식으로 압축해보자. 탈출 문자로 '*'을 사용해 압축한 결과는 "W*5B*4W*2B*6W*4B*3"과 같다. 기존 24개의 문자를 18개의 문자로 줄였다.

그림 5.21 런 렝스 인코딩으로 문자열을 압축한 예

허프만 인코딩

허프만 인코딩(Huffman encoding)은 런 렝스 인코딩의 아이디어에서 출발한 인코딩 방식으로, 1952년 박사과정 학생이었던 데이비드 허프만의 논문으로 처음 세상에 알려졌다. 오늘날 대부분의 문자열 압축 프로그램에서 사용하는 방식이며, 문자를 압축해 보내는 팩스(Fax) 전송이나 사진 이미지의 크기를 줄일 때도 사용된다. 압축할 때 손실(loss)이 발생하지 않아서 '무손실 압축(lossless compression)[5]'이라고 한다. 물론 런 렝스 인코딩도 손실이 발생하지 않으므로 무손실 압축 방식이다.

허프만 인코딩 방식은 런 렝스 인코딩보다 조금 더 복잡한 과정을 거치지만, 이해하기가 어렵지는 않으므로 인코딩 방식을 자세히 살펴보자.

허프만 인코딩 방식의 핵심은 사용하는 비트의 양을 줄이기 위해 '자주 나타나는 문자에는 적은 비트를 할당하고, 자주 사용되지 않은 문자에는 많은 비트를 할당하는 것'이다. 즉, 빈도수(frequency, 나타나는 횟수)를 이용한다.

이번에는 24개의 알파벳 문자열 'WWWWWBBBBRRCCCCCCGGGGYYY'을 허프만 인코딩 방식으로 압축하는 과정을 알아보자. 먼저 문자열에서 각 문자의 출현 빈도수를 구한다.

▪ 1단계: 문자의 출현 빈도수 구하기

그림 5.22 24개 알파벳 문자열에 출현하는 각 문자의 출현 빈도수 구하기

---

5   압축된 상태에서도 원본과 100% 똑같은 형태를 유지하는 방식을 뜻한다. 반면 '손실 압축(lossy compression)'은 압축하고 나서 압축본과 원본이 완전히 일치하지 않는 방식을 말한다. 그렇지만 사람이 느낄 수 없을 정도로만 손실이 발생하므로 크기가 큰 음원이나 이미지, 실시간 유튜브 동영상 등의 크기가 큰 데이터를 압축할 때 주로 사용한다.

▪ 2단계: 문서에서 각 문자의 출현 빈도수를 내림차순으로 정렬

문자열을 압축하려면 문자에 맞게 이진 코드를 만들어야 한다. 먼저 문자의 출현 빈도수에 따라 내림차순으로 정렬한다.

그리고 **허프만 트리(Huffman tree)**라는 그래프 개념을 사용해 내림차순으로 정렬한 문자들을 나무와 나뭇가지처럼 뻗어 나가는 모양으로 만든다. 영어로 '트리'는 '나무'라는 뜻이다. 허프만 트리는 나무를 거꾸로 바라본 모양으로 맨 윗부분을 뿌리로 생각하고 뿌리에서부터 아래로 나뭇가지가 뻗어 내려오는 모양을 추상화한 것이다. 원형으로 표시된부분이 나뭇가지의 끝부분인 '노드(node, 분기점)'가 되고, 이 노드들을 연결한 선이 '가지'가 된다. 노드에는 정렬한 문자들의 빈도수를 채워 넣어서 '허프만 노드'를 완성한다.

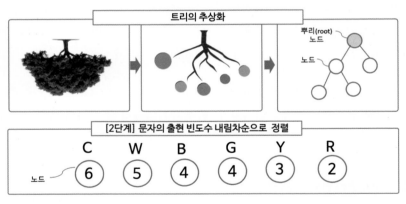

그림 5.23 허프만 인코딩 2단계 과정

▪ 3단계: 빈도수가 가장 적은 2개의 문자 노드를 연결하여 재배열

출현 빈도가 가장 적은 2개의 문자 노드를 가지로 연결하고 가지 위에 연결된 노드를 새로 만든다. 새로운 노드에는 2개의 문자 빈도수의 합을 적는다. 예시에서는 출현 빈도가 가장 적은 두 문자가 Y와 R이므로 이 둘을 가지로 연결하고, 새로 생성한 노드에는 Y의 빈도수인 3과 R의 빈도수인 2의 합인 5(2+3)를 적는다. 그리고 다시 빈도수의 합을 기준으로 재배열한다.

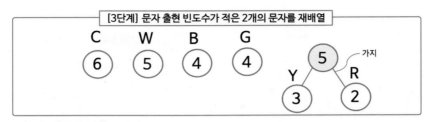

그림 5.24 허프만 인코딩 3단계 과정

▪ 4단계: 3단계의 과정을 더는 할 수 없을 때까지 반복

계속해서 값이 가장 적은 두 개의 문자 노드를 가지로 연결하고 빈도수의 합을 적은 다음, 새롭게 만들어진 노드를 재배열한다. 이러한 과정을 더는 할 수 없을 때까지 반복한다.

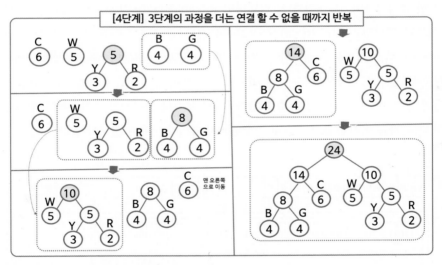

그림 5.25 허프만 인코딩 4단계 과정. 3단계를 계속 반복한다.

▪ 5단계: 허프만 코드 작성하기

이제 각 노드의 왼쪽 가지에는 '0', 오른쪽 가지에는 '1'을 적는다. 그리고 뿌리 노드부터 시작해서 가지로 숫자를 읽어 내려가면서 알파벳에 해당하는 숫자를 적는다. 이 숫자가 바로 '허프만 코드'가 된다. 각 문제에 대한 출현 빈도와 허프만 코드, 그리고 코드 길이(비트 수)를 정리하면 출현 빈도수가 높은 문자일수록 코드의 길이는 짧은 것을 알 수 있다.

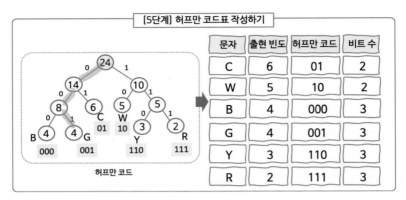

그림 5.26 허프만 인코딩 5단계 과정. 가지를 따라 허프만 코드표를 작성한다.

문자열을 허프만 코드로 압축한 결과는 그림 5.27과 같다. 원래 문자열의 길이가 24개이므로 한 문자당 1바이트(8비트)씩 할당하면 총 24바이트(192비트)가 필요하다. 그에 비해 허프만 인코딩 방식은 $(6\times2)+(5\times2)+(4\times3)+(4\times3)+(3\times3)+(2\times3)=61$비트만 있으면 된다. 즉, 131비트를 절약할 수 있다. 이는 허프만 인코딩의 하나의 예를 보여준 것이다. 허프만 코드로 압축할 수 있는 비트 수는 압축하는 대상 문자열에 따라 달라지므로 더욱더 많은 비트 수를 절약할 수도 있다. 다시 문자로 복구하기 위해서는 그림 5.26과 같이 각 문자를 어떤 호프만 코드로 압축했는지 알려주는 표가 있어야 한다.

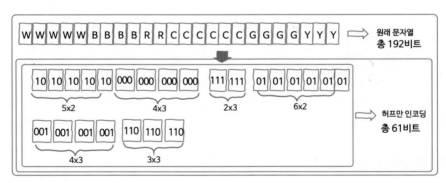

그림 5.27 원래 문자열을 허프만 코드를 사용하여 표현한 결과

이미지 정보의 디지털 표현

디지털 공간에 이미지를 통해 자신을 기록하고 같이 공유하는 라이프 로깅(life logging) 활동이 최신 트렌드로 자리 잡았다. 이미 일상생활에서 사진과 글을 남기는 현상이나 활동은 자연스럽다. 소셜 미디어에 이미지(image, 영상)를 기록할 때는 보통 스마트 기기를 활용한다. 즉, 스마트폰, 태블릿PC, 노트북이나 PC와 같은 컴퓨팅 기기로 이미지를 만들고 인터넷을 통해 업로드하는 것이다.

그렇다면 스마트기기로 만든 이미지(image, 영상)를 컴퓨터는 어떻게 표현할까? 앞서 컴퓨터는 모든 데이터를 0과 1로 변환한다고 했다. 따라서 이미지 역시 이진 코드로 바꾸어 저장해야 한다. 그런데 사진 이미지를 생각해보자. 사진 이미지는 알파벳 문자처럼 단순하지 않다. 화면 가득히 세세한 정보가 가득 차 보인다. 이런 이미지를 어떻게 0과 1로 변환할 수 있을지 살펴보자.

이미지 정보의 표현

컴퓨터가 이미지를 저장하는 방식에는 **래스터 그래픽**(Raster graphic) 방식과 **벡터 그래픽**(vector graphic) 방식이 있다. 래스터 그래픽 방식은 지도와 같은 격자에 비트가 촘촘히 채워져 흔히 '비트맵(bitmap)' 방식이라고 부른다. 먼저 이미지를 정보로 표현하는 단위부터 살펴보자.

픽셀(pixel)과 래스터 그래픽(Raster graphic) 방식

화면에 꽉 찬 이미지를 0과 1로 바꾸려면 일단 이미지를 잘게 쪼개야 한다. 이미지를 눈에 보이지 않을 정도로 잘게 쪼갠 작은 점으로 분해한다. 작은 점이라고 했지만, 사실 자세히 들여다보면 작은 정사각형이다. 이렇게 격자 모양으로 잘게 쪼갠 하나의 점(사각형)을 **픽셀**(pixel)이라고 한다. 픽셀은 picture element의 약자로, **화소**라 부르며, '이미지를 표현하는 최소 단위'다. 최신 컴퓨터나 스마트폰, TV는 워낙 해상도(resolution)[6]가 높아 눈으로 픽셀을 구분하기 어렵지만, TV나 모니터 화면을 자세히 들여다보면 작은 점으

6　화면의 해상도란 가로 방향의 픽셀의 개수와 세로 방향의 픽셀의 개수를 뜻한다. 해상도가 높을수록 화면이 선명하다.

로 구분된 것을 볼 수 있다. 그리고 이 픽셀은 각각 다른 색상과 밝기를 가지고 있다. 그래서 각 픽셀에 있는 여러 색상과 밝기 등의 정보를 이진 코드로 변환해 컴퓨터에 전달하고, 컴퓨터는 화면에 있는 모든 픽셀이 가진 정보를 합쳐 전체 이미지를 표현한다. 그렇게 변환된 이진 코드를 모니터 화면으로 보는 것이다.

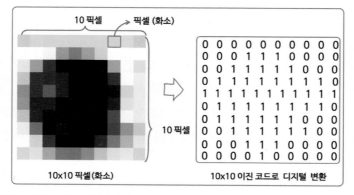

그림 5.28 사과처럼 보이는 흑백 이미지를 픽셀로 구분해 '0'과 '1'로 표현한 이미지 정보

먼저 간단한 흑백 이미지로 픽셀이 무엇인지 알아보자. 사과처럼 보이는 그림 5.28의 흑백 이미지는 가로 10개, 세로 10개의 픽셀로 구성돼 있다. 각 픽셀의 정보를 0과 1로 표현해 컴퓨터에 전달해 보자. 각 픽셀은 어떤 정보를 갖고 있는가? 흑백 이미지는 색상 정보가 따로 없으므로 '흰색'과 '검은색'을 0과 1로 구분하면 간단하게 이진 코드로 변환할 수 있다. 0은 흰색 이미지 픽셀, 1은 검은색 이미지 픽셀을 나타낸다. 그림 5.28에서는 검은색이 어느 정도 진한 경우에만 '1'로 판별한다고 가정했다.

픽셀과 해상도

이렇게 픽셀 단위의 격자를 사용하여 이미지를 표현하는 방식이 **래스터 그래픽 방식**이다. 그림 5.28은 각 픽셀에 1비트를 할당한 '이진 이미지(binary image)'로 가장 간단한 경우에 해당한다. 이진 이미지는 0 또는 1로 2가지 색상만 표현할 수 있다. 색상을 표현하려면 더 많은 비트를 할당해야 한다. 색상에 관한 내용은 뒤에서 설명하기로 하고, 먼저 사과 이미지를 진짜 사과처럼 보이게 할 수 있을지 답을 찾아보자.

사과 모양 이미지를 진짜 사과처럼 보이게 하려면 어떻게 해야 할까? 그림 5.28의 사과를 보면, 사과의 윤곽이나 내부 모양이 희미하다. 즉, 자세한 윤곽이 드러나야 하고, 사과와 같은 질감을 느낄 수 있게 표현해야 한다. 그래서 이미지를 더욱 잘게 분해해야 한다. 즉, 이미지를 잘게 쪼개서 픽셀의 개수를 최대한 늘려야 한다. 그러면 이미지 크기는 정해져 있으므로 픽셀의 크기는 상대적으로 작아진다. 작아진 픽셀은 세세한 정보를 표현할 수 있어 결국 선명한 화면을 제공한다. 이렇게 선명한 이미지를 표현하는 것을 '해상도가 높다'라고 말한다.

정리하면 레스터 방식에서 이미지를 분해한 픽셀의 개수가 많으면 많을수록 더욱 정밀한 이미지를 표현할 수 있다[7]. 즉, 해상도 높은 이미지를 완성한다. 반대의 경우, 이미지를 쪼갠 픽셀의 개수가 적으면 이미지의 정밀도가 낮아진다. 그림 5.29는 픽셀 수에 따라 이미지의 해상도가 어떻게 바뀌는지 보여준다. 픽셀 수가 많을수록 더욱 세밀하게 이미지를 표현할 수 있다.

그림 5.29 래스터 그래픽 방식에서 픽셀 수에 따른 이미지 해상도의 변화

컬러 이미지를 표현하는 방법, 픽셀당 비트 수를 늘리자

이제 컬러 이미지를 표현해보자. 앞서 살펴본 흑백 이미지는 이진 이미지로 두 가지 색상만 표현하면 되므로 하나의 픽셀을 표현하는 데 1비트만 필요했다. 하지만 여러 색상을 표현하려면 2개 이상의 비트가 필요하다. 만일 4가지 색상을 표현하려면 하나의 픽셀을 표현하는 데 2비트가 필요하고, 8가지 색상은 픽셀당 3비트, 16가지 색상은 픽셀당 4비트가 필요하다. 즉, 픽셀당 비트 수에 따라 표현할 수 있는 색상의 수가 달라진다.

---

7 보통 카메라 화소 수를 말할 때, '화소 수'는 카메라 내부에 있는 이미지 센서의 총 픽셀의 개수를 의미한다.

그렇다면 픽셀당 1비트일 때와 8비트일 때 어떤 차이가 있을까? 일단 8비트를 사용하면 이미지 크기가 8배 증가하는 단점이 있다. 그렇지만 픽셀당 비트 수가 많아지면 표현할 수 있는 색상도 많아져 색의 깊이(color depth)까지도 표현할 수 있고, 눈으로 보는 것처럼 이미지가 선명해진다. 따라서 각 픽셀에 대한 정보를 기록하는 데 여러 개의 비트를 사용하면 그림 5.30처럼 여러 색상을 가진 정교한 그림을 기록하고 재현할 수 있다. 픽셀당 8비트를 사용하면 256가지 색상을 표현할 수 있고, 24비트를 사용하면 16,777,216가지(=2^{24}) 색상을 표현할 수 있다.

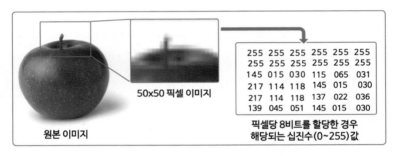

50x50 픽셀 이미지

원본 이미지

255 255 255 255 255 255
255 255 255 255 255 255
145 015 030 115 065 031
217 114 118 145 015 030
217 114 118 137 022 036
139 045 051 145 015 030

픽셀당 8비트를 할당한 경우
해당되는 십진수(0~255)값

그림 5.30 픽셀당 8비트를 사용할 때 변환된 이미지의 정보 (0~255 사이의 숫자)

하나의 픽셀에서 RGB 색상 표현하기

픽셀의 색상을 표현하는 가장 기본적인 방식은 'RGB 방식'이다. RGB는 빛의 삼원색인 빨간색(red), 초록색(green), 파란색(blue)을 의미하는 영어 약자다. 빨간색(R), 초록색(G), 파란색(B)에 각각 8비트씩 할당해 색상마다 256(=2^8)가지 밝기를 표현한다. 그리고 각 색상을 서로 조합해 새로운 색을 만들어낸다. 예를 들어 빨간색 R은 256가지(0~255)의 다양한 빨간색을 표현할 수 있다. 그래서 전체 색상 조합 수는 (빨간색 256가지)×(초록색 256가지)×(파란색 256가지)=16,777,216가지로 약 1,680만 가지 색상을 표현할 수 있다. 그림 5.31은 그림을 편집하는 프로그램에서 볼 수 있는 색상 조절 메뉴다.

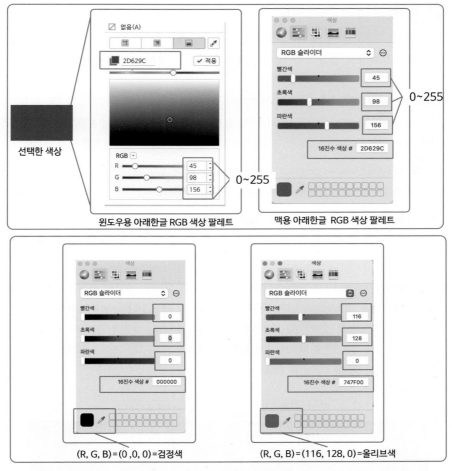

그림 5.31 컴퓨터에서 사용하는 기본 RGB 색상 표현 방법(위쪽)과 검은색과 올리브색을 표현한 경우(아래쪽)

이처럼 하나의 픽셀을 RGB로 표현하려면 각 색상(R, G, B)을 저장하는 데 8비트(1바이트)가 필요하므로 하나의 픽셀당 24비트(3바이트)가 필요하다. 그러면 가로 50픽셀, 세로 50픽셀인 이미지를 표시하는 데 필요한 바이트는 $50 \times 50 \times (3$바이트$)=7,500$바이트 $=7.5$킬로바이트다. 같은 이미지라도 픽셀 수가 많으면 많을수록 정밀도는 높아지지만, 그만큼 이미지를 저장하는 데 필요한 파일의 크기가 더 커진다.

래스터 그래픽 방식의 이미지 파일

래스터 그래픽 방식으로 저장한 이미지 파일의 확장자는 bmp, jpg(jpeg), png, gif, psd
등이 있다. 대표적으로 컴퓨터와 웹에서 사용되는 주요 형식을 알아보자.

1. **BMP(bit map)**: 모든 화소에 표시할 색상 정보를 차례대로 기록하는 가장 단순한 형태의 무압축 파일
   포맷이다. 윈도우용 프로그램이 지원하는 비트맵 파일 형식으로, 주로 컴퓨터나 웹에서 사용한다. 데이
   터를 압축하지 않기 때문에 파일의 크기가 커서 작은 크기의 간단한 그림을 표현할 때 주로 사용한다.

2. **PNG(portable network graphic)**: 그림의 정보를 변형하지 않고 용량만 줄이는 무손실 압축 방법으
   로 인터넷에서 고품질의 정밀한 그림을 표현할 때 주로 사용한다.

3. **GIF(graphics interchange format)**: 무손실 압축 방법 중 하나로 256 색상만 표현할 수 있어서 그림
   의 품질은 낮지만, 여러 장의 그림을 차례대로 보여주는 애니메이션 기능이 있다. 보통 전자 메일 또는
   웹에서 사용한다.

4. **JPEG(joint photographic expert group)**: 사진과 같은 정교한 이미지를 표현하기 좋은 방법으로
   1992년에 전문가 그룹에 의해 국제 표준으로 확정됐다. JPEG은 압축률을 높이기 위해 사람이 인식할
   수 없는 부분의 정보를 변형하거나 제거하여 용량을 많이 줄이는 손실 압축 방법이다. 컴퓨터나 디지털
   카메라에서 이미지를 표현할 때 가장 많이 사용하는 웹 표준 방식이다. JPEG은 24비트 색상을 사용하
   며 1,670만 가지 색상을 나타낼 수 있다.

그림 5.32 래스터 그래픽 방식의 이미지 파일 형식과 크기 비교

해상도 단위, PPI(pixel per inch)

보통 PPI(pixel per inch)는 이미지의 해상도를 나타내는 단위로, 1인치당 픽셀이 몇 개
인지 말해주는 단위다. 1,000PPI 이미지는 1인치당 픽셀 수가 가로 1,000개, 세로 1,000

---

8 Wikimedia Commons, https://commons.wikimedia.org/wiki/File:Beautiful-beautiful-flowers-bright-1133957.jpg

개라는 뜻으로 보통 1,000×1,000으로 표시하기도 한다. 즉, PPI가 높으면 이미지가 선명하다는 것을 쉽게 짐작할 수 있다. PPI를 다르게 설정한 다음, 저장하고 이미지를 살펴보면 해상도 차이를 알 수 있다. 그림 5.33은 이미지를 20, 40, 60, 80PPI로 저장했을 때의 이미지 해상도의 변화를 보여준다. 눈으로 확연히 차이가 나는 것을 볼 수 있다.

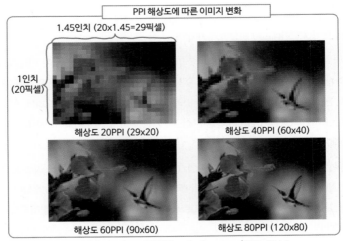

그림 5.33 PPI 해상도에 따른 이미지 변화. PPI가 클수록 이미지가 더욱 선명해진다.

추가 설명 **카메라 이야기: 화소(화소 수)가 같다면 사진 품질이 같을까?**

스마트폰 카메라의 성능은 날이 갈수록 발전한다. 디지털카메라(디카)의 전성시대가 지난 지 얼마 안 됐는데, 지금은 스마트폰이 대세다. 왜 그럴까? 가장 중요한 이유는 편하기 때문이다. 일상 사진을 올리는 일이 흔해진 요즘에는 편리성이 중요하다. 아무래도 항상 휴대하는 스마트폰이 디지털카메라보다 편리하다. 그리고 스마트폰으로 찍은 사진의 품질(화질)이 예전과 비교할 수 없을 만큼 좋아진 점도 빼놓을 수 없다. 심지어 디지털카메라보다 화소 수가 많다고 자랑하는 광고까지 볼 수 있다. 그렇지만 단지 화소 수만으로 두 카메라를 비교해서는 안 된다.

카메라의 화소는 카메라에 들어가는 **이미지 센서**(image sensor)에 의해 결정된다. 이미지 센서는 렌즈를 통해 들어온 피사체(찍고자 하는 대상)의 빛을 담는 디지털 처리 소자다. 말 그대로 이미지를 감지하는 반도체 같은 것으로 생각하면 된다. 이미지 센서는 조그맣게 쪼개진 수많은 픽셀로 구성되는데, **카메라의 화소 수는 이미지 센서가 가진 픽셀의 개수다.**

2022년 삼성전자에서 발표한 갤럭시 S22에는 1억 800만 화소가 들어간 이미지 센서를 사용한다고 한다. 화소 수만 놓고 보면 갤럭시 S22 스마트폰이 디지털카메라보다 화소 수가 월등히 많다. 전문가 수준 디지털카메라의 화소는 불과 2,000~6,000개에 불과하다. 그렇지만 직접 찍은 사진을 인쇄해보면 디지털카메라의 화질이 월등하다. 이유가 무엇일까? 그것은 바로 이미지 센서의 크기 때문이다. 화소 수가 같은 이미지 센서라도, 이미지 센서의 크기가 커지면 더 많은 빛을 담을 수 있고 이미지를 세세하게 조절할 수가 있다. 그리고 렌즈의 크기(크면 빛을 많이 담는다)와 이미지를 처리하는 소프트웨어(단순 프로그램이 아니라 하드웨어 칩으로 들어가면 덩치가 커진다)까지 모든 것이 결합돼야 좋은 사진을 만들 수 있다. 전문가 수준 디지털카메라의 이미지 센서 크기(면적)는 약 846m²(풀프레임(full-frame) 카메라로 최고급 수준)이지만, 스마트폰에 들어가는 이미지 센서는 25~35mm²에 불과하다. 그래서 1억 개의 화소를 가진 스마트폰 카메라와 3천만 화소의 디지털카메라는 비교할 수가 없다.

그러면 같은 1억 화소로 비교해보자. 1억 화소의 스마트폰 카메라는 1억 화소를 작은 면적의 이미지 센서에 집어넣어야 해서 픽셀당 받는 빛의 양이 적어질 수밖에 없다. 반면 1억 화소의 디지털카메라는 스마트폰보다 넓은 이미지 센서에 1억 개의 화소를 넣을 수 있어 픽셀들이 넓은 간격으로 분포하며, 픽셀당 충분히 많은 양의 빛을 받아 사진의 품질이 섬세하고 풍부해진다. 물론 이미지 센서 이외에 이미지 처리 프로세스 엔진이나 소프트웨어의 역할도 중요하다.

단적인 예로, 다시 1억 화소의 전문가 수준 디지털카메라와 1억 화소 갤럭시 S20 스마트폰 카메라를 비교해보자. 이미지 센서 크기로만 비교하면 디지털카메라가 몇 배 이상 크고, 화질도 우수하다. 그렇지만 스마트폰 제조업체들은 이미지 처리 소프트웨어와 프로세스의 도움으로 디지털카메라를 따라잡는 수준의 화질로 스마트폰 카메라의 화질을 향상시키고 있다. 결국 자주 사용하는 것은 스마트폰이기 때문에 계속 발전을 거듭할 것이다.

© 원본 이미지: Kingshaun10/Wikimedia Commons/CC-By-SA4.0, 갤럭시: 삼성전자

그림 5.34 1억 화소로 다른 크기의 이미지 센서를 가진 카메라 비교. 이미지 센서가 클수록 픽셀의 크기가 커져서 빛의 양이 많아진다

벡터 그래픽 방식

벡터(vector) 그래픽 방식은 이미지를 수학 함수로 기록하여 표현하는 방식이다. 이미지에 나타나는 모양, 위치, 크기, 색깔 등을 함수로 구성하고, 함수를 실행하여 이미지를 화면에 나타낸다. 따라서 이미지를 확대하더라도 수식에 의해 화소에 표시될 색이 계산되므로 이미지의 선명도가 변화하지 않고 깨끗하게 나타나는 장점이 있다. 그래서 정밀한 인쇄나 출판을 원하는 도안이나 로고 등과 같은 이미지는 벡터 그래픽 방식으로 많이 사용한다.

복잡하지 않은 이미지는 적은 용량으로도 큰 이미지를 표현할 수 있지만, 색상 표현이나 모양이 복잡한 이미지는 많은 계산이 필요하므로 처리시간이 오래 걸리고 이미지를 저장하는 파일 크기도 커진다. 벡터 그래픽 방식을 사용하는 대표적인 이미지 편집 프로그램으로는 어도비 일러스트레이터(Adobe Illustrator)와 플래시(Flash)가 있다.

벡터 그래픽 이미지

원본 이미지   50% 확대   100% 확대

그림 5.35 벡터 그래픽 방식에 의한 이미지 변화 (해상도의 변화가 없음)

동영상과 비디오

동영상의 기본 원리

움직이지 않는 그림을 이미지라고 한다. 그리고 움직이는 이미지(영상)를 동영상이라고 한다. 그러면 동영상은 특별한 것일까? 그렇지 않다. 동영상은 움직이지 않는 정지 이미지를 빠른 속도로 넘겨서 사람이 이를 연속적인 영상으로 인식하게 하는 것이다. 이렇게 사람의 눈을 속이려면 적어도 1초당 15개 이미지가 필요하다. 이러한 현상을 **잔상 효과** (after image effect)라고 한다. 사람의 눈이 빠르게 바뀌는 이미지를 따라갈 수 없기에 발생하는 현상이다.

컴퓨터에서 디지털 데이터로 제작한 것을 '동영상(moving image)'이라 하고, 비디오(video)는 보통 오디오(audio, 음성, 음악 등 소리 신호)와 대응하는 개념으로 전기적 영상 신호를 말한다. 이 둘을 엄격하게 구분하지는 않지만, 흔히 동영상이라고 하면 디지털로 되어 있는 동영상 비디오라고 생각하면 된다. 예전에 영화는 필름으로 제작되었지만, 근래 들어서는 영화 역시 디지털 촬영 기법으로 제작하기 때문에 영화도 디지털 동영상 비디오라고 해도 무리가 없다.

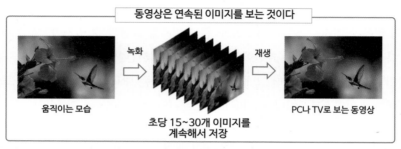

그림 5.36 동영상은 초당 15개에서 30개의 연속된 이미지를 보는 것

프레임율(fps)

동영상은 1초당 최소 15개에서 많게는 30개의 이미지를 연속으로 보여줘야 한다. 이때 동영상에 포함된 각각의 이미지를 **프레임(frame)**이라 하며, 1초당 프레임 수를 **프레임율(fps, frame per second)**이라고 한다. 프레임율을 높이면, 즉 1초당 보여주는 이미지의 수를 늘리면 동영상이 부드럽고 자연스럽게 보이겠지만, 파일의 크기가 엄청나게 커진다. 그래서 동영상 데이터는 화면 자체를 작게 하거나 고도의 압축 기술을 사용해 압축 비율을 높여야만 파일 크기 문제를 해결할 수 있다.

영화관에서 보는 영화 필름은 보통 24프레임율(24fps, 초당 24장의 이미지)로 촬영되며, 컴퓨터에서 사용하는 대부분의 동영상은 거의 15fps~30fps 사이다. 국내 TV의 방송 규격(NTSC)은 29.97fps의 비율이다. 보통 20fps를 넘으면 부드럽고 자연스러운 화면을 감상할 수 있다.

파일 크기는 TV 화면의 해상도와 관계가 있다. 예를 들어 SD(standard definition)급 TV에 동영상 비디오를 자연스럽게 보여주고 싶다면 필요한 파일 용량은 얼마나 될까? 우선

SD는 640×480픽셀을 갖는 TV 화면이다. 그리고 방송 규격에 따라 초당 29.97프레임(약 30프레임)을 보여준다고 하자. 계산해보면 픽셀당 24비트(3바이트, RGB)를 할당했을 때 (총 픽셀 수, 640×480)×(초당 30프레임)×(RGB, 3바이트)이므로 총 27,638kB, 대략 27.6MB(메가바이트)의 파일 크기다. 즉, SD TV를 시청할 때 1초 동안 27.6MB가 필요하다는 뜻이다. 이것은 대략 계산한 것이지만, 좋은 품질의 동영상을 TV로 보려면 생각보다 엄청난 비트 정보를 전송해야 한다는 사실을 짐작할 수 있다. 사실 이렇게 방대한 비트 정보를 그대로 다루는 것은 무선 자원 낭비다. 그래서 동영상이나 방송을 송출할 때는 압축 기술을 사용해 파일 크기를 최대한 줄인다. 그리고 시청자나 소비자의 컴퓨터나 TV에 압축된 동영상을 실제 크기로 복원해 재생하는 프로그램이 내재돼 있어 자연스러운 동영상 화면을 제공해준다.

동영상 포맷

동영상 포맷 중에서 AVI(audio-video interleaved, 확장자는 avi)는 비디오 데이터의 파일 저장 방식으로 가장 많이 사용되는 방식이다. AVI는 오디오와 비디오가 서로 번갈아(interleaved) 기록되는 특징이 있다. AVI는 기본적으로 윈도우 환경에서 사용되는 기본적인 동영상 파일 포맷이다. 그리고 MPEG(Motion Picture Expert Group, 확장자는 mpeg) 파일 포맷은 전문 비디오 협회에서 제정한 표준 형식이다. 다양한 버전이 있으며 영화와 오디오 CD 수준 사운드의 동기화를 목표로 발전해 왔다. MPEG은 흔히 VCD, DVD 등의 동영상 파일 형식으로 사용되는 파일 포맷이다.

소리 정보의 디지털 표현

컴퓨터에서 소리는 어떻게 표현할까? 소리의 범위는 이미지처럼 매우 넓다. 소리는 크게 자연에서 오는 소리와 사람이 들을 수 있는 소리로 구분할 수 있다. 그리고 우리는 전화 통화 소리, 음악 소리, 동물이 짖는 소리, 경적이 울리는 소리 등 사람이 들을 수 있는 소리에 관심이 더 많다. 소리 역시 컴퓨터에 저장하려면 0과 1, 디지털 이진 코드로 변환해야 한다. 이번 절에서는 소리를 컴퓨터에 저장하는 방법을 살펴보자.

소리를 디지털로 바꾸자

소리는 아날로그다

일상생활에서 흔하게 접하는 소리는 아날로그 형태이므로 컴퓨터에서 처리하려면 디지털 형태로 변환해야 한다.

그림 5.37에서는 악보에 그려진 음에 따라 각 소릿값에 번호를 할당했다(레는 2, 라는 6, 시는 7). 악기의 음을 번호에 맞춰 하나씩 할당해 같은 번호는 항상 같은 음을 낸다고 하자. 이제 컴퓨터는 각 소리에 맞는 번호(소릿값 숫자)를 저장한다. 그리고 컴퓨터가 번호에 맞춰 스피커로 음을 재생하면 원하는 소리가 들릴 것이다. 이런 간단한 방법으로 아날로그 형태의 소리를 디지털로 변환할 수 있다.

그렇지만 이 방식은 모든 소리에 대응하는 숫자를 부여해야 한다는 어려움이 있다. 앞서 문자에 숫자를 할당하는 방식에서 살펴봤듯이 모든 문자에 숫자 코드를 할당하는 것은 비효율적이다. 소리 역시 불필요한 비트를 사용하지 않으려면 소리의 특성이나 개성을 파악해 비트 수를 줄여야 한다. 아울러 소리의 특성이나 개성은 어떻게 표현할 수 있을까? 같은 높이의 음이라도 서로 다른 악기로 연주하는 소리는 모두 다를 텐데, 이들을 어떻게 구별할 수 있을까? 쉽게 해결할 수 있는 문제는 아니지만, 소리도 이미지처럼 잘게 쪼갤 수 있다면 가능할지도 모른다.

이 문제는 이미지를 디지털로 변환할 때와 유사한 방법을 사용한다. 이미지를 저장하기 위해 픽셀을 사용하듯이 소리를 저장할 때도 소리의 높낮이(음폭, 크기)와 변화를 시간 단위로 잘게 쪼갠다. 우리 귀에 들리는 음악 소리는 높이, 크기, 빠르기 등의 정보가 전압으로 바뀌어 컴퓨터 스피커로 전달된 다음 공기 진동으로 발생한다. 그림 5.37과 같이 이렇게 전달되는 전압은 시간대별로 높낮이가 다르다. 만일 전압이 일정하면 같은 소리('엥~~' 소리)가 연속해 들린다.

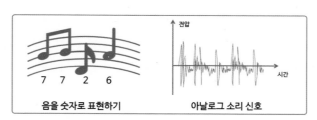

음을 숫자로 표현하기   아날로그 소리 신호

그림 5.37 음을 숫자로 표현한 모습과 스피커에서 흘러나오는 소리의 신호 전압(전압이 변하면서 소리가 다르게 들린다)

자연의 소리를 컴퓨터가 알 수 있게 바꾸자

컴퓨터는 아날로그 소리 정보를 디지털로 변환하기 위해 표본화(sampling), 양자화 (quantization), 부호화(encoding) 과정을 거친다. 이렇게 아날로그 신호를 디지털 신호로 바꾸는 과정을 A/D 변환(analog-to-digital conversion)[9]이라 한다.

1. **표본화(샘플링)**는 아날로그 소리 신호를 일정한 시간 간격으로 잘게 나누어 분리하는 과정이다. 시간 간격(가로축 간격)이 넓으면 소리의 음질은 떨어지지만 저장 용량이 줄고, 시간 간격이 좁으면 소리의 음질은 좋아지지만 저장 용량이 커진다. 이렇게 시간 간격대로 아날로그 신호 값을 추출하는 과정이 샘플링이다.

2. **양자화**는 샘플링한 신호의 크기(소리의 크기)를 여러 단계로 쪼개는 과정이다. 샘플링해서 값으로 추출한 신호의 크기를 다시 세로축으로 잘게 쪼개 정수로 표현(아날로그는 실수 값)한다. 많이 쪼갤수록 소리의 크기를 여러 단계로 표시할 수 있고, 소리의 품질(음질)이 좋아진다.

3. **부호화**는 양자화로 얻은 정수 값을 디지털 이진 코드로 변환하는 과정이다.

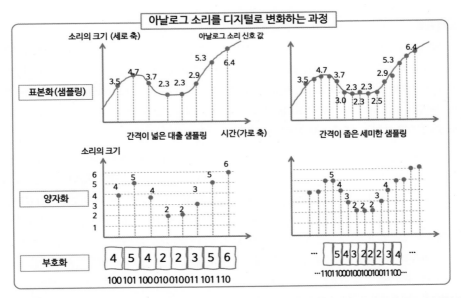

그림 5.38 아날로그 소리 신호를 디지털로 변환하는 과정(표본화, 양자화, 부호화). 시간 축의 샘플링 간격을 좁게 할수록 소리를 정밀하게 표현할 수 있다

---

9 최신 스마트폰에는 아날로그 디지털 변환기(ADC)가 내장돼 있어서 음원의 품질을 높인다고 광고하기도 하는데, 실제로 ADC가 들어간 스마트폰의 음악 품질은 더욱 섬세하고 다양한 소리를 재생한다. 다만 가격이 올라간다.

그림 5.38과 같이 아날로그 소리 정보를 저장할 때는 시간 축의 시간 간격이 짧을수록(샘플링이 많을수록) 정밀한 소리를 저장할 수 있음을 알 수 있다. 이미지에서 픽셀의 수가 많을수록 보다 정밀한 이미지를 저장할 수 있는 것과 같은 이치다.

여기서 문제는 컴퓨터나 스마트폰은 역과정으로 소리를 재생해야 한다. 그런데 그림 5.38의 맨 아래 그림에서 볼 수 있듯이 디지털로 부호화된 신호는 원래 아날로그 소리 신호처럼 매끄럽지 않다. 디지털에서 다시 스피커로 재생할 때 손실이 발생한다. 그래서 최대한 사람이 알아채지 못하게 부드럽게 역변환해야 하는데, 이때 중요한 요소가 샘플링 간격이다. 샘플링 간격이 짧을수록 좋으므로 샘플링 속도가 빨라질수록 좋다. 샘플링 속도는 초당 몇 번 샘플링했는지의 값으로 측정하며, 이를 '샘플링 속도(sampling rate)'라고 한다. 그리고 한 샘플당 부호화하는 데 사용된 비트 수를 단위 초로 나눈 것을 **비트율(bit rate)**이라고 한다. 우리가 흔히 **주파수(frequency)**라고 말하는 것과는 조금 다른 의미다.

> **추가 설명** 주파수, 가청 주파수는 무엇일까?
>
> 아날로그 소리 신호의 크기가 크면 진폭이 크다고 하고, 높은 소리는 주기가 짧다고 한다. 여기서 주기(period)란 신호가 반복되는 시간을 뜻한다. 주기의 역수는 **주파수(frequency, 또는 진동수)**라 하며 단위는 초당 몇 회를 의미하는 **헤르츠(Hz, Hertz)**를 사용한다. 그래서 주파수가 10Hz라면 신호가 1초 동안 10회 반복되는 것을 의미한다. 일반적 3G 통신은 900MHz 주파수 대역을 사용한다. 그러면 3G 통신을 위해 보내는 전자파 신호는 1초당 9억 회 진동하는 것이다.
>
> 그러면 우리가 내는 목소리는 어느 정도의 주파수일까? 소리의 파동을 음파(sound wave)라 하는데, 음파는 공기를 통해 전달되고 사람의 고막을 진동시켜 소리를 들을 수 있게 한다. 하지만 인간이 모든 음파를 들을 수 있는 것은 아니다. 인간이 들을 수 있는 주파수 영역은 대략 20~20,000Hz다. 이것을 '가청 주파수'라 한다. 이보다 높은 주파수를 지닌 음파가 초음파다. 일반적으로 초음파는 박쥐 등이 사용한다. 개도 사람이 들을 수 있는 주파수보다 높은 소리를 들을 수 있다. 보통 개의 가청 주파수는 40Hz~60,000Hz로 훨씬 고주파수의 소리를 들을 수 있다. 반려견 호출용 호루라기는 보통 23~54,000Hz의 범위에 있어 초음파와 가까운 주파수를 발생시킨다(약 35,000Hz에서 주로 소리가 난다). 사람의 귀에는 '쉿' 소리로만 들리고 반려견에게는 호루라기 소리로 들린다.

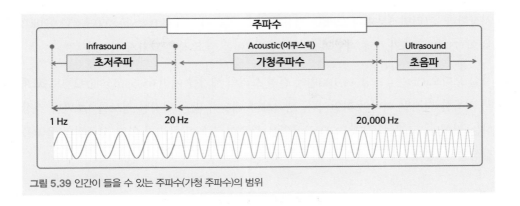

그림 5.39 인간이 들을 수 있는 주파수(가청 주파수)의 범위

소리와 음악을 위한 디지털 표현 방식

현재 아날로그 소리를 디지털로 바꾸는 가장 대중적인 방법은 PCM(pulse coded modulation, 펄스 코드 변조)이다. 그림 5.38에서 설명한 것과 같이 아날로그 신호를 디지털 신호로 변환하는 과정을 A/D 변환 과정이라고 하고, 부호화된 이진 코드를 펄스 형태(∏)로 바꾼 것을 PCM이라 한다. 우리가 가장 흔하게 접하는 오디오 CD(compact disc, 콤팩트디스크)와 MP3 같은 포맷이 바로 PCM 방식으로 기록된 것이다. 오디오 CD 플레이어는 레이저를 이용해 0과 1을 디스크에 기록하고, 이를 다시 읽기 때문에 기록된 소리를 재생할 때 잡음 없이 깨끗한 음질을 유지할 수 있다.

PCM 방식은 소리 신호의 순간적인 값을 잘게 쪼개서 저장하는 방식이므로 높이를 얼마나 잘게 쪼개고(양자화를 얼마나 많이 하느냐), 시간 간격을 얼마나 잘게 쪼개는지(샘플링 속도)가 중요하다. 오디오 CD는 보통 가청 주파수의 2배 정도로 샘플링한 44.1kHz(킬로 헤르츠)로 소리의 표본을 모은다. 즉, 1초에 44,100번 소리 신호를 측정해 디지털로 바꾼다. 이것은 음악이나 소리를 재생하기 위한 최소한의 샘플링 속도다. 그리고 양자화를 위해 16비트를 사용한다. 그래서 보통 오디오 CD의 샘플링을 '16비트/44.1kHz'라 표기한다.

양자화를 위해 16비트까지 사용한다면 96dB(데시벨)까지 소리를 저장하도록 '다이내믹 레인지(dynamic range)'를 확장한 것이다. 또한 스테레오는 좌우 2개의 채널을 사용하므로 계산해보면(44.1kHz×16비트×2채널/8비트), 즉 초당 176.4kB(킬로 바이트)를 저장한다. 그러면 5분짜리 노래를 저장한다고 했을 때 $176.4kB \times 5분 \times 60초 = 52,920kB$ 로 약 53MB 정도가 노래 파일의 크기가 된다. 이는 결코 작은 크기가 아니다.

사실 오디오 CD는 1초당 44,100번에 걸쳐 소리의 세기를 매번 65,536단계($= 2^{16}$)로 쪼개 서 기록한 디지털 미디어 파일이다. 생각보다 대단히 많은 디지털 정보를 1초마다 저장 하는 것이다. 그래서 오디로 CD로 음악을 들으면 잡음이 들리지 않고 고품질의 음악을 감상할 수 있다.

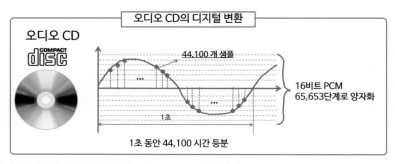

그림 5.40 오디오 CD의 디지털 변환, 16비트 PCM, 44.1kHz 샘플링 속도

사운드 파일 포맷

보통 오디오 CD의 파일 포맷은 WAV를 사용한다. WAV(Waveform Audio File Format 의 준말, 파일 확장자 wav)는 마이크로소프트사와 IBM이 PC 환경에서 사운드의 표준 포맷으로 개발한 것으로, 윈도우의 기본 파일 포맷이다. 스마트폰에서 흔히 듣는 음악 파일 포맷은 MP3(엠피쓰리, MPEG에서 Audio Layer-3를 뜻함, 파일 확장자 mp3)다. MP3는 평균 용량을 1/10 정도로 줄일 수 있는 높은 압축률을 갖는다. 압축률을 높이기 위해 사람이 잘 인식하지 못하는 부분의 정보를 손실시키고 압축한다. 압축되는 정도는 **비트율(bit rate, 단위는 bps)** [10]로 표현한다. 보통 MP3는 192kbps와 320kbps를 사용하 는데, 10.6MB짜리 WAV 파일을 MP3 파일로 변환하면 MP3-320kbps는 2.4MB, MP3- 192kbps는 1.4MB 정도로 압축된다.

---

10 비트율은 음악을 전송하기 위해 사용하는 초당 비트 수를 의미한다. 비트율이 클수록 음질은 좋아지지만 용량은 커진다.

MP3로 변환된 오디오 파일은 오디오 CD만큼의 음질을 보장할 수 없다. 소리 신호를 압축하기 위해서 사람이 잘 듣지 못하는 영역인 16,000Hz 이상의 대역을 잘라 버리기 때문이다. 그림 5.41은 오디오 음원인 WAV 파일을 MP3로 인코딩했을 때의 주파수를 **스펙트로그램**(spectrogram, 시간에 따라 흐르는 소리의 파형을 주파수로 표현한 것)으로 비교한 것이다. 스펙트로그램은 주파수 스펙트럼을 소리와 연관시켜 표현한 것이다. 아마 어렸을 때 빛을 프리즘으로 통과시키면 색깔에 따라 분해되어 무지개색을 보았던 경험이 있을 것이다. 이것을 빛의 스펙트럼이라고 한다. 이처럼 어떤 소리 신호의 주파수를 펼쳐 놓은 것을 주파수 스펙트럼이라고 한다.

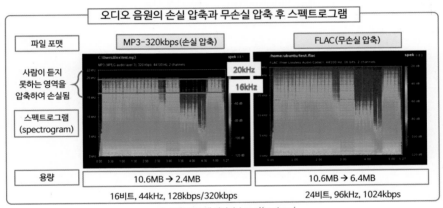

그림 5.41 손실 압축한 오디오 파일(왼쪽)과 무손실 압축한 오디오 파일(오른쪽)을 오디오 스펙트로그램으로 비교

오디오 전용 무손실 압축 방법으로는 FLAC(free lossless audio codec, 파일 확장자는 flac)가 가장 대중화된 방식이다. 이 방식은 24비트/384kHz의 고해상도 PCM 음원과 멀티채널을 지원하고, 라이선스가 필요 없는 개방형 포맷이다. 예를 들어 10.6MB의 WAV 파일은 6.4MB FLAC 파일로 압축된다. 현재 여러 음원 사이트에서 FLAC 방식을 사용한 음원을 판매하고 있다. 그 이외에도 아이튠스(iTunes)와 아이팟, 아이폰 등 대부분의 애플 기기에서 사용하는 애플의 ALAC(apple lossless audio codec, 파일 확장자는 M4A) 또한 비교적 널리 사용되는 편이다.

참고문헌

- 위키백과, https://ko.wikipedia.org/wiki/아라비아_숫자

- 위키백과, 허프만 부호화, https://ko.wikipedia.org/wiki/허프먼_부호화

- 2020 ICT 분야별 전망: 빅데이터, 데이터넷, https://www.datanet.co.kr/news/articleView.html?idxno=141903

- 디지털 데일리, '같은 1억 화소라도 디카와 스마트폰 직접 비교할 수 없는 이유' 2020.04.01.

- 삼성전자 뉴스룸', 삼성전자, 1억 8백만화소 프리미엄 이미지센서 '아이소셀 HM3' 출시', 2021. 01. 05. https://news.samsung.com/kr/

- 위키백과, 펄스부호변조, https://ko.wikipedia.org/wiki/펄스_부호_변조

06

컴퓨팅 사고력과
컴퓨터 프로그램의 이해

컴퓨팅 사고력(computational thinking)을 갖는다는 것은 우리가 실생활의 문제를 컴퓨터처럼 논리적으로 해결하는 능력을 갖춰간다는 뜻이다. 앞 장에서는 데이터가 정보로 되는 과정을 알아봤다. 이 장에서는 정보를 사용해 어떻게 문제를 해결할 수 있는지를 알아본다. 문제를 해결하기 위해서 컴퓨팅 사고력이라는 방법을 사용해 접근한다. 또한 컴퓨팅 사고력 방식으로 컴퓨터 프로그램을 어떻게 만드는지도 간단히 살펴보기로 하자.

컴퓨팅 사고력과 문제해결

컴퓨팅 사고력은 완전히 새로운 개념이 아니다. 사람들은 이미 예전부터 컴퓨팅 사고력을 갖추고 있었다. 컴퓨터 사용이 보편화되기 이전에는 **논리적 사고력**(logical thinking)으로 불렀을 뿐이다. 컴퓨팅 사고력이라는 용어는 컴퓨터 사용이 보편화된 이후로 널리 사용됐다.

특히 2006년 카네기멜론대학의 자넷 윙(Jannette Wing) 교수가 처음으로 컴퓨터 학술지에 '컴퓨팅 사고력은 컴퓨터 과학자뿐만 아니라 누구나 배워서 활용할 수 있는 보편적 사고이자 기술'[1]이라고 제시하면서 컴퓨팅 사고력이라는 용어를 사용하기 시작했다.

---

1   Wing M, Jeannette, "Computational Thinking," Communications of the ACM, vol. 49, no. 3, pp.33–35, 2006.

컴퓨팅 사고력의 핵심 요소

컴퓨팅 사고력의 핵심 요소의 다양한 분석

자넷 윙 교수는 '추상화(abstraction)'와 '자동화(automation)'가 컴퓨팅 사고력의 핵심 요소라고 주장했다. BBC에서 제공하는 '영국 컴퓨팅 교육'[2]에서는 문제 분해, 패턴 인식, 추상화, 알고리즘 설계를 컴퓨팅 사고력의 핵심 요소로 제안하고 있다(그림 6.1).

주로 인용되는 이 두 제안을 결합해 컴퓨팅 사고력의 요소를 간단히 정리하면 다음과 같다.

- **문제 분해**(decomposition): 복잡한 문제를 처리할 수 있게 작은 부분으로 분해한다.
- **패턴 인식**(pattern recognition): 문제 사이에 또는 문제 내에서 비슷한 규칙을 찾는다.
- **추상화**(abstraction): 핵심적이고 중요한 정보 부분만 집중해 단순하게 표시하고 관련 없는 부분은 무시한다.
- **알고리즘**(algorithm): 문제해결을 위해서 단계별 해결책을 찾거나 규칙을 찾는다.
- **자동화**(automation): 설계된 알고리즘을 바탕으로 컴퓨터가 프로그램 언어를 통해 수행할 수 있는 형태로 해결책을 자동화한다.

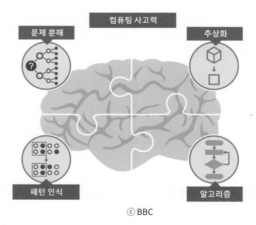

© BBC

그림 6.1 영국 컴퓨팅 교육에서 제시한 컴퓨팅 사고력

2　https://www.bbc.co.uk/bitesize/guides/zp92mp3/revision/1

미국 컴퓨터과학 교사 협회(CSTA, Computer Science Teachers Association)는 컴퓨팅 사고력을 데이터 수집, 데이터 분석, 데이터 표현, 분해, 추상화, 알고리즘 및 프로시저, 자동화, 시뮬레이션 및 병렬화 등을 포함하는 문제해결 과정으로 설명한다. 또한 구글은 문제해결을 위한 컴퓨팅 사고 단계를 문제 분석, 데이터 수집 및 표현, 분해, 패턴 인식, 추상화, 알고리즘, 시뮬레이션, 병렬화 및 자동화로 구분하고 있다.

컴퓨팅 사고력 단계의 공통 사항

이렇듯 컴퓨팅 사고력 단계의 공통 사항을 분석해 보면 문제 분석, 데이터 수집과 표현, 문제 분해, 패턴 인식, 알고리즘, 자동화 과정으로 정리할 수 있다(그림 6.2).

여기서 문제 분석은 문제 상황을 이해하는 것이고, 데이터 수집과 표현은 데이터를 모으고 조작하는 것이다. 문제 분해는 큰 문제를 작은 문제로 쪼개는 것이고, 패턴 인식은 문제를 구조화하고 추상화하는 것이다. 알고리즘은 순서에 따라 문제해결을 자동화하는 것이다. 이러한 컴퓨팅 사고력 단계를 사용해서 문제를 창의적으로 해결할 수 있는 능력을 기르는 것이 최근 소프트웨어 교육의 기본 사고력 방식으로 많이 활용된다.

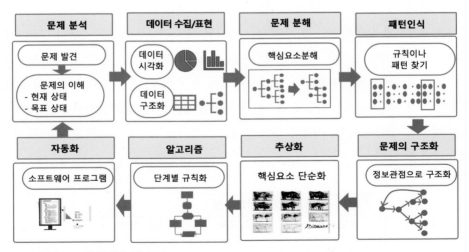

그림 6.2 컴퓨팅 사고력 단계와 핵심 요소

각 컴퓨팅 사고력의 요소를 조금 더 자세히 살펴보자.

문제 분해

실생활에서 부딪히는 문제

우리는 날마다 실생활에서 많은 문제에 부딪히고 그것을 해결하면서 살아간다. '오늘 점심은 무얼 먹을까?'라는 문제부터 '좋은 직장 얻기'나 '높은 학점 받기'와 같이 생각할 시간이 필요한 문제까지 다양하다. '오늘 점심 메뉴 선택 문제'처럼 단순한 문제는 생각나는 대로 결정하기가 쉽다. 그런데 어려운 문제는 어떻게 해결해 나갈 것인가? 당장 해결책이 쉽게 생각나지 않는 경우에는 손을 놓기가 쉽다. 그렇지만 앞서 살펴본 컴퓨팅 사고력의 단계와 핵심 요소를 효율적으로 적용한다면 우리 앞에 당면한 문제를 보다 효율적이고 쉽게 해결할 수 있을 것이다. 그 과정을 한 번 살펴보자.

문제해결의 첫 단계: 정확한 이해와 문제 분해

문제를 풀기 위해 가장 중요한 것은 문제에 대한 정확한 이해다. 문제를 정확히 이해하는 것은 생각을 구조화해서 '생각을 효율적으로 정리하는 것'이다. 문제의 이해는 문제 안의 다양한 요소를 찾아 각 요소의 관계를 파악하여 문제의 현재 상태와 목표 상태를 나누어 정확히 문제의 핵심을 알아내는 것이다.

문제를 정확하게 이해하고 난 후, 문제를 해결하기 쉬운 상태로 쪼개는 작업이 필요하다. 이것을 **문제 분해**라고 한다. 문제 분해는 문제를 이해한 후 해결 가능한 수준의 작은 문제로 다시 잘게 나누는 과정이다(그림 6.3). 이때 작은 문제들은 각각의 기능이나 절차, 요소별로 더 작게 나눈다. 이렇게 나누어진 부분 문제는 큰 문제보다 훨씬 더 쉽게 해결책을 찾을 수 있다. 그리고 나중에 부분 문제의 해결책을 모으면 주어진 큰 문제의 해결책을 찾을 수 있다.

그림 6.3 문제 분해 개념

주어진 큰 문제를 부분 문제로 쪼개는 방식의 다른 사례로 마인드맵(mind map)이 있다. 마인드맵은 사람들의 생각을 정리하거나 분해하는 방법으로 사용한다(그림 6.4). 어떤 주제나 문제에 대해 여러 생각을 핵심 키워드와 연관 키워드로 그림으로 정리한다. 그리고 가장 중요도가 높은 것을 추리다 보면 문제에 대처할 방법이 정리된다. 보통 여러 사람이 모여 문제를 해결하는 프로젝트를 시작할 때 이 방법을 많이 사용한다. 큰 범위에서 보면 이 방식도 문제 분해의 예라고 할 수 있다.

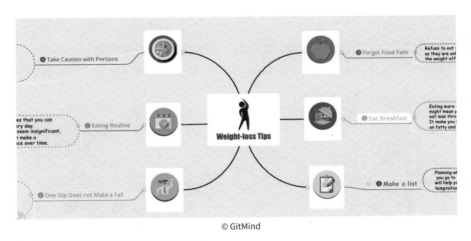

© GitMind

그림 6.4 '체중감량 다이어트'를 위한 마인드맵 예시

무료 온라인 마인드맵 작성 프로그램인 GitMind(https://gitmind.com/kr/), EdrawMind(이드로우 마인드, https://www.edrawsoft.com/kr/edrawmind/)를 이용해 무료로 마인드맵이나 플로차트(flowchart) 등을 만들 수 있다.

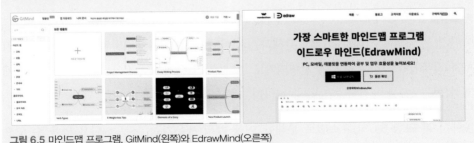

그림 6.5 마인드맵 프로그램, GitMind(왼쪽)와 EdrawMind(오른쪽)

문제 분해 해결 방법

▪ 요소별 분해: 병렬로 처리하자

생활에서 부딪치는 문제의 한 예로 '여행 계획 세우기: 광주, 전주, 대구, 강릉, 서울을 거쳐 가기'와 같은 문제를 가정해보자. 여행 계획을 세우기 위해서는 일정, 교통편, 숙박, 먹거리, 볼거리 등 많은 요소를 고려해야 한다. 가장 효율적으로 다녀올 수 있는 일정 짜기 등을 생각하면 미리 머리가 아파오기 시작한다.

이때는 그림 6.6처럼 먼저 문제의 각 요소를 파악한 후, 요소별로 나란히 나열해본다(병렬로 처리한다). 이렇게 분류한 요소별로 다시 부분 문제로 분해해간다. 그러면 요소별 선택 사항과 처리해야 할 문제가 한눈에 들어온다. 이 과정이 병렬로 처리하는 요소별 분해다.

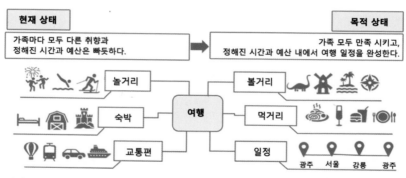

그림 6.6 여행 계획 세우기의 문제 분해

▪ 절차별 분해: 순서대로(순차적으로) 처리하자

어떤 일은 일의 순서대로 문제를 분해하는 것이 쉬울 수 있다. 어떤 일은 시간에 따라 절차가 진행되기도 하고 동시에 진행되기도 한다. 시간 순서대로 절차를 정리하는 것은 체계적으로 문제를 해결하는 방법 중 하나다.

앞에서 본 그림 6.6의 요소별로 분해한 '여행 계획 세우기'는 부분 해답은 얻을 수 있으나, 정확한 해답은 구할 수 없다. 그 이유는 '시간'이라는 요소가 빠졌기 때문이다. 이렇듯 어떤 문제는 시간에 따라 순차적으로 분해하는 것이 더 적절할 수 있다.

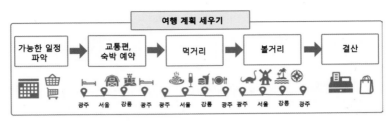

그림 6.7 여행 계획 세우기의 절차별(순차적) 문제 분해의 예

■ 분할과 정복: 해결할 수 있는 문제부터 풀고 결합하자

분할과 정복(divide and conquer)은 컴퓨터 프로그램에서 종종 사용하는 알고리즘으로, 문제를 분해할 때 사용한다. 복잡한 문제를 유형이 비슷한 해결하기 쉬운 부분 문제로 나누고(divide), 나눈 부분 문제를 먼저 해결(conquer)한 후, 그 해결책을 결합(combine)해 최종 문제를 해결하는 방식이다. 그래서 이 방법에서는 '분할 단계', '정복 단계(부분 문제해결)', '결합 단계'의 3단계로 나눈다. 다음은 분할 정복을 사용하는 가장 대표적인 예인 **이진 탐색**(binary search)을 살펴보자.

이진 탐색은 정렬된 수의 집합에서 특정 값만 찾을 때 사용하는 방식이다. 그림 6.8과 같이 11개 숫자가 순서대로 정렬됐을 때 분할 정복을 통해 25를 찾는 과정을 살펴보자.

- ■ (분할 단계) 자료 집합 원소의 개수를 확인하고, 중앙값을 기준으로 나눈다.
- ■ (정복 단계) 항상 중앙값을 기준으로 목푯값을 비교하여 탐색한다. 중앙값을 기준으로 목푯값이 위치한 부분(왼쪽이나 오른쪽)을 탐색하고 나머지는 버린다.
- ■ (결합 단계) 정복 단계를 반복하여 목푯값만 남을 때까지 반복한 후 목푯값을 찾아서 이진 탐색 문제를 해결한다.

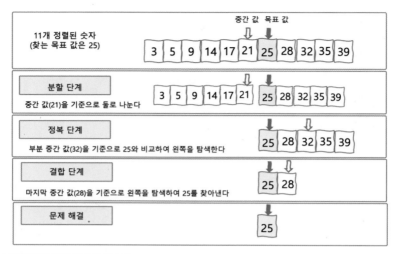

그림 6.8 분할 정복에 의한 이진 탐색의 예

패턴 인식

패턴 인식(pattern recognition)이란 복잡한 문제를 효율적으로 해결하기 위해 문제 사이에서 일정 규칙이나 유사성을 갖고 반복되는 규칙이나 패턴을 찾는 것이다. 패턴이라는 단어는 원래 프랑스어 patron에서 온 것으로, '되풀이되는 사건이나 물체의 형태'를 가리킨다. 즉, 물체의 집합 요소가 예측 가능한 방식으로 반복되고 주기적으로 되풀이되는 것을 의미한다.

자연의 패턴 인식: 프랙탈과 피보나치수열

우리는 주변에서 일정하게 반복되는 것을 많이 볼 수 있다. 특히 자연 현상에서 더욱 많이 관찰된다. 대표적인 경우가 눈송이 결정, 고사리의 잎, 리아스식 해안 등에서 볼 수 있는 프랙탈(fractal) [3]이다.

---

3 표준국어대사전은 '임의의 한 부분이 전체의 형태와 닮은 도형. 미국의 수학자 망델브로가 제시한 것으로, 컴퓨터 그래픽 분야에 널리 응용되고 있으며 자연계에서는 구름 모양이나 해안선 따위에서 볼 수 있다'라고 정의하고 있다.

 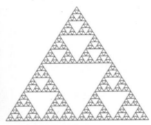 

ⓒ Wikimedia Commons

그림 6.9 프랙탈 구조의 예. 쥘리아 프랙탈(왼쪽), 시어핀스키 삼각형(가운데), 프랙탈 트리(오른쪽)

패턴 인식을 잘하려면 문제에서 공통적인 요소나 기능을 찾아내거나 문제 사이에서 발생하는 공통적인 차이와 개별 요소를 찾아야 한다. 이 과정에서 반복되는 규칙(즉 일정한 패턴)을 찾아냈을 때 우리는 이것을 문제 해결의 '패턴 인식'이라 한다. 그림 6.9를 잘 살펴보면 반복적 규칙을 다루는 수학이 숨어있다. 피보나치수열[4]은 이 반복적 규칙을 설명해준다. 여기서 수열이란 '일정한 규칙에 따라 한 줄로 배열된 수의 열'을 말한다.

먼저 그림 6.10과 같은 피보나치수열의 규칙과 이 수열로 만들어진 피보나치 사각형을 살펴보자. 여러분은 그림 6.10의 수열에서 어떤 규칙을 발견했는가? 숫자가 오른쪽으로 (뒤로) 갈수록 커지는 것은 보면 알 수 있다. 여기에는 일정한 수의 규칙이 있다. 이런 수의 규칙을 패턴이라고 할 수 있다. 이렇게 패턴과 규칙을 알아내고 찾아내는 것을 패턴 인식이라 한다.

피보나치수열에서의 패턴은 '연속하는 두 수의 합을 그 다음 수로 적는 것'이다. 흥미롭게도 피보나치수열은 자연에서 더 많이 찾아볼 수 있다. 이렇게 자연의 디자인에서 찾은 피보나치수열의 비율을 '황금비[5]'라 한다.

4　피보나치(Leonardo Fibonacci, 1170년 추정 ~ 1250년 추정)는 중세 유럽의 가장 뛰어난 수학자로 알려져 있다. 피보나치수열은 1228년 '산반서'라는 책을 통해 소개됐다. 피보나치수열은 토끼의 번식을 설명하는 데서 시작됐다고 한다.
5　자연과 디자인에서 찾을 수 있는 '피보나치수열'에 숨은 황금비, 삼성디스플레이 뉴스룸, https://news.samsungdisplay.com/23402

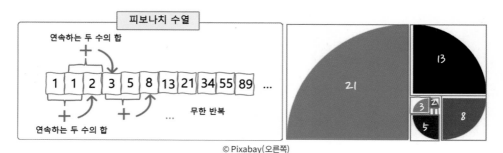

© Pixabay(오른쪽)

그림 6.10 피보나치수열의 패턴(왼쪽)과 피보나치 사각형과 피보나치 나선(오른쪽)

© 지디넷코리아

그림 6.11 피보나치수열의 패턴에 따른 해바라기꽃의 씨 배열(위 왼쪽)과 솔방울 비늘의 배열(위 오른쪽), 앵무조개의 나선(아래 왼쪽) 모양[6], 몽키퍼즐 트리의 잎(아래 오른쪽)

1900년대 옥스퍼드대학의 식물학자 처치(A. H. Church)는 그림 6.11 해바라기꽃 씨의 배열이 피보나치수열의 패턴에 따른다는 사실을 발견했다. 식물학자들은 자연의 여러 곳에서 피보나치수열을 찾았다. 식물 줄기의 가지 수, 가지 밑동에서 차례로 나는 잎의 수, 소라나 고둥의 나선 모양, 솔방울 비늘의 배열, 파인애플, 해바라기 씨앗의 나선 모양 배치와 꽃잎 수에서도 찾을 수 있다. 이렇듯 피보나치수열은 사람이 가장 아름답게 느낀다는 황금비를 만들어 내는 것으로 알려져 있다. 그러면 '자연의 모든 법칙이 피보나치수열을 따르는 것일까?'라는 생각을 해볼 만하다.

---

6 수학–우주 상징 황금나선 구조 "주변에도 많네", 지디넷코리아, https://zdnet.co.kr/view/?no=20150413104513

인공지능에서의 패턴 인식

패턴 인식 알고리즘은 인공지능 분야에서 가장 많이 사용한다. 인공지능이 인간의 지능을 학습하고 추론하기 위해서는 패턴을 찾아 학습해야 하기 때문에 패턴 인식이 중요하다. 그 예로 언어를 배우려면 한국어와 영어의 문법 패턴이나 어휘 패턴 등을 학습해야 한다. 이때 패턴을 찾아내 학습해야 하는데, 그 과정이 바로 패턴 인식이다.

어떤 이미지나 모양을 수많은 이미지 데이터 속에서 찾으려면 패턴 인식이 필요하다. 엄밀히 말하면 이는 이미지 인식이다. 사과 이미지를 찾는다고 하면, 여러 가지 모양의 사과 사진이나 이미지를 보고 패턴을 찾아내야 한다. 사과의 특징, 색깔, 껍질의 특징 등을 찾을 것이다. 그러고 나면 인공지능은 학습한 패턴과 특징을 기준으로 여러 과일 사진 중에서 사과를 인식하고 찾을 수 있다. 이렇듯 패턴 인식은 인공지능의 눈과 같은 역할을 한다. 그래서 인지과학 분야에서는 패턴 인식을 '계산이 가능한 기계적인 장치(컴퓨터)가 어떠한 대상을 인식하는 문제를 다루는 인공지능의 한 분야'라고 정의한다.

문제의 구조화

문제 분해를 통해 문제를 잘게 쪼개고 작은 문제를 풀어 쉽게 해답을 찾고 각각의 규칙이나 패턴을 찾았다. 이러한 과정은 배열(array), 표, 트리(tree), 그래프와 같은 도구의 도움으로 문제를 '구조화(structuring)'하면 더욱 쉽게 해결할 수 있다. 여기서 구조화라는 것은 머릿속에 떠다니는 수많은 생각을 정리 정돈하는 것이라 볼 수 있다.

표준국어대사전에서 정의하는 **구조화**는 '부분적 요소나 내용이 서로 관련되어 통일된 조직으로 만들어짐. 또는 그렇게 만듦'이다. 즉, '사고 대상을 구성하는 부분(개별 요소)이 각각 어떠한 관련성을 바탕으로 전체를 이루는지를 명확히 규명하여 의미를 파악하는 행위'라 말할 수 있다. 즉, 생각을 체계적으로 정리한 것이다.

그림 6.8의 분할 정복에 의한 이진 탐색의 예를 다시 살펴보자. 이것을 구조화한다면 어떻게 하는 것이 한눈에 알아보기 쉬울까? 이진 탐색의 예는 경우에 따라 선택이 정해지고 단계별로 진행되기 때문에 트리 도구를 사용하면 보기 쉽게 구조화할 수 있다.

그러면 '노드(node, 마디)'와 '연결선(branch, 가지)'으로 그림 6.8을 구조화해 보자. 여기서 노드는 어떤 상태를 나타내고 연결선은 하나의 상태에서 다른 상태로 갈 수 있는 조건을 나타낸다. 그림 6.8의 이진 탐색 문제를 구조화하면 그림 6.12와 같다.

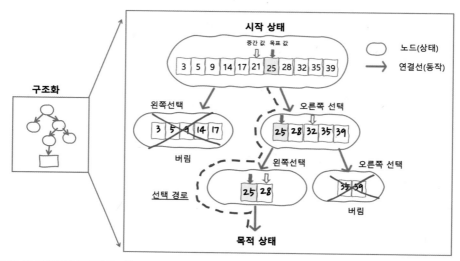

그림 6.12 이진 탐색 문제의 구조화

이렇듯 문제를 구조화해 보면 좀 더 이해하기 쉽게 눈에 들어온다. 그렇지만 모든 문제를 노드와 연결선으로 표시할 수 있는 것은 아니다. 복잡한 문제에 대해서는 중요한 핵심 사항만 명확하게 단순화하는 작업이 필요하다. 그것이 추상화다.

추상화

추상화(abstraction)는 문제의 핵심적이고 중요하다고 생각되는 부분만 남기고 중요하지 않은 부분은 생략하여 문제를 단순하게 만들어가는 과정이다. '추상(抽象)'은 여러 가지 사물이나 개념에서 공통적인 것을 뽑아내는 '추(抽)'와 그것을 나타내는 모양을 뜻하는 '상(象)'이 결합된 한자어다. 결국 추상화는 여러 가지 사물이나 개념의 핵심적인 부분만 뽑아 그림, 기호, 그래프 등으로 표현하는 것이다.

대표적인 예로 그림 6.13과 같이 천재 화가 피카소가 황소의 특징적인 부분만 추려 그림을 완성해 가는 과정을 보면 '추상화' 과정을 쉽게 이해할 수 있다. 마지막 그림을 보면 황소의 가장 중요하고 단순한 모양만 뽑아냈다. 황소의 특징적인 뿔과 네 다리, 꼬리와 몸통으로 소를 간단히 형상화했다.

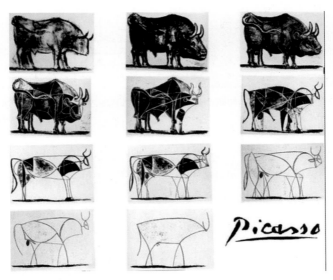

그림 6.13 추상화 과정의 예. 피카소의 '황소' (Pablo Picasso, Bull, 1945년)

추상화 모델링

이와 같이 문제를 분해하고 일정한 패턴을 찾아내 해결하는 과정을 추상화 과정이라고 한다면, 실제로 문제를 해결하기 위해서는 '문제 해결에 필요한 핵심 요소와 그 관계를 표현하는 과정'이 필요하다. 이러한 과정을 **추상화 모델링**이라 한다.

모델링은 단순히 문제를 해결하는 과정에 관심이 있는 영역의 특징만 닮게 만드는 것을 말하지만, 추상화 모델링은 문제를 해결하기 위해 문제를 구체적으로 분해해서 구조화하고, 특징을 글, 표, 수치, 그래프 등으로 표현하는 것을 말한다. 우리가 쉽게 볼 수 있는 추상화 모델링의 예로 지하철 노선도가 있다.

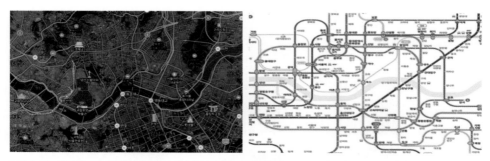

그림 6.14 지하철 노선도의 추상화 모델. 네이버 위성지도로 본 서울 지하철 노선(왼쪽), 추상화 모델링한 지하철 노선도 (오른쪽)

또 다른 추상화 모델링의 예로 인공지능 알고리즘인 **머신러닝**(machine learning)을 들 수 있다. 머신러닝은 수많은 이미지로 선의 위치, 굴곡, 방향 등의 패턴을 분석해 추상화 모델링을 만들고 특정 알파벳이나 숫자를 인식한다. 이러한 과정이 추상화 모델링을 사용한 예다.

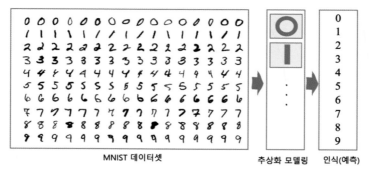

MNIST 데이터셋   **추상화 모델링**   **인식(예측)**

ⓒ MNIST dataset/Wikimedia Commons

그림 6.15 머신러닝에서 숫자의 추상화 모델링 과정 (MNIST 데이터셋 이용)

그림 6.15는 MNIST[7]에서 제공하는 손 글씨 숫자 데이터셋(data set, 여러 데이터 모임)을 추상화하는 과정을 보여준다. 손으로 쓴 숫자 데이터셋을 머신러닝 알고리즘을 사용해 추상화한 후 정확한 숫자를 인식하거나 예측한다. 여기서 추상화 모델링은 각 숫자의 특징을 파악한다. 이 숫자 패턴 인식은 1986년 NIST(미국 국립표준기술연구소)의 얀 르

---

7   MNIST(Modified National Institute of Standards and Technology)는 손으로 쓴 숫자로 이루어진 대형 데이터베이스(database)로, 다양한 이미지 처리 시스템을 훈련(트레이닝)하는 데 널리 사용된다.

쿤(Yann LeCun)[8]에 의해 손 글씨로 쓴 우편번호를 읽어 빠르게 분류할 수 있는 방법을 고민하다가 개발한 숫자 인식 알고리즘이다.

다양한 추상화 방법

정보를 처리하는 과정에서 주로 다루는 데이터나 절차, 제어 등을 추상화하는 방법은 무엇일까? 놀랍게도 다양한 데이터를 추상화하는 데는 주로 글이나 표, 그림, 그래프 등 흔히 주변에서 봤던 다양한 표현 도구를 사용한다.

숫자와 문자로 가득한 데이터는 표나 수식을 사용하는 것이 편리하다. 그리고 절차나 프로세스의 추상화는 순서도나 관계도 같은 그래프를 사용하고, 제어와 같은 개념을 추상화하기 위해서는 트리 구조를 사용하는 것이 편리하다. 그림 6.16은 추상화 방법을 분류별로 간단히 정리한 그림이다.

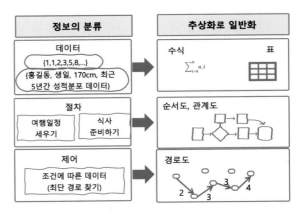

그림 6.16 데이터, 절차, 제어를 추상화해 일반화하는 방법

알고리즘

알고리즘(algorithm)[9]은 어떤 문제를 해결하기 위한 일련의 흐름, 절차, 단계나 방법을 표현한 것이다. 즉, 알고리즘은 단계별 지침을 명령어를 이용해 논리적인 순서대로 나열한 것이다. 한마디로 **흐름의 정리**라고 할 수 있다.

---

8   얀 르쿤의 MNIST 데이터베이스, http://yann.lecun.com/exdb/mnist/

9   알고리즘(algorithm)이라는 단어는 9세기경 페르시아 수학자이며 과학자인 '알콰리즈미(al-Khwarizmi)'의 이름에서 유래했다. 알콰리즈미는 수학의 다양한 방정식의 해법을 정리한 '알지브라(algebra, 대수학)'를 830년 집필했고 유럽에 전했다. 그의 라틴어 이름은 알고리즈미(algoritmi)로, '십진수 시스템'을 의미했다. 이 이름이 시대에 거쳐 사용됐고, 19세기에 들어서야 영어 사전에 알고리즘(algorithm)이라는 단어가 사용됐다. 1950년대에 들어서 컴퓨터가 보편화되면서 지금 사용하는 알고리즘이라는 의미로 사용됐다. 참조: https://towardsdatascience.com/how-did-we-get-here-the-story-of-algo-rithms-9ee186ba2a07

컴퓨터 프로그램에서는 알고리즘이 실행 명령어의 순서를 의미한다. 알고리즘에서 가장 중요한 것은 효율성이라고 할 수 있는데, 같은 문제를 푸는 데 있어 결과는 같아도 해결 방법에 따라 실행 속도나 오차·오류 등에 차이가 있기 때문이다. 그래서 자동화를 위해서는 정확하고 효율적인 알고리즘이 필요하다.

고양이 로봇 청소기와 알고리즘

예를 들어 고양이가 로봇 청소기를 타고 먹을 것을 찾아간다고 가정해보자. 고양이는 단지 로봇청소기 사용자라고 가정하자. 이때 로봇 청소기가 가장 효율적이고 정확하며 빠르게 먹이를 찾는 방법은 무엇일까? 조건은 로봇 청소기는 한 번에 한 칸만 이동할 수 있고, 알아들을 수 있는 명령어는 '직진', '우회전', '좌회전', '후진'이라 가정해보자.

그러면 고양이가 먹이를 가장 빠르게 찾는 방법은 무엇일까? 먹이가 위치한 곳은 가로 5개, 세로 5개로 이루어진 25개 칸 중에서 14번에 놓여있다. 1번 칸에서부터 시작하므로 목표는 14번까지 가는 가장 빠른 방법을 찾는 것이다. 그림 6.17은 이때 가능한 이동 경로를 표시해 본 것이다. 물론 이것보다 더 다양하고 많은 방법이 있을 것이다. 어쨌든 직진과 우회전 또는 좌회전을 사용해 5번의 이동으로 찾는 길이 가장 빠른 방법인 것을 알아냈다.

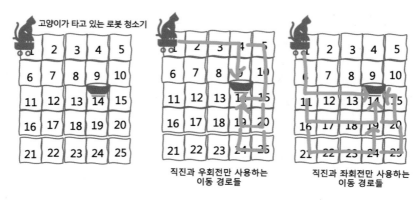

그림 6.17 고양이가 타고 있는 로봇 청소기가 먹이를 찾아가는 다양한 이동 경로

고양이가 타고 있는 로봇 청소기의 알고리즘

앞에서는 사람이 미로를 보면서 리모컨으로 로봇 청소기를 조정한 것이었다. 만일 로봇을 리모컨으로 조정하지 않고 알아서 찾아가게 해야 한다면 어떻게 이동하도록 설정해야 할까? 그림 6.18과 같이 알고리즘을 설정하면 먹이가 어디에 놓여 있든지 로봇 청소기는 고양이 먹이를 알아서 찾아간다. 시간이 조금 걸릴 수는 있지만, 알아서 찾아간다는 것이 이 알고리즘의 핵심이다. 이것이 **알고리즘을 사용한 자동화**의 예다.

하나의 해결 방법

- (명령어 세트 1) 한 칸씩 직진한다. 벽이 없으면 계속 한 칸씩 직진한다. 벽에 부딪히면 우회전하고 한 칸 직진하고 다시 우회전한다.

- (명령어 세트 2) 한 칸씩 직진한다. 벽이 없으면 계속 한 칸씩 직진한다. 벽에 부딪히면 좌회전하고 한 칸 직진하고 다시 좌회전한다.

- 다시 (명령어 세트 1), (명령어 세트 2)를 반복한다.

- 먹이를 찾으면 정지한다.

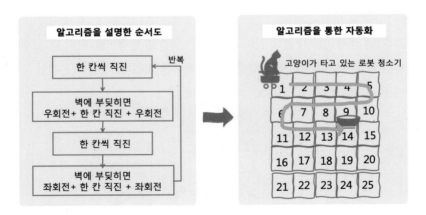

그림 6.18 고양이가 타고 있는 로봇 청소기가 알아서 먹이를 찾는 알고리즘

로봇 청소기의 알고리즘 비교

고양이가 타고 있는 로봇 청소기처럼 어떤 문제의 답을 얻기 위해서는 일의 순서를 결정해야 한다. 이 순서를 프로그래밍언어로 기술해 놓으면 프로그램이 되는 것이다. 그런데 목적을 달성할 수 있는 일의 순서가 여러 가지가 있다면 우리는 **효율**을 생각해야 한다.

그림 6.17과 그림 6.18에서 효율을 비교하려면 로봇이 움직인 거리를 비교하면 된다. 움직인 거리가 가장 짧은 것이 가장 효율적인 알고리즘이다. 그림 6.17에서의 '직진과 우회전 한 번 후 계속 직진' 또는 '직진과 좌회전 한 번 후 계속 직진'의 경우가 가장 움직인 거리가 짧아서 거리 측면에서는 가장 효율적이다. 그렇지만 이 방법은 **완전 자동화**가 아니다.

반면, 그림 6.18의 방법은 완전 자동화된 해결 방법이고, 움직인 거리가 멀더라도 자동화 측면에서 보면 가장 효율적이라고 할 수 있다. 사람이 조정하지 않아도 되기 때문이다. 이처럼 같은 일을 하는 프로그램도 효율적인 것이 있고 그렇지 못한 것이 있을 수 있다. 따라서 프로그램을 작성하기 위해서는 목적 달성을 위한 일의 순서를 정하는 것이 중요하다. 즉, 알고리즘을 작성하는 것이 가장 중요하다.

알고리즘의 기본 구조

알고리즘의 흐름을 표현하는 가장 기본적인 구조는 '순서를 정의하는 것'이다. 순서를 정의하는 3가지 구조는 **순차**(sequence), **반복**(repetition), **선택**(selection)이다.

순차는 알고리즘 명령어를 나열한 것이고, 반복은 똑같은 명령어를 여러 번 실행하는 것이며, 선택은 조건에 따라 명령어를 선택하여 실행하는 것이다. 가장 기본적인 구조는 차례대로 하나씩 실행하는 순차 구조다.

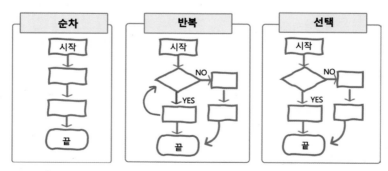

그림 6.19 알고리즘의 순서를 정의하는 3가지 구조

알고리즘 표현 방법

알고리즘을 표현하는 방법으로는 명령어를 자연어와 같은 언어로 표현하거나 컴퓨터가 알아들을 수 있는 기호나 약자로 표현하는 방법이 있다. 기호로 표시하는 방법이 **순서도**(flowchart)이고, 약자로 표현하는 방법이 **의사코드**(pseudo code)다. 그 밖에 자연어로 표현하는 방법, 컴퓨터가 알아듣는 언어인 컴퓨터 **프로그래밍 언어**(program language)로 표현하는 방법 등 다양한 방법이 있다.

라면을 끓이는 방법을 알고리즘으로 표현해보자. 보통 라면 봉지 뒤에 조리법이 그림으로 설명돼 있다. 다음과 같이 간단한 문장으로 그 순서를 정리해보자. 그림 6.20의 왼쪽은 자연어(한글, 영어 등 사람이 사용하는 언어)를 사용하여 알고리즘을 표현한 것이다. 조금 더 간단히 정리하려면 그림 6.20의 오른쪽 그림과 같이 문장을 간단히 정리해 기호와 함께 표현한다. 사실 기호와 함께 간단히 정리하는 것이 컴퓨터 프로그램 코드와 가장 비슷하다. 그래서 이렇게 우리말로 정리한 것을 **의사코드**(pseudo code)라 한다.

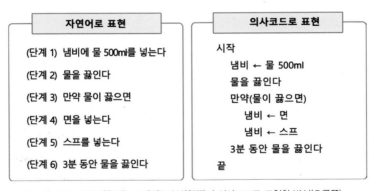

그림 6.20 알고리즘 표현 방식. 자연어(한글)로 표현한 방식(왼쪽)과 의사코드로 표현한 방식(오른쪽)

조금 더 단순하면서 직관적인 방식은 추상화된 도형과 기호를 사용하는 방식이다. 약속된 모양의 도형과 기호로 어떠한 문제에 대한 해결책을 순서대로 나타내는데, 이것을 **순서도**(flowchart, 플로차트 또는 흐름도)라고 한다. 순서도를 사용하면 알고리즘을 알기 쉽게 표현할 수 있다. '라면 끓이기' 알고리즘을 순서도로 표현하면 그림 6.21과 같다.

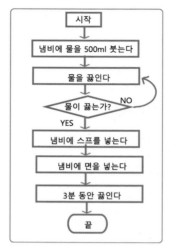

그림 6.21 '라면 끓이기' 알고리즘을 순서도로 표현

이처럼 순서도는 '순서의 흐름을 정의'한 것으로 알고리즘을 그림으로 알기 쉽게 표현한 것이다. 순서도에서는 편의를 위해 약속된 도형이나 기호를 사용하는데, 순서도에 사용되는 몇 가지 기호의 예를 그림 6.22에 정리했다.

기호		기호의 설명	보기
⬭	터미널	순서도의 시작이나 끝을 나타냄	시작(끝)
☐	처리	값을 계산하거나 대입 등을 나타냄	A=B+C
◇	판단	조건이 참이면 '예', 거짓이면 '아니오'로 가는 판단 기호	A>B 아니오 / 예
☐	인쇄	서류로 인쇄할 것을 나타냄	인쇄 A
▱	입출력	일반적인 입출력을 나타냄	입력(출력)
↓	흐름선	기호를 연결하여 처리의 흐름을 나타냄	시작 / A, B 입력

그림 6.22 순서도에서 사용하는 기호의 예

알고리즘의 선택: 평균 구하기 문제

어떤 문제를 해결하기 위해서는 작업을 실행해야 하는데, 작업에는 여러 종류가 있을 수 있다.

예를 들어 a, b, c라는 세 수의 평균을 구하는 문제를 생각해보자. 평균을 구하는 문제를 푸는 데는 어떤 종류의 작업이 필요한지 살펴보자. 세 수의 평균을 구하는 문제의 경우, '더하기'는 두 번, '나누기' 작업은 한 번이 필요하다. 잠시 생각해 보면, 작업 횟수가 왜 그런지 쉽게 유추할 수 있다. 이렇듯 문제 풀이 과정을 알고리즘으로 만들기 위해서는 작업 순서를 정하면 된다.

세 수를 더하는 경우에는 어떤 두 수를 먼저 더할 것인가도 정해야 한다. a와 b를 더하고 나서 그 결과에 c를 더할 수도 있고, a와 c를 더한 다음 그 결과에 b를 더할 수도 있다. 이러한 순서는 문제에 따라 여러 가지가 있을 수 있어서 작업 순서를 정확히 결정해야 한다. 그렇지 않으면 원하는 결과를 얻을 수 없기 때문이다. 다음 예를 살펴보면 작업 순서에 따라 결과가 달라지는 것을 확인할 수 있다.

다음은 두 수 a와 b를 더하고 나서 그 결과에 c를 더하고 이를 3으로 나누어 평균을 구하는 작업의 절차를 보여준다.

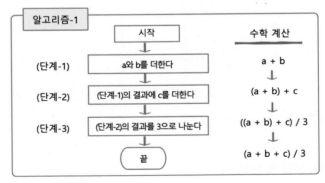

그림 6.23 세 수의 평균 구하기 (알고리즘–1)

다음은 b와 c를 더하고 나서 그 결과에 a를 더하고 이를 3으로 나누어 평균을 구하는 작업의 절차다.

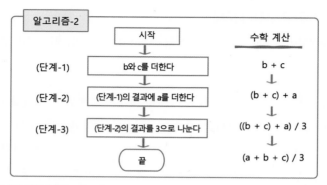

그림 6.24 세 수의 평균 구하기 (알고리즘-2)

위의 두 가지 작업 순서는 같은 결과를 생성한다. 하지만 다음 작업 순서는 앞의 두 작업 순서와 결과가 다르게 나온다. 먼저 b와 c를 더한 후, 그 결과를 3으로 나눈다. 그리고 단계-3에서 단계-2의 결과에 a를 더한다. 그러면 그 결과는 앞의 두 알고리즘의 결과와 다르다. 단계-2에서 더한 a는 3으로 나눠지지 않았기 때문에 결과에 $(3a)/3=a$가 그대로 남아있게 된다.

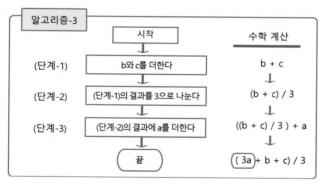

그림 6.25 세 수의 평균 구하기 (알고리즘-3)

알고리즘의 선택: 생활 속 문제

수학 공식의 예시를 일상생활의 문제로 확장해볼 수도 있다. 예를 들어, 계산할 때의 단위나 순서에 따라 결과가 달라지는 경우를 일상생활에서 발견할 수 있다.

- **요리 레시피 알고리즘**: 밀가루와 설탕, 버터, 계란을 섞어서 케이크를 만드는 요리 레시피 예를 들어보자. 버터와 설탕을 먼저 섞어 놓고 나중에 밀가루와 계란을 넣어 만든 케이크 결과물은 원하는 케이크가 아닐 것이다.

- **길 찾기 알고리즘**: 길 찾기 알고리즘에서도 경로의 순서에 따라 결과가 달라질 수 있다. 예를 들어, A 지점에서 B 지점으로 가는 길은 A → C → D → B, A → E → F → D → B, A → C → F → D → B 등 다양한 경로가 있을 수 있다. 이때 선택한 경로의 순서에 따라 걸리는 시간(결과물)이 달라진다.

- **쇼핑 할인 계산 알고리즘**: 할인 쿠폰을 사용하여 쇼핑할 때 할인을 적용하는 순서에 따라 최종 금액이 달라질 수 있다. 예를 들어, 20% 할인 쿠폰과 10,000원 상품권을 사용하여 50,000원짜리 상품을 사는 경우, 할인을 적용하는 순서에 따라 최종 금액이 달라질 수 있다. 상품권을 먼저 사용한다면 최종 가격은 32,000원이 된다. 반면, 할인 쿠폰을 먼저 적용하면 최종 가격은 30,000원이다.

위와 같이, 일상생활에서도 계산할 때의 단위나 순서에 따라 결과가 달라질 수 있다. 이렇게 작업의 실행 순서는 문제를 푸는 데 매우 중요하다. 선택한 순서에 따라 결과가 달라지기 때문이다. 그래서 **작업 순서를 정확히 정해 놓고 문제를 해결하는 절차를 알고리즘**이라고 한다.

프로그래밍 언어 맛보기

컴퓨터는 순서도를 그대로 이해할 수 없다. 순서도는 알고리즘을 사람이 이해할 수 있게 기호로 표시한 것이고, 컴퓨터가 이해할 수 있게 하기 위해서는 컴퓨터 프로그래밍 언어를 사용해야 한다. 컴퓨터가 사용하는 언어에는 문법이 있고 명령어가 있다. 그래서 우리가 만든 알고리즘을 컴퓨터가 이해할 수 있는 언어로 표현해야 한다. 이러한 알고리즘을 컴퓨터 프로그래밍 언어로 기술하여 놓은 것이 **컴퓨터 프로그램(computer program)**이다. 알고리즘에 따라 특정 프로그래밍 언어로 프로그램을 작성하는 일을 **코딩(coding)**이라고 한다.

그림 6.26은 다양한 프로그래밍 언어를 사용해서 'Hello World'를 출력하는 프로그램을 작성한 것이다. 일반적으로 많이 사용하는 프로그래밍 언어는 파이썬(Python), 자바(JAVA), C 언어 등이다. 스크래치(scratch)는 주로 초급자를 위해 블록으로 명령어를 알아보기 쉽게 만든 프로그램 언어다.

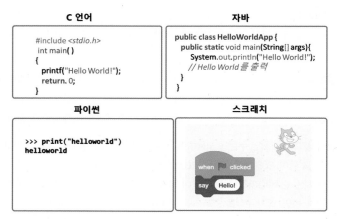

그림 6.26 프로그램 언어로 표현한 알고리즘

자동화

추상화 과정이 핵심 요소만 추려 단순하게 정적인 모델로 만드는 것이었다면, 알고리즘은 정보와 데이터를 처리하는 순서와 흐름을 **동적인(dynamic) 모델**로 만든 것이다. 다시 말해 순서와 흐름을 규칙으로 정하고 자동화한 것이다.

문제의 해결책을 컴퓨터 프로그램으로 만드는 자동화 과정은 그림 6.27과 같다. 문제를 해결하는 과정은 문제를 발견하고 이해하는 문제 분석, 정적인 모델을 만드는 추상화 모델링, 추상화된 모델을 다시 동적인 모델로 만드는 자동화 알고리즘, 그리고 마지막으로 이 알고리즘을 컴퓨터 프로그램 코드로 만드는 프로그래밍의 순으로 이루어진다. 이렇게 만들어진 프로그램은 컴퓨터에서 자동으로 처리된다. 여기서 컴퓨터로 자동화 프로그램을 만드는 것을 **프로그래밍**이라고 한다.

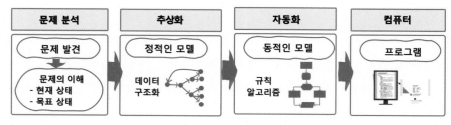

그림 6.27 추상화와 자동화에서 컴퓨터 프로그램으로

자동화 프로그램을 만드는 컴퓨터 프로그래밍 도구는 매우 다양하다.

가장 쉽게 접할 수 있는 것은 블록 형태로 명령어를 구성한 프로그래밍 언어다. 주로 컴퓨터 비전공자나 일반인 또는 초중고 학생 SW 교육용으로 사용된다. 그렇지만 블록 프로그램 언어로도 복잡하고 난이도가 높은 프로그램을 개발할 수 있다. 또한 아두이노 (Arduino)[10]와 같은 '피지컬 컴퓨팅(physical computing)'을 같이 사용해 인공지능 기능을 학습하거나 활용할 수 있는 프로그램도 만들 수 있다.

대표적인 블록형 프로그래밍 언어로는 MIT의 스크래치, 코드닷오알지(code.org), 네이버의 엔트리(entry), 구글의 블록리(blockly) 등이 있다. 여기서는 스크래치와 엔트리에 대한 실행 화면만 간략히 살펴보자. 스크래치와 엔트리는 가장 널리 사용되는 블록 프로그램으로 명령어들이 블록으로 한눈에 알아보기 쉽게 나열되어 있어서 쉽고 간단하게 자신의 알고리즘을 블록으로 작성할 수 있다. 알고리즘을 실행하는 명령어나 동작을 담고 있는 명령어 블록을 끌어와 놓으면 화면에서 바로 그것이 실행되는 것을 볼 수 있어 매우 직관적으로 학습할 수 있다.

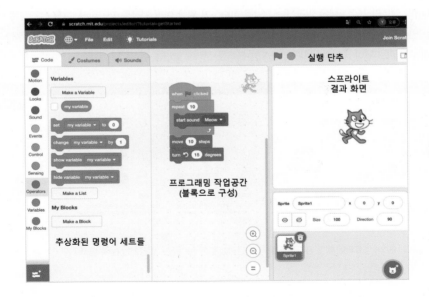

---

10 아두이노는 개방된 무료 소스(오픈 소스)를 기반으로 한 단일 보드 마이크로컨트롤러(micro-controller, 소형 제어장치)로, 하드웨어에 익숙하지 않은 사람들에게 쉽게 센서나 스위치, LED, 모터 등을 제어할 수 있는 환경을 제공한다. 아두이노는 쉽게 구매할 수 있고 관련 프로그램은 https://www.arduino.cc/reference/ko/에서 무료로 다운로드할 수 있다.

그림 6.28 블록형 프로그래밍 언어 예시. 스크래치(https://scratch.mit.edu/)(위)와 네이버 엔트리(https://playentry.org/)(아래)

추가 설명   네이버 엔트리의 인공지능 학습

네이버의 엔트리 프로그램은 인공지능 개념을 학습하기 위한 여러 자료를 제공한다. 그림 6.28 가운데에 있는 '인공지능' 블록을 클릭하면 그림 6.29와 같이 번역, 비디오 감지, 오디오 감지, 읽어주기 블록 불러오기 메뉴가 나온다. 이 중에서 원하는 인공지능 블록을 선택해 불러올 수 있다.

그림 6.29 네이버 엔트리에서 '인공지능 만들기'를 클릭했을 때 보여주는 '인공지능 블록 불러오기' 메뉴창 (https://playentry.org/ws/new)

비디오 감지를 클릭하여 블록을 불러오면 그림 6.30과 같이 다양한 명령어 블록이 만들어진다.

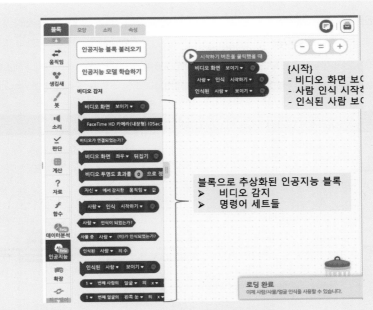

그림 6.30 인공지능 블록 중 비디오 감지 명령어 세트와 프로그램 작성 화면

이 상태에서 ▶ 시작하기 버튼을 클릭했을 때 를 클릭하면, 카메라가 작동하면서 그 앞에 있는 사람 얼굴을 인식하기 시작하고 사람의 특징(눈, 코, 귀, 입, 손 등)을 추출하는 과정을 볼 수 있는 실행 화면이 만들어진다.

그림 6.31 카메라로 사람을 인식하는 화면

인공지능 모델을 학습하기 위한 부분도 별도로 있어 인공지능의 이해를 돕는 데 활용할 수 있다. 사용법이 어렵지 않으니 한 번 직접 만들어 보기 바란다.

네이버 엔트리는 인공지능 모델을 학습할 수 있는 프로젝트 사이트가 별도로 있어서 이미지나 텍스트, 음성 숫자를 자동으로 분류할 수 있는 모델과 빅데이터로부터 숫자를 예측할 수 있는 학습 모델을 제공한다.

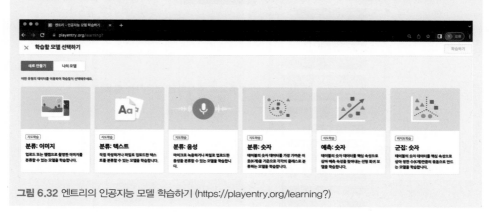

그림 6.32 엔트리의 인공지능 모델 학습하기 (https://playentry.org/learning?)

컴퓨터 프로그램의 이해

호모사피엔스가 사회적 동물로 집단생활을 할 수 있었던 계기는 언어를 사용할 줄 아는 '인지 혁명[11]'이 있었기 때문이다. 이렇듯 사람들은 오랫동안 언어를 사용해 서로 대화하고 살아왔다. 세계 각국에서 다양한 언어를 사용하고 있고, 다른 나라 사람과 소통하기 위해서는 그 나라의 언어를 배우거나 서로 아는 제3국의 언어를 사용해야 한다.

그러면 사람이 컴퓨터와 대화하기 위해서는 어떤 언어를 사용해야 할까? 컴퓨터가 이해할 수 있는 언어를 사용해야 할 것이다. 그래서 컴퓨터에게 일을 시키려면 컴퓨터가 이해할 수 있는 컴퓨터 언어로 작업을 지시해야 한다. 이렇게 컴퓨터 언어로 작업 지시사항을 써 놓은 것이 컴퓨터 프로그램이다. 이 단원에서는 컴퓨터 프로그램을 만들기까지 어떤 과정이 필요한지 조금 더 자세히 살펴본다.

---

11 약 7만 년 전부터 3만 년 전 사이에 출현한 새로운 사고방식과 의사소통 방식을 인지 혁명이라 한다. 언어는 정보를 공유할 수 있는 수단이 되었고 호모 사피엔스를 사회적 동물로 만들었다. 그리고 사회적 협력은 인간의 생존과 번식에 핵심적인 역할을 했다.

컴퓨터와 대화하기

컴퓨터 프로그램은 컴퓨터에게 일을 시키기 위해서 우리가 작성한 일종의 **작업 지시서**다. 제대로 일을 시키기 위해서는 이 지시서가 충분히 자세히 작성되고 애매한 부분이 없어야 한다. 다시 말해 이 지시서는 세세하게 구분되고 애매하지 않아야 한다.

프로그래밍이란

앞에서 알고리즘은 작업의 순서를 정해 놓은 문제해결 절차라고 했으니 알고리즘이 곧 '작업 지시서'라 할 수 있다. 알고리즘은 프로그램이라 할 수는 없다. 그래서 컴퓨터가 알아볼 수 있게 알고리즘을 컴퓨터 프로그램으로 바꿔야 한다. 그러면 컴퓨터가 이해할 수 있는 언어는 어떻게 만들어지는지 살펴보자.

다시 고양이가 타고 있는 로봇 청소기를 불러보자. 그림 6.33과 같이 로봇 청소기에게 일을 시키는 것은 사람에게 시키는 것과는 다르다. 예를 들어 동생에게 만 원을 주면서 가게에 가서 아이스크림을 사 오라고 하면 알아서 자기가 좋아하는 것을 사 올 것이다. 하지만 로봇 청소기는 사람과 달라서 아직까지는 자기가 알아서 일을 처리할 수 없다. 그저 청소만 열심히 할 뿐이다. 만일 더 단순한 로봇이라면 모든 동작을 일일이 지시해야 할 것이다. 출발이나 직진, 우회전과 좌회전, 멈춤 등을 하나씩 자세하게 지시해야 한다.

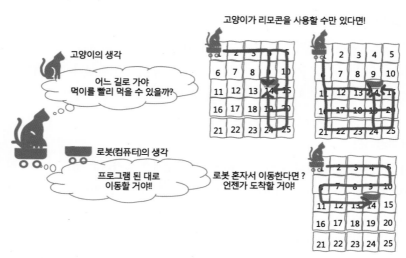

그림 6.33 고양이가 타고 있는 로봇 청소기가 먹이를 찾아가는 다양한 이동 경로

이처럼 로봇에게 일을 시키려면 작업을 자세하고 정확하게 지시해야 한다. 여기서 로봇은 컴퓨터라고 봐도 무방하다. 로봇에게 지시한 명령어 지시서는 컴퓨터 프로그램으로 만들어진다. 앞에서 봤던 파이썬이나 C 언어, 자바를 사용해 프로그램을 만들 수 있을 것이다. 그렇지만 컴퓨터는 전자부품과 기계장치로 만들어진 기계다. 즉, '기계가 직접 이해할 수 있는 언어'를 사용해야 한다는 뜻이다. 이것을 **어셈블리어(assembly language)** [12]와 **기계어(machine code)** [13]라고 한다.

어셈블리어와 기계어

기계어는 이진수 0과 1만으로 표현된 명령어로 작성된 언어다. 또한 기계어 전 단계에는 어셈블리어가 있고 사람이 작성한 프로그램 언어가 있다. 이러한 관계를 그림 6.34에 정리했다.

그림 6.34에서 어셈블리어는 사람이 0과 1로 된 기계어를 이해할 수 없기 때문에 기계어를 알파벳 문자로 변환한 것이다. 기계어보다는 이해하기 쉽고 사용하기 편리하다. 기계

---

12 어셈블리어는 '어셈블러'라고도 하고, 기계어와 일대일 대응되는 컴퓨터 프로그램으로 컴퓨터 프로세서가 기본 연산을 수행하는 데 사용할 수 있게 이진수 비트 패턴으로 변화시키는 프로그램이다.

13 기계어는 CPU가 직접 해독하고 실행할 수 있는 비트 단위로 쓰인 컴퓨터 언어를 말한다. 프로그램을 나타내는 가장 낮은 단계다.

어와 고급 프로그래밍 언어의 다리 역할을 해준다. 그렇지만 컴퓨터가 이 어셈블리어를 직접 이해하지는 못한다. 그래서 어셈블러(assembler)라는 특수한 소프트웨어를 사용해 어셈블리어를 기계어로 바꿔줘야 컴퓨터가 인식한다. 일종의 컴퓨터 언어 번역 프로그램 이다.

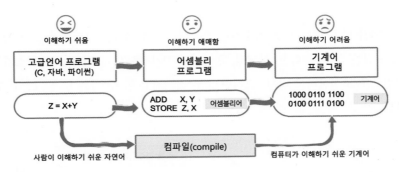

그림 6.34 프로그램 언어 비교

'어셈블(assemble)'을 사전에 찾아보면 '모으다', '집합시키다'라는 의미가 있다. 그래서 0 과 1로 구성된 기계어를 모아서 알파벳 기호로 표시한 것이 '어셈블러'다.

assemble:

1. 모이다. 모으다, 집합시키다

2. 조립하다

기계어와 어셈블리어 이외에 C, 자바, 파이썬과 같은 고급 프로그래밍 언어가 있다. 이러 한 고급 프로그래밍 언어는 어셈블리 언어보다 사람들이 사용하는 언어와 비슷하여 사람 이 쉽게 이해할 수 있다.

그런데 고급 프로그래밍 언어도 마찬가지로 기계어로 바꿔야 컴퓨터가 이해할 수 있고 실행할 수 있다. 이때 고급 프로그래밍 언어는 **컴파일러(complier)**라는 소프트웨어를 사 용하여 기계어로 바꾼다. 그래서 사람이 알아볼 수 있는 단어로 작성된 언어를 컴퓨터가 이해하는 언어로 변환하는 작업을 **컴파일(compile)**이라고 한다.

컴퓨터처럼 생각하기: 고양이 로봇 청소기와 대화하기

프로그래밍 언어를 사용해 컴퓨터에 작업 지시서 프로그램을 만들고, 프로그램을 전달받은 컴퓨터는 프로그램에 있는 대로 차례대로 지시 사항을 수행한다. 그러면 컴퓨터에게 작업을 정확히 지시하는 데 사용하는 어셈블리어와 기계어 프로그램이 어떻게 만들어지는지 살펴보자.

다시 고양이가 타고 있는 로봇 청소기를 조종하는 프로그램을 살펴보자. 로봇 청소기가 할 수 있는 일은 직진, 우회전, 좌회전, 후진이라고 가정하자. 그리고 로봇 청소기는 사람이 리모컨으로 조정한다고 하자. 그러면 로봇 청소기가 할 수 있는 일은 그림 6.35와 같이 제한된다.

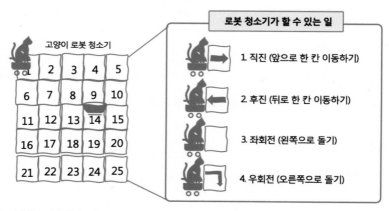

그림 6.35 로봇 청소기가 할 수 있는 동작

로봇 청소기가 알 수 있는 프로그램

고양이 먹이를 찾아가기 위해 로봇 청소기가 해야 할 일의 순서는 결정됐다. 할 일의 순서를 로봇 청소기가 알 수 있게 기계 프로그래밍 언어로 바꿔야 한다. 즉, 이렇게 정의된 할 일의 순서는 로봇 청소기가 해야 할 **명령어들의 집합**이다.

그림 6.35와 같이 로봇 청소기가 이해할 수 있는 명령은 4가지(1. 직진 2. 후진 3. 좌회전 4. 우회전)뿐이므로 이것들을 사용해 먹이까지 찾아가는 프로그램을 로봇 청소기가 이해할 수 있게 만들어 보자.

먼저 위에서 첫 번째 방법으로, 로봇 청소기가 1번 칸에서 14번 칸으로 이동할 수 있는 프로그램을 생각해 보면 다음과 같은 프로그램을 생각해 볼 수 있다. 물론 이 경우 사람이 먹이의 위치를 알고 일일이 조정한다는 사실을 명심하자. 아쉽게도 아직까지 인공지능이 탑재된 자동 이동 로봇이 아니다. 여기서 직진 명령에 로봇은 한 칸을 이동한다고 가정한다. 이때 반복되는 명령어를 반복된 숫자로 대신해 적으면 프로그램을 짧게 작성할 수 있다.

그림 6.36 로봇 청소기가 고양이 먹이를 찾는 경로를 4가지 명령어를 사용해 프로그램으로 만든 예

그런데 아직 문제가 남아있다. 로봇 청소기가 직진이나 좌회전, 우회전, 후진이라는 단어들을 어떻게 이해하냐 하는 것이다. 이 문제를 해결하기 위해서는 로봇 청소기가 이해할 수 있는 로봇 언어를 만들어야 한다. 그러면 로봇 언어는 어떻게 만드는지 알아보자.

로봇 언어: 기계어

로봇은 일종의 기계다. 인공지능을 갖춘 로봇이 아니라면 일일이 리모컨으로 조정해야 한다. 리모컨에 위에서 말한 4가지 명령어를 전달하는 스위치가 있다고 하자. 그래서 스위치가 켜지고 꺼짐에 따라 여러 가지 동작을 할 수 있다.

그러면 먼저 몇 개의 스위치가 필요할까?

로봇이 할 수 있는 동작의 종류에 따라 스위치 수가 결정된다. 간단히는 4가지 일을 할 수 있으므로 4개 스위치가 있으면 된다. 그런데 조금 더 생각해보면 2개 스위치만으로도 충분하다는 것을 알 수 있다. 스위치 하나로 두 가지 동작을 할 수 있는 이진법을 상기해

보라. 그러면 이진법에 따라 2개의 스위치로 그림 6.37과 같이 서로 다른 4가지 명령(1개 스위치로 두 가지를 표현하고 2개 스위치이므로 2x2=4)을 표현할 수 있다.

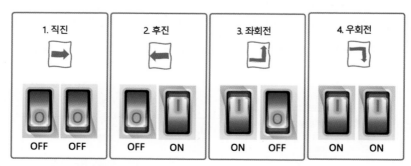

그림 6.37 2개 스위치로 나타낸 4가지 명령

이제 명령어의 종류에 따라 2개 스위치를 어떻게 조정할 것인가를 정했다. 다음은 고양이 먹이까지 이동하는 데까지 필요한 '스위치 조작 순서'를 표현해야 한다.

앞에서 봤듯이 로봇이 1번 칸에서 14번 칸으로 이동하기 위해서는 직진 세 번, 우회전 한 번, 직진 두 번의 순으로 스위치를 조작하면 된다. 이를 로봇이 알 수 있게 그림 6.38과 같이 하나씩 순서대로 알려주면 된다.

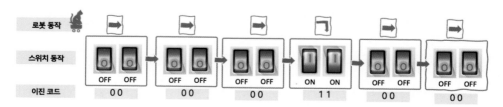

그림 6.38 로봇 청소기의 이동을 위한 스위치 조작 순서

이진수로 표현한 스위치 조작 순서

그림 6.38을 그릴 수 있다면 이제 스위치 조작 순서를 이진 코드로 차례로 표현할 수 있다. 여기서 이진 코드 [00]은 직진을 의미하고 [11]은 우회전을 의미한다. 따라서 스위치 조작 순서를 이진 코드로 표시하면 [00 00 00 11 00 00]이 된다. 직진이 세 번, 우회전 한 번, 그리고 다시 직진 두 번을 뜻한다.

동작 번호와 반복 횟수를 구분한 경우

한 단계 더 들어가서 로봇의 반복된 동작을 '반복 횟수'라는 숫자로 표현하면 어떻게 될
까? 조금 더 프로그램을 단순하게 줄일 수 있을 것이다. 그림 6.39와 같이 보다 효율적이
된다.

그림 6.39에서 [00 11]은 직진(00)을 세 번(11) 하라는 의미이고, [11 01]은 우회전(11)
을 한 번(01), 그리고 [00 10]은 직진(00)을 두 번(10) 하라는 의미다. 이렇게 하면 처음
여섯 줄의 작업 지시서(프로그램)가 세 줄로 줄어든다.

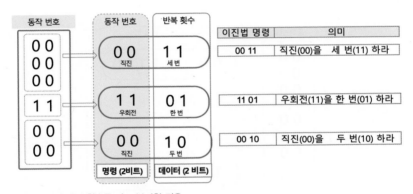

그림 6.39 동작 번호와 반복 횟수를 따로 분리한 경우

명령 비트와 데이터 비트로 구분한다

여기서 주목할 것은 작업의 지시가 명령의 집합으로 이루어졌다는 것이다. 그런데 이진
수로 표현된 명령을 보면 그림 6.39와 같이 동작 번호를 나타내는 '명령 비트'와 반복 횟
수를 나타내는 '데이터 비트'로 구분된다.

왼쪽의 2비트는 4가지(1. 직진, 2. 후진, 3. 좌회전, 4. 우회전) 명령을 나타내고, 뒤의 2
비트는 반복되는 숫자를 이진수로 표현한 것이다. 반복 횟수를 표현한 이진수는 명령을
실행할 때 필요한 '데이터'다. 따라서 같은 [11]이라는 숫자가 쓰여 있어도 명령 부분에 쓰
여 있으면 우회전하라는 명령이지만, 데이터 영역에 쓰여 있으면 반복 횟수 3을 의미한
다. 예를 들면, 하나의 명령 문장 [11 11]은 우회전을 3번 하라는 의미다.

그런데 그림 6.39에서 프로그램의 줄 수는 줄어들었지만 필요한 비트 수는 2에서 4로 증가했다. 이것만 보면 효율적으로 바뀐 것인지 알 수가 없다. 왜냐하면 전체 비트 수는 같아 보이기 때문이다. 그렇다면 다음 경우를 보자. 앞의 예에서 직진(00)을 3번이 아닌 30번 해야 한다고 가정해 보자. 동작 번호와 반복 횟수를 구분하지 않을 경우에는 [00]을 30번 반복해야 하니 필요한 비트수가 6비트에서 60비트로 증가한다. 그런데 반복 횟수를 따로 표현한 데이터 비트를 사용한다면 '30번 반복'을 표현할 때 필요한 비트 수가 5비트이므로 명령 2비트와 데이터 5비트로 표현할 수 있어 총 7비트가 필요하다. 그리고 프로그래밍 줄 수도 상당히 줄어들 것이다. 즉, 60비트를 7비트로 줄였으니 아주 경제적이다.

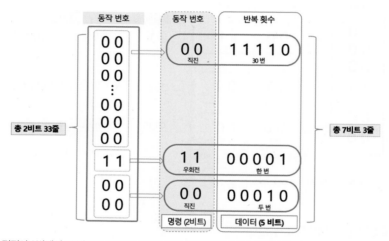

그림 6.40 직진이 3번에서 30번으로 증가하는 경우, 동작 번호와 반복 횟수에 필요한 비트 수

이렇게 명령어 세트와 데이터 세트를 하나로 구성한 표현이 모여서 프로그램이 된다. 이러한 구성 형태를 명령어 문장 구조라고 할 수 있다. 이렇게 설계된 명령어 문장 구조를 이해하도록 회로를 만들어 로봇에게 장착하면 로봇이 우리가 작성한 프로그램대로 작업을 수행할 수 있게 된다. 그러면 이제 프로그램은 어떻게 작성하는지 알아보자. 앞서 말한 대로 프로그램을 작성하기 위해서는 작업의 순서를 정하는 알고리즘이 필요하다.

프로그램 언어로 컴퓨터에 명령하기
이제 프로그램 명령어와 프로그램의 기본 구성을 알아보자.

명령어와 데이터의 구분

그림 6.39와 그림 6.40과 같이 프로그램은 '명령어'와 '데이터'로 구성된다. 이제 두 수의 평균을 구하는 경우를 다시 생각해보자.

a와 b를 더하여 평균을 c에 저장한다고 하자. 여기서 명령어와 데이터는 어떻게 구분할까? 보통 연산을 하거나 저장하고 불러오는 등의 동작을 나타내는 것은 명령어로 분류하고, 숫자나 문자와 같이 단순한 값이나 문자를 저장하는 곳(변수)을 데이터로 구분한다. 즉, a, b, c는 데이터이고 '더하기'와 '나누기'는 명령어다.

$$(a + b) / 2 = c$$

데이터 : a, b, c

명령어 : +, /

그림 6.41 두 수의 평균을 구하는 프로그램의 데이터와 명령어

프로그램 명령어 형식

프로그램은 컴퓨터가 하나씩 차례대로 수행할 수 있는 **명령어의 집합**이라고 볼 수 있다. 사용자는 어떤 일의 처리를 위해서 컴퓨터에 프로그램의 형태로 일을 지시한다. 그리고 프로그래밍 언어는 우리가 사용하는 한국어처럼 문법 규칙이 있어 이에 맞게 작성되지 않으면 컴퓨터가 이해하지 못하고 오류가 발생한다. 또한 프로그램을 구성하는 각 명령어도 일정한 형식에 의해 구성되는데, 이를 **명령어 형식(Instruction Format)**이라고 한다.

명령어 형식은 중앙처리장치(CPU)가 명령어를 분석하여 그 뜻을 이해하고, 이에 상응하는 작업을 수행하는 데 필요한 규칙에 맞게 구성된 형식이다. 그림 6.42는 컴퓨터 중앙처리 장치(CPU)가 이해할 수 있는 명령어 형식의 예다.

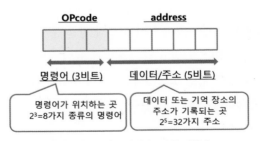

그림 6.42 명령어 형식의 예. OPcode(operation code)는 명령어 코드를 말한다.

그림 6.42와 같이 명령어 형식은 명령어가 위치하는 곳의 비트와 명령어를 수행하는 데 필요한 데이터 또는 기억 장소의 주소가 기록되는 곳의 비트로 구성된다. 그림 6.42에서 사용한 명령어 형식은 명령어 3비트와 데이터나 주소 3비트로 구성된다. 그래서 표현할 수 있는 명령어의 개수는 2^3=8가지다. 또한 데이터나 주소를 지정할 수 있는 개수는 최대 2^5=32가지다. 예를 들어 집에서 기르는 강아지에게 시킬 4가지의 명령어(예를 들어, 앉아, 일어서, 기다려, 먹어)를 이진수로 표현하면 2비트만 있으면 가능하다.

컴퓨터는 이진법이 편리하고 사람은 기호(문자)가 편리하다

이진수로 표현한 명령어는 컴퓨터에게 편리하겠지만 사람에게는 그렇지 않다. 그래서 사람은 이진수 대신에 기호(문자)로 명령어를 표현한다.

그림 6.43은 강아지를 다루는 명령어를 문자와 기계어로 보여준 것이다.

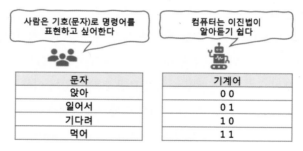

그림 6.43 문자와 기계어 명령어

명령 코드

그러면 그림 6.42와 같은 명령어 형식을 갖는 명령 코드(Opcode, operation code)는 어떻게 만들어지는지 살펴보자. 명령 코드는 3비트이므로 최대 8개의 명령 코드를 생각할 수 있다. 그리고 각 명령어는 영어 문자 코드와 한글 문자 코드로 표현할 수 있고, 그것을 기계어로 표현할 수 있다. 그림 6.44는 이렇게 표현된 8가지 명령 코드를 보여준다. 이러한 명령어 형식에 맞춰 '명령 코드(3비트) + 데이터/주소(5비트)'와 같이 기계어 프로그램을 작성하면 컴퓨터가 이해할 수 있다.

영어 문자 코드	한국어 문자 코드	기계어 코드	설명
ADD	더하라	001	현재의 기억 장소(누산기, accumulator)에 있는 내용과 명령어에 포함된 주소에 있는 내용을 더하여 결과는 기억 장소에 둔다.
SUB	빼라	010	현재 기억 장소에 있는 값이 명령어에 포함된 주소에 있는 값만큼 줄어든다.
LOAD	옮겨라	011	명령어에 포함된 주소에 있는 내용이 기억 장소로 옮겨온다. 이때 기억 장소에 있던 예전 내용은 지워진다.
STORE	저장하라	100	기억 장소의 내용을 명령어에 포함된 주소로 옮겨온다. 이때 주소 내의 예전 값은 지워진다.
READ	읽어라	101	입력장치(키보드)에서 읽은 값을 명령어에 포함된 주소로 옮긴다. 주소 내의 예전 내용은 없어진다.
PRINT	인쇄하라	110	명령어 내의 주소에 있는 내용을 출력장치(모니터)에 나타낸다. 이때 주소에 있는 내용은 없어지지 않고 남아 있다.
JUMP	점프하라	111	기억 장소내의 값이 양수이면 명령어 내의 주소로 이동(점프)한다.
STOP	멈춰라	000	프로그램 수행을 중지시킨다.

그림 6.44 간단한 8개 명령 코드 (명령어 집합)

8개 명령어 집합을 사용한 간단한 기계어 프로그램 작성

그림 6.44의 명령어를 이용해 간단한 기계어 프로그램을 작성해보자.

먼저 두 개의 수 X와 Y를 입력하고 이를 합하여 Z에 결과를 출력하는 프로그램(Z=X+Y)을 작성해보자. 그림 6.44의 영어 문자 코드 명령어로 작성한 프로그램은 그림 6.45와 같다. 영어 문자 코드 명령어는 어셈블리어와 같다. 이때 문자 코드는 꼭 영어 문자를 사용해야만 하는 것은 아니다. 한국어 문자를 사용할 수도 있다. 한국어 문자 코드로 작성하면 그림의 오른쪽과 같을 것이다.

그림 6.45 8개 명령어 집합으로 작성한 두 수의 합을 구하는 프로그램

하지만 문자 코드로 작성된 명령어는 컴퓨터가 이해할 수 없으므로 컴퓨터가 이해할 수 있는 기계어 코드로 변환해야 한다. 이때 문자 코드 언어가 어셈블리어로 작성됐다면 어셈블러가 기계어 코드로 변환해 준다. 그림 6.45의 어셈블리 프로그램을 기계어 프로그램 코드로 변환하면 그림 6.46과 같다.

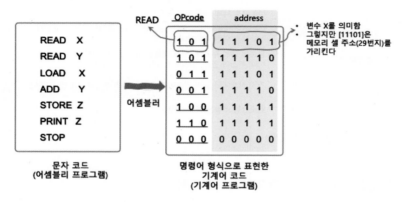

그림 6.46 어셈블리 언어인 문자 코드를 기계어 코드로 변환

그림 6.42의 명령어 형식에 맞게 그림 6.46의 각 명령어가 8비트로 표현됐다. 그림 6.46의 기계어 프로그램의 첫 번째 명령어 [101 11101]을 해석해보자.

처음 3비트 [101]은 명령 코드이고, 문자 코드로는 'READ'에 해당한다. 그 다음에 따라오는 5비트 [11101]은 'READ X'에서 변수 'X'를 의미한다. 변수 X에 해당하는 이진수는 [11101]로, 십진수로는 29다. 그래서 X의 값이 29라고 해석할 수 있는데, 그렇지 않다. [11101]은 변수 X를 대신하는 것으로, 변수 X의 값이 아니라 변수 X가 저장돼 있는 컴퓨터의 메모리 셀의 주소 29번지를 가리킨다.

변수란 데이터를 저장할 수 있는 그릇

여기서 변수란 '데이터를 저장하는 그릇'이라고 생각하면 된다. 컴퓨터가 외부로부터 입력을 받으려면 이를 받고 저장할 수 있는 그릇이 있어야 한다. 그릇은 안에 담길 내용물에 따라 달라질 수 있다. 물을 구멍이 뚫린 바구니로 담을 수 없듯이 적당한 그릇을 설정해줘야 한다. 다시 말해 데이터의 종류에 맞는 변수를 따로 정해줘야 한다. 따라서 우리는 변수에 담을 내용물이 무엇인지를 먼저 알아야 한다.

그림 6.47 변수는 데이터를 담는 그릇. 종류가 다른 그릇은 종류가 다른 것(데이터)을 담을 수 있다. 칵테일 잔에 포도나 배를 담을 수는 없다.

컴퓨터에서 변수에 담을 내용물은 데이터인데, 데이터에도 여러 종류가 있다. 숫자도 있고 문자도 있다. 그러므로 데이터의 종류에 따라 다른 종류의 변수에 저장하면 효율적이다. 하지만 여기서는 이런 복잡한 내용은 다루지 않고 간단히 한 종류의 변수만을 생각하기로 하자. 좀 더 자세히 말해서 변수는 임의의 값을 저장할 수 있는 기억장치의 주소라고 볼 수 있다. 프로그래머는 프로그래밍 언어를 사용해 변수를 정의하지만, 실제로는 이 변수가 기억 장치의 주소로 바뀐다.

다시 그림 6.47로 돌아가 보자. 여기서 변수 X의 데이터 비트는 [11101]로, 29로 변환된다. 이 값은 기억장치(메모리) 내의 주소를 의미한다. 다시 말해, 'READ X'의 의미는 임의의 값을 입력 장치에서 읽어서 주소 29번지에 저장하라는 뜻이며, 기계어로 작성하면 [101 11101]이 된다. 그리고 컴퓨터가 'READ X'를 실행하면 컴퓨터는 사용자가 어떤 값을 입력할 때까지 기다렸다가 입력한 값을 변수 X의 주소인 29번지에 저장한다.

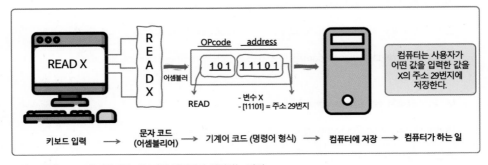

그림 6.48 'READ X' 명령어와 데이터를 컴퓨터가 처리하는 과정

이처럼 컴퓨터가 프로그램에 있는 명령을 차례대로 실행하면,

① 사용자로부터 두 수를 입력받아 X와 Y번지에 저장하고,

② 'LOAD X'에 의해 X번지에 있는 값을 누산기(AC, accumulator) [14]라고 하는 특수 저장장치로 가져오고,

③ 'ADD Y'에 의해 누산기(AC)에 있는 값과 Y에 있는 값을 더하여 다시 누산기(AC)에 저장한 다음,

④ 'STORE Z'에 의해 다시 Z번지로 옮긴다.

⑤ 그리고 'PRINT Z'에 의해 프린트되어 사용자가 결괏값을 볼 수 있게 하고,

⑥ 마지막으로 'STOP' 명령어에 의해 프로그램 실행이 끝난다.

참고문헌

- Wing M. Jeannette, "Computational Thinking," Communications of the ACM, vol. 49, no. 3, pp.33–35, 2006.

- https://www.bbc.co.uk/bitesize/guides/zp92mp3/revision/1

- 무료 마인드맵 사이트 Top5, edrawsoft 블로그, https://www.edrawsoft.com/kr/article/top-5-online-mindmap-site.html

- GitMind(https://gitmind.com/kr/)

- 마인드마스터, EdrawMind, https://www.edrawsoft.com/kr/edrawmind/

- 자연과 디자인에서 찾을 수 있는 '피보나치수열'에 숨은 황금비, 삼성디스플레이 뉴스룸, https://news.samsungdisplay.com/23402

- 수학-우주상징 황금나선 구조 "주변에도 많네", 지디넷, https://zdnet.co.kr/view/?no=20150413104513

- 얀 르쿤의 MNIST 데이터베이스, http://yann.lecun.com/exdb/mnist/

- https://towardsdatascience.com/how-did-we-get-here-the-story-of-algorithms-9ee186ba2a07

- MIT의 스크래치, https://scratch.mit.edu/

- 네이버 엔트리, https://playentry.org/

- 코드닷오알지, https://code.org/

---

[14] 누산기는 CPU 내에 위치한 연산 장치의 계산 결과를 저장하는 특수 목적 레지스터다.

07

컴퓨터 작동원리
이해하기

앞에서 컴퓨터에게 어떻게 일을 시키고 데이터를 어떻게 저장하는지를 알아봤다. 이 장에서는 컴퓨터가 우리가 시킨 일을 어떻게 처리하는지 알아본다. 컴퓨터가 내부에서 어떻게 일을 하는지 알기 위해 컴퓨터 내부를 볼 수 있으면 좋겠지만 쉽지는 않다. 그래서 컴퓨터 내부 구조를 간단한 그림으로 살펴보자.

컴퓨터의 기본 처리 개념

컴퓨터는 우리가 일상생활에서 사용하는 여러 도구와 유사한 점이 많다. 예를 들어 밥솥에 쌀과 물을 넣고 버튼을 누르면 밥하는 과정을 거친 후 밥이 만들어지듯이, 컴퓨터에도 데이터를 넣고 적절한 처리 과정을 거치면 문제해결에 필요한 답을 얻을 수 있다.

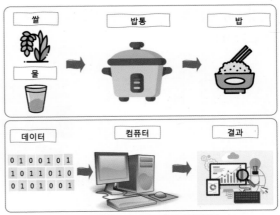

© 밥통, 밥 아이콘/Flaticon, 컴퓨터, 결과 아이콘/Pixabay

그림 7.1 밥이 만들어지는 과정과 컴퓨터가 데이터를 처리하는 과정

컴퓨터로부터 유용한 답을 얻기 위한 첫 번째 단계는 컴퓨터에 데이터를 **입력**(input)하는 일이며, 두 번째 단계는 입력된 데이터를 컴퓨터 내부에 **저장**(store)하는 일이다. 그 다음은 받아들인 데이터나 정보를 필요에 따라 **가공 · 처리**(processing)하고, 마지막으로 데이터의 처리에 의해 얻은 결과를 저장하거나 외부로 **출력**(output)한다.

그림 7.2와 같이 어린 왕자가 상상하는 보아뱀도 마찬가지일 것이다. 물론 그렇지는 않겠지만, 보아뱀은 입으로 코끼리를 먹고(입력), 뱃속에서 소화시키고(처리), 체내에 저장하고(저장), 항문을 통해 배설물을 내보낸다(출력). 과연 보아뱀은 무사히 코끼리를 처리할 수 있을까?

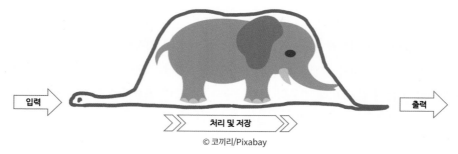

© 코끼리/Pixabay

그림 7.2 보아뱀의 코끼리 처리 과정. 입력→처리/저장→출력

이처럼 생물학적 시스템이나 인공 시스템은 모두 기본적으로 입력과 출력, 그리고 처리 과정을 수행할 수 있는 장치가 필요하다. 이 과정을 컴퓨터 구조로 간단히 살펴보면 그림 7.3과 같다.

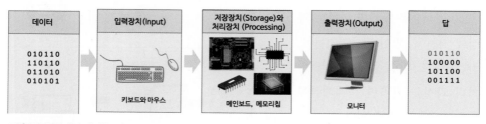

그림 7.3 컴퓨터의 간단한 구조

데이터 처리 과정의 단계별 첫 영문자를 따서 IPOS(input-processing-output-store) **주기**라고 한다. 대부분의 컴퓨터 작업은 이러한 IPOS 주기를 거쳐 이뤄지지만, 주기의 순서가 반드시 I-P-O-S일 필요는 없다. 이러한 과정은 컴퓨터뿐만 아니라 밥을 지을 때도 적용된다.

- **입력(Input)**: 쌀과 물을 밥솥에 넣는다.
- **처리(Processing)**: 적당한 온도의 열을 가한다.
- **출력(Output)**: 밥이 만들어진다.
- **저장(Store)**: 밥을 퍼서 보온 용기에 넣어둔다.

밥을 저장하는 것은 컴퓨터의 IPOS 주기에서 보면 정보의 저장에 해당한다. 밥이 만들어지기 전에 들어온 원시 재료, 쌀과 물을 밥솥에 넣어야 밥솥 내부에서 이를 처리할 수 있다. 원시 재료인 쌀과 물은 일종의 데이터다. 밥은 결과물이고 처리하는 밥솥은 컴퓨터에 해당한다.

컴퓨터 구조

실제 컴퓨터가 프로그램을 어떻게 수행하는지 알아보자. 컴퓨터가 어떻게 일을 하는지 구체적으로 알아볼 수 있도록 CPU 내부와 기억장치(메모리) 내부 모습을 좀 더 구체적으로 살펴보자.

일반적인 컴퓨터 구조: 폰 노이만 구조

우리가 사용하는 노트북과 휴대폰을 포함한 모든 컴퓨터는 1945년 폰 노이만(John von Neumann)이 최초로 계산 모델을 발명한 이래로 그 동작 원리를 그대로 사용하고 있다. 폰 노이만의 범용 컴퓨터의 구조는 **중앙처리장치(CPU, central processing unit)**를 중심으로 입력장치, 출력장치, 기억장치와 그것들을 연결하는 인터페이스로 구성된다. 폰 노이만 구조를 간단히 그려보면 그림 7.4와 같다.

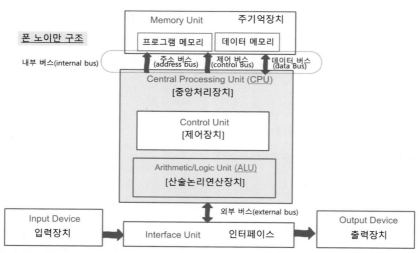

그림 7.4 폰 노이만의 일반적 컴퓨터 구조

폰 노이만 구조는 두 개의 주요 부분인 CPU(중앙처리장치)와 주기억장치(메모리)로 구성된다. 이 구조는 연산과 저장이라는 두 가지 개념을 사용한 최초의 컴퓨터 구조다. 그림 7.4에서 보면 컴퓨터는 CPU와 주기억장치(memory unit, 메모리 또는 저장장치), 그리고 입출력장치로 구성된다. 각 장치는 주소 버스(address bus), 데이터 버스(data bus), 제어 버스(control bus, 또는 동작제어신호)로 구성된 시스템 버스(system bus)로 연결되어 있다.

먼저 주기억장치(메모리)와 CPU의 구조를 알아보고, 그 내부에 있는 버스와 주소의 개념을 알아보자.

주기억장치(메모리)

컴퓨터는 일련의 명령에 따라 데이터를 이동하거나 조작하는 기계라고 할 수 있다. 폰 노이만 구조에서 중요한 두 부분은 CPU와 **주기억장치(메모리)**다.

여기서 주기억장치는 간단히 메모리(memory)라 부르며, 실제로는 RAM(random access memory)이라 불리는 반도체 **칩(chip)** [1]을 뜻한다. 이곳은 컴퓨터가 수행할 명

---

1 반도체는 철사나 구리처럼 전기가 통하는 물체와 돌멩이처럼 전기가 통하지 않는 물체의 중간 성질을 지닌 물체를 의미한다. 칩(chip)은 반도체가 외부 껍질을 봉하기 전의 모습이 마치 조그만 감자껍질처럼 생겼다는 데에서 유래했다.

령어를 써넣거나 데이터가 저장되는 공간이다. 다시 말해 메모리는 컴퓨터가 저장하거나
기억해야 할 데이터를 보관하는 공간이다.

그리고 **CPU(중앙처리장치)는 프로세서(processor)라 부르기도 한다. 또는 CPU 프로
세서라고도 부른다.** 프로세서도 반도체 칩으로 메모리에서 명령어와 데이터를 읽어 그에
맞게 계산하는 부품이다. 이러한 개념을 그림 7.5에 그림으로 정리했다.

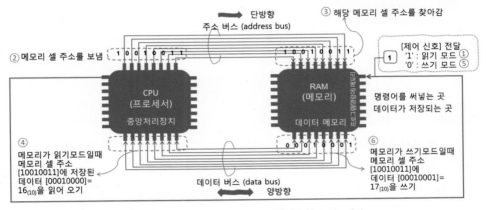

그림 7.5 CPU와 메모리 사이에 연결된 데이터 버스, 주소 버스로 데이터를 읽고 쓰는 과정

주소 버스와 데이터 버스

그림 7.5의 메모리는 수많은 **셀(cell)**로 구성되어 있다. 메모리의 각 셀은 서로 구별하기
위해 주소 번호가 순서대로 매겨 있고, 각 주소에는 데이터를 저장할 수 있다. 메모리에
서 데이터를 읽고 쓰는 작업은 실제 주소가 정해져 있는 메모리 셀에서 데이터를 가져오
거나 저장하는 작업을 뜻한다.

메모리 종류는 크게 두 가지로 나뉜다. 먼저 사용자가 한 번 쓰고 나면 읽기만 가능하지만, 전원이 끊겨도
데이터가 지워지지 않는 ROM(read-only memory)과 사용자가 자유롭게 내용을 쓰고 읽고 지울 수 있는
RAM(random access memory)이 있다. RAM은 전원이 끊기면 가지고 있던 데이터가 사라진다. RAM에
도 SRAM, DRAM, SDRAM, DDR SDRAM 등 다양한 종류가 있다.

메모리 칩 구조를 들여다보면, 그림 7.6과 같이 반복된 여러 셀(cell)로 이뤄진다. 이런 셀들은 디지털 회로
로 구성되고 디지털 회로는 보통 MOS(metal-oxide-semiconductor) 트랜지스터로 구현한다.

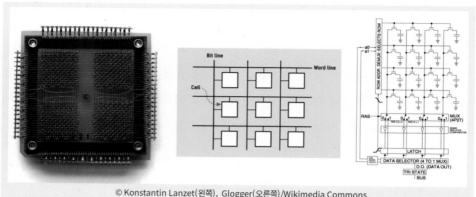

© Konstantin Lanzet(왼쪽), Glogger(오른쪽)/Wikimedia Commons

그림 7.6 1024비트 데이터를 저장할 수 있는 32x32 메모리 내부 사진(왼쪽)과 개념적 표현(가운데), DRAM 메모리 셀의 동작 과정(오른쪽)

주소 버스

CPU가 **메모리 셀 주소** [10010011]에 있는 데이터를 읽어오라는 명령어를 보냈다고 하면, CPU는 메모리에게 데이터를 읽어올 셀 주소를 전달해야 한다. 메모리 셀 주소 [10010011]을 전달할 때 사용하는 8가닥의 전선을 **주소 버스(address bus)**라고 한다.

이름에서 유추할 수 있듯이 **버스(bus)**는 여러 가닥의 전선을 묶은 것으로 '여러 신호의 묶음'을 부르는 용어다. 하나의 전선에 한 비트씩 이동시키기보다 여러 비트를 함께 묶어 같은 목적지에 한번에 이동시키는 것이 합리적이기 때문에 버스 방식을 사용한다.

실제로 프로세서나 메모리는 정밀한 전기 전자 부품이므로 이것들을 연결하기 위해서는 눈에 보이지 않은 작은 전선으로 연결해야 한다. 전선에 높은 전압이 걸리면 '1'이고 낮은 전압이 걸리면 '0'의 신호를 나타낸다. 그림 7.5에서 8개의 전선으로 표현한 것은 8비트 주소를 사용한다는 것을 의미한다.

메모리 셀 주소 [10010011]에 있는 데이터 [00010001]을 메모리에서 읽는 과정

CPU와 메모리 사이에 데이터를 읽고 쓰는 과정을 이해하기 위해 먼저 메모리 셀 주소 [10010011]을 찾아가는 과정을 살펴보자.

① CPU는 데이터 메모리에게 메모리 셀 주소 [10010011]을 보내기 전에 먼저 메모리에게 '읽기 모드' 제어 신호를 명령한다. 읽기 모드 명령은 전기 신호 '1'을 보낸다. ② 그리

고 메모리 셀 주소 [10010011]을 **주소 버스(address bus)**에 태워 보낸다. ③ 그러면 메모리는 메모리 셀 중에서 해당하는 주소를 찾아간다. 그림 7.6에서 이 과정을 순서대로 표시했다. 여기까지의 과정이 메모리 셀 주소를 찾아가는 과정이다.

④ 그다음, 메모리는 해당 셀 주소에 있는 데이터 [00010000]을 읽어 CPU에 보낸다. 이때 사용하는 전달 통로는 **데이터 버스(data bus)**다. 이러한 과정으로 메모리에서 데이터를 읽을 수 있다.

데이터 [00010001]을 메모리에 쓰는 과정

반대로 CPU에서 메모리 셀 주소 [10010011]에 새로운 데이터 [00010001]을 쓴다(저장한다)고 가정하자. ⑤ 첫 번째 동작은 CPU가 '쓰기 모드' 명령 신호와 함께 데이터 [00010001]을 데이터 버스를 통해 메모리에 보내는 동작이다. 쓰기 모드 명령 신호는 전기 신호 '0'을 제어 신호선을 통해 전달하면, 메모리 제어 신호가 '쓰기 모드'로 바뀐다.

⑥ 이때, 메모리 셀 주소에 새로운 데이터 [00010001]을 덮어쓴다. 그러면 기존에 있던 데이터는 지워진다. 이렇게 메모리 셀에서 이뤄지는 동작은 데이터를 저장하고 읽거나 새 데이터를 덮어쓰는 것을 반복하는 일이다.

주소 버스와 데이터 버스

주소 버스는 메모리 셀 주소를, 데이터 버스는 데이터를 전달하는 연결 통로다. 버스가 다니는 통로가 넓으면 많은 차량이 다닐 수 있는 것처럼 버스에 할당된 전선의 가닥 수가 증가하면 여러 비트를 동시에 이동시킬 수 있다. 예를 들어, 전선 묶음이 16가닥이면 16비트, 64가닥이면 64비트로 한꺼번에 처리할 수 있는 비트 수가 증가한다. 그만큼 컴퓨터 처리 속도가 빨라진다는 뜻이다. 초창기 컴퓨터는 8비트 버스를 사용했지만, 최근 컴퓨터는 64비트 버스 구조를 사용하는 이유도 그것이다.

주소 버스와 데이터 버스의 방향은 다르다는 것을 눈치챘을 것이다. 그림 7.5에서 주소 버스는 메모리 셀의 주소 수신 전용으로 사용하기 때문에 단방향(프로세서에서 메모리로의 방향)이다. 반면, 데이터 버스는 데이터를 주고받을 수 있도록 양방향으로 돼 있다.

실제로 CPU와 메모리는 끊임없이 주소와 데이터를 주고받는 과정을 반복한다. CPU는 프로그램 메모리에서 명령어를, 데이터 메모리에서 데이터를 계속 읽어온다. 때로는 산술이나 논리 연산 값을 메모리에 저장하기도 한다.

중앙처리장치(CPU) 프로세서의 기본 구조

CPU는 세 가지 중요한 요소로 구성되어 있다. CPU의 세 가지 중요 요소는 **레지스터**(register), **산술논리연산장치**(arithmetic/logic unit, ALU), **제어장치**(control unit)다. 각 구성 요소를 자세히 살펴보자.

레지스터

레지스터는 용량은 작지만 매우 빠른 속도(CPU 속도와 비슷함)를 가진 기억장치다. 다시 말해 컴퓨터의 프로세서 내에서 현재 계산을 수행 중인 값을 저장하는 아주 빠른 메모리다.

CPU 안에는 레지스터가 여러 개 있다. CPU는 레지스터에 저장된 숫자 데이터를 이용해 간단한 수학 연산을 할 수도 있고 메모리와 데이터를 교환할 수도 있다. 레지스터는 명령어 주소, 명령 코드, 연산에 필요한 데이터, 연산 결과 등을 **임시로 저장**한다. 프로세서가 가진 다양한 레지스터의 집합을 통칭하여 **레지스터 세트**(register set)라고 한다. 일반적으로 레지스터의 크기는 동일하고 기능이 정해져 있다.

용도에 따라 **범용(일반 목적) 레지스터**와 **특수 목적 레지스터**로 구분된다. 범용 레지스터는 '연산에 필요한 데이터나 연산 결과를 임시로 저장하는 레지스터'를 말하고, 특수 목적 레지스터는 '특별한 용도로 사용하는 레지스터로서 용도와 기능에 따라 구분되는 레지스터'를 뜻한다.

특수 목적 레지스터 중에서 중요한 레지스터는 다음과 같다.

- **누산기**(AC, accumulator): 연산 장치의 계산 결과를 저장하는 레지스터
- **프로그램 카운터**(PC, program counter): 다음에 수행될 명령어가 있는 주기억장치의 주소가 저장되는 레지스터

- 명령어 레지스터(IR, instruction register): 현재 수행될 명령어를 저장하는 레지스터
- 메모리 주소 레지스터(MAR, memory address register): 읽기와 쓰기 연산을 수행할 주기억장치의 주소를 저장하는 레지스터
- 메모리 버퍼/데이터 레지스터(MBR/MDR, memory buffer/data register): 주기억장치에서 읽어온 명령어나 데이터 또는 주기억장치에 저장할 명령어나 데이터를 임시로 저장하는 레지스터

CPU의 기본 구조

CPU의 기본 구조는 레지스터와 산술논리 연산장치, 버스로 구성된다. 이 구성 요소를 살펴보자. 이 관계를 폰 노이만의 컴퓨터 구조에 맞춰 그려보면 그림 7.7과 같다.

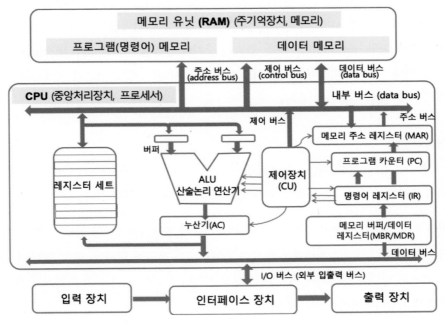

그림 7.7 CPU의 기본 구조와 주기억장치, 외부 입출력 장치, 버스로 연결된 컴퓨터 구조

CPU의 기본 구조는 32개 레지스터로 구성된 레지스터 세트와 제어장치, 산술논리연산장치(ALU), 프로그램 카운터(PC), 누산기(AC), 명령어 레지스터(IR), 메모리 버퍼/데이터 레지스터(MBD/MAR), 메모리 주소 레지스터(MAR)로 구성돼 있다. 이것들은 내부 버스로 서로 연결돼 있다.

산술논리연산기(ALU)

산술논리연산기(ALU)는 실제로 덧셈, 뺄셈 같은 산술 계산이나 논리곱(AND)이나 논리합(OR) 같은 논리 연산을 수행한다. 그림 7.7에서 산술논리 연산기의 연산 과정은 두 개의 입력(그림 7.7에서 버퍼로 표현)에 의해 덧셈, 뺄셈 등의 연산을 수행하고, 그 결과를 누산기(AC)에 저장하는 것이다. 이때 제어장치는 CPU가 일하는 데 필요한 모든 것을 지시한다. 특히 메모리에서 '읽기'나 '쓰기' 명령어를 해석하고 전달하는 역할을 한다.

내부 버스와 외부 버스

이 장치들은 신호가 이동할 수 있게 내부에 서로 전기선으로 연결돼 있다. CPU 내부나 외부의 여러 장치 사이에 연결된 선은 데이터가 옮겨 다니는 통로가 된다. 앞서 설명한 바와 같이 이러한 선을 버스라고 부르는데, CPU 내부나 주기억장치 사이에 연결된 버스를 **내부 버스(internal bus)**라 하고, 입출력 장치와 연결된 버스를 **외부 버스(external bus)**라 한다. 그리고 버스에는 데이터가 이용하는 데이터 버스, 주소가 이용하는 주소 버스, 그리고 제어 정보가 이용하는 제어 버스 등이 있다.

제어장치(CU)

CPU 내부에 있는 **제어장치(control unit, CU)**는 외부 입력신호(컴퓨터 명령)를 받아 이 신호에 해당하는 제어신호를 각 입출력 처리장치로 보내는 역할을 한다.

제어장치는 CPU의 명령어가 저장된 주기억장치에서 명령어를 읽어오라고 시키고, 명령어를 해독해서 순서대로 처리하도록 제어신호를 모든 장치에 보낸다. 다시 말해 제어장치는 컴퓨터 명령을 실행하기 위해 여러 구성 장치에게 어떻게 일을 할 것인지 조정하는 지휘관이나 코디네이터 역할을 한다.

그림 7.7에서 제어장치는 명령어 레지스터(IR)과 프로그램 카운터(PC)에 제어신호를 보내 명령을 수행하도록 준비시키고, 메모리 버퍼 레지스터(MAR)에게 명령어 주소를 가져오라고 시킨다. 그다음 이 주소에 있는 데이터를 메모리 데이터 레지스터(MDR)에 저장하게 하고 산술논리연산기(ALU)에게 연산하라는 신호를 보낸다. 연산하고 처리한 결과는 누산기(AC)에 보관하게 하고 처리한 결과를 출력 데이터로 보낸다. 이러한 모든 동작을 제어장치가 담당한다.

제어장치는 주기억장치에서 명령을 하나씩 읽어 해독한 후 해당되는 회로가 동작할 수 있게 지시 신호를 보내 모든 장치가 유기적으로 동작할 수 있게 한다. 그림 7.8은 제어 장치와 기억 장치, 그리고 산술논리연산기의 관계를 나타낸 것이다.

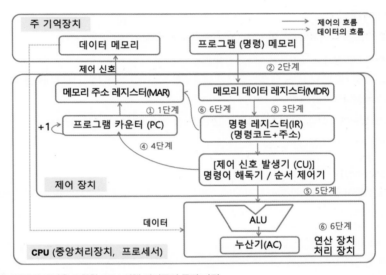

그림 7.8 제어장치의 동작을 포함한 CPU 실행 사이클의 동작 과정

CPU 실행 사이클(CPU execution cycle)

일반적으로 컴퓨터의 CPU는 여러 명령어로 이루어진 프로그램을 수행하기 위해 명령어 인출과 명령어 실행을 반복해 프로그램 코드에 들어 있는 모든 명령어를 실행한다. 주기억장치에 저장돼 있는 프로그램 명령어를 하나씩 순서대로 꺼내 그 명령대로 실행한다. 하나의 명령 실행이 끝나면 다음 명령을 가져와서 실행하고, 이 과정을 프로그램이 끝날 때까지 반복한다.

여기서, '컴퓨터는 다음 명령어가 어디에 있는지 어떻게 알까?' 하는 의문이 생길 것이다. 이 질문에 대한 답은 바로 프로그램 카운터(PC)에서 해결해 준다. 프로그램 카운터(PC)는 특수 목적 레지스터의 일종으로 다음 실행할 명령어가 있는 주기억장치의 메모리 셀 주소를 알고 있다. 따라서 CPU는 프로그램 카운터(PC)를 보고 다음에 실행할 명령을 가져올 수 있다.

이러한 동작 과정을 CPU 실행 사이클(execution cycle)이라고 한다. CPU 실행 사이클의 기본 동작은 그림 7.8과 같이 단계별 명령으로 나누어 실행한다. 단계별로 구분하면 다음과 같다.

[인출(fetch)]

- 1단계: 프로그램 카운터(PC)의 값을 읽어 메모리 주소 레지스터(MAR)로 옮긴다.
- 2단계: 주기억장치 내의 명령어 하나를 읽어낸다.
  메모리 주소 레지스터(MAR)에 있는 메모리 셀 주소를 이용하여 주기억장치 내의 내용을 메모리 데이터 레지스터(MDR)로 옮긴다.
- 3단계: 메모리 데이터 레지스터(MDR)에 있는 내용을 명령 레지스터(IR)로 옮긴다.
- 4단계: 프로그램 카운터(PC) 값을 1만큼 증가시킨다.

[해독(decode)]

- 5단계: 명령어 형식에 따라 명령 레지스터(IR)에 있는 것이 무엇을 뜻하는지 알아낸다. 제어 장치에서 명령어를 해독한다.

[실행(execute)]

- 6단계: 명령 레지스터(IR)에 있는 명령어의 내용대로 작업을 수행한다.
- 7단계: 1단계로 가서 작업을 반복한다.

CPU 실행 사이클 동작 과정

그림 7.8의 단계별 명령을 요약하면 **인출(fetch)–해독(decode)–실행(execute)**이다. 이 과정을 CPU **실행 사이클의 기본 단계**라고 한다. 컴퓨터는 이 과정을 반복하면서 우리가 작성한 프로그램을 실행한다.

컴퓨터가 작동을 시작하면 CPU는 첫 번째 메모리 셀 위치부터 시작해서 인출–해독–실행 사이클을 반복한다.

- **인출**: 메모리에서 다음 명령어를 가져온다.
- **해독**: 명령어가 무슨 일을 하는지 알아낸다.
- **실행**: 명령어를 실행한다.

CPU 실행 사이클 과정인 '인출-해독-실행'에 '저장(store)'까지 포함해 동작하는 개념을 표현하면 그림 7.9와 같다. 해독은 제어장치에서 명령어가 무슨 일을 하는지 알아내 산술 논리 연산기에 명령을 실행하게 한다. 쉽게 생각하면 산술 논리 연산기는 계산기이고, 제어장치는 명령을 지시하는 관리자와 같다.

실행이 끝난 결과는 주기억장치에 전달되고 저장된다. 주기억장치인 메모리는 CPU 밖에 위치하면서 CPU 안에 있는 캐시(cache) 메모리와 연결되어 있어 주 메모리에 저장될 정보를 잠시 캐시 메모리에 저장한다.

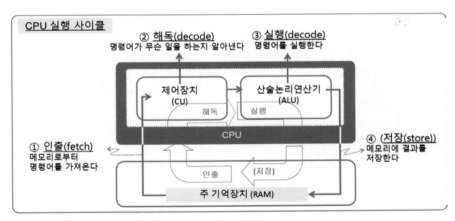

그림 7.9 CPU 실행 사이클 기본 동작(결과는 주기억장치에 저장한다)

기계어 프로그램을 CPU가 실행하는 과정

이제 우리가 작성한 프로그램이 어떻게 CPU에 전달되고, CPU 실행 사이클을 통해 명령이 실행되는지 정리해보자. 우리가 작성한 프로그램은 어셈블리 언어로 변환되고 다시 기계어 프로그램으로 변환됐다. 이 과정은 '6장 프로그램 언어로 컴퓨터에 명령하기'에서 설명했다. 그 과정은 그림 6.48의 'READ X 명령어와 데이터를 컴퓨터가 처리하는 과정'과 같다.

그림 7.9의 CPU 실행 사이클 과정은 기계어 프로그램을 처리하는 과정에서 어떻게 결합되는지 살펴보자. 그림 7.10과 같이 기계어로 변환된 프로그램은 주기억장치에 저장된 후, CPU에 전달된다. CPU는 프로그램에 적힌 명령문마다 CPU 실행 사이클대로 실행한

다. 실행을 그만하라는 '인터럽트(interrupt) 명령어(또는 STOP 명령어)'가 발생하면 이
과정을 멈춘다.

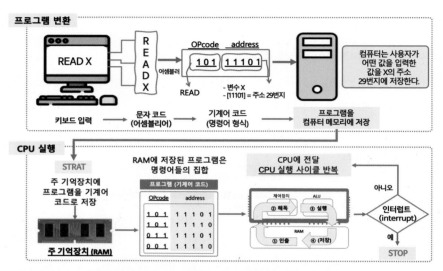

그림 7.10 기계어 코드로 변환된 프로그램을 CPU에 전달하는 과정(CPU는 실행 사이클을 반복)

추가 설명 컴퓨터의 기억장치: 주기억장치와 보조기억장치

컴퓨터의 기억장치(저장장치)는 CPU가 작업을 하기 위해 프로그램이나 데이터를 일시적이거나 일정 기간
동안 저장하기 위한 장치를 말한다. 사용 용도에 따라 주기억장치와 보조기억장치로 나눈다. 주기억장치는
CPU가 직접 데이터를 읽고 쓸 수 있게 만든 기억장치로, 빠른 접근 속도(access speed)가 필요하다. 보
조기억장치는 CPU와 직접 데이터를 주고받을 수 없는 보조적인 장치를 말한다.

사람들도 모든 것을 머리에 기억할 수 없어서 메모장이나 노트 등 다양한 매체를 이용하여 데이터를 저장
한다. 여기서 주기억장치는 사람의 머리에 해당하고 보조기억장치는 메모장이나 노트에 해당한다. 그래서
보조기억장치는 빠른 접근 속도보다는 주로 많은 양의 데이터를 저장하는 것이 중요하다. 보통 자기 디스크
나 자기 테이프 등을 사용하는데, 그 이유는 전원 공급이 중단되더라도 기록된 내용이 사라지지 않고 남아
있기 때문이다. 이러한 특성 때문에 이를 '비휘발성 저장장치'라고도 한다.

기억장치의 계층 구조

기억장치는 실행할 프로그램과 데이터를 기억하고, 프로그램을 실행한 후 결과를 저장하는 장치를 통틀어
말한다. CPU 내부에 있는 기억장치로는 레지스터, 캐시 기억장치(캐시 메모리), 주기억장치(메인 메모리),
보조기억장치(하드디스크) 등이 있다.

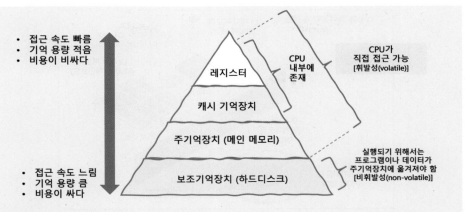

그림 7.11 기억장치의 계층 구조

레지스터(register)는 데이터를 가장 빨리 읽고 쓸 수 있는 메모리의 일종으로 CPU 내부에 있다. CPU가 직접 읽고 쓸 수 있어 접근 속도가 빠른 반면, 용량은 아주 작다. 레지스터 한 개는 보통 32비트나 64비트 정보만을 기억한다.

캐시[2] 메모리(cache memory)는 레지스터보다는 기억 용량이 크지만, CPU 밖에 있는 기억장치 중에서는 용량이 가장 작으며 접근 시간이 가장 빠른 기억장치다. 대부분 현대 CPU는 내부에 캐시 메모리가 있다. 보통 L1, L2라고 부른다(그림 7.12 참조). 속도가 빠른 CPU와 이보다 느린 속도를 가진 주기억장치 사이에 위치해 속도 차이에 따른 병목현상을 줄이는 역할을 한다.

CPU가 주기억장치에 있는 내용을 읽으려면 시간이 오래 걸리므로 자주 사용하는 프로그램이나 데이터를 캐시 기억장치에 잠시 두면서 작업하면 프로그램 실행 시간을 단축할 수 있다. 따라서 캐시 메모리가 있는 컴퓨터는 없는 컴퓨터보다 일 처리를 빨리할 수 있다. CPU의 속도에 버금갈 만큼 메모리 계층에서 가장 속도가 빠른 편이지만, 용량이 작고 비싸다.

주기억장치는 컴퓨터가 실행하려는 프로그램이나 데이터를 저장하는 메모리다. 따라서 여러 가지 프로그램이나 데이터가 컴퓨터에 저장되어 있다고 하더라도 실행되기 위해서는 주기억장치로 옮겨와야 한다. 다시 말해 주기억장치에 있는 것만 CPU가 처리할 수 있다. 주기억장치 또한 CPU가 관여하는 기억장치이기 때문에 속도가 빨라야 한다. 그리고 빠른 속도를 위해서 반도체 기억소자를 사용하여 만든다. 그렇다 보니 같은 용량의 보조기억장치보다 가격이 비싸다.

---

2 캐시(cache)는 은닉처, 저장하다, 고속으로 처리하다, 소형의 고속 기억 용량의 컴퓨터라는 의미가 있다.

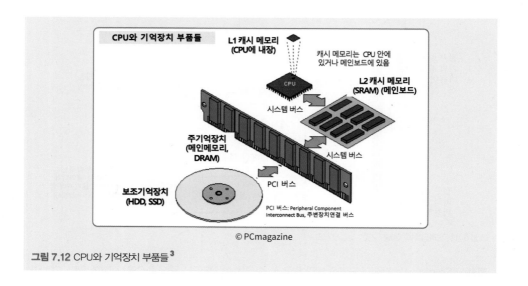

그림 7.12 CPU와 기억장치 부품들 [3]

모형 컴퓨터 설계

컴퓨터 내 CPU와 메모리의 동작과 처리 과정을 알아보기 위해 컴퓨터를 간단히 추상화 모델링해보자. 우리가 추상화한 컴퓨터를 **모형 컴퓨터**라 하고 직접 그려보면서 동작 과정을 살펴보자.

간단한 명령어를 수행하는 2비트 모형 컴퓨터

간단한 2비트 모형 컴퓨터를 설계하기 위해 CPU의 제어장치와 메모리만을 고려하자. 여기서는 알기 쉽게 설명하기 위해 2비트 모형 컴퓨터를 물건을 파는 가게에 비유한다.

2비트 모형 컴퓨터를 물건을 파는 가게에 비유

그림 7.13과 같이 컴퓨터 CPU를 가게 매니저로 가정하고, 메모리를 가게 저장 창고로 가정하자.

---

3 PC magazine, https://www.pcmag.com/encyclopedia/term/cache

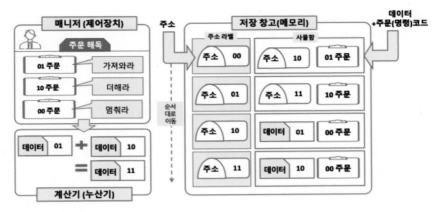

그림 7.13 2비트 모형 컴퓨터를 가게에 비유한 경우

먼저 각 부분의 역할을 살펴보자.

'매니저'는 명령을 내리고 주문을 해독(해석)하는 일을 한다. CPU의 제어 장치(CU)와 명령 레지스터(IR)의 역할과 같다. '저장 창고'에는 물건을 보관하는 사물함이 있고 거기에는 그 위치를 나타내는 주소 라벨이 붙어 있다. 각 사물함 안에는 주소나 데이터가 들어 있는 박스가 있고, 주문서도 같이 있다. 여기서 저장 창고는 메모리에 해당하고, 주소 라벨은 주소 메모리에 해당한다. 그리고 박스에 들어 있는 데이터는 컴퓨터의 데이터 메모리, 주문서에 적힌 주문(명령) 코드는 명령어 메모리에 해당한다. '계산기'는 CPU의 누산기(AC)와 산술논리연산기(ALU)의 역할을 한다.

매니저가 직원에게 찾아야 할 사물함의 주소를 알려주는 화살표는 컴퓨터의 주소 버스에 해당한다. 그리고 저장 창고에 있는 박스 내 주소/데이터 2비트와 주문(명령) 코드 2비트를 전달해주는 화살표는 데이터 버스에 해당한다. 이것이 2비트를 사용하는 2비트 모형 컴퓨터다.

2비트 모형 컴퓨터의 실행 과정

모형 컴퓨터에게 다음과 같은 프로그램을 실행한다고 가정하자.

> 프로그램: "저장 창고에 저장되어 있는 주문서를 해독하고 주문에 따라 실행하라"

프로그램에 따라 모형 컴퓨터는 인출, 해독, 실행 과정을 거쳐 하나씩 처리한다. 이때 일을 처리하는 방법은 저장 장소에 있는 주소를 하나씩 찾아가 순서대로 주문서를 해독하는 것이다.

인출 과정

1. 매니저는 첫 번째 주소 [00]을 찾아가 주소에 있는 주문서를 가져오고, 주문서에 적힌 [01 주문]을 해독한다. 매니저는 주문 해독집을 살펴보고 [01 주문]을 '가져와라(LOAD)'로 해독한다. 그리고 첫 번째 주소 [00] 사물함 박스에 들어 있는 정보를 읽는다. 이때 사물함 박스에 들어 있는 데이터는 주소를 알려주는 정보, [주소 10]이다.

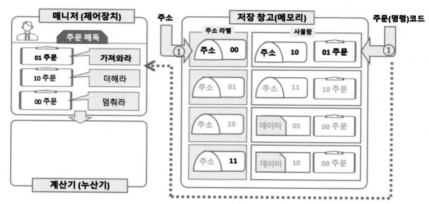

그림 7.14 첫 번째 단계: 매니저는 [주소 00]에 찾아가 주문서에 적힌 [01 주문]을 해독하고, 사물함 박스에 들어 있는 데이터를 읽는다.

2. [주소 00]인 사물함 박스 안에는 또 다른 주소 데이터 [주소 10]이 담겨 있다. 이 [주소 10]은 '가져와라'라는 명령([01 주문])을 실행할 데이터가 담겨있는 주소다. [주소 10]을 찾아가 그곳에 있는 사물함 박스 안의 [데이터 01]을 계산기에 보낸다.

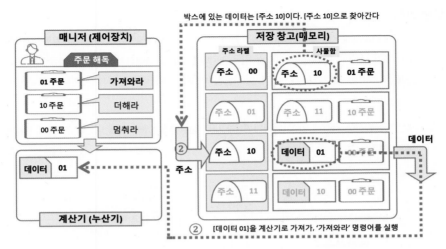

그림 7.15 두 번째 단계: [주소 10]에 찾아가 [데이터 01]을 담고 있는 사물함 박스를 계산기로 가져간다.

해독 과정

3. 다음 두 번째 주문서를 해독한다. 매니저는 두 번째 주소 [주소 01]을 찾아간다. 그리고 매니저는 [주소 01]에 있는 주문서를 가져와 해독하고 명령에 따라 실행한다. 이번에는 주문서에 적힌 주문 코드가 이전 과는 다른 [10 주문]이다. 이 [10 주문]은 '더해라'라는 명령이다.

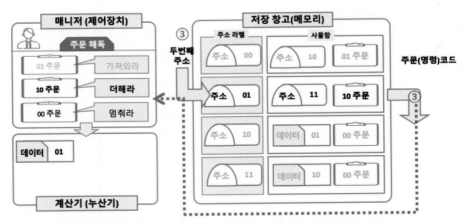

그림 7.16 두 번째 주소로 이동해 두 번째 주문서를 해독한다. 주문서는 '더해라'라는 명령어다.

실행 과정

4. 명령어 '더해라'를 실행하기 위해 [주소 01]에 있는 사물함 박스에 담긴 데이터를 살펴봐야 한다. 앞과 마찬가지로 사물함 박스에 담긴 [주소 11]은 명령어를 실행할 데이터가 들어 있는 사물함의 주소이기 때문에, [주소 11]로 찾아가서 그 안에 있는 사물함 박스의 데이터를 계산기에 전달한다. 전달된 정보는 [데이터 10]이다.

5. 계산기는 이전에 저장돼 있던 [데이터 01]과 새로 전달된 [데이터 10]을 더한다. 그 결과 [데이터 11]을 계산기에 저장한다.

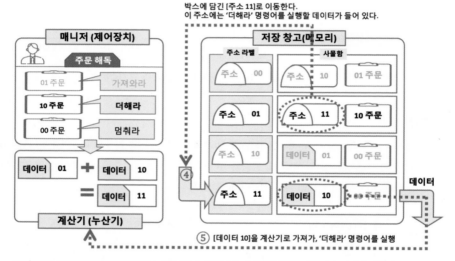

그림 7.17 두 번째 명령어 '더해라'를 실행: [주소 11]에 있는 [데이터 10]을 계산기로 가져와 더한다.

6. 그 다음 과정은 세 번째 주소 [10]으로 이동해 주문서를 해독하는 일이다. 그렇지만 이미 세 번째 주소 [10]에 있는 데이터와 주문서를 이미 사용해 버렸다. 마찬가지로 네 번째 주소에 있는 내용도 사용해버렸다. 그래서 이 모형 컴퓨터의 동작은 더 이상 진행되지 않는다. 주소를 하나씩 이동하면서 담겨있는 명령 코드를 해독하면서 프로그램에 적힌 모든 명령어를 실행해야 하는데, 더 이상 실행할 명령어가 없기 때문이다.

지금까지 살펴본 모형 컴퓨터는 여러 과정을 생략한 것이지만, CPU의 처리 과정 중 중요한 과정만을 이해하기 쉽게 비유한 것이다. 이처럼 2비트 모형 컴퓨터가 어떻게 주소와 데이터를 처리하는지를 살펴봄으로써 기본적인 CPU 내부 처리 과정을 이해할 수 있을 것이다.

8비트 모형 컴퓨터 설계

8비트 모형 컴퓨터로 확장

이제 앞의 모형 컴퓨터를 8비트를 사용해 설계했던 초기 컴퓨터 모델로 확장해 보자. 컴퓨터의 주요 레지스터들과 산술논리연산기(ALU), 누산기(AC), 그리고 주기억장치(메모리) 내에 있는 프로그램(명령) 메모리와 데이터 메모리 등의 역할과 동작 원리를 살펴보자. 주요 레지스터인 메모리 주소 레지스터(MAR), 메모리 데이터 레지스터(MDR), 명령어 레지스터(IR), 프로그램 카운터(PC)를 넣어 설계해 보자.

8비트 모형 컴퓨터가 처리할 기계어 프로그램

앞에서 고급 프로그램이 어셈블리어로, 어셈블리어는 기계어로 변환되는 것을 알아봤다. 이렇게 기계어로 변환된 프로그램은 운영체제에 의해 주기억장치에 저장되고, CPU에 의해 명령어를 처리한다는 것도 살펴봤다.

그러면 8비트 모형 컴퓨터의 CPU가 처리해야 할 프로그램을 생각해보자. 우리가 작성한 어셈블리 프로그램은 그림 7.18(그림 6.46)과 같다. 어셈블리 프로그램은 기계어로 변환돼 명령어 형식으로 표현된다.

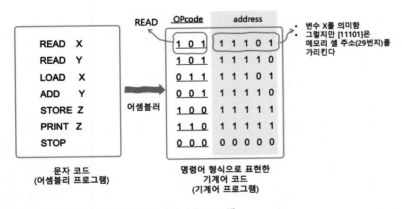

그림 7.18 어셈블리 프로그램을 기계어로 변환한 기계어 프로그램

앞 장에서 설명한 것과 같이 컴퓨터는 일정한 형식으로 명령어를 사용한다. 이것을 '명령어 형식'이라고 했다. 이 형식을 CPU가 해석해 무슨 일을 하는지 이해하고 그 해석에 따른 작업을 실행하도록 지시한다. 그림 7.19는 그림 6.42를 가져온 것으로 CPU의 명령어 형식이다.

그림 7.19에서 OPcode란 'Operation Code(명령어 코드)'를 뜻한다. 이 명령어 코드 3비트는 항상 명령어가 있는 메모리 셀 주소 5비트나 데이터 5비트와 같이 붙어 있다.

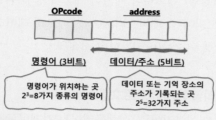

그림 7.19 (그림 6.42) CPU의 명령어 형식. OPcode는 명령어 코드를 뜻한다

8비트 모형 컴퓨터의 내부 구성

8비트 모형 컴퓨터 설계하기 위해 내부 구성 요소를 살펴보자.

▪ 주기억장치 크기는 32바이트

주기억장치는 프로그램(명령) 메모리와 데이터 메모리로 구성된다고 가정하자. 주소 메모리는 별도로 구성됐으나 이해를 돕기 위해 주기억장치에 포함된 것으로 가정한다. 주기억장치의 전체 크기를 32바이트로 정하고, 이 주기억장치를 1바이트씩 분할해 사용한다고 하자. 그러면 주기억장치는 총 32개의 메모리 셀로 나눠지고, 용도에 따라 프로그램(명령) 메모리나 데이터 메모리로 구분돼 사용된다.

실제 컴퓨터는 주기억장치 외에 보조기억장치(하드디스크)를 가지고 있기 때문에 일반적으로 주기억장치의 크기가 별로 크지 않아도 된다. 그렇지만 프로그램을 실행하기 위해서는 일단 주기억장치를 거쳐가야 한다. 그런 이유로 주기억장치의 크기가 중요하다. 흔히 말하는 PC의 램(RAM) 크기도 이것을 뜻하는 말이다. 주기억장치가 클수록 잠시 데이터를 보관하는 공간이 커져서 컴퓨터가 훨씬 더 여유 있고 빠르게 작업할 수 있다.

▪ 주기억장치의 초깃값

CPU와 주기억장치를 중심으로 그림 7.8의 제어 장치의 동작 원리를 간단히 재배치하면 그림 7.20과 같다. 이 그림이 우리가 설계한 8비트 모형 컴퓨터의 내부 구성도다. 그림 7.20의 구조를 바탕으로 컴퓨터의 CPU와 주기억장치의 동작 원리를 하나씩 살펴보자.

컴퓨터가 가장 먼저 하는 일은 주기억장치에 이진수 기계어 코드를 불러와 저장하는 것이다. 이 이진수 코드는 그림 7.18에서 어셈블리 프로그램을 기계어 프로그램으로 변환한 이진수 데이터다. 그림 7.20에서 명령문에 따라 차례대로 프로그램(명령) 메모리에 저장된 결과를 볼 수 있다.

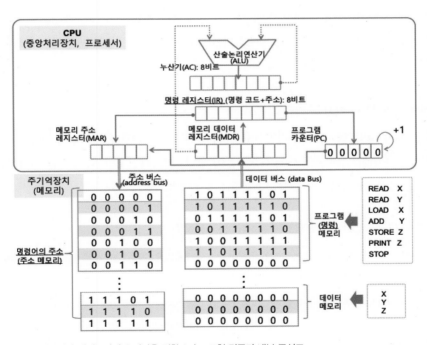

그림 7.20 주기억장치와 레지스터의 초깃값을 정한 8비트 모형 컴퓨터 내부 구성도

▪ 주기억장치의 주소 메모리

그림 7.20과 같이 주기억장치는 명령어를 저장한 프로그램(명령) 메모리와 데이터를 저장하는 데이터 메모리, 그리고 주소를 표시하는 주소 메모리로 구성된다. 이때, 메모리 셀을 구별하기 위해서 메모리 셀의 주소를 저장하는 주소 메모리를 사용한다.

주소 메모리는 프로그램(명령) 메모리 셀과 데이터 메모리 셀마다 5비트 크기의 주소를 하나씩 할당한다. 주기억장치의 크기는 32바이트이고 메모리 셀의 개수가 32개이므로 주소 메모리 셀의 크기는 5비트(3^2=25)다. 따라서 5비트 주소는 [00000]~[11111]을 사용한다.

■ 프로그램(명령) 메모리와 메모리 데이터 레지스터

프로그램(명령) 메모리 셀의 크기는 8비트로, 명령어 3비트와 데이터 5비트(또는 주소 5비트)로 구성된다. 그림 7.20과 같이 프로그램(명령) 메모리 셀의 각 명령어마다 주소 5비트가 할당된다. 이 프로그램(명령)을 CPU에서 불러와 실행하기 위해서는 잠시 저장하고 기억할 필요가 있다. 그래서 현재 실행할 명령어를 메모리 데이터 레지스터(MDR)에 저장한다. 그래서 메모리 데이터 레지스터(MDR)의 크기는 프로그램(명령) 메모리 셀의 크기와 같은 8비트다.

■ 산술논리연산장치(ALU)와 다른 레지스터들

그림 7.20의 CPU에는 산술논리연산장치(ALU)와 누산기(AC)가 있고, 데이터와 명령어를 처리하기 위한 임시 저장소 레지스터들이 있다. 여기서는 CPU의 동작을 이해하는 데 중요한 특수 목적 레지스터 5개를 구성 요소에 넣기로 한다.

1. **누산기(AC)**: 연산 장치의 계산결과를 저장하는 레지스터

2. **프로그램 카운터(PC)**: 다음에 수행될 명령어가 저장되어 있는 주기억장치의 주소를 저장하는 레지스터다. 메모리 셀 주소의 크기와 같은 5비트를 사용한다.

3. **명령 레지스터(IR)**: 현재 수행될 명령어를 저장하는 레지스터다. 프로그램(명령) 메모리에 있는 명령어를 저장해야 하므로 크기가 8비트다. 그림 7.19와 같이 8비트는 명령 코드 3비트와 주소/데이터 5비트로 구성된다.

4. **메모리 주소 레지스터(MAR)**: 주기억장치 프로그램(명령)이나 데이터를 보관하는 메모리의 주소를 저장하는 레지스터다. 우리가 설계하는 8비트 모형 컴퓨터의 주소 메모리는 5비트를 사용하므로 메모리 주소 레지스터(MAR)의 크기도 5비트를 사용한다.

5. **메모리 데이터 레지스터(MDR)**: 주기억장치에서 읽어온 프로그램(명령)이나 데이터를 잠시 저장하는 곳이다. 크기는 프로그램(명령) 메모리 셀이나 데이터 메모리 셀의 크기와 같은 8비트다.

▪ 주소 버스와 데이터 버스

CPU에 속한 장치와 주기억장치 사이에 데이터가 이동하는 통로가 바로 주소 버스와 데이터 버스다. 이 장치들 사이로 주소를 전달하는 5비트 주소 버스와 프로그램(명령)/데이터 8비트를 전달하는 8비트 데이터 버스를 사용한다.

메모리 주소 레지스터(MAR)는 5비트 주소 버스를 통해 찾고 싶은 주소를 주기억장치에 전달한다. 주기억장치는 8비트 데이터 버스를 사용해 메모리 데이터 레지스터(MDR)에 프로그램(명령)이나 데이터를 전달한다. 그리고 그 외 다른 모든 연결은 CPU 내부 버스로 연결된다고 가정한다.

8비트 모형 컴퓨터의 동작 과정

기본적인 컴퓨터 내부 구성 요소는 살펴봤고, 이제 8비트 모형 컴퓨터의 동작 과정을 살펴보자. CPU는 프로그램을 수행하기 위해 명령어 인출과 명령어 실행을 반복하면서 프로그램 내의 모든 명령어를 실행한다. 컴퓨터는 명령어가 있는 위치, 즉 메모리 셀의 주소를 프로그램 카운터(PC)를 통해 알 수 있다. 그 다음, CPU는 '인출-해독-실행'이라는 CPU 사이클을 반복한다. CPU는 이 반복 과정을 통해 우리가 작성한 모든 프로그램을 실행한다.

▪ 모형 컴퓨터 내부 동작 과정 살펴보기

고급 언어로 작성된 프로그램은 기계가 알 수 있게 변환되어 그림 7.20과 같이 주기억장치에 저장된다. CPU가 이 기계어 프로그램을 어떻게 실행시키는지를 모형 컴퓨터 내부 동작 과정을 단계별로 살펴보면서 이해해보자.

맨 처음 드는 질문은 "CPU는 기계어를 어떻게 이동시키고 누구에게 명령을 내리고 전달할까?"일 것이다. 이 질문에 대한 답은 사실 간단하지 않다. 그래서 모형 컴퓨터의 내부를 들여다보면서 알아보자.

[명령어 1] 'READ X' 처리 과정

그림 7.20의 레지스터들의 초깃값은 그림 7.18 기계어 프로그램 코드에 따라 설정돼 저장된 이진 코드다. 이것을 **초기 상태**라고 부르기도 한다. CPU는 이 초기 상태에 저장된 프로그램을 수행하기 위해서 CPU 실행 사이클 단계에 따라 작업을 실행한다.

1. **1단계:** 가장 먼저 CPU가 현재의 프로그램 카운터(PC) 값을 읽는다. 프로그램 카운터(PC)의 초기 상태 값은 [00000]이다.

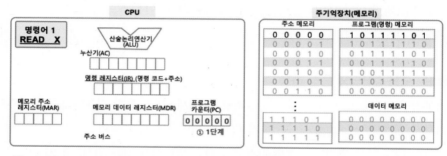

그림 7.21 첫 번째 명령어 'READ X'의 1단계: 프로그램 카운터(PC) 값을 읽는다

2. **2단계:** CPU 실행 사이클의 순서에 따라 이 주소 [00000]을 메모리 주소 레지스터(MAR)로 옮긴다. 이 동작은 이 메모리 셀 주소를 참조해 주기억장치 내의 주소 [00000]번지를 찾아가고, 그 번지에 있는 프로그램(명령) 메모리의 내용이나 데이터 메모리의 내용을 읽으라는 명령이다.

주소 [00000]에 있는 이진수 코드는 [101 11101]로 프로그램(명령)에 해당한다. 이 코드를 메모리 데이터 레지스터(MDR)로 보내 저장한다.

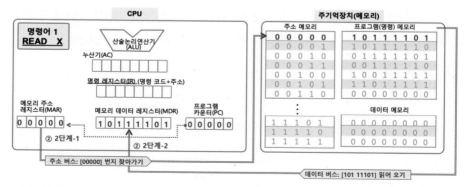

그림 7.22 첫 번째 명령어 'READ X'의 2단계: 주소 [00000]에 있는 기계어 코드 명령어 [101 11101]을 메모리 데이터 레지스터(MDR)로 불러온다

3. 3단계: 읽어온 기계어 코드 [101 11101]을 명령 레지스터(IR)에도 전달해 저장한다.

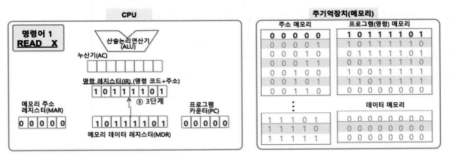

그림 7.23 첫 번째 명령어 'READ X'의 3단계: 기계어 코드 명령어 [101 11101]을 명령 레지스터(IR)에 저장한 후의 컴퓨터 내부 상태

4. 4단계: 프로그램 카운터(PC)는 여기까지의 과정을 하나의 명령어를 처리한 것으로 인식한다. 그래서 프로그램 카운터(PC)는 다음 명령어 처리를 준비하기 위해 값을 [00000]에서 [00001]로 증가시킨다. 프로그램 카운터(PC) 값의 변화는 '1 증가'다.

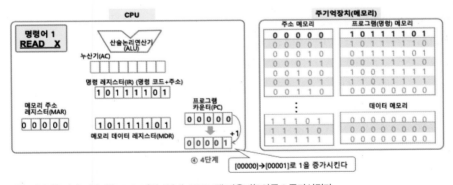

그림 7.24 첫 번째 명령어 'READ X'의 4단계: 프로그램 카운터(PC)를 1 증가시킨다

5. 5단계: 이제 컴퓨터는 명령 레지스터(IR)에 전달된 내용을 그림 6.42의 명령어 형식에 따라 해독한다. 여기서 명령어 형식은 명령어 3비트와 데이터/주소 5비트로 구성되어 있음을 기억하자. 그러면 그림 6.42의 명령어 형식과 그림 6.44 명령어 코드를 참조해 [101 11101]을 해독한다.

6. 6단계: 해독한 명령 레지스터(IR)의 명령어대로 명령을 실행한다.

현재 명령 레지스터에 있는 내용은 [101 11101]로 상위 3비트 [101]은 명령어 'READ'로 해독된다. 이때 하위 5비트 [11101]은 해독한 명령어를 실행할 데이터 메모리 셀의 주소다. 명령어 'READ'는 데이터를 '읽어라'는 의미로 '외부에서 데이터를 입력받아라'라는 뜻이다. 외부에서 입력받은 내용을 주소 [11101]에 있는 데이터 메모리 셀에 저장하라는 의미다. 그림 7.25와 같이 외부에서 십진수 숫자 '3'을 입력받으면, 주소 [11101]에 있는 데이터 메모리 셀에는 이진수 [000 00011]이 저장된다. 여기서 [000 00011]은 명령어 'READ X'의 변수 'X'에 해당한다.

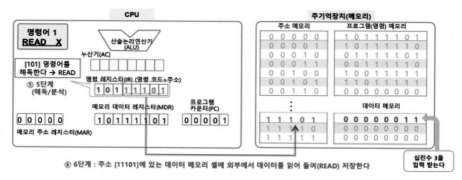

그림 7.25 명령어 'READ X' 5단계와 6단계를 실행한 후의 컴퓨터 내부 상태

명령어 'READ X'를 기계어 코드로 변환한 과정을 살펴보면 그림 7.26과 같다. 'READ'의 명령 코드는 [101]에 해당하고, 'READ X'의 변수 'X'는 외부에서 읽어 들인 데이터를 저장하는 데이터 메모리 셀의 주소 [11101]에 해당한다. 사실 변수 'X'는 이 주소가 가리키는 데이터 메모리 셀의 내용이다.

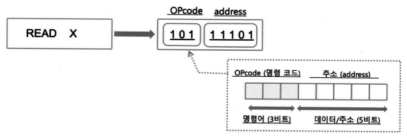

그림 7.26 명령어 'READ X'의 2단계 실행 과정. 명령어 'READ'와 주소를 할당하는 과정

이렇게 첫 번째 명령어 'READ X' 수행이 끝났다. 그림 7.25와 같이 외부에서 읽어 들인 십진수 '3'을 [11101] 번지에 저장하는 것이 명령어 'READ X'를 실행한 것이다.

[명령어 2] 'READ Y' 처리 과정

이제 두 번째 명령어 'READ Y'를 실행해보자. CPU는 앞서 했던 작업을 반복한다.

1. 1단계: 다시 프로그램 카운터(PC)의 내용을 읽는다. 프로그램 카운터(PC)의 내용은 이전 명령어 처리 과정 4단계에서 [00000]이 [00001]로 바뀌어 있다.

2. 2단계~4단계: 이전과 같은 방법으로 프로그램 카운터(PC)에 있는 [00001] 값을 메모리 주소 레지스터(MAR)로 전달하고, 주기억장치 내 주소 [00001]을 찾아간다. 그 주소에 있는 프로그램(명령) 메모리 값 [101 1110]을 읽는다(2단계). 그 내용은 명령 레지스터(IR)로 전달한다(3단계). 그리고 프로그램 카운터(PC)의 값은 다음 명령어를 읽기 위해 다시 1 증가시켜 [00001]에서 [00010]으로 바꾼다(4단계). 두 번째 명령어를 읽고 1단계에서 4단계까지 처리한 후의 컴퓨터 내부 상태는 그림 7.27과 같다.

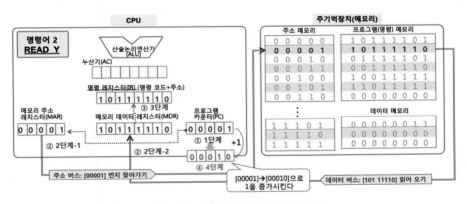

그림 7.27 두 번째 명령어 'READ Y'를 4단계까지 처리한 후의 컴퓨터 내부 상태

3. 5단계~6단계: 첫 번째 명령어와 같은 방법으로 명령 레지스터(IR)의 내용 중 상위 3비트 [101]을 해독한다. 코드 [101]이 두 번째 명령어 코드다. 해독하면 명령어 'READ'에 해당한다. 이번에는 외부에서 십진수 숫자 '5'를 입력받는다고 가정해 보자. 이때 입력받은 데이터를 저장할 곳은 명령 레지스터(IR)의 하위 5비트가 가리키는 데이터 메모리 셀의 주소다.

데이터 메모리 셀 주소 [11110]에 외부로부터 십진수 '5'(이진수 [000 00101])를 입력받아 저장한다. 여기서 이 이진수 값은 'READ Y'의 변수 'Y'에 해당한다. 이 과정을 실행한 후의 컴퓨터 내부 상태는 그림 7.28과 같다.

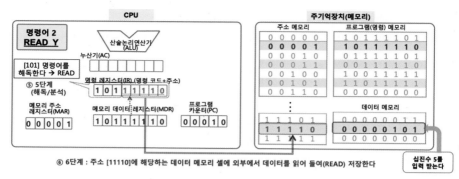

그림 7.28 두 번째 명령어 'READ Y' 수행이 끝난 후의 컴퓨터 내부 상태

[명령어 3] 'LOAD X' 처리 과정

세 번째 명령어 'LOAD X'를 처리해보자. 명령어 'LOAD' 외에는 앞에서 했던 과정과 같다. 다시 처음부터 과정을 반복한다.

1. **1단계:** 프로그램 카운터(PC) 값을 읽는다. 현재 프로그램 카운터(PC) 값은 [00010]이고, 이 데이터를 메모리 주소 레지스터(MAR)로 옮긴다.

2. **2단계:** 메모리 주소 레지스터(MAR)에 저장된 주소 [00010]을 찾아간다. 그곳에 저장된 내용 [011 11101]을 읽어서 메모리 데이터 레지스터(MDR)로 가져온다. 불러온 기계어 코드 [011 11101]은 프로그램의 세 번째 명령문이다. [011 11101]에서 명령 코드는 [011]이고 실행할 메모리 셀의 주소는 [11101]이다.

3. **3단계:** 메모리 데이터 레지스터(MDR)의 내용을 명령 레지스터(IR)로 옮긴다. 명령 레지스터(IR)는 전달받은 내용을 CPU가 해독하도록 준비한다.

4. **4단계:** 다음 번 명령어를 가져오기 위해서 프로그램 카운터(PC) 값을 다시 1 증가시킨다.

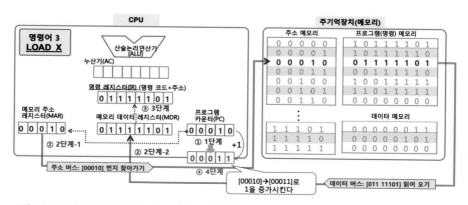

그림 7.29 세 번째 명령어 'LOAD X'의 4단계까지 실행한 후의 컴퓨터 내부 상태

5. 5단계: 명령 레지스터(IR)에 저장되어 있는 [011 11101]을 해독한다. [011 11101]에서 명령 코드 [011]은
   명령어 'LOAD'에 해당하며 '데이터를 옮겨라'로 해석할 수 있다. 하위 5비트 [11101]은 이 명령을 실행할
   데이터가 들어 있는 주소다.

   이 명령어는 주소 [11101]에 있는 데이터 [000 00011]을 누산기(AC)에 'LOAD'하라는 뜻이다. 이전에
   이 데이터는 변수 'X'였음을 기억하자. 따라서 'LOAD X' 명령어는 'X'에 저장된 데이터를 누산기(AC)로
   옮기는 작업이다.

   만일 누산기(AC)에 이전의 데이터가 있었다면 지워지고 새로 옮겨간 데이터로 덮어쓰게 된다. 이 과정
   으로 세 번째 명령어 'LOAD X' 실행이 완료된다. 최종 단계를 마친 후 컴퓨터 내부 상태는 그림 7.30과
   같다.

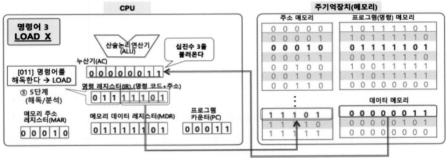

⑥ 6단계 : 주소 [11110]에 있는 데이터 메모리 셀의 데이터(변수 X)를 누산기로 불러온다(LOAD)

그림 7.30 세 번째 명령어 'LOAD X' 단계를 모두 실행한 후의 컴퓨터 내부 상태

[명령어 4] 'ADD Y' 처리 과정

네 번째 명령어 'ADD Y'를 처리하는 컴퓨터 동작 과정을 살펴보자. 이전 명령어의 단계
별 과정과 거의 같다. 여기서는 새로운 명령어 'ADD'를 어떻게 처리하는지 주의 깊게 살
펴보자.

1. 1단계: 다시 1단계로 가서 작업을 반복한다.

2. 2단계: 현재 프로그램 카운터(PC) 값 [00011]을 메모리 주소 레지스터(MAR)에 보낸다.

3. 3단계: 주소 [00011] 번지의 내용을 읽어 메모리 데이터 레지스터(MDR)로 전달하고 난 후, 명령 레지스
   터(IR)에 전달한다.

4. 4단계: 프로그램 카운터(PC) 값을 1 증가시킨다. 그림 7.31의 누산기(AC)에 있는 값은 이전 명령어를
   처리한 후 저장돼 있는 데이터 [000 00011]이다.

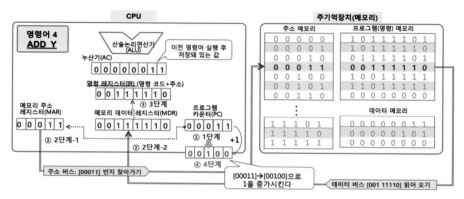

그림 7.31 네 번째 명령어 'ADD Y'의 4단계까지의 처리 과정

5. 5단계: 명령 레지스터(IR)의 내용 [001 11110]에서 명령어 [001]을 해석한다. 해석한 결과는 명령어 'ADD'이다(그림 6.44 참조).

6. 6단계: 명령어 'ADD'를 실행한다.

   실행 과정을 설명하기 전에 'ADD' 명령어가 어떤 것인지 먼저 알아보자. 'ADD' 명령어는 현재 누산기(AC)에 저장돼 있는 데이터 [000 00011](십진수 숫자 3, 변수 X)과 현재 기계어 코드 명령어에 있는 주소 [11110]이 가리키는 데이터 메모리 셀의 데이터 [000 00101](십진수 숫자 5, 변수 Y)을 더하라는 명령이다.

   명령어 'ADD'를 실행하기 위해서 산술논리연산기(ALU)에 보내는 순서는 다음과 같다. 현재 누산기(AC)에 저장돼 있는 데이터 [000 00011](변수 X)을 먼저 산술논리연산기(ALU)로 보낸다. 그리고 새로 불러온 데이터 [000 00101](변수 Y)을 누산기(AC)에 저장한다.

   산술논리연산기(ALU)는 'ADD' 연산을 하기 위해서 현재 누산기(AC)에 있는 데이터 [000 00101](변수 Y)을 받는다. 산술논리연산기(ALU)는 이 데이터와 이전에 있던 데이터(변수 X)와 더하기 연산을 한다. 최종 결괏값은 '[000 00011]+[000 00101]=[000 01000]'으로 누산기(AC)에 저장한다. 그림 7.32는 누산기(AC)와 산술논리연산기(ALU)가 명령어 'ADD'를 실행하는 과정이다.

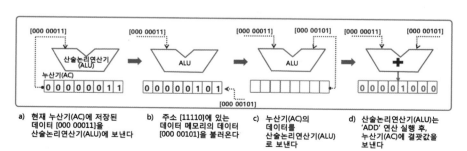

그림 7.32 누산기(AC)와 산술논리연산기(ALU)의 명령어 'ADD' 실행 과정

누산기(AC)와 산술논리연산기(ALU)의 'ADD Y'를 실행한 후의 컴퓨터 내부 상태는 그림 7.33같다.

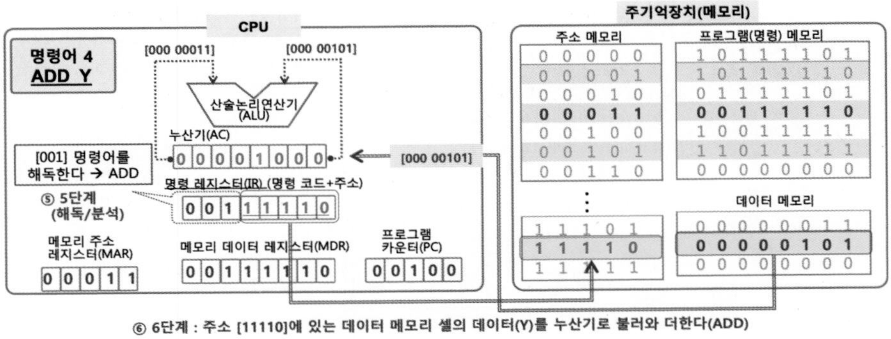

⑥ 6단계 : 주소 [11110]에 있는 데이터 메모리 셀의 데이터(Y)를 누산기로 불러와 더한다(ADD)

그림 7.33 네 번째 명령어 'ADD Y'를 실행한 후의 컴퓨터 내부 상태

여기까지의 과정을 이해하면서 따라왔다면 기본적인 CPU 동작 과정과 명령어 처리 과정을 어느 정도 이해했을 것이다. 나머지 명령어 'STORE Z', 'PRINT Z', 'STOP'의 처리 과정도 앞에서 설명한 과정과 유사하므로 쉽게 이해할 수 있을 것이다.

[명령어 5] 'STORE Z' 처리 과정

1. **1단계:** 이전 명령어 처리 과정에서 프로그램 카운터의 값은 [00100]이었으므로 새로운 명령어를 수행할 때는 이 주소부터 시작한다.
   반복된 흐름은 '**프로그램 카운터(PC) 읽기, 명령어 주소 찾아 가기, 명령어 코드 가져오기, 명령 레지스터(IR)로 보내기, 프로그램 카운터 증가시키기, 명령어 해독하기, 명령어 실행하기**' 순이다.

2. **2단계~5단계:** 이 순서대로 실행하면 프로그램 카운터(PC)의 값을 메모리 주소 레지스터(MAR)로 가져와 명령어의 주소가 [00100]인 곳의 데이터 내용을 메모리 데이터 레지스터(MDR)와 명령 레지스터(IR)로 가져온다(2~3단계). 그리고 프로그램 카운터(PC) 값을 다시 1 증가시킨다(4단계). 그런 다음, 명령 레지스터(IR)에 있는 명령 코드 [100]을 해독한다(5단계). 해독하면, 명령 코드 [100]은 'STORE' 명령이다.

3. **6단계:** 가장 중요한 것은 'STORE' 명령을 처리하는 일이다.
   'STORE' 명령은 누산기(AC)에 현재 저장돼 있는 데이터 [000 01000]을 저장하라는 명령이다. 누산기(AC)에는 변수 X와 변수 Y를 더한 값이 저장돼 있다. 이 데이터를 저장할 곳은 명령 레지스터(IR)에 저장돼 있는 하위 5비트 [11111]이 가리키는 메모리 셀이다. 주소 [11111]의 데이터 메모리 셀에 [000 01000]을 저장한다. 여기서 주소 [11111]의 메모리 셀은 변수 'Z'에 해당한다.

이 과정을 모두 처리한 후 컴퓨터 내부의 상태는 그림 7.34와 같다.

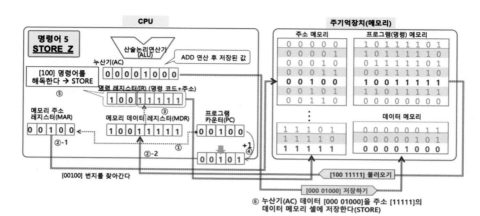

그림 7.34 다섯 번째 명령어 'STORE Z'를 실행한 후의 컴퓨터 내부 상태

[명령어 6] 'PRINT Z' 처리 과정

명령어 'PRINT Z'는 'STORE Z' 명령어에서 '저장한 값을 출력하라'는 명령어다.

1. 1단계: 실행 과정은 다시 반복된다. 프로그램 카운터(PC) 값 [00101]을 읽는다. 그 값은 [00101] 번지에 있는 명령을 수행할 차례라는 것을 알려준다.

2. 2단계~6단계: 프로그램 카운터(PC) 값 [00101]을 메모리 주소 레지스터(MAR)로 옮기고 그 주소를 찾아간다(2단계). 그리고 [00101] 번지에 있는 내용 [110 11111]을 메모리 데이터 레지스터(MDR)로 보내 저장하고, 명령어 레지스터(IR)에도 저장한다(3단계). 다음 수행할 명령을 가져올 수 있도록 프로그램 카운터(PC) 값을 1 증가시킨다(4단계). 명령 레지스터(IR)의 내용에서 명령 코드 [110]을 해독해 'PRINT' 명령이라는 것을 알아낸다(5단계).

   명령어 'PRINT'는 결과를 화면에 보여주는 명령이다(6단계). 보여줄 내용은 명령 레지스터(IR)에 저장되어 있는 주소 [11111]이 가리키는 데이터 메모리 셀에 들어 있는 내용이다. 주소 [11111]이 가리키는 데이터 메모리 셀에 있는 내용은 [000 01000]으로, 이전 명령어를 끝낸 후 저장돼 있는 값이다. 이 값은 십진수로 '8'을 의미한다.

   6단계까지 실행하면 모니터에 숫자 '8'이 출력된다. 모니터로 출력하는 과정에 이진수를 십진수로 변환하는 과정이 포함돼 있다고 가정했다. 실제로도 그렇게 변환돼 모니터에 전달된다.

   마지막 6단계까지 실행한 후의 컴퓨터 내부 상태는 그림 7.35와 같다.

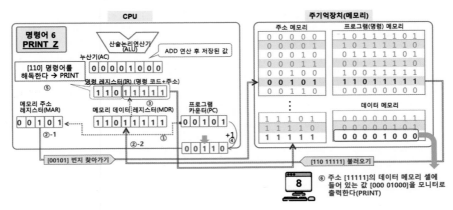

그림 7.35 여섯 번째 명령어 'PRINT Z'를 실행한 후의 컴퓨터 내부 상태

마지막 [명령어 7] 'STOP' 처리 과정

마지막 명령어 'STOP'은 프로그램을 종료한다는 명령이다.

1. 1단계: 앞의 과정과 마찬가지로 프로그램 카운터(PC) 값부터 읽어 현재 명령어를 실행할 준비를 한다.

2. 2단계~4단계: 프로그램 카운터(PC) 값 [00110]은 메모리 주소 레지스터(MAR)로 전달하고(2단계), [00110] 번지에 저장돼 있는 데이터 [000 00000]을 메모리 데이터 레지스터(MDR)와 명령 레지스터 (IR)에 보낸다(3단계). 다시 프로그램 카운터는 1 증가시킨다(4단계).

3. 5단계~6단계: 명령 레지스터(IR)의 내용 [000 00000]을 해독한다(5단계). 명령어 코드 [000]은 'STOP' 명령어로 프로그램을 멈추라는 명령이다. 따라서 이 명령어를 실행하면 프로그램 실행이 종료 된다(6단계).

4. 'STOP' 명령어 실행까지 마치면 그림 7.18에서 작성한 기계어 프로그램을 모두 실행한 것이다. 그 결과 는 그림 7.36과 같다.

   만일 새로운 프로그램이 실행되어 명령어를 실행하기 시작하면 레지스터나 주기억장치에 남아 있는 값 들은 새로운 값들로 채워지게 된다.

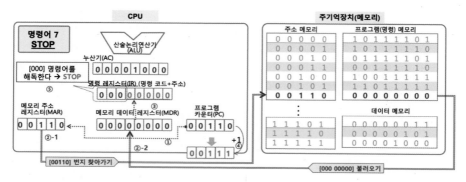

그림 7.36 일곱 번째 명령어 'STOP' 실행 후의 컴퓨터 내부 상태

이 장에서는 모형 컴퓨터로 CPU와 메모리에 저장되고 읽히는 데이터의 이동 과정을 살펴봤다. 기계어 프로그램 명령문마다 명령어 코드와 주소가 있고, 각 주소는 명령어를 실행할 데이터 메모리 셀의 주소와 연결돼 있다. 이 명령문은 주기억장치의 프로그램(명령) 메모리 셀에 저장돼 실행되고, 연산을 실행할 데이터는 주기억장치의 데이터 메모리 셀에 저장돼 있다. 이 메모리 셀들은 각기 다른 곳에 저장돼 있다. 연산이나 다음 단계 명령어로의 이동은 CPU의 누산기(AC)와 프로그램 카운터(PC), 명령 레지스터(IR)에 의해 실행되는 것을 알 수 있었다.

지금까지 살펴본 바와 같이, CPU는 우리가 작성한 프로그램을 실행하기 위해 일련의 과정을 끊임없이 반복한다.

참고문헌

- Computer Architecture: A Quantitative Approach (5th edition), Hennessy, John; Patterson, David, The Morgan Kaufmann Series in Computer Architecture and Design, 2017.

- Computer System Architecture, M. Morris Mano, Pearson Publisher, 2017

- 컴퓨터 구조, 위키백과, https://ko.wikipedia.org/wiki/컴퓨터_구조

- 중앙 처리 장치, 위키백과, https://ko.wikipedia.org/wiki/중앙_처리_장치

- 데이터 처리, 위키백과, https://ko.wikipedia.org/wiki/데이터_처리

- 메모리 계층 구조, 위키백과, https://ko.wikipedia.org/wiki/메모리_계층_구조

- PC magazine, https://www.pcmag.com/encyclopedia/term/cache

- CPU 사이클(명령 주기), 위키백과, https://ko.wikipedia.org/wiki/명령_주기

- Future Learn, Fetch—Decode—Execute Cycle, https://www.futurelearn.com/info/courses/how—computers—work/0/steps/49284

08

~~~~

알고리즘의 이해

생활 속에서 우리는 알고리즘을 사용하고 있지만, 이에 대해 인식하지 못할 뿐이다. 사실, 기계가 생기기 이전부터 알고리즘은 폭넓게 사용되어 왔다. 어릴 때 두 자릿수 덧셈을 배웠을 것이다. 일의 자릿수가 10을 넘어가면 10의 자릿수에 1이 더해지는 문제 해결 방법은 일종의 숫자 더하기 알고리즘이다. 알고리즘은 수학뿐만 아니라 다양한 분야에서 사용되는데, 음식을 요리하거나 석기시대에 부싯돌을 날카롭게 만드는 것도 알고리즘을 따르는 것이다. 실제로 알고리즘은 인류 기술의 일부로서 석기시대 이후부터 계속 발전해왔다. 현재 컴퓨터 과학에서는 알고리즘을 어떻게 정의하고 있으며, 어떤 종류가 있는지 살펴보고 간단한 예제를 통해 알고리즘을 이해해보도록 하자.

알고리즘에서 중요한 것들

알고리즘이라는 단어가 어떻게 생겼는지, 무슨 뜻인지 살펴보고, 효율적인 알고리즘이 되기 위한 조건은 무엇인지 알아보자.

알고리즘이란

알고리즘(algorithm)이라는 단어는 9세기경 페르시아 수학자이며 과학자인 '알콰리즈미(al-Khwarizmi)'의 이름에서 유래했다. 알콰리즈미는 수학의 다양한 방정식의 해법을 정리한 '알지브라(algebra, 대수학)'를 830년경에 집필했고, 이것이 300년 뒤에 라틴어로 번역돼 유럽에 전해졌다. 그의 이름은 라틴어 혹은 고대 그리스어 어원에 맞추어 '알고리츠미(algorichmi)', '알고리트미(algoritmi)'로 변화됐다. 이후 19세기에 들어서야 영어 사전에 알고리즘(algorithm)이라는 단어가 사용됐다. 1950년대에 들어서 컴퓨터가 보편화되면서 지금 사용하는 '알고리즘'이라는 의미로 사용됐다[1].

알고리즘은 어떤 문제를 해결하기 위한 일련의 흐름, 절차, 방법, 명령어의 집합이라고 통상 정의한다. 즉, 알고리즘은 단계별 지침을 명령어를 이용해 논리적인 순서대로 나열한 것이다. 다시 말해 알고리즘은 **흐름의 정리**라고 할 수 있다. 알고리즘은 세계의 작은 단면 모델인 수학 문제 풀이를 정의하는 계산 절차를 뜻하는 것으로 시작되었지만, 이러한 계산 절차뿐만 아니라, 데이터 분석, 기계 학습, 인공지능 등 다양한 분야에서 사용되는 절차 및 방법론을 포괄하는 의미로 사용된다.

알고리즘은 일상생활에서도 적용되고 있다. 예를 들면, 유튜브 알고리즘이 소개해 준 동영상들을 따라다닌 경험이 있을 것이다. 또한 넷플릭스는 나의 관심과 취향을 알고 있다는 듯이 내가 좋아하는 영화나 드라마를 추천해준다. 네이버와 같은 인터넷 쇼핑몰은 내가 관심 있어 하는 상품을 추천해주기도 한다. 이런 경험을 가능하게 하는 것은 바로 '추천 알고리즘[2]' 덕분이다. 또한 자동차의 내비게이션은 출발지에서 목적지까지 가장 빠른 길을 찾아준다. 이제 우리 일상생활에 '알고리즘'이라는 단어는 자연스레 스며들어 있다.

복잡하고 번거로운 문제에서 나름의 기준과 원칙을 가지고 단순함을 추구하려는 일상의 '규칙'들이 알고리즘이다. 알고리즘은 우리가 무언가를 생각할 때 그걸 어떻게 제대로 깊이 고민할 것인가에 대한 방법이기도 하다.

---

1 출처: https://towardsdatascience.com/how-did-we-get-here-the-story-of-algorithms-9ee186ba2a07
2 추천(recommendation) 알고리즘은 사용자에게 특정 아이템이나 콘텐츠를 추천하는 알고리즘이다. 추천 알고리즘은 사용자의 선호도와 유사한 아이템을 추천해주는 '콘텐츠 기반 필터링'과 사용자의 행동이나 패턴을 분석해 비슷한 취향을 가진 다른 사용자가 선호한 아이템을 추천하는 '협업 필터링' 방법을 사용한다.

알고리즘의 효율성

로봇 청소기에게 가장 좋은 알고리즘이란?

앞에서 로봇 청소기가 고양이 먹이를 찾기 위해 여러 가지 경로로 해결책을 찾았던 것을 기억할 것이다. 같은 문제라도 사실 여러 가지 해결책이 존재한다. 마찬가지로 같은 문제에 대해 여러 가지 해결 알고리즘이 존재한다. 그렇지만 모든 해결 알고리즘이 반드시 좋은 것은 아니다. 그래서 **알고리즘의 효율성**(efficiency)[3]이 중요하다. 가장 효율적인 방법이 무엇인지를 찾는 것이 훌륭한 프로그래머가 되는 길이다.

그림 8.1의 고양이와 로봇에게는 어느 길을 선택하는 것이 가장 효율적인 알고리즘일까? 고양이에게는 가장 빨리 먹을 수 있는 길을 찾는 것이고, 로봇은 프로그램대로 이동할 것이다. 한편, 사람에게는 로봇이 알아서 고양이 먹이를 찾아주는 것이 가장 효율적이다. 이렇듯 행동하는 주체마다 효율적이라고 생각하는 알고리즘이 다를 수 있다.

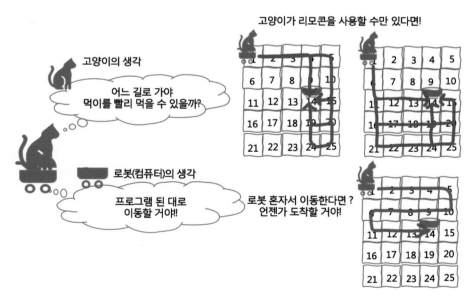

그림 8.1 고양이와 로봇 청소기의 서로 다른 알고리즘

---

3   알고리즘의 효율성은 문제의 해답을 구하는 데 걸리는 계산 시간이나 계산에 필요한 컴퓨터의 메모리 공간을 최소한으로 사용하는 것을 뜻한다.

알고리즘의 연산량과 시간 복잡도

초등학교 시절에 한 번쯤 풀어봤을 법한 간단한 수학 문제를 생각해보자. 알고리즘은 주어진 문제를 풀기 위한 절차나 방법이다. 여기서 주어진 문제는 '1에서 100까지 연속한 숫자의 합을 구하기'다. 알고리즘의 정의를 이 문제에 적용하면서 알고리즘의 중요 포인트를 짚어보자.

'1에서 100까지 연속한 숫자의 합 구하기' 문제는 그림 8.2와 같이 3가지 풀이 방식을 생각할 수 있다. 여기서 풀이 방식이 바로 알고리즘이다. 이때 우리는 세 알고리즘에 따라 문제를 풀어보지 않더라도 직관적으로 가장 효율적인 알고리즘을 한눈에 알 수 있다.

그림 8.2의 3가지 알고리즘 중에서 마지막 수학 공식을 사용한 방식이 가장 단순하고 실제로 가장 쉽게 답을 구할 수 있다. 쉽게 답을 찾는다는 것은 '효율적인 알고리즘을 사용했다'라는 뜻이기도 하다. 이런 효율성은 시간(계산량)이나 공간(메모리)을 필요한 만큼만 사용하는 것에서 나온다. 그러기 위해서는 '최적화(optimization)'라는 기법이 필요하다.

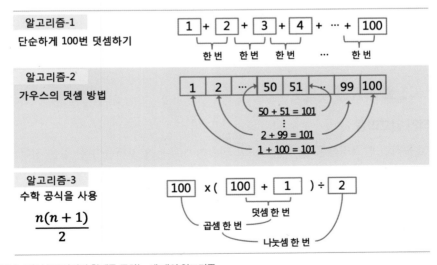

그림 8.2 1에서 100까지의 합계를 구하는 세 개의 알고리즘

먼저 알고리즘-1과 알고리즘-2를 비교해보자.

- **알고리즘-1**: 단순하게 1에서 100까지 하나씩 더해가는 방식이다. 총 100번 덧셈을 한다.

- **알고리즘-2**: "1과 100의 합이 101, 2와 99의 합이 101, …, 50과 51의 합이 101이다"라는 규칙을 이용해 합을 구하는 방식이다. 수학 천재 가우스가 어렸을 적 이 원리를 이용해 순식간에 답을 구했다. 이 방법을 사용하면 각각의 숫자 쌍을 더하므로 총 50회 더한다. 50번 덧셈을 반복하는 구조다.

알고리즘-2는 알고리즘-1보다 훨씬 적은 계산을 한다. 덧셈의 수가 절반으로 줄어들었다.

- **알고리즘-3**: 가우스 덧셈에 관한 수학 공식(1에서 어떤 수 까지의 합은 n(n+1)/2)을 적용해 덧셈, 곱셈, 나눗셈을 1번씩만 사용한다. 계산은 덧셈, 곱셈, 나눗셈 1번씩 이루어진다.

알고리즘-1은 100번의 덧셈, 알고리즘-2는 50번의 덧셈이 필요한 반면, 알고리즘-3은 덧셈, 곱셈, 나눗셈 1번씩만 필요하다. 즉, 알고리즘에 따라 연산 횟수가 확 줄어들 수 있다는 뜻이다. 그래서 알고리즘-3이 가장 효율적인 알고리즘이라고 말할 수 있다.

여기서 연산하는 횟수를 **연산량**(operation complexity) 또는 **계산량**(computational complexity)이라고 한다. 연산량은 컴퓨터가 알고리즘 연산을 수행하는 시간을 뜻하는 컴퓨터 **실행 시간**(running time) 또는 **시간 복잡도**(time complexity)를 결정한다. 따라서 일반적으로 연산량이 적은 알고리즘이 효율적인 알고리즘이 될 수 있다.

시간 복잡도와 공간 복잡도

효율적인 알고리즘

가장 효율적인 알고리즘은 문제를 빠르고 정확하게 푸는 알고리즘이다. 같은 정확도라도 더 빠르게 문제를 풀어내는 '연산 시간 복잡도'가 알고리즘의 효율성을 결정하는 중요한 요인이다. 또한 메모리 사용 공간, 적절한 데이터 구조 등 여러 가지 요인이 알고리즘의 효율성을 결정한다.

그러면 알고리즘의 성능을 비교할 수 있는 가장 좋은 방법은 무엇일까? 앞서 언급한 여러 가지 요인을 모두 비교하기는 쉽지 않다. 그래서 일반적으로 '알고리즘 실행 시간'을 비교하는 방법을 주로 사용한다.

알고리즘의 조건

알고리즘이란 문제를 해결하기 위해 입력과 출력, 유한성, 명확성, 실행 가능성 등과 같은 조건을 갖추어야 한다. 이를 구체적으로 설명하면 다음과 같다.

- **입력**: 알고리즘에 필요로 하는 데이터를 입력 받을 수 있어야 한다.

- **출력**: 알고리즘을 실행하면 처리된 결과가 적어도 하나 이상 출력돼야 한다.

- **유한성**: 알고리즘은 반드시 종료돼야 하며, 무한 반복하는 형태로 끝나지 않아야 한다.

- **명확성**: 알고리즘의 각 단계나 명령은 무엇을 수행하는 것인지가 명확하게 정의돼야 한다.

- **실행 가능성**: 알고리즘의 각 절차와 명령은 논리적으로 올바르며, 컴퓨터를 포함한 실행 환경에서 정확하게 수행 가능해야 한다.

인공지능 알고리즘

우리는 지금까지 알게 모르게 많은 알고리즘에 대해 다루었다. 예를 들면, 아날로그를 디지털로 바꾸는 알고리즘, 십진법을 이진법으로 바꾸는 방식, 문자를 효율적으로 디지털로 표현하는 런 렝스 코딩과 허프만 코딩 방식, 그리고 분해와 정복에 의한 이진탐색 방법 등이 모두 알고리즘이다. 사실 어떠한 문제를 풀거나 효율적으로 정리하는 과정에서 발생하는 생각을 정리하면 바로 알고리즘이 되는 것이다.

앞서 우리는 인공지능 모델로 머신러닝과 딥러닝을 살펴봤다. 머신러닝 모델과 딥러닝 모델도 모두 알고리즘으로 이해할 수 있다. 결국, 알고리즘은 절차, 방법, 규칙, 모델이기 때문이다. 머신러닝 모델은 데이터를 분석하고 학습하여 패턴을 발견하고 예측하는 알고리즘이고, 딥러닝 모델은 머신러닝의 한 분야로, 인간의 뉴런 연결 구조망을 수학적으로 표현해 만든 인공신경망을 이용한 알고리즘이다.

> **추가 설명** 머신러닝 모델
>
> 머신러닝에서 흔히 혼용하는 '모델'과 '알고리즘'은 개념적으로 상당히 유사하나, 엄밀히 말하면 모델이 알고리즘을 포괄하는 상위 개념이다. 왜냐하면 모델은 데이터로 학습이 완료된 머신러닝 알고리즘으로 생각해야 하기 때문이다. 가령 $y=ax^2+bx+c$라는 수식 자체가 알고리즘이라면, 학습된 모델은 $y= 3x^2+4x+7$처럼 계수가 채워져 입출력이 가능한 하나의 프로그램이 된다.[4]

머신러닝 알고리즘: 선형회귀, 분류, 군집

머신러닝은 다양한 알고리즘을 포함하고 있다. 그 중에서도 머신러닝 지도학습은 입력 데이터를 사용하여 모델을 학습시키고, 이를 통해 새로운 데이터를 예측하거나 분류한다. 가장 기본적인 알고리즘 중 하나는 '선형 회귀(linear regression)'다. 선형 회귀는 입력 데이터와 결과 데이터 사이의 관계를 찾아내 예측하는 알고리즘으로, 주택 가격이나 인구 성장과 같은 예측에 사용된다.

선형 회귀 모델의 파라미터를 업데이트하기 위해 오차를 최소화하는 '경사하강법(gradient descent)' 알고리즘이 사용된다. 이 방법은 선형 회귀뿐만 아니라 인공신경망 학습 과정에서도 파라미터 업데이트에 활용된다.

또한, '분류(classification, categorization)'와 '군집화(clustering)'는 회귀만큼 자주 사용되는 지도학습 알고리즘이다. 분류는 미리 정의된 범주 중 어느 범주에 데이터가 속하는지 구별하는 알고리즘이다. 스팸 메일과 정상 메일, 과일의 등급 분류에 사용할 수 있다. 로지스틱 회귀, 의사 결정 트리, 베이지안 분류기, KNN(K-최근접 이웃), SVM(서포트 벡터 머신)은 분류에 사용할 수 있는 알고리즘 중 일부다.

군집은 주어진 데이터의 특성을 고려해 특성별로 데이터 그룹을 정의하고 데이터 그룹을 대표할 수 있는 중심점을 찾는 알고리즘이다. 이 알고리즘은 데이터의 특성이 다르면 다른 그룹에 속하도록 학습하는 것으로, 비지도 학습 머신러닝 알고리즘이다. 예를 들어, 나이와 연봉에 따른 백화점 쇼핑 데이터를 바탕으로 취향이 같은 사람끼리 그룹으로 묶어 상품을 추천해주는 시스템에 군집 알고리즘을 적용할 수 있다. 군집화의 대표적인 알고리즘으로는 K-means 군집화, 계층적 군집화 GMM(가우시안 혼합분포 모델), DBSCAN(밀도 기반 군집 형성) 등이 있다.

그림 8.3 머신러닝에 사용되는 알고리즘

딥러닝의 알고리즘: CNN, GAN

딥러닝의 대표적 알고리즘으로는 이미지 인식률의 정확도를 높이는 합성곱 신경망 (CNN, convolutional neural network)과 고품질의 자연스러운 이미지를 생성하는 적대적 생성 신경망(GAN, generative adversarial network)을 들 수 있다. 또한 음성인식을 위해 사용하는 알고리즘으로 순환 신경망(RNN, recurrent neural network), 언어 모델 등을 예로 들 수 있다. 자연어 처리를 위한 알고리즘으로는 통계 기반 언어 모델, 장단기 기억망(LSTM, long short-term memory), 감성 분석, 워드투벡(Word2Vec), GPT 등을 예로 들 수 있다.

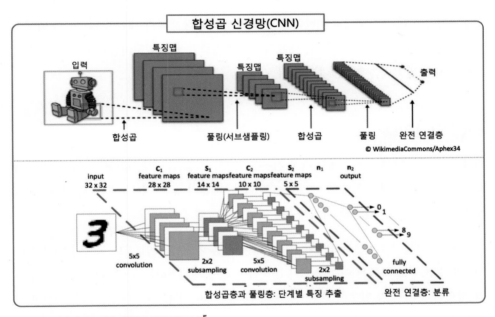

그림 8.4 딥러닝 알고리즘: 합성곱 신경망(CNN)[5]

---

5 그림 출처: (위) https://commons.wikimedia.org/wiki/File:Typical_cnn.png, (아래) https://www.kaggle.com/code/cdeotte/how-to-choose-cnn-architecture-mnist

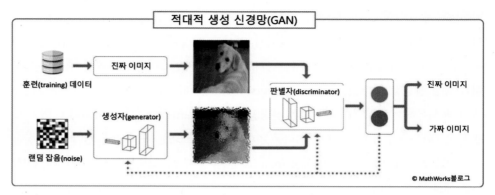

그림 8.5 딥러닝 알고리즘: 적대적 생성 신경망(GAN) [6]

인공지능 알고리즘을 제대로 이해하기 위해 먼저 컴퓨터 과학과 데이터 과학에서 다루는 기본적인 알고리즘부터 살펴보자. 대표적인 알고리즘인 정렬 알고리즘과 검색 알고리즘, 그리고 탐색 알고리즘에 대해 살펴보자.

정렬 알고리즘

컴퓨터 과학의 알고리즘 중에서 가장 기본은 '정렬 알고리즘'이다. **정렬(sorting)**이란 '자료를 원하는 순서대로 일렬로 나열하는 것'이다. 나열의 좋은 예로는 단어를 가나다순으로 나열한 사전, 성적순으로 나열해주는 엑셀 프로그램 등이 있다.

예를 들어 학생의 이름, 전화번호, 성별, 나이 등을 기록한 개인 정보 목록이 있다고 하자. 이 개인 정보 목록을 이름 순으로 정리하여 다시 재배치하는 것이 정렬이다. 학생 수가 적으면 굳이 정렬 알고리즘을 사용하지 않아도 찾아서 볼 수 있지만, 30명 이상만 넘어가면 직접 찾기가 어려워진다. 하물며 100명 이상이라면 어떻게 할 것인가? 누군가 자동으로 해주기를 바라게 된다. 이 문제를 해결해주는 것이 '정렬 알고리즘[7]'이다. 이 절에서는 기본적인 정렬 알고리즘으로, 선택 정렬, 버블 정렬, 단순 삽입 정렬, 분할–정복 규칙을 사용하는 병합 정렬 알고리즘에 대해서 알아본다.

6　Synthetic Image Generation using GANs, Laura Martinez Molera, MatWorks 블로그(2021), https://blogs.mathworks.com/deep-learn-ing/2021/12/02/synthetic-image-generation-using-gans/?from=kr

7　컴퓨터 개발 초창기에는 정렬 알고리즘의 연구가 매우 매력적인 주제였다. 1956년에 버블(거품) 정렬이 분석됐다. 이는 컴퓨터 과학 입문 과정에서 배우는 필수 알고리즘이다. [위키백과, 정렬 알고리즘], https://ko.wikipedia.org/wiki/정렬_알고리즘

선택 정렬

선택 정렬(selection sort)은 순서가 정해지지 않고 무작위로 나열된 데이터를 순서에 맞춰 일렬로 줄을 세우는 방법이다. 정렬하는 방식은 간단하다. 나열된 데이터 중에서 값이 가장 작은 데이터를 가장 앞자리의 데이터와 자리를 바꾸고, 이런 과정을 순서대로 나열될 때까지 반복하는 방식이다. 선택 정렬은 비교하는 횟수는 많지만, 간단하고 이해하기가 쉽다.

선택 정렬 알고리즘의 전략

정렬 전략은 다음과 같다.

1. 무작위로 나열된 데이터(배열, array)[8]를 순차적으로 비교해가면서 가장 작은 값을 찾는다. 이 값을 최솟값이라고 한다.

2. 최솟값을 배열의 가장 왼쪽에 있는 값과 자리를 바꾼다. 즉, 최솟값을 현재 정렬 범위에의 가장 앞으로 이동시킨다.

3. 배열의 가장 왼쪽 값을 제외한 나머지 부분에 대해 데이터가 1개 남을 때까지 **1**과 **2**의 과정을 반복한다.

이렇게 선택 정렬은 배열을 한 번씩 훑으면서 왼쪽부터 차례로 값이 정렬된다. 그림 8.6 은 6개 숫자를 선택 정렬을 사용해 순서대로 정렬하는 과정을 보여준다.

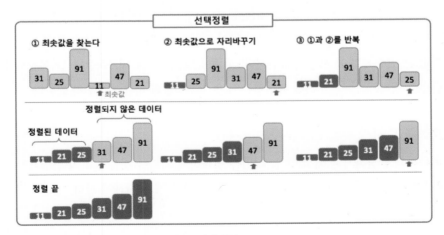

그림 8.6 6개 숫자를 순서대로 맞춰 일렬로 나열하는 선택 정렬

---

8   배열은 '종류가 같은 여러 원소를 모아 둔 데이터의 집합'이다.

선택 정렬의 시간 복잡도 함수와 알고리즘의 시간 복잡도

선택 정렬을 사용한 그림 8.6에서 사용한 연산(operation) 횟수[9]를 계산해보자. 선택 정렬에서 6개의 숫자를 정렬할 경우, 비교 횟수는 5번, 교환 횟수는 6번이다. 먼저, 최솟값을 찾기 위해 6개의 숫자에서 5개를 비교하고 교환한다. 그리고 남은 숫자를 순차적으로 비교하고 교환하는 과정을 반복한다. 따라서 총 비교 횟수는 5+4+3+2+1=15회이며, 총 교환 횟수는 6회다. 이때, 컴퓨터가 연산한 횟수는 비교 횟수와 같으며, 이를 시간 복잡도 함수로 표현한다.

n개의 숫자를 선택 정렬 방식으로 정렬한다고 가정할 때 연산량은 어떻게 될까? 앞의 예시와 마찬가지로 자신보다 작은 수부터 1까지 비교하는 횟수의 합이 총 연산량이 된다. 따라서 연산량은 1부터 $(n-1)$까지의 합과 같다. 이를 수식으로 나타내면 '합의 공식'에 따라 $\frac{n(n-1)}{2}$과 같다. 연산 횟수에 대한 계산을 통해서 얻는 함수로 다음 같은 함수를 **시간 복잡도 함수**라 한다.

$$\text{합의 공식: } (n-1)+(n-2)+(n-3)+\cdots+2+1 = \frac{n(n-1)}{2}$$

이처럼 선택 정렬의 시간 복잡도 함수는 $\frac{n(n-1)}{2}$이라고 할 수 있다. 그렇지만 선택 정렬 알고리즘의 성능을 표현할 때 이 함수 $\frac{n(n-1)}{2}$을 사용하지는 않는다. n에 대한 항목 중에서도 전체 성능에 큰 영향을 미치는 n^2만을 사용한다. 그 이유는 입력 n이 대단히 큰 수라고 한다면 1/2은 사실 큰 의미를 갖지 않기 때문이다. 알고리즘의 성능은 주로 영향력이 가장 큰 인수 n^2만을 사용해 표현한다. 이렇게 알고리즘을 대표하는 시간 복잡도 함수를 단순히 정리($\frac{n(n-1)}{2} \rightarrow n^2$)해 표현하는 것을 **알고리즘의 시간 복잡도**라고 한다.

알고리즘의 시간 복잡도: 빅-오(Big-O)

어떤 목적을 달성하기 위해 해야 할 작업을 명확하게 지시한 것을 알고리즘이라고 했다. 그렇지만 정말 알고리즘이 되기 위해서는 '작업의 횟수'가 유한해야 한다. 알고리즘의 작

---

9 연산 횟수는 데이터가 자리를 바꾸는 작업을 하나의 연산으로 센다.

업 횟수는 컴퓨터가 연산하는 데 걸리는 시간을 측정한 것이며, 이를 '시간 복잡도'라고 부른다. 알고리즘의 시간 복잡도는 **빅-오(Big O) 표기법**[10]을 사용한다. O를 읽을 때는 '빅-오'라고 읽는다. O는 'order'의 첫 글자에서 따온 것으로 함수의 '차수' 또는 '순서'를 나타낸다.

알고리즘의 시간 복잡도의 핵심을 표현하는 빅-오 표기법

빅-오 표기법은 알고리즘의 시간 복잡도를 표현하는 데 사용하는 개념이다. 이 표기법은 주로 알고리즘의 효율성을 분석하고 비교하는 데 사용된다. 이 표기법은 알고리즘의 입력 데이터의 크기에 대한 함수로 알고리즘의 시간 복잡도가 어떻게 증가하는지를 나타낸다.

빅-오 표기법은 대문자 'O' 뒤에 연산량을 의미하는 함수를 포함하는 형태로 표기된다 (그림 8.7). 일반적으로 이 함수는 '시간 복잡도 함수'에서 성능에 가장 큰 영향을 주는 항목만을 고려하고, 상수항이나 낮은 차수의 항은 무시한다. 빅-오 표기법은 알고리즘의 최악의 경우에 대한 성능을 나타낸다. 따라서 함수의 상한만을 표기하며 전체 성능에 큰 영향을 미치지 않는 항목은 제외한다.

시간 복잡도 함수는 알고리즘에 대해 컴퓨터가 연산한 회수를 표현한 함수다. 만일 이 함수가 이차 함수 형태이면 n^2 항이 핵심이고, 3차 함수이면 n^3 항이 핵심이 된다. 빅-오 표기법은 이 핵심항만을 표현한다.

빅-오 표기법은 알고리즘의 시간 복잡도 함수의 핵심만을 표현하기 때문에 알고리즘의 성능을 간결하고 단순하게 표현할 수 있다. 이것은 알고리즘의 시간 복잡도의 **증가율**에 주로 관심을 두기 때문이다. 빅-오 표기법은 입력 n에 따라 **알고리즘 성능 증가율을 결정하는 핵심 항목**만을 나타낸다.

---

10 빅오 표기법(big-O notation)은 시간 공간 복잡도의 증가율을 표현하는 방법이다. 근사화 표기법 중 하나로 어떤 함수의 증가 양상을 다른 함수와의 비교로 표현하는 방법이다.

빅-오 표기법과 분류

그림 8.7은 빅-오 표기법과 그것의 일반적인 표현 방법을 보여준다.

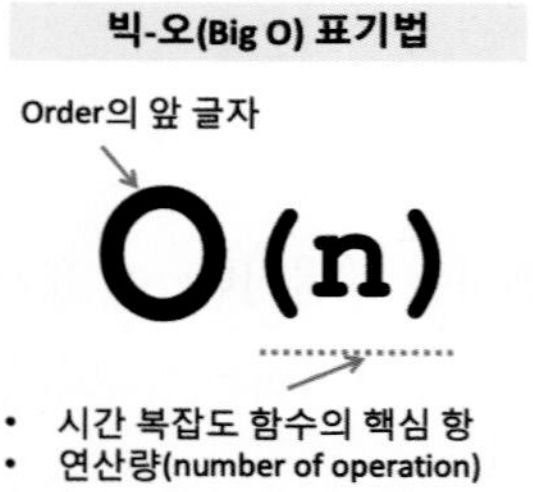

시간 복잡도	의미	표현
O(1)	입력 데이터 크기에 상관없이 **일정한** 복잡도 유지	상수 시간(상수)
O(logn)	입력 데이터 크기의 **로그에 비례**해 복잡도 증가	로그 시간(로그)
O(n)	입력 데이터 크기에 **정비례**해 복잡도 증가	선형 시간(선형)
O(nlogn)	입력 데이터 크기의 **수와 로그 곱에 비례**해 복잡도 증가	로그-선형 시간 (로그-선형, 엔로그엔)
O(n²)	입력 데이터 크기의 **제곱에 비례**해 복잡도 증가	이차 시간(제곱)
O(2ⁿ)	입력 데이터 크기의 수가 **2의 거듭제곱에 비례**해 복잡도 증가	지수 시간(기하급수)
O(n!)	입력 데이터 크기의 수의 **팩토리얼(계승)에 비례**해 복잡도 증가	팩토리얼 시간 (팩토리얼, 계승)

빅-오(Big O) 표기법

Order의 앞 글자

O (n)

- 시간 복잡도 함수의 핵심 항
- 연산량(number of operation)

그림 8.7 빅-오 표기법의 일반적인 표현 방법

입력 데이터의 크기를 n이라고 할 때 n번의 연산을 수행하는 알고리즘의 시간 복잡도는 $O(n)$으로 표기한다. 만일 알고리즘이 n바이트 메모리를 사용한다면, 이 알고리즘의 공간 복잡도는 $O(n)$으로 표현한다. 이러한 표현은 알고리즘의 성능과 자원 사용량을 분석하고 비교하는 데 유용하며, 알고리즘의 효율성을 평가하는 데 도움을 준다.

시간 복잡도 함수의 근삿값으로 표현

빅-오 표기법은 알고리즘의 수행 시간을 계산한 시간 복잡도 함수의 근삿값을 표현해준다. 그래서 계산된 수행 시간에서 다른 상수는 제외하고 n과 관련된 항목만 대표로 표시한다. 예를 들어, 입력의 크기 n이 10에서 20으로 2배가 될 때 $2n$의 연산 횟수가 20에서 40으로 2배가 된다고 가정해 보자. 이처럼 필요한 연산의 횟수가 입력 크기 n에 정비례하는 경우에는 모두 $O(n)$으로 표현한다. $O(2n)$으로 표현하지 않는다. 입력의 크기와 필요한 연산 횟수의 관계를 더 중요하다고 보기 때문이다.

선택 정렬의 경우, 정확한 연산 횟수는 $\frac{n(n-1)}{2}$이다. 여기서 n이 10에서 20으로 2배가 될 때 연산 횟수는 정비례하지 않고 대략 n^2배가 된다. n^2이 중요한 인수이기 때문에 입력 데이터의 크기가 변하더라도 증가율을 지배하는 항목은 n^2이 된다. 그런 이유로 선택 정렬 알고리즘의 시간 복잡도는 $O(n^2)$으로 표현한다. 선택 정렬 알고리즘은 이차 함수(n^2)에 따라 실행시간이 증가한다는 뜻이다.

그래프로 근사화 함수와 실제 함수를 비교

사실 그림 8.6과 같이 6개의 숫자에 대한 선택 정렬 알고리즘의 계산량은 공식 $\frac{n(n-1)}{2}$에 따라 계산하면 15로 빅–오로 표기하면 $O(15)$다. 그렇지만 정확한 연산량을 표현하지 않는다. 빅–오 표기법은 알고리즘에 입력되는 모든 경우의 수에 대해 나타낼 수 있어야 한다. 따라서 선택 정렬에 대한 시간 복잡도로 $O(15)$를 사용하지 않고, $O(\frac{n(n-1)}{2}) = O(\frac{n^2-n}{2}) \approx O(n^2)$과 같이 근사화된 값을 사용한다. 선택 정렬의 시간 복잡도는 $O(n^2)$이다.

혹시 $\frac{n^2-n}{2}$을 n^2으로 근사화하는 개념을 받아들이기 어려울지 모른다. 그러면 이 함수 $\frac{n^2-n}{2}$에서 다른 항목을 모두 무시하고 증가율을 장악하는 지배적 항목이 n^2항인지를 그림으로 살펴보자. 시간 복잡도 함수 $\frac{n^2-n}{2}$과 n^2을 입력 데이터 크기에 따라 비교해보자.

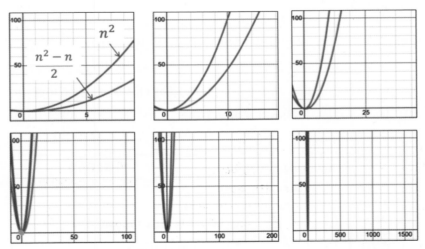

그림 8.8 시간 복잡도 함수 $\frac{n^2-n}{2}$과 n^2의 입력 크기에 따른 변화 그래프 (가로축은 입력의 크기, 세로축은 연산량)[11]

그림 8.8은 시간 복잡도 함수 $\frac{n^2-n}{2}$과 n^2을 입력의 크기가 변함에 따라 어떻게 바뀌는지 그래프로 나타낸 것이다. 그래프에서 n 값이 커질수록 두 복잡도 곡선이 점점 가깝게 표현된다. 이처럼 함수가 서로 가까워지는 현상은 지배적인 항이 같은 경우일 때뿐이다. 이

---

11 이 그림은 함수를 그래프로 그리고, 대수 방정식을 시각화해주는 무료 온라인 그래픽 계산기 'Desmos(https://www.desmos.com/?lang=ko)'를 사용했다. 가장 널리 쓰이는 무료 온라인 수학 SW로 지오지브라(geogbra, https://www.geogebra.org/?lang=ko)가 있다. 이 SW는 그래픽 계산기, 기하, 3차원 계산기, 확률, 방정식 풀기 등 매우 다양한 기능을 제공한다.

두 함수의 증가율을 지배하는 항목은 n^2이다. 이제 $O(\frac{n^2-n}{2}) \approx O(n^2)$으로 근사화하는 것이 이해될 것이다. 따라서 두 함수의 시간 복잡도는 $O(n^2)$으로 표현한다.

입력 데이터 크기 n에 따른 빅–오 표기법

그림 8.9는 알고리즘의 시간 복잡도가 입력 데이터의 크기 n이 증가하면서 어떻게 변하는지 비교한 그림이다. n이 클 때는 각 값의 차이가 점점 커지는 것을 알 수 있다.

이 중에서 가장 좋은 알고리즘은 어떤 것일까? 연산해야 하는 n이 증가하더라도 시간 복잡도가 증가하지 않는 알고리즘이 가장 좋은 알고리즘이다. 즉, 가장 효율적이라는 뜻이다. 그림 8.9의 여러 그래프 중에서 시간 복잡도가 증가하지 않는 것은 '로그 시간 알고리즘, $O(\log_2 n)$'이다.

이렇게 빅–오 표기법으로 모든 알고리즘의 복잡도를 표현할 수 있다. 알고리즘을 전문적인 기술을 다루는 논문이나 문헌에서 발표할 때 반드시 빅–오 표기법을 사용해 연산 시간 복잡도를 제시한다. 그래서 새로 발표한 알고리즘이 다른 알고리즘에 비해 얼마나 빠르고 효율적으로 문제를 처리하는지 보여준다.

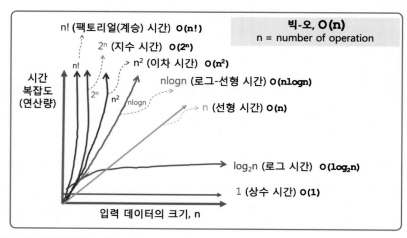

그림 8.9 알고리즘 시간 복잡도를 n의 증가에 따라 빅–오로 표기하여 비교

그림 8.9는 알고리즘의 시간 복잡도가 입력 데이터의 크기 n에 따라 어떻게 변해가는지 잘 보여준다. n이 작을 때는 큰 차이가 없겠지만, n이 증가하면서 시간 복잡도는 엄청나게 큰 차이를 보인다. 시간 복잡도(그림 8.9에서 y축)가 입력 데이터의 크기 n(그림 8.9에서 x축)에 따라 급격히 증가하는 알고리즘은 복잡도가 높은 알고리즘이다.

시간 복잡도가 높은 알고리즘은 같은 문제를 풀 때 시간 복잡도가 낮은 알고리즘보다 연산 수행 시간이 더 오래 걸린다. 즉, 시간 복잡도가 낮을수록 컴퓨터가 문제를 해결하는 속도(연산 수행 속도)가 빠르다는 뜻이다. 낮은 시간 복잡도 순으로 보면, $O(\log_2 n) < O(n) < O(n\log n) < O(n^2) < O(2^n) < O(n!)$이다.

예를 들어, n이 1백만이라면, n^2은 1조가 된다. 하지만 $n\log n$은 몇 백만에 그친다. $O(n^2)$ 알고리즘으로 처리하려면 몇 년씩 걸리는 문제를 $O(n\log n)$ 알고리즘으로 처리하면 고작 몇 분 만에 해결될 수 있다. 따라서 이차 함수로 증가하는 $O(n^2)$은 실용적이지 못한 알고리즘이다. 반면, $O(n\log n)$ 복잡도를 갖는 알고리즘은 매우 훌륭한 알고리즘이라고 할 수 있다. 따라서 가장 효율적인 프로그램을 설계하고자 하는 프로그래머에게는 알고리즘의 시간 복잡도가 매우 중요하다.

사각형 그리기 알고리즘에 따른 시간 복잡도 비교

수학 함수로 표현하는 빅-오 표기법으로 시간 복잡도를 이해하는 것은 여전히 쉽지 않다. 이해를 돕기 위해 실제 컴퓨터가 알고리즘에 따라 계산 시간이 얼마나 걸리는지 알아보자. 간단한 예로 종이 위에 16개의 사각형을 그린다고 가정해보자. 사각형을 그리는 두가지 알고리즘에 따라 수행 시간이 어떻게 달라지는지 비교해보자. 그림 8.10과 같이 '알고리즘-1'은 펜으로 16개의 사각형을 하나씩 그리는 전략이고, '알고리즘-2'는 종이를 계속 접는 방식으로 사각형을 그리는 전략이다. 이 두 알고리즘의 시간 복잡도를 계산해보자.

- **알고리즘-1**: 사각형을 하나씩 펜으로 그리는 방법은 16개의 사각형을 하나씩 그리므로 16번의 연산이 필요하다. 따라서 이 알고리즘의 시간 복잡도는 $O(16)$이다. 그러면 n개 사각형을 그리기 위해서는 몇 번의 연산 동작을 하면 되는 것일까? 앞서 시간 복잡도는 입력 데이터 크기 n에 대해서 근사화된다고 했다. 따라서 시간 복잡도는 $O(n)$이다.

- **알고리즘-2**: 종이를 계속 접는 방법으로 사각형을 만드는 방법은 한 번 접을 때 2개의 사각형이 생기고, 2번 접을 때 4개, 3번 접을 때 8개, 4번 접을 때 16개 사각형이 생기는 식으로 사각형을 만든다. 수학으로 표시하면 $2^4(=16)$으로 2의 지수승이다. 시간 복잡도를 입력 데이터 크기 n에 대해 표현하면 2의 지수승은 $\log_2 n$ [12]이 된다. 따라서 시간 복잡도는 $O(\log_2 n)$이고, 더 간단히 $O(\log n)$으로 표현한다.

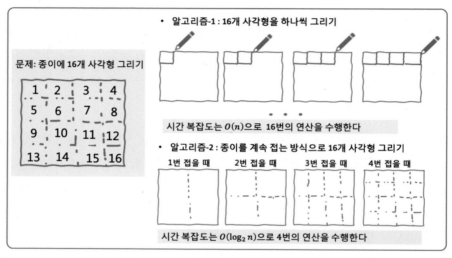

그림 8.10 16개 사각형을 그리는 두 가지 알고리즘과 필요한 시간 복잡도

알고리즘에 따라 달라지는 컴퓨터의 계산 시간

앞의 문제에 대해서 각자 다른 시간 복잡도를 갖는 알고리즘은 각각 연산 수행 시간이 어떻게 되는지 계산해보자. 알고리즘의 효율성은 입력 데이터의 크기가 커질수록 명확히 확인할 수 있기 때문에 사각형의 개수를 16개에서 1,024개까지 키운 경우를 살펴본다.

그림 8.11은 알고리즘의 연산 수행 속도가 빠른 것부터 느린 것까지 비교한 것이다. 여기서는 연산 시간이 1초에 10번을 연산할 수 있는 컴퓨터가 있다고 가정한 상황에서 계산한 결과다. 16개 사각형은 시간 복잡도가 $O(\log_2 n)$인 알고리즘을 사용하면 $O(\log_2 16)$로 총 4번 연산이 필요하다. 그러면 4번 연산하는 데 걸리는 시간은 0.4초다. 이런 방법으로 각 알고리즘에 대해 컴퓨터가 사용한 연산 수행 시간을 구해 그림 8.11에 정리했다.

---

12 $2^{접는\ 횟수(x)}$= 총 사각형의 개수 (*n*)이므로, $2^x=n$으로 놓고 x에 대해서 정리하면, $x=\log_2 n$이다. 이 예시는 n이 16인 경우이므로 계산식 $\log_2 16=4$에 따라 총 접는 횟수는 4회다. 접는 횟수는 연산 횟수를 뜻한다.

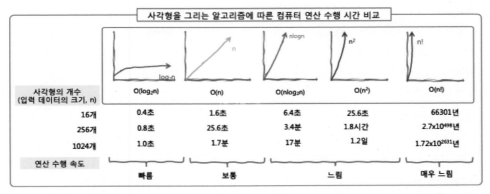

그림 8.11 1초에 10번의 연산을 하는 컴퓨터가 각 알고리즘에 따라 계산한 시간 복잡도와 걸리는 시간을 비교 [13]

$O(n^2)$ 알고리즘과 $O(\log_2 n)$ 알고리즘의 비교

$O(n^2)$ 알고리즘은 입력 데이터의 크기(n)가 10배 증가하면 시간 복잡도가 100배 증가한다. 이에 반해, $O(\log_2 n)$ 알고리즘은 로그(log)로 계산되므로 입력 데이터의 크기가 10배 증가해도 $O(\log_2 10) = O(3.4)$로 3.4배밖에 증가하지 않는다. 언뜻 100배와 3.4배는 큰 차이가 없어 보일지 모르겠지만, 사각형 개수 n이 1백만이라면 $O(n^2)$ 값은 1조가 되지만, $O(\log_2 n)$은 놀랍게도 19밖에 되지 않는다. 그렇기 때문에 $O(n^2)$ 알고리즘이 몇 년 걸리는 문제를 $O(\log_2 n)$ 알고리즘은 고작 몇 분 만에 해결할 수 있다. 여기서 알고리즘의 힘을 엿볼 수 있다. 그리고 다루는 데이터의 크기가 크면 클수록 알고리즘의 시간 복잡도를 반드시 고려해야 하는 이유도 여기에 있다. 걸리는 시간을 예측하지 못하면 상상하지 못한 참사가 발생할 수도 있기 때문이다.

$O(n!)$ 알고리즘

우리의 상상을 뛰어넘는 경우를 시간 복잡도가 $O(n!)$인 '팩토리얼(계승) 시간' 알고리즘에서 찾아볼 수 있다. 그림 8.11에서 n이 1,024인 경우의 수행 시간 결과를 비교해 보자. 1,024개의 사각형을 그리는 데 $O(n^2)$ 알고리즘은 1.2일이 필요하지만, $O(n!)$ 알고리즘을 사용하면 1.72×10^{2631}년이 걸린다. 설마 이런 바보 같은 알고리즘이 있을까 싶겠지만, 실제로 컴퓨터 과학에서는 아주 유명한 '외판원 문제(travelling salesperson problem)'가 이 경우에 해당한다. 외판원 문제는 탐색 알고리즘에서 자세히 설명한다.

---

13 Grokking Algorithm, Aditya Bhargava, Manning Publication Co., 2016.

추가 설명 상수 시간 알고리즘의 시간 복잡도

전화번호부에서 '가나'라는 사람을 찾는다고 하자. 그러면 컴퓨터는 전화번호부의 모든 사람 n명을 검색해야 하므로 필요한 연산 수행 시간은 $O(n)$이다. 그런데 알고리즘이 '가나'라는 이름을 찾을 때 그 이름은 맨 앞에 있기 때문에 전화번호부 전체를 훑어보지는 않는다. 이때 시간 복잡도는 $O(n)$이라고 해야 할까? 아니면 단 한 번에 찾았으니까 $O(1)$이라고 해야 할까?

답은 단순하게 검색하는 모든 경우에 대해서 시간 복잡도는 $O(n)$이라는 것이다. 한 번에 찾거나 n번을 연산해서 찾거나 시간 복잡도에서 중요한 것은 '어떤 알고리즘을 사용했느냐'이다. 여기서는 걸린 시간이 아니라 검색 알고리즘 자체의 시간 복잡도를 나타내므로 시간 복잡도는 $O(n)$으로 표현한다.

시간 복잡도가 $O(1)$인 알고리즘은 입력 데이터의 크기와 무관하게 항상 일정한 수행 시간을 갖는 '상수 시간 알고리즘'이다. 예를 들면, 홀수 또는 짝수를 판별하는 함수는 상수 시간 알고리즘의 하나의 예다. 이 함수는 입력된 수의 크기에 관계없이 단지 홀수인지 짝수인지만 확인하면 검사가 끝나기 때문에 입력된 수가 아무리 크더라도 연산 수행 시간은 '1'이다. 단순한 사칙연산은 모두 상수 시간 알고리즘에 속한다.

버블 정렬

버블 정렬(bubble sort)[14]은 '이웃한 두 데이터 중 작은 값이 뒤에 있을 때 이 둘을 바꾸어 나가며 데이터를 정렬하는 알고리즘'을 말한다.

책 1,000권을 코드 번호순으로 정렬

도서관에서 사서가 새로 들어온 책 1,000권을 코드 번호순으로 정렬해야 한다고 하자. 앞서 순차 정렬 알고리즘을 사용해 하나씩 책의 코드 번호를 비교해서 순서대로 정렬할 수 있다. 그런데 1,000권이라 선뜻 시작하기가 두려울지 모른다. 이때 직관적으로 머리에 떠오르는 방법은 다음과 같다.

책 1,000권이 나란히 꽂혀 있는 책장에서 첫 번째 책과 두 번째 책의 코드 번호를 비교한다. 이 중 번호가 낮은 책은 그대로 두고 더 높은 책은 세 번째 책과 비교한다. 마찬가지로 번호가 낮은 책은 그대로 두고 더 높은 책은 네 번째 책과 비교한다. 이렇게 계속하다 보면 코드 번호가 낮은 책부터 순서대로 번호가 가장 높은 책까지 나란히 정렬된다. 이 정렬 과정이 '버블 정렬'이다.

---

14 버블(bubble)은 거품이라는 뜻으로, 버블 정렬을 사용할 때 각 데이터가 이동하는 모습이 수면으로 올라오는 거품과 같은 모습을 보이기 때문에 지어진 이름이다.

버블 정렬 알고리즘 전략

버블 정렬 알고리즘의 정렬 과정은 다음과 같다.

1. 무작위로 나열된 데이터 배열에서 정렬되지 않은 부분의 첫 번째 데이터와 두 번째 데이터를 비교한다.

2. 첫 번째 데이터가 두 번째 데이터보다 크면(오름차순으로 정렬하는 경우), 두 값의 위치를 교환한다. 그 렇지 않으면 자리를 교환하지 않는다.

3. 데이터를 비교하기 위해 시작 위치를 오른쪽으로 한 칸 이동한다. 새로 시작한 데이터와 그 오른쪽에 있 는 데이터의 크기를 비교하고 자리를 교환할지 결정한다. 맨 끝까지 1, 2, 3의 과정을 반복한다.

4. 다시 정렬되지 않은 첫 데이터에서 1, 2, 3의 과정을 반복한다.

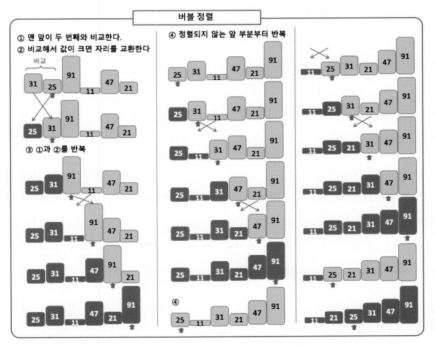

그림 8.12 버블 정렬을 사용하여 6개의 무작위 데이터 배열을 오름차순으로 정렬한 예[15]

정렬되지 않은 데이터가 2개 남을 때까지 반복하면, 맨 오른쪽 데이터에 최댓값이 저장 된다. 그 다음은 최댓값이 위치한 맨 오른쪽 데이터를 제외하고 정렬하지 않은 데이터

---

15 선택 정렬 그림 8.6보다 버블 정렬 과정이 복잡해 보이는 것은 선택 정렬에서는 최솟값을 찾는 과정을 생략했고, 버블 정렬에서는 비교하는 과정을 하나씩 보여줬기 때문이다.

를 가지고 다시 처음부터 이 과정을 반복한다. 결국 맨 오른쪽에서부터 차례대로 높은 값이 정렬되기 시작한다. 그림 8.12는 6개 숫자를 버블 정렬 알고리즘을 사용하여 정렬한 예다. 앞에서 같은 데이터 배열을 사용했으므로 선택 정렬과 그 과정을 비교하면서 살펴보자.

버블 정렬의 시간 복잡도

버블 정렬도 모든 경우의 수를 단순하게 비교하므로 선택 정렬과 같은 시간 복잡도를 갖는다. 책 1,000권을 코드 번호 순서대로 정렬하려면 1,000번 비교해야 한다. 마찬가지로 그림과 같이 6개 숫자 데이터를 정렬하기 위해서는 총 5+4+3+2+1=15회의 비교가 필요하다. 그렇다면 1,000권의 책은 총 999+998+⋯+2+1=499,500회의 비교가 필요하다.

이런 식으로 계산하면, 입력 데이터 크기가 n일 경우에는 $(n-1)+(n-2)+ \cdots +2+1=n(n-1)/2$회 비교 연산을 실행한다. 이때 시간 복잡도 함수는 $n(n-1)/2$이다. 따라서 빅-오 표기법으로 표현한 시간 복잡도는 $O(n^2)$이다. 앞에서 시간 복잡도 함수 중 가장 핵심 항목만을 표기한다고 했기 때문이다. 이와 같이 버블 정렬은 선택 정렬과 마찬가지로 하나씩 훑어가는 방식이므로, 버블 정렬의 시간 복잡도는 선택 정렬과 같다.

책 1,000권을 정렬할 때 책을 한 번 비교하는 데 1초가 걸린다고 한다면 5.78일이 필요하다는 뜻이다. 책이 100,000권이라면 어떻게 해야 할까? 상상을 초월하는 시간이 필요할 것이다. 따라서 이보다 더 나은 알고리즘이 필요하다. 즉, 시간 복잡도가 $O(n^2)$이 아닌 알고리즘이 필요하다. 다음에 소개하는 삽입 정렬은 시간 복잡도는 선택 정렬, 버블 정렬과는 같지만, 버블 정렬보다 연산 횟수가 더 적고 빠른 알고리즘이다.

삽입 정렬

삽입 정렬(insertion sort)은 '데이터 배열의 두 번째 자리에서부터 차례대로, 정렬하려고 하는 값을 그 앞의 값과 비교해 가며 자신의 위치를 찾아 삽입하는 작업을 반복해 정렬'하는 알고리즘이다. 삽입 정렬은 배열 안의 '정리된 부분' 안에 '정렬되지 않은 부분'의 데이터를 정렬 조건에 맞춰 삽입해 나가는 알고리즘이다. 단순 선택 정렬과 비슷해 보이지만, 선택 정렬은 가장 작은 값의 데이터를 선택하여 알맞은 위치에 옮기는 것이 다르다.

삽입 정렬 알고리즘의 수행 과정

삽입 정렬을 사용하여 무작위 데이터 배열을 정렬하는 과정을 살펴보자.

1. 무작위로 나열된 데이터 배열의 두 번째 데이터부터 시작해 앞의 데이터와 비교해서 작으면 앞의 데이터 앞에 삽입한다.

2. 이런 방법으로 아직 정렬되지 않은 부분의 첫 번째 요소를 정렬된 부분의 알맞은 위치에 삽입하여 $(n-1)$회를 반복한다.

3. 정렬을 종료한다.

삽입 정렬 알고리즘의 수행 과정은 그림 8.13에 있다.

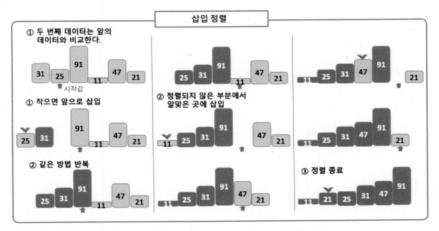

그림 8.13 단순 삽입 정렬을 사용하여 무작위 데이터 배열을 오름차순으로 정렬한 과정

삽입 정렬의 시간 복잡도

단순 삽입 정렬의 시간 복잡도를 생각해보면, 전체 데이터를 한번 훑어야 하므로 n번 씩 연산한다. 그런데 각 데이터가 앞에 있는 정렬된 데이터와 비교하는 연산은 각각 $1, 2, 3, ..., (n-2), (n-1)$회씩이다. 그렇기 때문에 이것의 합은 앞에서 살펴본 것과 같이 $n(n-1)/2$과 같다. 빅오 표기법으로는 $O(n^2)$이다. 따라서 선택 정렬, 버블 정렬, 삽입 정렬의 시간 복잡도는 모두 $O(n^2)$으로 같다.

그러면 시간을 줄일 수 있는 다른 정렬 알고리즘은 없을까? 앞서 살펴본 시간 복잡도 알고리즘같이 이차 시간보다 로그 시간 또는 로그-선형 알고리즘이 연산 시간을 현저하게 줄일 수 있다. 이런 로그-선형 시간 복잡도 $O(n \log_2 n)$을 갖는 병합 정렬(merge sort)을 살펴보자.

> **추가설명** 삽입 정렬과 선택 정렬, 그리고 버블 정렬
>
> 선택 정렬, 버블 정렬, 삽입 정렬의 시간 복잡도는 모두 같다. 이차 시간 복잡도를 갖는 $O(n^2)$이다. 알고리즘의 시간 복잡도는 함수 성능이 최악인 경우를 표현한 것이므로 최고의 경우를 비교해보면, 삽입 정렬이 다른 두 알고리즘보다 빠르게 정렬하는 경우가 많다는 것을 알 수 있다.
>
> | 알고리즘 | 시간 복잡도 | | |
> |---|---|---|---|
> | | 최악의 경우(worst) | 평균(average) | 최선의 경우(best) |
> | 삽입 정렬 | O(n²) | O(n²) | O(n) |
> | 버블 정렬 | O(n²) | O(n²) | O(n) |
> | 선택 정렬 | O(n²) | O(n²) | O(n²) |
> | 퀵 정렬 | O(n²) | O(nlog₂n) | O(nlog₂n) |
> | 병합 정렬 | O(nlog₂n) | O(nlog₂n) | O(nlog₂n) |
>
> 그림 8.14 정렬 알고리즘의 성능에 따른 시간 복잡도 비교
>
> 그림 8.14는 각 정렬 알고리즘에 대해서 시간 복잡도를 대략 표현한 것이다. 최악의 경우, 평균인 경우, 최선의 경우에 각 알고리즘의 성능이 어떻게 변화하는지 보여준다. 삽입 정렬과 버블 정렬은 최악의 경우와 평균적인 경우 모두 $O(n)$의 시간 복잡도를 갖는다. 하지만 최선의 경우에는 이미 정렬된 배열을 처리할 때 $O(n^2)$의 성능을 보인다. 선택 정렬은 최악의 경우, 평균적인 경우, 그리고 최선의 경우 모두 $O(n^2)$의 시간 복잡도를 갖는다. 이 알고리즘은 항상 최솟값을 찾기 위해 모든 요소를 비교해야 하기 때문에 성능이 개선되지 않는다.

병합 정렬

분할-정복(divide and conquer) 원리는 그림 6.8의 '분할 정복에 의한 이진 탐색'에서 그 개념을 설명했다. 단순하게 모든 데이터를 검색하는 것이 아니고 분할하여 검색하고 후보자를 다시 병합하여 원하는 해답을 찾는 개념이다. 이러한 개념을 이용하여 데이터를 정렬하는 데 사용한 것이 **병합 정렬(merge sort)**이다.

먼저 무작위의 데이터 배열을 부분 집합으로 분할하고 정렬한 다음, 정렬 작업을 정복하고 정렬된 데이터 배열의 부분 집합을 병합(merge)하는 과정을 거쳐 완성하는 알고리즘이다.

병합 정렬 알고리즘의 전략

병합 정렬 알고리즘의 전략은 다음과 같다.

1. **분할**: 데이터 자료를 두 개의 부분집합으로 분할한다.

2. **정복**: 부분집합에 있는 데이터를 정렬한다.

3. **병합**: 정렬된 부분집합을 하나의 집합으로 병합하여 정렬한다.

분할 정복 전략은 나폴레옹이 사용했던 전략으로 강력한 적을 만날 경우에 문제 해결을 위해서 부분으로 나누어 문제를 풀다 보면 결국 쉽게 풀 수 있는 간단한 문제가 된다는 전략이다. 복잡한 문제일수록 단순하게 생각하라는 말과 같이 복잡한 문제일수록 분할해 나가면 쉬운 문제만 남게 된다.

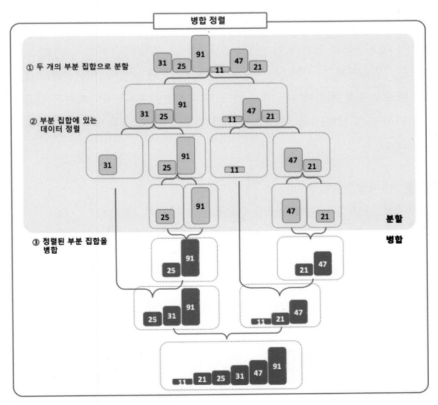

그림 8.15 병합 정렬을 사용하여 정렬하는 과정

그림 8.15는 데이터를 병합 정렬을 사용하여 정렬하는 과정을 보여준다. 분할 정복을 이용한 병합 정렬 알고리즘은 먼저 데이터를 두 개의 부분집합으로 분할(분리)한다. 분할 단계에서는 데이터를 반으로 나누고, 나눈 데이터를 다시 반으로 나누는 과정을 반복한다. 더 이상 나눌 수 없다면 이웃한 데이터를 나눈 순서의 역순으로 정렬하고 병합하여 마지막에 하나의 데이터 배열을 만들면 정렬이 끝난다.

병합 정렬의 시간 복잡도는 로그 선형 시간 복잡도

병합 정렬 알고리즘은 1945년 존 폰 노이만이 만든 알고리즘이다. 병합 알고리즘은 분할 정복 전략을 사용한 것으로 항목들의 집합을 더 작은 집합으로 쪼갠 후에 그 집합을 정렬하는 방식이다.

집합을 반으로 나누는 것은 로그 시간 복잡도 $O(\log n)$을 갖는다. 그리고 나눠진 각 부분을 재귀적으로 병합 정렬한다. 정렬된 부분 집합을 다시 합쳐서 하나의 정렬된 집합을 생성한다. 이 과정은 모든 항목에 한 번씩만 방문하므로 선형 시간 복잡도 $O(n)$을 갖는다. 따라서 병합 정렬은 로그-선형 $O(n \log n)$ 시간 복잡도를 갖는다. 이는 이차 시간보다는 훨씬 더 빠르고 선형 시간보다는 약간 더 느리다고 보면 된다. 요약하면 집합을 쪼개고 ($\log_2 n$) 나서 다시 합치는(n) 데 걸리는 시간을 곱해 $n \log_2 n$을 얻는다. 선형과 로그가 결합된 결과다.

추가 설명 한눈에 보는 정렬 알고리즘

1. **선택 정렬**: 모든 데이터에 대해 최솟값을 찾아 앞으로 자리 바꾸기. 시간 복잡도 $= O(n^2)$

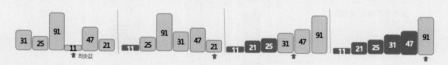

2. **버블 정렬**: 이웃한 두 데이터를 서로 비교해서 값이 크면 자리 바꾸기. 시간 복잡도 $= O(n^2)$

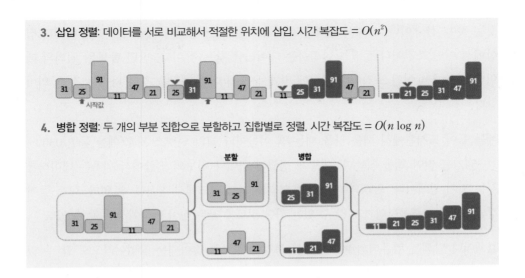

3. **삽입 정렬**: 데이터를 서로 비교해서 적절한 위치에 삽입. 시간 복잡도 = $O(n^2)$

4. **병합 정렬**: 두 개의 부분 집합으로 분할하고 집합별로 정렬. 시간 복잡도 = $O(n \log n)$

검색 알고리즘

'검색(search)' 알고리즘은 일상생활에서 가장 많이 볼 수 있는 알고리즘이다. 어떠한 정보나 자료를 최대한 빠르게 찾기 위한 것이다. 이와 비슷하게 '탐색(search)'이라는 용어를 컴퓨터 과학에서 사용한다. 검색과 탐색은 거의 비슷한 용어로 구분없이 사용되기도 한다. 하지만 둘은 조금 다른 의미를 가지고 있다. 먼저 이 두 용어의 차이점을 알아보고, 검색 알고리즘에 대해 살펴보자.

검색과 탐색

보통 검색과 탐색은 구분하지 않고 같은 의미로 사용되기도 한다. 두 용어 모두 같은 영어 단어 'search'를 사용한다. 사전적 의미를 살펴보면 검색은 원하는 결과를 찾는 목적을 갖고 주어진 정보를 찾아내는 결과에 중점을 둔 반면, 탐색은 데이터 구조나 그래프, 트리 등을 순회하며 구조 내의 모든 요소를 방문[16]하고 처리하는 행동에 중점을 둔다.

검색은 네이버나 다음, 구글 검색 페이지를 이용해서 원하는 '키워드'로 관련 정보를 찾는 것을 말한다. 여러 정보나 데이터베이스(데이터가 쌓여 있는 것)에서 연관 있는 정보를

---

16   그래프나 트리를 탐색하는 경우, 모든 요소를 방문하는 과정을 '순회(traversal)'라고 부른다.

찾는 것이 '검색'이다. 그래서 **검색**은 '이미 잘 정리되어 있거나 정렬되어 있는 데이터 집합에서 어떤 조건이나 성질을 만족하는 데이터를 찾는 것'이다. 반면 **탐색**은 '임의의 데이터 집합에서 어떤 조건이나 상황에 맞게 문제에 대한 해답을 찾아 나가는 것'을 의미한다.

예를 들어 도서관에서 책을 찾을 때는 책 이름이나 책의 인덱스 기호(예를 들면 0300-ㄱ-542)를 찾아 책을 찾는다. 이렇게 정렬된 곳이나 정보의 집합에서 원하는 데이터를 찾는 것이 검색이다. 탐색의 예는 서울의 지하철 노선도에서 찾아볼 수 있다. 예를 들어 강남역에서 김포공항역까지 갈 수 있는 최단 경로를 찾는 것이 탐색이라고 할 수 있다.

검색이나 탐색은 컴퓨터의 메모리에서 특정한 정보를 찾아내는 작업이라고도 할 수 있다. 이는 컴퓨터의 동작에 필요한 중요한 연산 중 하나다. 효율적인 검색 알고리즘은 많이 알려져 있는데, 여기서는 그중 가장 기본적인 '순차 검색'과 '이진 검색'에 대해 살펴본다. 탐색 알고리즘으로는 그래프 탐색 기법인 '깊이 우선 탐색 알고리즘'과 '너비 우선 탐색 알고리즘'에 대해 살펴본다.

순차 검색

순차 검색은 무작위로 배열된 데이터 열 안에서 원하는 데이터를 찾기 위해 첫 번째 데이터부터 하나씩 순서대로 살펴보는 것을 말한다. 단순하게 모두 검색하는 방법으로, 앞에서부터 순서대로 하나씩 검색한다고 해서 '순차 검색(sequential search)' 또는 '선형 검색(linear search)'이라 부른다.

생활 속의 순차 검색

순차 검색은 생활 속에서 다양하게 찾아볼 수 있다. 우리 머리에 가장 먼저 떠오르는 방법이다. 예를 들어 전화번호부에서 특정 사람의 번호를 찾으려고 할 때, 처음부터 끝까지 순서대로 페이지를 넘기며 번호를 찾아야 한다. 도서관에서 특정 책을 찾을 때 책장에서 코드 번호 순서에 따라 하나씩 순서대로 검색하며 원하는 책을 찾아야 한다. 다른 예로 빨래가 끝난 양말 더미에서 아끼는 양말 두 짝을 찾기 위해 모든 양말을 하나씩 비교해가면서 찾아야 한다.

이런 예에서 사용한 방식이 순차 검색이다. 이렇게 순차 검색은 n개의 항목에서 원하는 항목을 찾을 때까지 하나씩 순서대로 살펴보는 방법이다. 따라서 비교해야 하는 항목의 크기가 커질수록 연산해야 하는 시간은 '선형적(linear)[17]'으로 증가한다. 그렇다면 비교 항목의 수가 감당할 수 없을 정도로 크다면 어떻게 할 것인가? 이때는 순차 검색으로 원하는 항목을 찾는 것을 포기하고 좀 더 현명한 방법을 찾아봐야 한다.

정렬되지 않은 데이터 배열에서의 순차 검색

이번에는 무작위로 나열된 숫자 데이터 배열에서 원하는 숫자를 순차 검색으로 찾는다고 하자. 이때 순차 검색의 찾는 과정을 살펴보자. 순차 검색이 사용하는 알고리즘은 아주 간단한다. 알고리즘의 전략은 숫자 데이터 배열에서 첫 번째 데이터부터 마지막 데이터까지 순서대로 하나씩 비교해 가며 찾는 것이다.

그렇다면 그 숫자는 배열의 몇 번째 자리에 있는 것일까? 이 정보를 알기 위해서 우리는 '인덱스'라는 개념을 알아야 한다.

데이터 배열과 인덱스

찾는 숫자와 일치하는 데이터가 있는 곳이 몇 번째 자리에 위치하는지를 알고 싶다. 그래서 숫자가 위치한 자리를 기억하기 위해서 '인덱스(index)'라는 개념을 사용한다. 인덱스는 배열의 각 원소의 위치를 식별하는 '위치 값'이다. 보통 프로그래밍에서 사용하는 배열의 인덱스는 0부터 시작한다. 그림 8.16과 같이 데이터가 위치한 순서대로 인덱스가 할당된다.

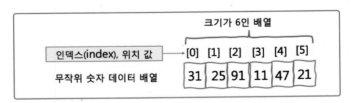

그림 8.16 인덱스는 위치 값으로 0부터 시작한다

---

17 선형적은 어떤 변수와 변수에 따라 변하는 값이 직선과 같이 일정하게 비례해 증가하거나 감소한다는 뜻이다.

정렬되지 않은 데이터 배열에서의 순차 검색 과정

그림 8.17과 정렬되지 않은 데이터 배열에서 11 값을 찾는 순차 검색의 실행 과정을 살펴보자.

1. 먼저 정렬되지 않은 무작위로 나열된 데이터 배열에 인덱스를 매겨보자. 컴퓨터 프로그래밍 언어에서 사용하는 배열은 인덱스를 [0]부터 시작해 자리매김한다. 그래서 그림 8.17과 같이 데이터 배열에 대해 인덱스가 할당된다.

2. 만일 데이터 배열의 이름을 '무작위_데이터'라고 했다면 11 값을 표시하는 방법은 '무작위_데이터[3]'이라고 표시하여 무작위_데이터 배열에서 몇 번째에 위치하는지 알 수 있게 해준다.

3. 다음 단계로 11 값을 데이터 배열에서 순차 검색한다고 하자. 그러면 순서는 그림 8.17과 같이 진행된다. 이때 찾는 데이터와 일치하는 데이터가 검색되면 종료하고, 그렇지 않으면 끝까지 검색한다.

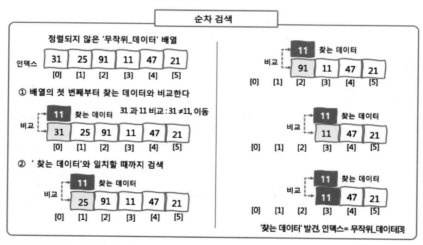

그림 8.17 정렬되지 않은 데이터 배열에서 순차 검색 알고리즘으로 검색하는 과정

정렬된 데이터 배열에서 순차 검색

이번에는 무작위 숫자 데이터 배열이 아니라 앞서 살펴본 정렬 알고리즘을 사용해 숫자들이 순서대로 정렬되었다고 해보자. 그렇다면 무작위로 정렬되지 않은 경우보다 조금 더 쉽게 '원하는 숫자'를 찾을 수 있을 것이다. 순서대로 정렬된 책이 있는 서고에서 원하는 책을 더 쉽게 찾을 수 있는 것과 마찬가지 이치다. 그러면 정렬되지 않은 경우와 정렬된 경우에 순차 검색은 어떻게 다른지 비교해보자.

숫자 27을 찾는 경우를 비교해보자

그림 8.18은 숫자 데이터 배열을 오름차순으로 정렬한 것이다. 이때, 25를 찾는 경우를 생각해보자. 첫 번째 숫자 11부터 비교를 시작해서 세 번째 위치에서 25를 찾을 수 있다. 정렬되지 않은 경우와 차이가 없어 보인다. 같아 보이는 알고리즘인데, 뭐가 다른 것일까? 좀처럼 차이를 쉽게 알아챌 수 없을지 모른다.

이번에는 데이터 배열에 없는 27을 찾는다고 해보자. 숫자 데이터 배열에 찾는 숫자가 없는 경우, 앞서 그림 8.17의 무작위 배열에서 순차 검색하는 과정대로 따라가 보자. 이때 알고리즘은 숫자 데이터 배열의 모든 데이터를 비교하더라도 27을 찾을 수 없다. 결국 '검색 실패'로 종료될 것이다. 이때 비교 횟수는 배열의 크기와 같은 6회다.

그러면 이제 그림 8.18처럼 정렬된 데이터 배열에서 순차 검색으로 27을 찾는다고 하자. 이 알고리즘은 숫자 데이터 배열에서 31과 비교한 후, 더 이상 검색을 진행하지 않고 '검색 실패'로 종료한다. 그 이유는 찾는 데이터 27이 비교 데이터 31보다 작기 때문이다. 더 이상 검색할 필요가 없는 것이다. 비교는 4회로 검색을 종료한다.

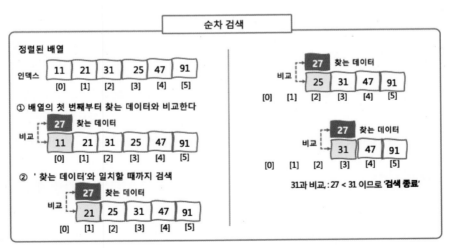

그림 8.18 정렬된 데이터에서 순차 검색 알고리즘을 사용하여 데이터를 찾는 과정

이 두 경우의 차이점은 무엇일까? 바로 비교 횟수의 차이다. 단지 2회 차이처럼 보일 수 있지만, 그렇지 않다. 데이터 배열의 크기가 엄청나게 커서 1,000만 건을 비교해야 한다

면, 그 비교 횟수의 차이를 결코 무시할 수 없을 것이다. 이렇게 알고리즘이 어떤 조건에서 원하는 답을 더 이상 찾지 못한다는 것을 알았을 때 '프로그램 수행을 멈추게 하는 장치'를 두는 것은 매우 중요하다.

순차 검색의 시간 복잡도는 $O(n)$

순차 검색은 데이터 배열의 원소를 하나씩 검색하기 때문에 시간 복잡도는 검색할 공간에 있는 모든 항목의 수 n과 같다. 따라서 순차 검색 알고리즘의 시간 복잡도는 선형 시간, $O(n)$이다.

이진 검색

이진 검색(binary search)[18]은 정렬된 데이터 배열에서 순차 검색보다 빠른 방법으로 데이터를 찾을 수 있는 검색 방법이다.

이진 검색의 실행 방법

이진 검색의 실행 방법은 다음과 같다.

1. 정렬된 데이터의 가운데에 위치한 중간값을 '기준값(피벗, pivot)'으로 고정해 먼저 찾는 데이터와 비교한다.

2. 찾는 데이터가 중간 기준값보다 크면 오른쪽 부분의 데이터 부분을 검색하고, 작으면 왼쪽 부분의 데이터 부분을 검색한다.

3. 또다시 검색할 데이터 부분의 중간값을 기준값으로 고정해 찾는 데이터와 비교하기를 반복한다.

전체 데이터 집합을 부분 집합으로 나누어 검색하는 전략은 6장에서 살펴본 '분할-정복 전략'과 같다.

18　탐색 알고리즘에서는 '이분 탐색'이라고도 부른다.

이진 검색의 시간 복잡도는 $O(\log_2 n)$

예를 들어 100만 개의 데이터 배열이 있다고 가정해보자. 순차 검색을 이용하면 최악의
경우에는 100만 번 비교해야 한다. 운이 좋으면 그 전에 끝날 수도 있다. 그렇지만 이진
검색은 똑똑하게 검색한다.

이진 검색은 100만 개 중 가운데 값 50만 번째 위치한 데이터와 찾는 데이터를 먼저 비교
한다. 찾는 데이터가 50만 번째 중간값보다 작으면 왼쪽에 있는 50만 개 데이터와 비교
한다. 그다음 다시 찾는 데이터를 50만 개 중 가운데 값 25만 번째에 위치한 데이터와 비
교한다. 또다시 크고 작음을 비교해서 왼쪽과 오른쪽을 결정하고 25만 번의 절반만 비교
한다. 이런 방법으로 단순하게 중간값만 비교함으로써 1/2, 1/4, 1/8씩 비교할 데이터를
2의 배수 배로 줄인다. 아주 간단하고 획기적인 방법이다.

이진 검색 알고리즘은 검색 범위를 2의 배수 배로 줄여나가기 때문에 '이진'이라는 단어
를 사용한다. 이진 검색은 배열의 크기에 따라 검색 시간이 로그-시간($O(\log_2 n)$) 복잡
도를 갖는다. 그래서 순차 검색과는 비교가 안 될 정로 매우 효율적인 검색 방법으로 알
려져 있다.

정렬된 숫자 데이터 배열에서 이진 검색으로 검색하는 과정

그림 8.19는 정렬된 숫자 데이터 배열에서 이진 검색으로 21을 검색하는 과정이다.

주어진 정렬된 데이터 배열이 짝수 개이므로 중앙값은 정중앙에서 왼쪽 값을 선택했다.
중앙값의 위치는 25와 31의 사잇값인데, 정확한 숫자 데이터가 없으므로 왼쪽 값 25를
선택했다. 정중앙에서 오른쪽 값인 31을 선택해도 상관없으니 어느 쪽으로든 다음 과정
을 따라 해보기 바란다.

1. 찾는 데이터 21을 검색하기 위해 정렬된 숫자 배열에서 중앙값(실제 중앙의 왼쪽 값) 25와 비교한다.

2. 찾는 데이터 21은 25보다 작아 '왼쪽 부분'에 있을 것이므로 21보다 큰 숫자로 이루어진 '오른쪽 부분'은
   검색할 필요가 없다. 그래서 검색 대상에서 제외한다.

3. 그다음, 다시 '왼쪽 부분(11, 12)'의 중앙값(실제 중앙의 왼쪽값)인 11을 선택한 후, 그 값과 찾는 숫자 21
   을 비교한다. 21이 11보다 커서 11의 '오른쪽 부분'에 있을 것이므로 '오른쪽 부분'을 선택한다. 이 과정을
   원하는 숫자를 찾을 때까지 반복한다.

4. 마지막 남은 숫자는 21이고, 이 숫자는 찾는 숫자와 일치하므로 '이진 검색'은 '검색 성공'으로 끝난다. 마지막 남은 숫자 데이터가 찾는 숫자 데이터와 일치하지 않으면 '검색 실패'로 끝난다.

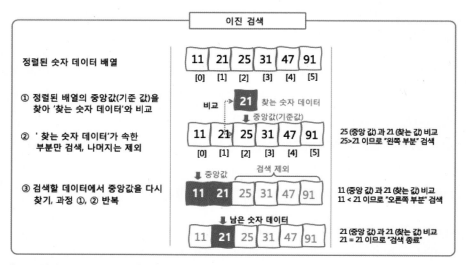

그림 8.19 정렬된 숫자 데이터 배열을 이진 검색으로 찾는 숫자를 검색하는 과정

생활 속의 이진 검색

일상생활 속에서 경험할 수 있는 이진 검색은 많이 있다. 전화번호부에서 이름 찾기와 같은 경우 이진 검색을 사용하면 원하는 이름을 빠르게 찾을 수 있다. 전화번호부의 중간 부분부터 시작해 찾고자 하는 이름이 현재 위치한 페이지를 확인하고, 현재 위치한 이름과 비교해서 찾고자 하는 이름이 위치한 범위를 좁혀나간다. 이 과정을 반복하면 빠르게 원하는 이름을 찾을 수 있다.

숫자 맞추기 게임

다른 예로 상대방이 생각하고 있는 숫자를 맞추는 게임을 해본 적이 있을 것이다. 대부분의 사람들은 알게 모르게 이미 이진 검색 알고리즘을 사용하고 있었다. 상대방이 생각하고 있는 숫자를 1에서 100까지 숫자 중에서 맞힌다고 하자. 상대방은 '그보다 크다'와 '그보다 작다'만 5회 대답할 수 있다고 하자. 똑똑한 여러분이라면 아마 1과 100의 중앙값 50부터 먼저 선택할 것이다. 그러면 상대방이 생각하는 숫자를 알아맞히는 데 몇 회가 필요할지 생각해보자.

맨 처음 50을 선택하니 '그보다 크다'고 한다. 다시 51부터 100까지의 중앙값 75를 선택했더니 이번에는 '그보다 작다'라고 한다. 이제는 범위가 더 좁혀졌다. 그러면 이제 선택 범위는 51에서 74까지다. 이런 식으로 절반씩 줄여가며 추측해보면 하나씩 맞추는 것보다 훨씬 빠르게 정답에 접근할 수 있다. 이 숫자 맞히기 게임의 경우, 총 7번의 기회가 주어진다면 정답을 맞힐 수 있다. 전체 검색 데이터를 절반씩 범위를 줄여 나가는 이진 검색의 경우, 7번이면 2^7=128로 1에서 128까지의 숫자를 맞힐 수 있다.

그림 8.20 숫자 맞히기 게임은 이진 검색 알고리즘

이진 검색과 순차 검색의 연산 시간 비교

순차 검색 알고리즘과 이진 검색 알고리즘이 데이터 크기에 따라 계산하는 데 걸리는 연산 시간을 비교해 보자. 컴퓨터가 1초에 10 연산만 할 수 있다고 가정할 때 두 검색 알고리즘의 연산 시간을 비교한 것이 그림 8.21이다. 그래프를 비교해 보면 꺾이는 선이 확연히 다르다. 그래프에서 가로축은 데이터 배열의 크기이고 세로축은 연산 시간이다.

순차 검색은 데이터 배열의 크기에 비례해 선형적으로 증가하는 반면, 이진 검색은 로그-선형적으로 증가한다. 로그-선형 증가의 경우, 데이터 크기가 증가하더라도 연산 시간이 크게 증가하지 않는다. 작은 데이터 크기에서는 두 검색 알고리즘의 성능 차이가 거의 없지만, 데이터 크기가 엄청나게 커지는 경우 이진 검색 알고리즘의 성능은 순차 검색과 비교할 수 없을 정도로 우수하다. 이런 이유로 검색할 데이터가 방대한 데이터베이스에서 원하는 데이터를 찾는 데 이진 검색이 사용된다.

데이터 배열의 크기가 10인 경우에는 두 검색 알고리즘의 연산 시간의 차이는 크지 않다. 각각 1초와 0.3초다. 그렇지만 데이터 배열의 크기가 1,000,000인 경우라면 이야기가 다르다. 순차 검색은 27.8시간이 필요한 반면, 이진 검색은 불과 2초면 된다. 이런 이유로 데이터의 크기가 매우 클 때는 이진 검색을 사용해야 한다.

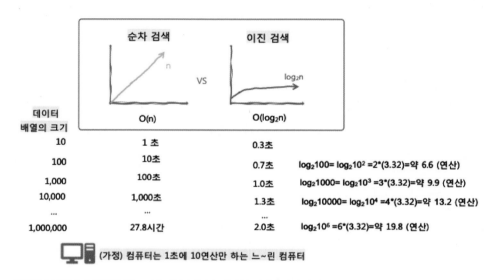

그림 8.21 1초에 10 연산만 하는 느린 컴퓨터에서 순차(단순) 검색과 이진 검색의 연산 시간 비교

정렬 알고리즘과 검색 알고리즘의 시간 복잡도 비교

정렬 알고리즘에 따른 연산 시간 복잡도를 비교해보자. 다음 그림 8.22는 1초당 10개의 연산을 수행하는 느린 컴퓨터를 사용했을 때 알고리즘에 따라 걸리는 시간을 계산한 것이다. 이 그림은 알고리즘에 따라 연산 시간이 얼마나 급격히 변하는지 한눈에 비교해 볼 수 있다. 외판원 문제는 뒤에서 설명한다.

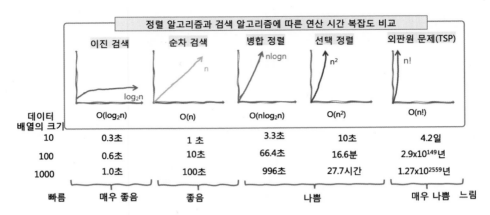

그림 8.22 정렬 알고리즘에 따른 시간 복잡도 비교

탐색 알고리즘

검색과 탐색은 일상생활에서 자주 사용하는 알고리즘이다. 탐색은 '임의의 데이터 집합에서 어떤 조건이나 상황에 맞게 문제에 대한 해답을 찾아 나가는 것을 의미한다'고 했다. 탐색의 대표적인 난제인 '외판원 문제'를 살펴보고, 이 문제를 그래프와 트리 구조로 표현하는 방식을 알아본다. 문제를 해결하는 알고리즘으로 트리 구조 탐색 알고리즘과 휴리스틱 알고리즘에 대해서 살펴본다.

외판원 문제

외판원 문제란?

탐색 알고리즘을 설명하기 가장 좋은 예는 컴퓨터 과학 분야에서 유명한 **외판원 문제** (TSP, travelling salesman problem)다. 외판원 문제는 외판원이 전국에 있는 도시를 모두 돌아야 할 때 선택할 수 있는 가장 짧은 경로를 탐색하는 문제다. 모든 경로를 거칠 때 걸리는 시간은 비용과 직접 연관된다. 가장 짧은 경로로 이동하는 것이 가장 적은 비용이 든다는 뜻이다. 다시 말해, 도시에서 도시로 이동하는 시간이 제각각 다르기 때문에 가장 빠르게 모든 도시를 도는 해결책을 찾아야 한다.

외판원 문제를 정의하면 다음과 같다.

(목적) 여러 도시가 있고 한 도시에서 다른 도시로 이동하는 비용이 모두 주어졌을 때 모든 도시를 단 한 번만 방문하고 원래 시작점으로 돌아오는 최소 비용의 이동 순서를 구하는 것

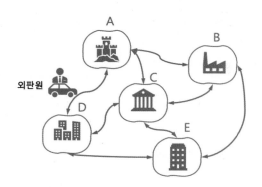

그림 8.23 외판원 문제

외판원 문제는 n-팩토리얼 시간 복잡도를 갖는다

외판원 문제는 언뜻 보기에는 단순해 보이지만, 거쳐야 하는 도시가 증가할수록 탐색해야 하는 경우의 수가 상상할 수 없을 정도로 크게 증가한다.

그림 8.23과 같이 A, B, C, D, E와 같이 5개의 도시가 있다고 가정해보자. A에서 시작해서 모든 도시를 거치고 다시 A에 도착하는 경로는 몇 가지일까? 간단히 살펴보면, 먼저 A에서 갈 수 있는 곳은 B, C, D, E 4개 중 한 도시. 다음은 나머지 3개, 그 다음은 2개, 그 다음은 마지막 1개 도시를 거치고 다시 A로 돌아오면 된다. 계산해보면 가능한 경로는 $4 \times 3 \times 2 \times 1 = 24$가지로 계산할 수 있다. 24가지 경로면 각각 살펴보는 데 큰 문제가 없을 것이다.

그런데 도시의 수가 무한정 증가한다면 어떻게 될지 살펴보자. 예를 들어 5개의 도시를 찾아가기 위한 방법은 몇 가지가 존재하는가? 답은 $5 \times 4 \times 3 \times 2 \times 1 = 120$가지다. 120번만 연산하면 된다. 보기에는 그렇게 어렵지 않아 보인다. 그렇지만 도시의 개수가 7개가 되면 이야기가 다르다. 경우의 수 5,040가지로 42배 증가하기 때문이다.

대략 16개 도시를 찾아간다고 하면 그림 8.11에서와 같이 1초에 10번의 연산을 할 수 있는 컴퓨터를 사용했을 때 대략 66,301년이 걸린다. 도시가 30개라면 상상을 초월할 정도로 필요한 시간이 증가한다. 30개 도시는 대략 2.65×10^{33}연산이 필요하므로 8.4×10^{26}년이다. 살아생전 가야 할 경로를 찾지 못할 것이다.

n개의 도시를 찾아가는 경우의 연산 시간을 계산하면, $n \times (n-1) \times (n-2) \times \cdots \times 3 \times 2 \times 1 = n!$이다. 여기서 !을 팩토리얼[19]이라 부른다. 따라서 이 시간 복잡도는 **n-팩토리얼 시간**이고 $O(n!)$로 표기한다. 예를 들어 n이 30이면 $30! \approx 2.65 \times 10^{33}$이다.

어쩌면 가장 효율적인 해결책을 찾는 시간보다 그냥 순회하는 것이 현명한 방법일지 모른다. 최적의 탐색 경로를 찾다가 인생이 끝날 수도 있기 때문이다. 이것은 아직도 컴퓨터 과학에서 풀지 못한 문제 중 하나라고 한다. 여러 가지 효율적인 방법이 발표되고 있지만, 여전히 어려운 문제다. 이러한 문제는 문제와 해답이 있으므로 풀 수는 있지만, 실제로는 풀기가 불가능하다.

그래프로 표현한 외판원 문제

외판원 문제를 **그래프(graph)**를 사용해 표현해 보면 그림 8.24와 같다. 그래프를 사용하면 직관적으로 볼 수 있어 문제를 이해하기 쉽기 때문에 컴퓨터 과학에서 많이 사용한다. 이 그래프를 더욱 단순화해 **트리(tree) 구조**를 사용하기도 한다. 트리 구조는 탐색 문제에서 많이 사용되는 방식이다.

■ 외판원 문제는 최적 경로 탐색 문제다

그러면 그림 8.23의 외판원 문제를 먼저 그래프로 표현해보자. A에서 E까지의 도시를 연결하는 도로망이 있다고 하자. 도시 A에서 출발하여 모든 도시를 거쳐 E까지 도착하는 경로 중에서 가장 짧은 시간이 걸리는 경로를 찾는 것이 목표다. 이것을 **최적 경로 탐색 (shortest path search) 문제**라 부른다.

---

19 팩토리얼(factorial, 계승)은 1부터 어떤 수까지의 연속된 자연수의 곱을 뜻한다. 예를 들어 10!은 10! = 1×2×3×⋯×9×10이다.

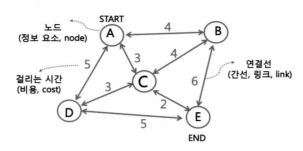

그림 8.24 외판원 문제를 그래프로 표시한 경우

■ 그래프 알고리즘의 이해

그래프로 문제를 구조화해 표현하고 추상화한 알고리즘 형태로 분석하는 것은 컴퓨팅 사고방식 중 하나다. 그림 8.24와 같이 그래프 형태로 외판원 문제를 한눈에 알아보기 쉽게 추상화했다.

그러면 그래프 알고리즘이란 무엇인가? 그래프는 '노드(node)'와 '간선(또는 연결선, edge)'으로 표현한다. 여러 정보 요소를 선으로 연결해 관계 구조를 나타낸 것을 그래프라고 부른다.

즉, 그래프는 연결의 집합을 모형화한 것이다. 예를 들어 여러분이 친구들과 포커를 치고 있다고 하자. 이때 누가 누구에게 돈을 빚지고 있는지의 관계를 모형화하면 다음 그림과 같다. 예를 들어 'A'가 'B'에게 빚을 지고 있으면 화살표로 연결하여 표시한다. 이때 'A'와 'B'는 노드(정보 요소)이고 화살표는 간선이다. 이렇게 간선으로 연결된 노드를 '이웃(neighbor)'이라 부른다.

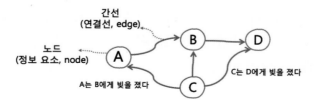

그림 8.25 그래프는 노드와 간선으로 여러 요소의 관계를 표현한다

▪ 소셜 네트워크는 그래프로 표현하면 이해하기 쉽다

그래프는 노드와 간선으로 정보를 표현하고 저장하는 유연한 데이터 구조다. 특히 소셜 네트워크(사회 연결망)와 같이 사람 간의 관계를 표현하는 데 많이 사용한다. 그리고 전화망이나 전력망과 같이 노드가 연결된 네트워크 구조, 교통 네트워크, 인터넷 네트워크 구조를 표현하는 데도 그래프를 활용한다.

이러한 그래프를 이론적으로 분석한 것이 **그래프 이론**(graph theory)이다. 그래프 이론은 소셜 네트워크 서비스, 교통 네트워크, 생물학적 네트워크 등을 분석하고 수학적으로 모델링하는 데 사용된다. 소셜 네트워크의 관계를 분석하는 것은 기업 마케팅이나 선거 등 빅데이터 분석을 위해 아주 중요한 정보로 사용되기 때문이다.

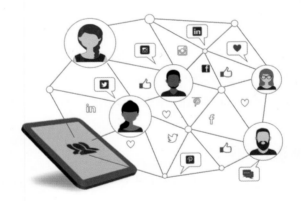

그림 8.26 소셜 네트워크의 그래프 표현

그래프를 트리 구조로 표현

외판원 문제를 트리(tree, 나무) 구조로 표현하면 그림 8.27과 같다. 트리 구조에서는 시작 노드를 맨 위 레벨에 놓고 그 다음에 연결되는 노드를 아래 레벨에 놓는다. 그리고 각각을 선으로 연결한다.

트리 구조에서는 맨 위에 위치한 노드를 '루트(root) 노드'라 하고 그 아래에 위치한 노드를 '자식(child) 노드' 또는 '리프(leaf)'라 부른다. 그리고 연결선을 '가지(branch)'라 부른다. 이러한 명칭은 트리 구조를 거꾸로 놓고 보면 나무와 같아 붙인 것이다.

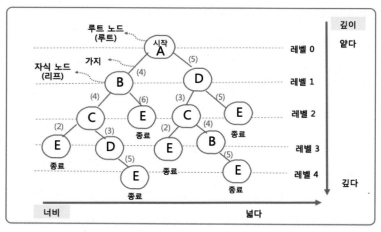

그림 8.27 외판원 문제를 트리 구조로 표현 (괄호 안의 숫자는 걸리는 시간을 나타냄)

트리 구조로 표현한 외판원 문제는 그래프로 표현한 것보다 훨씬 더 직관적이다. A 도시에서 E 도시까지 가는 경로가 한눈에 보이기 때문이다. 이제 트리 구조를 사용하는 탐색 알고리즘에 대해서 알아보자. 가장 널리 사용되는 두 가지 탐색 알고리즘은 '너비 우선 탐색'과 '깊이 우선 탐색' 알고리즘인데, 이 두 알고리즘을 조금 더 자세히 살펴보자.

트리 구조 탐색 알고리즘

트리 구조의 시작 노드에서 시작해 최종 노드를 찾으려면 모든 노드를 직접 탐색해야 한다. 단순하게 노드를 하나씩 방문해가며 탐색하는 방법을 '완전 탐색(brute-force search)'이라 한다. 이렇게 탐색하면 목적지를 언제 찾을지 알 수 없다. 그래서 무작위로 탐색하지 않고 탐색하는 방향과 전략을 정하는 알고리즘이 필요하다. 이런 알고리즘이 '너비 우선 탐색(BFS)'과 '깊이 우선 탐색(DFS)'이다.

너비 우선 탐색(BFS, breadth-first search)

너비 우선 탐색은 깊게 보기 전에 '먼저 넓게 보자(looking wide before looking deep)'는 의미다. 시작 노드에서 시작해 종료 노드까지 탐색해 가는데, 트리의 깊은 노드까지 살펴보지 않고 단계별로 인접한 노드를 우선 탐색한다.

이 알고리즘은 찾으려고 하는 데이터 주변에 있는 데이터를 모두 검색하고 나서 다음 레벨에 있는 데이터와 연결된 데이터를 검색하는 방식이다. 그래서 임의의 노드 A에서 B까지의 경로를 찾는 데 도움이 된다. 예를 들어 "노드 A에서 노드 B까지 가는 경로가 존재하는가?" 또는 "노드 A에서 노드 B까지 가는 최단 경로는 무엇인가?"에 대한 해를 찾을 수 있다.

▪ 트리 구조에서 너비 우선 탐색 알고리즘의 탐색 과정

트리 구조에서 너비 우선 탐색 알고리즘이 탐색하는 과정을 살펴보자. 그림 8.28의 화살표 방향이 탐색 방향이고 네모 안의 숫자는 탐색 순서다.

맨 위에 있는 루트 노드에서부터 순서대로 한 칸씩 다음 레벨로 내려오면서 좌에서 우로 하나씩 체크하면서 '종료' 노드를 찾는 것을 알 수 있다. '종료' 노드를 찾게 되면 '시작' 노드에서 도착점까지의 경로가 찾는 해답이 된다.

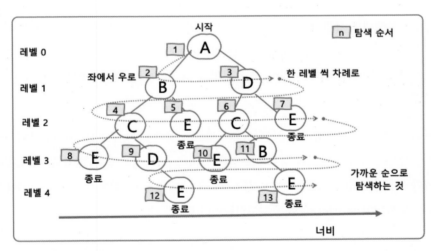

그림 8.28 외판원 문제의 너비 우선 탐색 알고리즘에 의한 탐색 과정

▪ 너비 우선 탐색은 가장 짧은 경로를 찾는 해

그림 8.28과 같이 너비 우선 탐색은 시작 노드에서 하나씩 내려오면서 모두 탐색하기 때문에 모든 경로를 탐색할 수 있다. 그림 8.28을 보면 '종료' 노드 [E-노드]에 도착하는 경

로가 여러 개 존재한다. 즉, 여러 해가 존재한다. 그렇지만 모든 해가 모든 도시를 경유하는 것은 아니다.

그림 8.28처럼 최단 경로는 5번째 검색에서 종료되는 [A–B–E] 경로다. 물론 [A–D–E]도 최단 경로가 될 수 있다. 먼저 찾는 해가 해답이라고 가정한다면 [A–B–E]가 답이다. 이렇게 가장 먼저 '종료 노드'가 탐색되면 그 경로가 '최단 경로'로 가장 가깝게 연결되어 있다는 의미다.

모든 도시를 경유하지 않고 시작 도시 A에서 도착 도시 E까지 가장 짧은 경로를 찾는 경우라면 너비 우선 탐색 알고리즘이 쉽고 빠르게 해답을 제공할 수 있다. 그렇지만 각 도시마다 걸리는 시간까지 문제의 정의를 넓힌다면 문제가 복잡해진다. 그림 8.24의 외판원 문제는 모든 도시를 거쳐야 하고 각 도시마다 이동하는 시간이 모두 다르다.

그림 8.28에서 단순히 A에서 E까지 가장 빠르게 가야 한다면 가능한 경로는 [A–B–E](10시간) 경로와 [A–D–E](10시간) 경로 두 가지다. 두 경로 모두 10시간이 걸리므로 아무것이나 선택해도 상관없다. 그런데 원래 외판원 문제로 돌아가 모든 도시를 거치는 경로를 찾아보자. 그 경우에는 [A–B–C–D–E](16시간) 경로와 [A–D–C–B–E](17시간) 경로를 찾을 수 있다. 이때 시간이 적게 걸리는 [A–B–C–D–E] 경로를 가장 좋은 경로(최적의 경로)로 선택하게 된다.

이 방식은 경로 가지에 '걸리는 시간'이라는 새로운 평가 값이 주어진 것이라 볼 수 있다. 걸리는 시간은 사실 외판원의 경험으로 얻은 값이다. 경험에서 얻는 '평가 값'이라고도 할 수 있다. 이 평가 값은 '노드 사이에 값'을 매긴다. 이와 같이 경험적 추정치를 사용하는 방법을 **휴리스틱(heuristic) 탐색 알고리즘**이라 한다.

깊이 우선 탐색(DFS, depth–first search)

깊이 우선 탐색은 '넓게 보기 전에 먼저 깊게 보자(looking deep before looking wide)'라는 의미다. 시작 노드로 시작해 종료 노드까지 탐색해 가는데, 같은 레벨의 인접한 노드보다 지금 노드와 연관 있는 링크를 따라 깊은 노드까지 우선 탐색한다.

▪ 트리 구조에서 깊이 우선 탐색 알고리즘의 탐색 과정

깊이 우선 탐색의 처음 시작은 너비 우선 탐색과 같다. 우선 찾으려는 노드를 중심으로
주변 노드를 검색한다. 그렇지만 그다음 단계에서 동일한 레벨의 노드를 탐색하는 것이
아니라 지금 노드와 관련 있는 노드의 아래 링크를 따라 한 단계 높은(깊은) 레벨로 내려
가 탐색한다. 그리고 계속해서 레벨을 올리면서 가장 깊은 노드까지 탐색하는 방식이다.

가장 깊은 노드까지 도달했는데, 찾는 답이 아니면 다음 노드를 찾아서 거꾸로 레벨을 올
라가면서 다른 노드 링크의 끝까지 탐색하기를 반복한다. 이런 과정을 그림으로 설명하
면 그림 8.30과 같이 표현할 수 있다. 탐색 순서와 방향을 따라가 보면 어떻게 탐색하는
지 알고리즘을 이해할 수 있다.

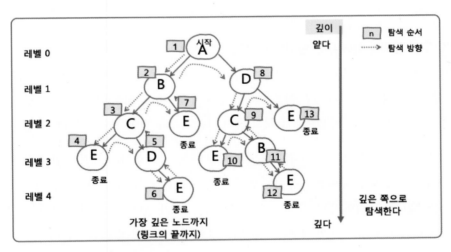

그림 8.29 깊이 우선 탐색 알고리즘의 탐색 과정

▪ 깊이 우선 탐색 알고리즘의 탐색 결과

깊이 우선 탐색 과정으로 가능한 경로를 찾게 되면 가장 먼저 찾은 경로는 [A–B–C–E]
가 된다. 만일 여기에 종료 노드인 [E–노드]가 없다면 다시 [C–노드]로 올라가서 그 아래
레벨의 노드를 찾는다. 그다음에 찾은 경로는 [A–B–C–D–E]가 된다. 여기에도 종료 노
드인 [E–노드]가 없으면 탐색하지 않았던 레벨로 올라가 그 아래 노드를 탐색한다. 그다
음 탐색된 경로는 [A–B–E] 경로다. 여기서 [A–노드]에서 출발해 [E–노드]까지 도착하
는 가능한 경로는 총 6가지다.

여기서 노드마다 걸리는 시간이 동일하다고 가정하면 최단 경로는 [A-B-E]나 [A-D-E]가 될 것이다. 가장 먼저 해를 찾았을 때 탐색을 종료해버리면 [A-B-C-E] 경로가 최단 경로의 해로 선택된다. 그래서 실제 최단 경로의 해를 찾지 못하는 오류가 발생한다. 인내심을 가지고 조금 더 탐색하면 7번째 탐색에서 [A-B-E] 경로를 찾게 되어 최단 경로의 해를 찾게 된다.

원래 외판원 문제로 돌아가 모든 도시를 거치는 경로를 생각해보자. 깊이 우선 탐색 알고리즘의 경우 [A-B-C-D-E](16시간) 경로를 가장 먼저 찾고 탐색을 종료한다. 이 경우는 깊이 우선 탐색의 장점이 드러난 예다. 운 좋게 6회 탐색으로 최적의 경로를 찾을 수 있었기 때문이다. 그렇지만 [A-D-C-B-E]의 경로가 더 짧은 시간이 걸릴 수도 있는 문제였다.

너비 우선 탐색과 깊이 우선 탐색의 장단점

너비 우선 탐색은 인접한 노드부터 탐색하기 때문에 출발 노드에서 목표 노드까지의 최단 경로를 보장한다. 그렇지만 목표 노드가 깊숙이 위치하면 탐색해야 할 경로가 증가하면서 기억해야 할 공간이 많이 필요하고 탐색 시간도 오래 걸린다는 단점이 있다.

깊이 우선 탐색은 목표가 깊게 위치한 경우 빠르게 찾을 수 있다는 장점이 있는 반면, 목표가 없는 경로에 깊게 빠질 가능성이 있어 목표 노드를 발견하지 못하고 깊은 곳에서 헤맬 수도 있다는 단점이 있다. 또한 얻은 해가 최단 경로가 된다는 보장이 없다. 여러 경로가 존재하는 경우 깊이 우선 탐색은 먼저 탐색된 해에서 탐색을 끝내기 때문이다.

깊이 우선 탐색은 최악의 경우 모든 경로를 다 탐색해야 하므로 탐색 속도가 느려질 수 있다. 반면 너비 우선 탐색은 가까운 노드부터 탐색하므로 일반적으로 빠른 결과를 얻을 수 있다. 이것은 일반적인 경향일 뿐이다. 너비가 무한히 넓은 트리라면 너비 우선 탐색은 탐색을 끝낼 수가 없다. 이때는 깊이 우선 탐색이 더 효과적이다. 반대로 깊이가 무한대라면 너비 우선 탐색이 효과적일 것이다.

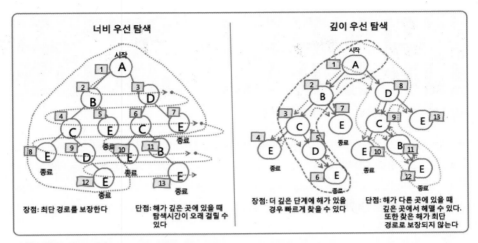

그림 8.30 너비 우선 탐색과 깊이 우선 탐색의 장단점 비교

두 탐색 기법 모두 정보가 없는 상태에서 탐색하는 것이므로 오류가 발생할 확률이 높다. 이렇게 탐색할 공간에 대해서 아무런 정보도 없이 탐색하기 때문에 '무정보 탐색'이라 한다. 반대로 탐색 공간에 대한 정보가 있다면, 탐색 과정에서 더 이상 오류에 빠지지 않고 탐색을 멈출 수 있다.

이렇게 정보를 이용한 탐색 방법을 '정보 탐색'이라고 하고, '휴리스틱 탐색 알고리즘'이라고 한다. 사용할 수 있는 정보는 이미 앞에서 봤듯이 두 도시를 가는 데 걸리는 시간이나 친구 사이의 친밀도와 같은 가중치나 평가식이다. 휴리스틱 탐색 알고리즘에 대해서는 다음 절에서 자세히 알아본다.

> 너비 우선 탐색 방식을 '미로 찾기 게임'에 사용한다면, 컴퓨터 알고리즘은 갈림길에서 좌우로 먼저 찾아간다. 막다른 길을 끝까지 탐색하지 않고 갈림길에서는 두 길을 모두 같이 탐색해 나간다. 그림 8.28의 너비 우선 탐색 과정이 미로 찾기에서 어떻게 적용되는지를 그림 8.31로 살펴볼 수 있다. 그림은 맨 위쪽 상단 구석에서 찾기 시작해 맨 아래 하단 구석까지 찾아가는 과정을 보여준다. 컴퓨터 알고리즘이 지나간 길은 연한 색이 칠해지면서 가는 것을 볼 수 있다.

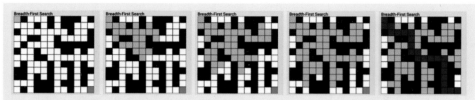

그림 8.31 너비 우선 탐색 알고리즘을 사용한 미로 찾기 과정[20]

이번에는 깊이 우선 탐색 알고리즘을 사용한 미로 찾기 과정을 살펴보자. 같은 미로에서 깊이 우선 탐색 알고리즘은 그림 8.31보다 목적지를 찾는 게 느린 것을 볼 수 있다. 갈림길에서 동시에 훑어가는 너비 우선 탐색과는 달리 이 방법은 갈림길 중 하나를 선택하고 끝까지 가본 후, 막다른 길이면 온 길을 다시 되돌아온다. 앞서 깊이 우선 탐색의 단점으로 목표가 없는 경로에 빠지면 시간이 더 걸릴 수도 있다고 했다.

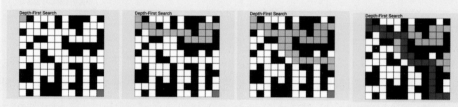

그림 8.32 깊이 우선 탐색 알고리즘을 사용한 미로 찾기 과정

이 두 탐색 방법 중 어느 것이 우수하다고 말하기는 어렵다. 알고리즘이 적용되는 상황에 따라 결과가 달라질 수 있기 때문이다.

휴리스틱 탐색 알고리즘

'휴리스틱(heuristic)'의 사전적인 의미는 '경험적으로 발견한 지식을 바탕으로 한다'는 뜻이다. 어원은 'I discover'라는 뜻을 갖는 그리스어 'eurisco'라는 단어에서 유래했다. 1945년 폴야(Polya)는 휴리스틱을 'The study of the methods and rules of discovery and invention, 발견과 발명의 방법과 규칙을 찾는 연구'라고 정의했다[21]. 이 절에서는 경험에 의해 얻은 정보를 이용한 탐색 알고리즘에 대해 살펴본다.

---

20 Github, BFS–DFS–Pathfinder (seanperfecto), https://seanperfecto.github.io/BFS–DFS–Pathfinder/
21 Wikipedia, heuristic, https://en.wikipedia.org/wiki/Heuristic

휴리스틱 탐색 알고리즘

■ 휴리스틱 탐색 알고리즘은 정답에 가까운 답을 찾는다

휴리스틱 탐색 알고리즘은 필요한 정보를 탐색에 활용하여 탐색할 공간을 줄이거나 정확한 답은 아니더라도 가장 근접한 최선의 사용 가능한 답을 되도록 빨리 찾을 수 있게 하는 유용한 방법이다. 그래서 휴리스틱 알고리즘은 정답에 가장 가까운 답을 찾는다.

체스나 바둑에서 다음 수를 어떻게 두어야 가장 좋은 해인가를 찾는 것은 불가능한 일이다. 그렇지만 최적에 가장 가까운 답을 찾아 그것으로 다음 수를 결정한다. 이럴 때 사용하는 알고리즘이 휴리스틱 알고리즘이다. 외판원 문제에서 도시의 수가 증가할수록 가능한 경로가 기하급수적으로 증가하는 경우에 최적해를 찾는 것은 불가능했다. 이때 역시 휴리스틱 알고리즘을 사용할 수 있다. 단순하게 가장 가까운 도시부터 방문하거나 가장 중요한 도시부터 방문하거나 하는 식으로 경험상 얻을 수 있는 해답을 최선으로 선택해서 문제를 풀어간다.

■ 모호한 문제와 주어진 시간 내에 풀 수 없는 문제에 대한 최선의 답을 제시

특히 휴리스틱 탐색 알고리즘은 '모호성 때문에 문제의 해가 정확히 존재하지 않을 때' 유용하다. 예를 들어 의사가 환자를 진찰할 때 환자의 증상이 여러 가지 병에 의한 것일 수 있지만, 의사는 휴리스틱 방법을 사용하여 진단한다. 그것으로 최선의 답을 제시한다.

휴리스틱 알고리즘은 '주어진 시간 내에 모든 탐색 범위를 탐색할 수 없을 때'에도 유용하다. 예를 들어 외판원 문제에서 도시가 10개 이상일 경우에는 모든 경로를 탐색해 최단 경로를 시간 내 찾는 것이 불가능하다. 도시 10개만 계산해도 3,628,800가지 경로를 탐색해야 한다. 그렇지만 휴리스틱 알고리즘을 사용하면 최선은 아니지만 차선의 해결책은 제시할 수 있다.

휴리스틱 알고리즘으로 자주 사용되는 알고리즘으로 '다익스트라(Dijkstra) 알고리즘'과 'A*(A 스타) 알고리즘', '탐욕(greedy) 알고리즘'을 들 수 있다. 여기서는 다익스트라 알고리즘과 탐욕 알고리즘에 대해서만 살펴보자.

내비게이션의 최단 경로 탐색 알고리즘: 다익스트라 알고리즘

'최단 경로 문제'는 출발 지점에서 목표 지점까지 최소 비용으로 도착하는 경로를 구하는 최적화 문제다. 도로 교통망 같은 곳에서 나타날 수 있는 네트워크 구조에서 노드 간의 최단 경로를 찾는 알고리즘으로 다익스트라(Dijkstra) 알고리즘이나 A*(A 스타) 알고리즘을 들 수 있다. 자동차에서 사용되는 내비게이션 프로그램이 최단 경로 탐색 알고리즘이다. 이 알고리즘은 인공지능에서 해를 찾는 경우 많이 사용된다.

다익스트라 알고리즘은 1956년 네덜란드의 컴퓨터 과학자 '에츠허르 다익스트라(Edsger Wybe Dijkstra)'가 박사과정 중 카페에서 10분 만에 고안해 낸 알고리즘이다. 이 알고리즘은 외판원 문제, 전력망 문제, 컴퓨터 통신이나 기타 통신 네트워크에서 사용되는 라우팅 프로토콜 등에 널리 사용된다. 특히 인공지능 분야에서 다익스트라 알고리즘은 균일 비용 탐색[22]으로 알려져 있으며, 최고 우선 탐색에 주로 사용된다.

두 노드 사이의 최단 경로를 찾는 문제는 우리 일상생활에서도 자주 볼 수 있다. 자동차나 휴대폰에 있는 내비게이션 프로그램은 다익스트라 알고리즘을 사용하는 대표적인 예다.[23] 실시간 교통량 데이터를 활용해 간선에 가중치를 부여하여 교통 체증이 일어나는 구간을 실제로 경로 계산에 반영하기도 한다.

너비 우선 탐색이나 깊이 우선 탐색으로 최단 경로를 탐색할 수도 있지만, 이 두 방식은 아주 효율적이지는 않다. 그래서 최단 경로를 찾는 경우에는 좀 더 효율적인 다익스트라 알고리즘을 사용한다.

다익스트라 알고리즘 탐색 과정

다익스트라 알고리즘은 트리 구조보다는 그래프를 이용한 너비 우선 탐색을 기반으로 하는 알고리즘이다. 그래프의 간선들이 비용을 가지고 있을 때 사용된다. 이 알고리즘은 출발점에서부터 각 노드까지의 최단 경로를 찾아주는 것이 목적이다. 알고리즘은 출발점에서부터 시작하여 인접한 노드들을 탐색하며, 현재까지의 최단 경로와 비교하여 더 짧은

---

22 특정 그래프에서 출발점부터 모든 노드까지의 최단 경로를 찾는 데 있어 균일한 비용으로 탐색한다는 것을 뜻한다.
23 정확히는 다익스트라 알고리즘 성능을 개선한 A스타(A*) 알고리즘을 사용한다.

경로를 발견하면 최단 경로를 업데이트한다. 이 과정은 출발점으로부터 점진적으로 더 멀리 있는 노드들을 탐색하며 진행된다.

다익스트라 알고리즘의 주요 특징은 그래프의 간선에 가중치를 준 '가중 그래프 (weighted graph)'를 사용한다는 것이다. 빠르고 정확한 최단 경로를 찾는 데 이 가중 그 래프가 중요한 역할을 한다. 어떤 역할을 담당하는지 다익스트라 알고리즘의 탐색 과정 을 살펴보자.

다익스트라 알고리즘의 전략은 다음과 같다.

1. **1단계**: 시작 노드(정점)부터 검색을 시작한다. 검색의 중심이 되는 노드를 [플래그]를 켜서 [플래그] 노드 로 설정한다. 그 외의 노드는 [플래그]를 끈다. 여기서 '플래그(flag)'는 '깃발'이라는 뜻으로 노드의 방문 여부를 나타내는 표시다. [플래그]를 켠 노드는 방문했다는 뜻이다.

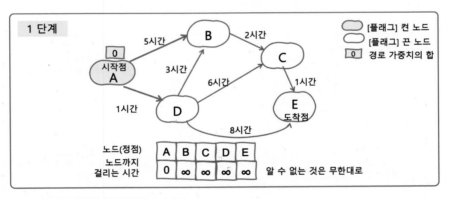

그림 8.33 다익스트라 알고리즘의 최단 경로 탐색 과정. 1단계

2. **2단계**: [플래그] 노드를 중심으로 연결된 모든 노드의 리스트를 구한다. 그중 가중치 합이 가장 작은 노 드를 다음 [플래그] 노드로 선택한다.
   먼저 A-노드에서 연결된 노드는 B-노드와 D-노드이고 걸리는 시간은 각각 5시간, 1시간이므로 리스 트를 업데이트한다. 다음 [플래그] 노드는 D가 선택된다.

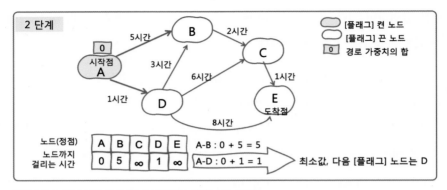

그림 8.34 다익스트라 알고리즘의 최단 경로 탐색 과정. 2단계

3. **3단계:** 시작점 노드에서 [플래그] 노드와 연결된 노드까지의 가중치가 이전의 값보다 작으면 새롭게 업데이트한다.

   이제 선택된 D-노드로 이동하여 D-노드와 연결된 노드의 가중치 값을 비교하면서 각 노드까지 걸리는 시간을 업데이트한다. 노드를 선택해 가면서 변화하는 과정이 그림 8.35에 있다.

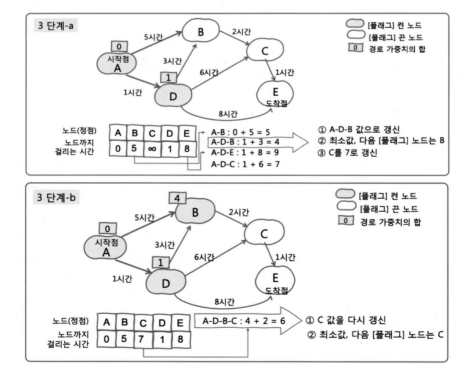

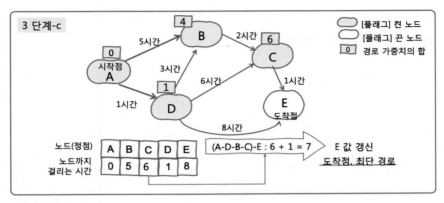

그림 8.35 다익스트라 알고리즘의 최단 경로 탐색 과정. 3단계

4. 4단계: 3단계에서 선택한 새로운 [플래그] 노드가 도착점이라면 그 노드까지의 경로를 최단 경로로 결정한다. 그렇지 않으면 2단계부터 다시 반복한다.

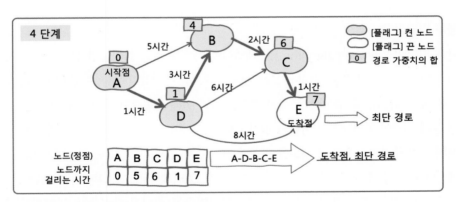

그림 8.36 다익스트라 알고리즘의 최단 경로 탐색 과정. 4단계

너비 우선 탐색 알고리즘을 사용했다면 레벨-1에 있는 B-노드와 D-노드 중에 하나를 선택하고, 그 아래 레벨-2에 있는 E-노드까지 선택하여 [A-D-E] 경로를 선택할 것이다. 너비 우선 탐색은 각 노드에 걸리는 시간이 모두 같다고 가정하기 때문에 걸리는 시간을 알 수 없지만, 이전에 사용한 그래프에서 실제로 걸리는 시간은 9시간이었다.

반면 다익스트라 탐색 알고리즘은 6시간이 걸리는 [A-D-B-C-E] 최단 경로를 찾아냈다. 이렇게 노드 간의 가중치 또는 도시 간 걸리는 시간 등의 정보가 있을 때는 단순한 너비 우선 탐색이 오류에 빠질 수 있다. 즉, 다익스트라 알고리즘이 최단 경로를 탐색하는 데 있어서는 매우 효율적인 알고리즘이다..

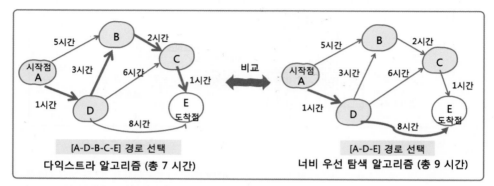

그림 8.37 다익스트라 알고리즘과 너비 우선 탐색 알고리즘의 결과 비교

탐욕 알고리즘

탐욕 알고리즘(greedy algorithm)은 해법이 존재하지 않는 불가능한 문제[24]를 풀 수 있게 도와주는 알고리즘 중 하나다. 물론 완벽한 해답을 제시하지 못할 수 있지만, 최선의 해답을 제시해준다. 풀 수 없는 문제의 해답을 찾기 위해 불필요한 시간을 낭비하지 않으려면 문제 해결이 불가능한지 아닌지 먼저 파악하는 것이 중요하다. 외판원 문제를 보자. 도시의 수가 증가할수록 최단 경로를 찾기 위한 가능한 경로 수가 기하급수적으로 증가하기 때문에 해결이 불가능하다. 연산 시간 복잡도가 $O(n!)$인 문제가 그렇다. 이러한 문제를 아주 직관적이고 단순하게 해결할 수 있는 알고리즘 중 하나가 바로 '탐욕 알고리즘'이다.

■ 탐욕 알고리즘의 적용 예: 배낭 채우기 문제(The knapsack problem)[25]

배낭 채우기 문제는 실생활에서 부딪힐 수 있는 문제이기도 하다. 원래 문제는 다음과 같다. 그림 8.38과 같이 너구리 도둑이 있다고 하자. 너구리는 배낭이 하나 있는데, 그 배낭에는 총 4kg의 물건을 담을 수 있다고 한다. 너구리 도둑은 배낭에 비싼 물건을 최대한 많이 넣어서 비싸게 팔고 싶은데, 배낭의 한계는 4kg다. 어떻게 물건을 골라야 가장 비

24 컴퓨터 과학에서는 'NP(nondeterministic–polynomial)–hard 문제'라 부른다.
25 배낭 문제는 조합 최적화의 유명한 문제다. [위키백과, 배낭 문제, https://ko.wikipedia.org/wiki/배낭_문제]

싼 물건을 배낭의 한계에 맞춰 최대한 많이 담을 수 있을까? 어떤 알고리즘을 사용해야할까?

먼저 훔칠 수 있는 물건은 3개가 있다고 가정하자. 고급 스피커, 노트북, 카메라다.

©너구리/Pixabay

그림 8.38 너구리 도둑이 4kg용 배낭을 채우는 문제

1. **단순하게 조합하는 방법:** 모든 물건의 조합(combination) [26]을 해본 후 가장 높은 가격의 경우를 선택한다.

먼저 간단하게 모든 경우의 조합을 차례로 생각해 본 후, 그중 가장 값어치가 높은 경우를 선택하는 방법이 있다. 이 방법은 좋은 방법이긴 하지만, 시간이 너무 오래 걸린다. 마치 여행 가기 전에 물건을 넣다 뺐다 하는 경우와 같다. 이 방법의 문제는 물건의 개수가 증가하면 그 조합의 개수가 두 배씩 증가한다는 점이다.

예를 들어 물건이 3개인 경우에는 8가지 경우의 수가 있고, 물건이 4개일 때는 16가지, 물건이 5개일 때 32가지의 경우의 수가 있다. 이 알고리즘의 시간 복잡도는 $O(n^2)$이 된다. 이건 너무 느리다. 경우의 수를 헤아리기 전에 너구리는 잡히고 만다. 그러면 어떻게 해야 할까? 이 문제는 탐욕 알고리즘을 사용하면 간단해진다.

---

26 조합은 서로 다른 여러 개의 원소 집합에서 순서에 상관없이 몇 개를 선택해 묶어주는 것을 뜻한다. 예를 들어 10명의 학생을 3명으로 묶어주는 방법이 조합이다. 10명 중 3명을 뽑는 조합의 개수는 120가지 방법이 있다.

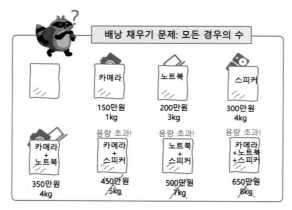

그림 8.39 배낭 채우기 문제. 단순하게 모든 조합 탐색하기

2. **탐욕 알고리즘 방법**: 가장 가치가 높은 것부터 선택한다.

탐욕 알고리즘을 사용하면 일단 값어치가 가장 높은 물건부터 선택한다. 너구리 도둑은 가장 비싼 스피커를 배낭에 먼저 넣을 것이다. 그러면 벌써 배낭의 용량이 가득 찬다. 그 때 도둑이 얻을 수 있는 최대 가격은 300만 원이다. 이 경우와 다른 모든 경우를 비교했 을 때 가장 큰 가격을 챙길 수 있는 경우는 카메라와 노트북을 채웠을 때다. 이때 가격은 350만 원이다. 조금만 생각하면 50만 원을 더 챙길 수 있다.

이렇게 고민할 물건이 3개인 경우에는 생각하기가 쉽다. 잡히기 전에 생각해 낼 수 있을 것이다. 물건이 3개이므로 경우의 수가 8가지밖에 되지 않는다. 그래서 굳이 탐욕 알고리 즘을 사용하지 않아도 충분히 계산이 가능하다.

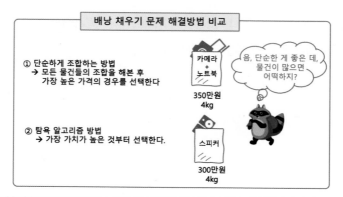

그림 8.40 배낭 채우기 문제 해결 방법 비교. 탐욕 알고리즘이 단순하게 모든 조합 탐색하기 방법보다 나쁜 해를 구함

그런데 물건의 수가 10개가 넘어가면 너구리 도둑은 단 몇 분 안에 최적의 조합을 찾을 수 있을까? 다음과 같은 물건이 있을 때 4kg 용량의 가방에 넣을 수 있는 최적의 조합을 찾을 수 있을까? 한번 도전해보기 바란다.

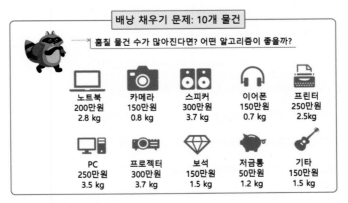

그림 8.41 배낭 채우기 문제의 확대. 물건이 10개인 경우

그림 8.41과 같이 물건의 수가 10개 이상이 되면 최적의 조합을 찾는 것은 거의 불가능에 가깝다. 그래서 최적은 아니지만, '근사(해에 가까운)해'를 찾는 방법이 효과적이다. 탐욕 알고리즘도 일종의 근사해를 구하는 알고리즘이다.

1. 단순하게 10가지 물건의 모든 조합을 탐색하는 경우: 10가지 물건의 모든 조합을 탐색하는 경우로 총 찾는 횟수는 $2^{10} = 1,024$회가 된다.

2. 탐욕 알고리즘으로 10가지 물건 중 값어치가 높은 것부터 담는 경우: 10가지 물건 중 가장 비싼 물건 찾기로 총 찾는 횟수는 10회에 불과하다. 설령 해답이 아닐지라도 현명한 선택인 것이다.

물론 단순하게 찾아서 최대한 값어치를 높일 수 있는 경우를 찾을 수는 있겠지만, 찾아야 하는 횟수가 1,024가지로 너무나 많다. 그렇지만 탐욕알고리즘을 사용하면 10회 만에 가장 값어치 높은 것을 찾을 수 있다. 어찌 보면 탐욕 알고리즘은 시간을 절약하는 방법 중 가장 효율적인 방법일지 모른다. 설령 최적의 해가 아닐지라도 말이다. 물론 시간을 절약하면서 가장 근사한 해를 구할 수 있는 알고리즘은 많다. 여기서 다루지는 않았지만, 그 중 하나가 '동적 프로그램(dynamic program)'이다. 이 알고리즘에 대한 설명은 다른 문헌을 참고하기 바란다.

참고문헌

- 위키백과, 알고리즘, https://ko.wikipedia.org/wiki/알고리즘

- 위키백과, 정렬 알고리즘, https://ko.wikipedia.org/wiki/정렬_알고리즘

- 《Sorting and Searching, The Art of Computer Programming》(Addison-Wesley, 1998)

- 위키백과, 거품 정렬, https://ko.wikipedia.org/wiki/거품_정렬

- 《Introduction to Algorithms (4th Edition)》(The MIT Press, 2022)

- 《Grokking Algorithm》(Manning Publications, 2016)

- 위키백과, 시간 복잡도, https://ko.wikipedia.org/wiki/시간_복잡도

- 위키백과, 검색 알고리즘, https://ko.wikipedia.org/wiki/검색_알고리즘

- 위키백과, 외판원 문제, https://ko.wikipedia.org/wiki/외판원_문제

- Can you solve the pirate riddle? - Alex Gendler,
  https://www.youtube.com/watch?v=Mc6VA7Q1vXQ

09

스크래치를 이용한 프로그래밍

이 장에서는 프로그래밍 경험이 없는 일반인도 쉽고 재밌게 프로그래밍할 수 있는 스크래치(Scratch) 프로그래밍 언어를 소개한다. 스크래치는 레고(LEGO) 블록을 쌓아 장난감을 만들 듯이 명령어 블록을 결합해 프로그램을 만들 수 있는 도구다. 쉽게 애니메이션이나 게임을 만들 수 있고, 누구나 접근하기 쉬운 블록 프로그래밍 언어. 스크래치는 MIT 미디어 랩에서 운영하는 무료 프로그램으로 홈페이지에서 다양한 정보와 함께 웹 프로그래밍 환경을 제공한다.

스크래치 시작하기

스크래치를 시작하기 위해서는 먼저 스크래치 홈페이지(https://scratch.mit.edu/)에 접속한다. 그림 9.1과 같이 스크래치 홈페이지에 여러 정보가 있으니 둘러보기 바란다. 스크래치 프로그래밍을 시작해보자.

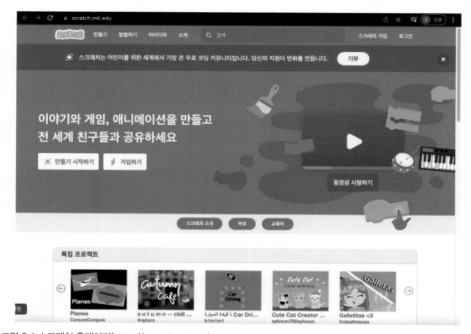

그림 9.1 스크래치 홈페이지(https://scratch.mit.edu)

스크래치는 프로그래밍을 전혀 배우지 않았거나 처음 접해보는 사람도 쉽게 이해할 수 있는 블록 프로그래밍 소프트웨어다. 이러한 블록 프로그래밍 소프트웨어로는 국내에서 서비스하는 네이버 엔트리(https://playentry.org/)가 있다. 스크래치 프로그램은 MIT 미디어 랩에서 만든 프로젝트로 모든 교육 자료와 프로그램을 무료로 제공한다. 거듭해서 발전하고 있으며, 2023년 기준 최신 버전은 스크래치 3.0이다. 이 책에서도 스크래치 3.0을 사용한다.

스크래치 프로그래밍 시작하기

프로젝트 시작하기

스크래치 프로그래밍을 시작하기 위해서 홈페이지 상단에 있는 [만들기] 버튼을 클릭하거나, 홈페이지 중앙에 있는 [만들기 시작하기] 버튼을 클릭한다. 스크래치에서는 '프로그램'이라는 용어 대신에 '프로젝트'라는 용어를 사용한다. 앞으로 '스크래치 프로젝트'라고 부르기로 하자.

그림 9.2 홈페이지에서 프로젝트 만들기 시작하기: [만들기] 또는 [만들기 시작하기] 클릭

[만들기 시작하기] 버튼을 클릭하면, 그림 9.3과 같은 스크래치 초기 화면을 볼 수 있다. 스크래치 초기 화면에는 동영상 팝업 창이 뜨는데, 이 창에서 스크래치에 대한 간단한 소개(튜토리얼)를 볼 수 있다.

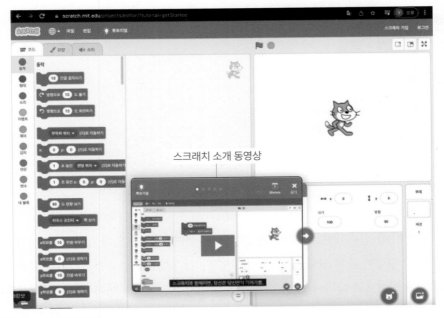

그림 9.3 스크래치 초기 화면

인터넷 브라우저 설정에 따라 다를 수 있지만, 언어가 영어로 설정돼 있을 수도 있다. 화면 상단에 있는 [지구본 모양 아이콘(언어 선택)]을 클릭하면 언어를 한국어로 바꿀 수 있다.

그림 9.4 언어 선택하기

새 프로젝트 만들기: [파일] – [새로 만들기]

새로운 스크래치 프로젝트를 만들려면 화면 위쪽에 있는 [파일] 메뉴에서 [새로 만들기]를 선택한다.

그림 9.5 새로운 스크래치 파일 만들기

시작 화면

[새로 만들기]를 선택하면, 그림 9.6과 같은 시작 화면을 볼 수 있다. 스크래치 시작 화면은 크게 ① 명령어 블록 영역, ② 스크립트 영역, ③ 무대 영역, ④ 스프라이트 목록 영역의 네 가지 영역으로 나뉘어 있다. 이후 설명에서 자주 등장하는 이름이므로 기억해두자.

그림 9.6 스크래치 시작 화면

스크래치 시작 화면의 각 영역은 다음과 같은 역할을 한다.

① **명령어 블록**: 스크립트(script[1], 프로그램 대본)를 작성하는 데 필요한 모든 명령어 블록이 모여 있는 영역

② **스크립트 영역**: 명령어 블록을 사용해 실제 스크립트를 작성하는 영역

③ **무대 영역**: 스크립트 프로그램의 실행 결과를 볼 수 있는 영역

④ **스프라이트 목록**: 프로젝트에 포함된 모든 스프라이트(sprite[2], 프로그램 실행 시 무대 영역에서 움직이는 객체)를 보여주는 영역

스크래치 프로젝트의 코딩은 스크립트 영역에서 시작한다. 고급 프로그래밍 언어에서는 텍스트로 프로그램을 작성하지만 스크래치와 같은 블록 프로그래밍 언어에서는 스크립트 영역에 명령어 블록들을 조립하는 방식으로 프로그램을 작성한다. 명령어 블록은 스크립트라는 명령어 대본에 따라 작성한다. 이 작업이 이루어지는 곳이 스크립트 영역이다. 그래서 스크립트 영역은 프로그램을 작성하는 곳이라고 볼 수 있다.

---

1   스크립트(script)의 사전적 의미는 '대본'이라는 뜻이다. 스크립트는 컴퓨터에 전달할 명령을 찾고 조립하고 실행하는 '프로그램의 대본', 즉 '코딩', '명령어 블록 조립의 순서' 정도로 해석할 수 있다.

2   스프라이트(sprite)의 사전적 의미는 '요정'인데, 스크래치에서는 행동이나 상태를 표현할 수 있는 객체에 해당한다. 사물이나 생물, 또는 어떤 이미지로도 스프라이트를 만들 수 있다.

스크립트는 스프라이트를 움직이게 하는 명령어 집합이다. 작성한 스크립트가 어떻게 동
작하는지를 시각적으로 보여주는 것은 스프라이트다. 그림 9.7에는 고양이 스프라이트가
보인다. 고양이 스프라이트는 기본으로 설정돼 있는 스프라이트다. 이 스프라이트를 통
해 무대 영역에서 명령어 블록의 실행을 움직으로 확인할 수 있다.

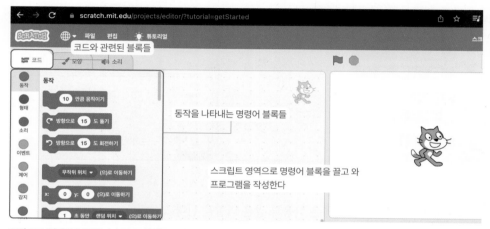

그림 9.7 명령어 블록을 스크립트 영역으로 끌고 와 프로그램을 작성

나만의 스프라이트 만들기

스프라이트 만들기

스프라이트는 요정이라는 뜻으로, 스크래치에서는 무대에서 움직이는 객체를 부르는 이
름이다. 스프라이트는 필요에 따라 여러 개 추가할 수 있으며, 다양한 모양으로 만들 수
있다.

명령어 블록 상단에 있는 메뉴에서 ① [모양(　모양)] 메뉴를 클릭하면 그림 9.8과 같은
스프라이트 만들기 화면이 나온다. 여기서 기존 스프라이트를 수정하거나 새로운 스프라
이트를 만들 수 있다. 처음에는 '고양이 스프라이트'가 보이는데, 원하는 모양으로 변경할
수 있다.

다른 스프라이트를 고르고 싶다면 화면 왼쪽 아래에 있는 ② [모양 고르기()]를 클릭하거나, 스프라이트 목록 영역에 있는 ③ [스프라이트 고르기(   )]를 클릭하여 바꾸면 된다.

그림 9.8 스프라이트 만들기 화면

스프라이트 고르기 메뉴

[모양 고르기(   )] 또는 [스프라이트 고르기(   )] 아이콘에 마우스를 가져가면 서브 메뉴가 나온다.

그림 9.9 [모양 고르기]와 [스프라이트 고르기]에 마우스를 가져가면 나타나는 메뉴

서브 메뉴에 있는 메뉴를 살펴보자.

⬆ 모양 업로드하기		사용자 컴퓨터에 있는 그림이나 사진을 선택해 스프라이트로 사용할 수 있다.
✴ 서프라이즈		스프라이트가 임의로 생성된다.
✎ 그리기		새로운 모양의 스프라이트를 사용자가 직접 그릴 수 있다.
🔍 모양 고르기		스프라이트 모양 저장소(그림 9.10)가 나오고 그중 하나를 선택할 수 있다.

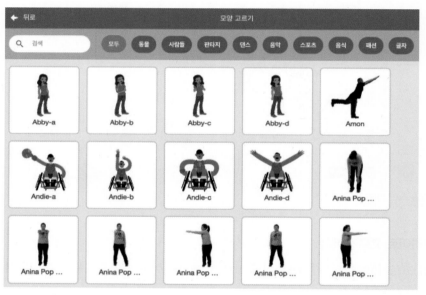

그림 9.10 스프라이트 모양 저장소

스프라이트 소리 편집하기

명령어 블록 상단에 있는 메뉴에서 ① [소리(◀ 소리)]를 선택하면 스프라이트가 내는 소리를 녹음하거나 편집할 수 있다. ② 소리의 [이름]을 수정할 수 있다. 화면 왼쪽 아래에 있는 ③ [소리 고르기] 아이콘에 마우스를 올리면 [소리 업로드하기], [서프라이즈], [녹음하기], [소리 고르기] 메뉴가 나오고, 그중에서 원하는 작업을 선택할 수 있다.

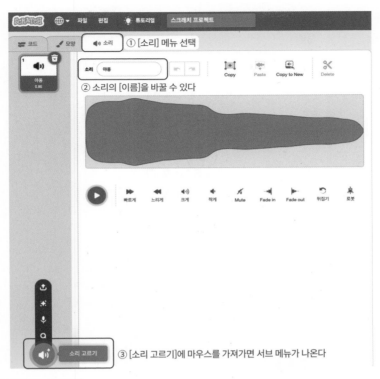

그림 9.11 스프라이트 소리 편집

스프라이트 위치 조정하기

스프라이트 메뉴에 있는 ① x와 y는 스프라이트의 좌푯값을 의미한다. 값을 직접 입력해
스프라이트를 위치를 지정할 수도 있고, 무대 영역에 있는 스프라이트를 마우스로 움직
여서 좌푯값을 조정할 수도 있다. 맨 처음에는 (x, y)=(0, 0)으로 설정돼 있으며, 그 위치
는 무대의 한가운데다. 여기서 x 좌표는 좌우 위치를 나타내고, y 좌표는 상하 위치를 나
타낸다. 따라서 스프라이트를 오른쪽으로 이동시키면 x 값이 양수로 증가하고 왼쪽으로
이동시키면 x 값이 음수로 증가한다. y 값은 위로 이동하면 양수로, 아래로 이동하면 음
수로 증가한다.

스프라이트의 크기와 움직이는 방향을 ② 크기와 ③ 방향 입력 창에서 조절할 수 있다.
처음 크기 값은 100으로 설정돼 있고, 방향은 90(각도를 의미하는 것으로 90도는 오른쪽 방향, 0도는 위 방향, 180도는 아래 방향)이다. 값을 바꿔보면서 어떻게 바뀌는지 직접 확인해보자.

그림 9.12 스프라이트 좌표와 크기 변경하기

명령어 블록

명령어 블록 살펴보기

기본적인 구성은 살펴봤으니 스크립트를 작성해보자. 내가 원하는 동작을 프로그래밍하기 위해서는 내가 원하는 명령어가 어디 있는지 알아야 한다. 명령어 블록 영역에 어떤 블록이 있는지 살펴보자.

▪ 명령어 블록의 종류

명령어 블록 영역에는 스크래치 프로젝트의 스크립트를 만들 때 필요한 여러 가지 다양한 명령어 블록들이 있다. 전체 종류를 알아보기 위해 먼저 명령어 블록 상단에 있는 메뉴에서 ① [코드(💻코드)]를 클릭해 보자. 그러면 ② [동작(⚫동작)], [형태(⚫형태)], [소리(⚫소리)],

[이벤트(🔵)] 등 다양한 명령어 블록의 종류를 볼 수 있고, ③ 그 아이콘을 클릭하면 각 종류에 속한 명령어 블록을 볼 수 있다.

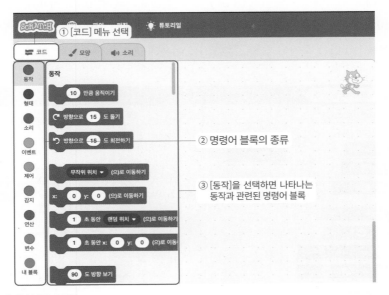

그림 9.13 명령어 블록의 종류

명령어 블록을 스크립트 영역으로 가져와 명령 실행하기

이제 스크립트를 작성해보자. 원하는 명령어 블록을 스크립트 영역으로 끌어다 놓으면 해당 명령어가 실행된다. 먼저 고양이 스프라이트를 오른쪽으로 10만큼 이동시키는 스크립트를 작성해 보자. 다음과 같은 순서대로 명령어 블록을 찾아 실행해 보자.

1. ☰ 코드 메뉴를 클릭한다.

2. 명령어 블록 중에서 [동작(🔵)]을 선택한다.

3. 동작과 관련한 다양한 명령 블록 중에서 [10 만큼 움직이기(10 만큼 움직이기)] 블록을 스크립트 영역으로 끌어온다.

4. 스크립트 영역에 배치된 [10 만큼 움직이기(10 만큼 움직이기)] 블록을 마우스로 클릭한다.

5. 무대 영역에 있는 고양이 스프라이트가 10만큼 오른쪽으로 이동하는 모습을 볼 수 있다.

스프라이트에 정의된 명령어 블록이 실행될 때마다 스프라이트가 조정되는 것을 확인할 수 있다. 위의 순서 ④를 반복하면, 스프라이트가 오른쪽으로 계속 이동한다. 실제로 고급 프로그래밍 언어에서는 이러한 명령어 블록 대신에 스프라이트의 좌표를 설정해 y 좌푯값을 10씩 증가시키는 코드를 작성해야 한다. 그렇지만 스크래치에서는 이처럼 간단한 명령어 블록 [10 만큼 움직이기(10 만큼 움직이기)]를 이용해 코드를 구성할 수 있다.

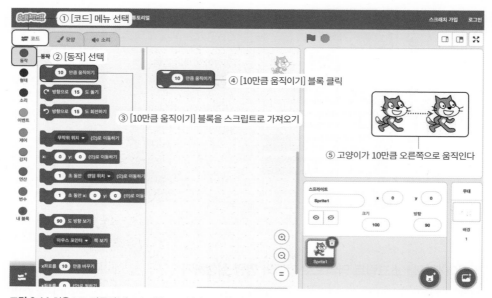

그림 9.14 처음으로 만들어보는 스크립트: 고양이 스프라이트를 10만큼 움직이기

이번에는 여러 개의 명령어 블록을 하나의 스프라이트에 적용해보자. 오른쪽으로 10만큼 두 번 이동한 후에 오른쪽으로 15도 회전시키는 스크립트를 작성해보자.

1. 이전에 작업했던 스크립트에 이어서 작업하기로 하자. [10만큼 움직이기(10 만큼 움직이기)] 블록 한 개를 스크립트 영역으로 가져와 [10만큼 움직이기(10 만큼 움직이기)] 블록 아래에 붙여보자. 명령어 블록을 끌어오면 자연스럽게 홈에 맞춰 붙는다. 홈이 맞지 않은 명령어 블록은 함께 동작할 수 없는 명령어다.

2. [오른쪽 방향으로 15도 돌기(방향으로 15 도 돌기)] 블록을 [10만큼 움직이기(10 만큼 움직이기)] 블록 밑에 붙인다.

3. 3개의 명령어 블록을 클릭해 보자. 명령어 블록을 클릭하면 블록 전체가 선택되고, 고양이 스프라이트가 오른쪽으로 20만큼 이동한 다음 오른쪽으로 15도 회전하는 모습을 볼 수 있다.

4. 이때 스프라이트 목록 영역에 있는 x, y 좌푯값과 방향값을 살펴보자. 좌푯값과 방향값을 확인해 보면 내가 원하는 대로 움직였는지 정확히 알 수 있다. x 좌푯값은 0에서 20으로, 방향은 90에서 105로 바뀌었다.

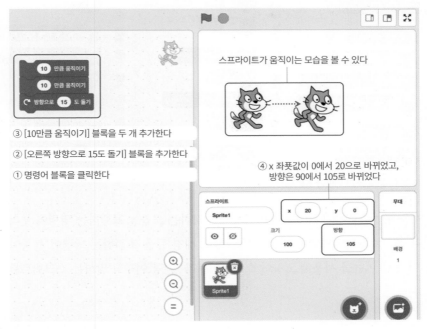

그림 9.15 여러 개의 명령어 블록 사용하기

다른 명령어 블록 알아보기

동작을 비롯해서 어떤 명령어 블록 메뉴가 있는지 조금 더 살펴보자. 동작 명령어 블록 메뉴 이외에 형태, 소리, 이벤트, 제어, 감지, 연산, 변수, 내 블록 등의 명령어 블록 메뉴가 있다. 앞으로 '명령어 블록 메뉴'를 '메뉴'라고 간단히 부르기로 하자.

이 명령어 메뉴 중에서 주로 사용하는 동작과 형태, 소리를 살펴보자. 명령어 메뉴 아이콘을 클릭하면 그림 9.16처럼 각 메뉴에 속한 명령어 블록을 볼 수 있다.

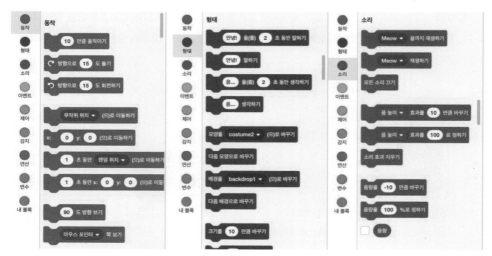

그림 9.16 동작, 형태, 소리 명령어 블록 메뉴

형태 메뉴에는 주로 스프라이트가 말하거나 생각하는 모습을 표현하는 명령어 블록이 들어 있다. 즉, 스프라이트의 말하기, 모양, 무대 배경 등을 조절하는 명령어 블록이 모여 있다. 이 형태 메뉴를 사용해 고양이 스프라이트가 "안녕"이라고 말하는 스크립트를 작성해 보자.

1. [형태] 메뉴에서 [안녕! 말하기(안녕! 말하기)] 블록을 스크립트 영역으로 끌어온 다음 클릭해 보자.

2. 고양이가 "안녕"이라고 말하는 말풍선이 나타나는 모습을 볼 수 있다. 다른 명령어 블록도 직접 클릭해서 동작을 확인해보기 바란다.

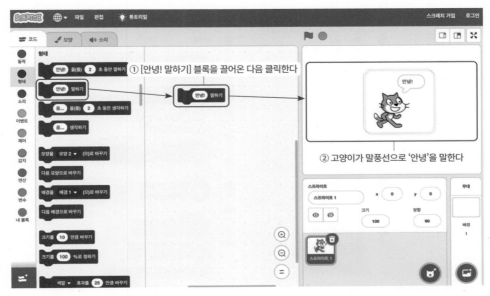

그림 9.17 형태 메뉴의 '안녕'이라고 말하기 명령어 블록

제어 메뉴는 고급 프로그램 언어에서 사용하는 기본 프로그램 문법을 표현한 명령어 블록의 모임으로 구성돼 있다. 그림 9.18과 같이 [1초 기다리기], [10번 반복하기], [무한 반복하기], [만약 ~이라면] 등과 같이 스프라이트의 동작을 제어하는 명령어다. 고급 프로그래밍 언어와 마찬가지로 제어 명령어 블록이 가장 많이 사용되는 명령문이다. 이 제어 명령문을 잘 사용할수록 프로그램의 수준이 높아진다.

이벤트 메뉴에는 [녹색 깃발을 클릭했을 때], [~키를 눌렀을 때], [배경이 ~으로 바뀌었을 때] 등과 같이 외부에서 이벤트를 발생시켰을 때 동작하는 블록으로 구성돼 있다. [녹색 깃발을 클릭했을 때] 블록은 스크립트 동작을 시작하는 버튼으로 주로 사용하기 때문에 반드시 알아둬야 한다.

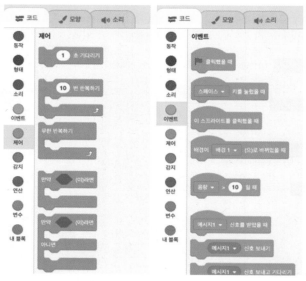

그림 9.18 제어와 이벤트 명령어 블록

이번에는 제어, 동작, 이벤트, 형태 메뉴에 있는 명령어 블록을 조합해 스크립트를 작성해보자.

1. 먼저 원하는 동작을 정리해 보자.

   - 10만큼 오른쪽으로 움직이고, 오른쪽 방향으로 15도 돌고 나서, "안녕"이라고 말한다. 그리고 1초를 기다린 다음, '음…'이라고 생각하는 동작을 만든다고 하자.

   - 필요한 명령어 블록은 다음과 같다.

   - 동작 메뉴: `10 만큼 움직이기`, `방향으로 15 도 돌기`

   - 형태 메뉴: `안녕 말하기`, `음… 생각하기`

   - 제어 메뉴: `10 번 반복하기`, `1 초 기다리기`

2. 그림 9.19에 보여준 순서대로 스크립트를 완성하고, 완성된 스크립트를 클릭해보자. 무대 영역에 있는 고양이 스프라이트가 명령 블록 순서대로 움직이는 것을 볼 수 있다. 여기서 30만큼 오른쪽으로 움직이기는 [10만큼 움직이기]에서 숫자를 30으로 변경하거나 [10만큼 움직이기]를 3개 붙여서 사용해도 된다. 그렇지만 여기서는 [10만큼 움직이기] 블록과 [3번 반복하기] 제어 명령어 블록을 사용해서 제어 명령어 구조를 경험해 보도록 했다.

예를 들어 [10만큼 움직이기]와 다른 명령어 [안녕 말하기] 블록을 결합해서 1,000번을 반복한다고 한다면, 각 블록을 1,000개씩 붙이는 것보다 제어 명령어 블록을 한 번 사용하는 것이 효과적이다.

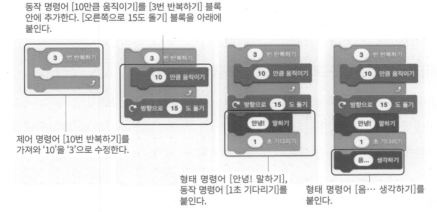

그림 9.19 제어, 동작, 형태 명령어 블록을 조합한 스크립트

마지막으로 그림 9.19 스크립트에 시작을 알리는 이벤트 명령을 추가해 보자.

1. 이벤트 명령어 블록 중에서 [녹색 깃발을 클릭했을 때 ( )] 이벤트를 추가하자. 스크립트 맨 위에 추가하면 나머지 스크립트가 블록 밑에 자연스럽게 붙는다.

2. 스프라이트 영역 위에 있는 [녹색 깃발( )] 아이콘을 클릭하면 무대 영역에 있는 고양이 스프라이트가 명령 블록 순서대로 움직이는 모습을 볼 수 있다.

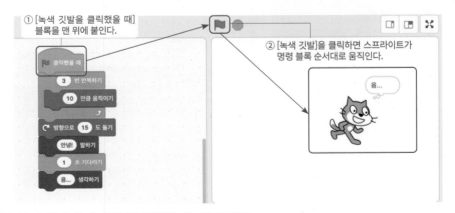

그림 9.20 시작을 알리는 [녹색 깃발을 클릭했을 때] 블록 추가하기

스크래치에는 이 밖에도 다양한 명령어 블록이 있어서 잘 구성된 명령어 대본을 바탕으로 명령어 블록을 적절히 조합해 구성하면 다채로운 애니메이션이나 게임을 만들 수 있다.

오프라인에서 스크래치 프로그래밍하기

지금까지는 내 컴퓨터에 별도로 프로그램을 설치하지 않고, 스크래치 홈페이지에서 실습을 진행했다. 인터넷이 연결되지 않은 상태에서 스크래치를 사용하고 싶다면 내 컴퓨터에 스크래치 프로그램을 내려받고 설치해 사용할 수 있다.

온라인에서 작업한 스크립트를 내 컴퓨터에 저장하기

온라인에서 작업한 스크립트를 내 컴퓨터에 저장하는 방법을 알아보자.

1. 스크래치 화면 위에 있는 [파일] – [컴퓨터에 저장하기] 메뉴를 클릭한다.

2. 파일을 저장할 위치를 묻는 창이 나오면 저장하고자 하는 폴더를 선택한다.

3. 파일 이름에 프로젝트 이름[3]을 입력하고 [저장] 버튼을 누른다.

그림 9.21 스크래치 프로젝트를 내 컴퓨터에 저장하기

---

3 프로젝트 이름을 지정하지 않으면 '스크래치 프로젝트.sb3'로 저장된다. 스크래치 프로젝트는 파일의 확장자는 sb3다. 여기서 3은 스크래치가 3.0 이후 버전이라는 뜻이다.

위와 같은 방법으로 온라인에서 작업한 스크래치 프로젝트를 내 컴퓨터에 저장할 수 있
다. 내 컴퓨터에 저장된 스크래치 프로젝트를 다시 불러와서 작업하고 싶다면 [파일] –
[Load from your computer] 메뉴를 선택해 불러온다.

스크래치 앱 설치하기

스크래치 앱은 홈페이지 맨 아래에 있는 [유용한 자료들] – [다운로드] 링크에서 내려받
을 수 있다. [다운로드] 링크를 클릭하자.

그림 9.22 스크래치 홈페이지 맨 아래에 있는 다운로드 링크

[다운로드] 링크를 클릭하면 스크래치 앱을 내려받을 수 있는 화면이 나온다. 또는 주소
창에 아래 주소를 입력해 바로 들어가도 된다.

- **스크래치 앱 다운로드 페이지**: https://scratch.mit.edu/download

스크래치 앱 다운로드 페이지(그림 9.23)에서 '운영 체제를 선택하세요' 메뉴를 화면 아
래쪽에서 찾을 수 있다. 메뉴의 오른쪽에서 내가 사용하는 운영체제(Window, macOS,
ChromeOS, Android) 버튼을 클릭한다. 이 책에서는 윈도우를 기준으로 설명한다.

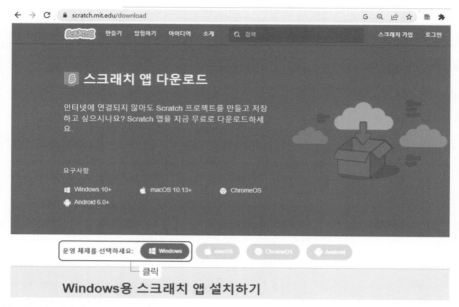

그림 9.23 스크래치 앱 다운로드 페이지

그림 9.24와 같이 'Windows용 스크래치 앱 설치하기' 화면에서 [바로 다운로드] 링크를 클릭해 설치 파일을 내려받는다.

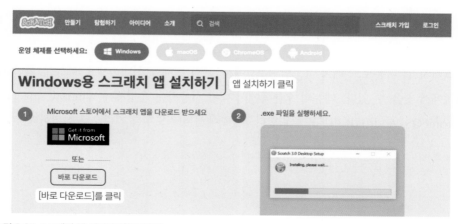

그림 9.24 스크래치 앱 설치하기(윈도우용)

내려받은 설치 파일(.exe)을 실행하면 설치가 시작된다. 설치를 마치면 온라인에서 작업한 스크래치 화면과 동일한 화면을 볼 수 있다. 스크래치 버전은 스크래치 앱을 실행한 후 화면 맨 위를 살펴보면 알 수 있다. Scratch 뒤에 있는 숫자(3.29.1)[4]가 버전을 의미한다.

온라인 작업과 오프라인 작업에 차이가 없기 때문에 필요에 따라서 선택하자. 다만 온라인 작업은 인터넷에 연결돼 있을 때만 사용할 수 있다.

[실전 프로젝트] 평균 구하기

평균 구하기 스크래치 프로젝트

이번 절에서는 스크래치를 활용해 문제를 해결하는 알고리즘을 구현해보자. 먼저 간단하게 두 수의 평균을 구하는 알고리즘을 만들면서 숫자를 입력하는 방법을 주위 깊게 살펴보기 바란다.

새로운 프로젝트를 만들고, 프로젝트 이름을 '평균 구하기 프로젝트'로 바꿔보자. 우리가 작성할 완성된 스크립트를 먼저 그림 9.25에 나타냈다. 필요한 명령어 블록 메뉴는 제어와 이벤트, 감지 메뉴다. 이 스크립트의 전체 흐름을 단계별로 정리해보면 다음과 같다.

- 시작 버튼 만들기. 두 수의 합과 평균을 담는 변수, SUM과 AVG 만들기
- 숫자를 입력받아 저장하고 두 수의 합과 평균을 구하는 연산 블록 만들기
- 숫자를 입력할 때마다 합을 말해주고, 마지막에 평균을 말해주는 블록 만들기

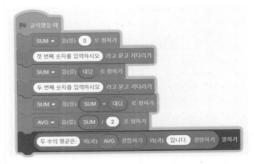

그림 9.25 두 수의 평균을 구하는 스크립트(완성)

두 수의 평균을 구하는 스크래치를 작성 방법을 단계별로 살펴보자.

---

4 이 책을 집필한 2022년 8월 기준이며, 설치한 시점에 따라 버전이 다를 수 있다.

▪ 시작 버튼 만들기

① [이벤트] 메뉴의 명령어 블록 중에서 ② [녹색 깃발을 클릭했을 때( )] 블록을 스크립트 영역으로 가져온다. 이 명령어 블록은 무대 영역 위에 있는 [녹색 깃발( )]을 클릭했을 때 연결된 명령어 블록이 실행되는 이벤트 명령어다.

그림 9.26 시작 버튼 추가하기

▪ SUM 변수 만들기

두 수의 합을 담을 변수 SUM를 만들어보자. ① [변수] 명령어 블록 중에서 ② [나의 변수를 0으로 정하기] 블록을 스크립트 영역으로 끌어와 [녹색 깃발을 클릭했을 때 ( )] 블록 아래 붙인다.

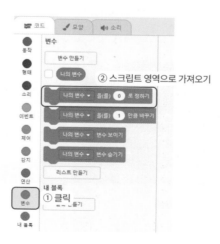

그림 9.27 변수 블록 추가하기

▪ 변수의 이름을 바꾸고 시작 값 지정하기

변수 이름을 SUM으로 변경해 보자. [나의 변수를 0으로 정하기(나의 변수 ▾ 을(를) 0 로 정하기)] 블록에서 ① [나의 변수 (나의 변수)] 부분을 클릭한 다음 ② [변수 이름 바꾸기]를 선택한다. [변수 이름 바꾸기] 창이 나오면 ③ 이름을 SUM으로 변경한다. 여기서 SUM은 우리가 만든 변수다. 이와 같이 사용하고 싶은 변수를 만든다. 그다음 ④ 시작 값을 0으로 지정한다. 지금까지 숫자를 하나도 받아들이지 않았으므로 SUM 변수의 시작 값은 0이다. 변수의 시작 값은 '( )로 정하기' 안에 있는 숫자 부분을 클릭한 다음 원하는 숫자를 입력해 설정한다.

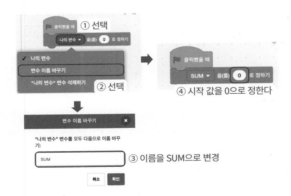

그림 9.28 변수 이름을 SUM으로 변경하고 시작 값을 0으로 설정

변수 만들기 과정을 마치면 명령어 블록의 변수 이름이 모두 SUM(SUM)으로 바뀐 것을 볼 수 있다.

그림 9.29 변수 이름이 SUM으로 바뀐 명령어 블록들

변수 블록 중에서 SUM(SUM) 변수 왼쪽에 있는 체크 표시 버튼에 ① 체크(✔)하면 무대 영역에 ② 점수 창(SUM 0)이 추가된다. 만약 무대에서 다시 없애고 싶다면 체크 버튼을 다시 클릭한다.

그림 9.30 무대 영역에 점수 창 추가하기

변수 명령어 블록 맨 위에 있는 ① [변수 만들기] 버튼을 클릭한 다음 ② 변수 이름을 입력해 변수를 생성하는 방법도 있다. 이때 ③ '모든 스프라이트에서 사용' 또는 '이 스프라이트에서만 사용'을 묻는 선택 사항이 나오는데, 필요에 따라 적절히 선택한다. '이 스프라이트에서만 사용'을 선택하면 현재 작업하고 있는 고양이 스프라이트에만 변수를 사용할 수 있다.

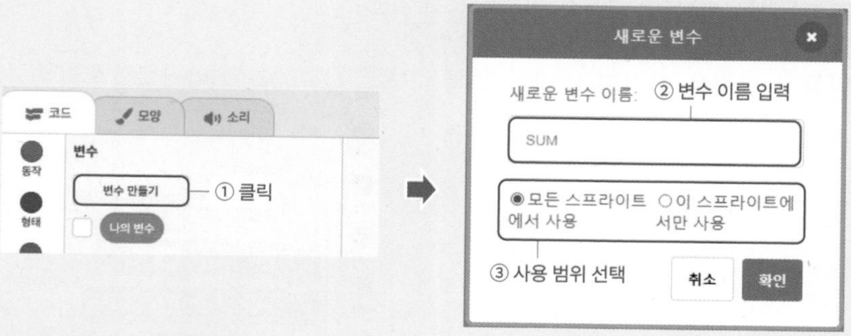

그림 9.31 [새로운 변수] 창의 설정 화면

■ 감지 명령어 블록 사용하기

다음 단계로 사용자에게 입력할 숫자를 묻고, 답변 받은 숫자를 첫 번째 숫자로 지정하는
부분을 만들어 보자.

사용자의 입력을 받을 때 사용하는 명령어 블록은 ① [감지] 메뉴를 클릭해 선택한다. [마
우스 포인터에 닿았는가?], [스페이스키를 눌렀는가?]와 같은 마우스나 키보드, 색깔을
감지하는 명령어 블록을 볼 수 있다. 명령어 블록 중에서 ② [너 이름이 뭐니?라고 묻고
기다리기(너 이름이 뭐니? 라고 묻고 기다리기)] 명령어 블록을 스크립트 영역으로 가져오자.

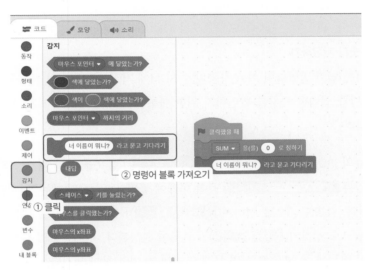

그림 9.32 [감지] 명령어 블록을 가져오기

■ 첫 번째 숫자를 입력하라고 묻기

너 이름이 뭐니? 라고 묻고 기다리기 에서 '너 이름이 뭐니?'를 지우고 ③ '첫 번째 숫자를 입력하시오'로 변경
하고 무대 영역 위에 있는 ④ [녹색 깃발]을 클릭하면 고양이 스프라이트의 말풍선에 '첫
번째 숫자를 입력하시오'라는 메시지가 표시되는 모습을 볼 수 있다. 이때 말풍선과 함께
무대 아래에 첫 번째 숫자를 입력할 수 있는 입력 창이 나타난다. ⑤ 입력창에 첫 번째 숫
자를 입력하고 [Enter] 키를 누르면 다음 명령어가 실행된다.

그림 9.33 '첫 번째 숫자를 입력하시오'라는 말풍선을 띄우고 입력 창 만들기

■ **입력 받은 숫자 저장하기**

첫 번째 숫자를 입력 받았다면 이 숫자를 변수 SUM에 저장하는 명령어 블록을 만들어 보자. 그리고 방금 입력한 숫자를 확인하기 위한 블록을 무대에 추가해 보자. 만드는 과정은 다음과 같다.

① 변수 메뉴의 [SUM을 0으로 정하기(█████)] 블록을 하나 더 가져와 스크립트 영역에 있는 █████ 블록 아래에 붙인다. ② 감지 메뉴의 [대답(█████)] 블록을 가져와 [SUM을 0으로 정하기(█████)] 블록의 '0' 칸에 넣는다. 그러면 [SUM을 대답으로 정하기(█████)] 블록이 완성된다. 이때 [대답] 블록 왼쪽에 있는 체크 표시 버튼에 ③ 체크(☑)하면 무대 영역에 ④ 대답 창이 생긴다.

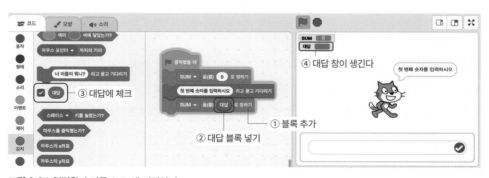

그림 9.34 입력한 숫자를 SUM에 저장하기

이제 명령어 블록을 실행하면 입력받은 대답이 SUM 변수에 저장된다.

[녹색 깃발]을 클릭해 프로그램을 실행하고, ⑤ 입력 창에 숫자 10을 입력해보자. ⑥ 점수 창을 보면 대답과 SUM이 곧바로 10으로 바뀌는 모습을 볼 수 있다. 대답 창은 입력한 숫자를 감지하여 보여주고, SUM 창은 지금까지 입력한 숫자의 합을 보여준다.

그림 9.35 숫자 10을 입력한 후 SUM과 대답 창 화면

▪ 두 번째 숫자를 입력하라고 묻기

앞에서 첫 번째 숫자를 입력 명령어 블록과 똑같이 두 번째 숫자를 입력하는 명령어 블록을 만든다. 감지 메뉴의 [너 이름이 뭐니? 라고 묻고 기다리기(너 이름이 뭐니? 라고 묻고 기다리기)] 블록을 가져와 질문 내용을 '두 번째 숫자를 입력하시오'라고 바꾼다.

그림 9.36 두 번째 숫자를 받기 위한 명령어 블록

▪ 두 수의 합을 SUM에 저장하기

두 번째 숫자를 입력 받으면 첫 번째 숫자와 두 번째 숫자를 더해 두 수의 합을 구할 수 있다. 첫 번째 입력받은 숫자를 변수 SUM에 넣어두었으므로 SUM에 두 번째 숫자를 더하면 된다. 이 과정을 수행하는 명령어 블록은 연산 메뉴에 있는 명령어 블록을 이용한다.

연산 메뉴에 있는 ① [덧셈(◯+◯)] 블록을 스크립트 영역의 빈자리로 우선 가져온다. ② 그 다음, 변수 명령어 블록에 있는 [SUM] 블록과 감지 명령어 블록에 있는 [대답] 블록을 가져와 ③ [덧셈(◯+◯)] 블록의 빈칸에 넣어 [SUM + 대답(SUM + 대답)]을 만든다.

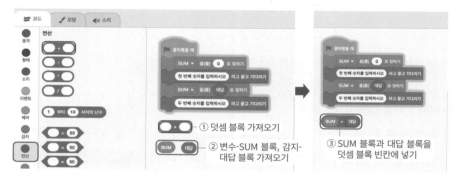

그림 9.37 덧셈 연산 블록 만들기

제어 메뉴에 있는 ④ [SUM을 0으로 정하기(SUM ▾ 을(를) 0 로 정하기)] 블록을 가져와 블록의 '(0)으로 정하기'의 '0' 부분에 ⑤ [SUM+대답(SUM + 대답)] 블록을 끼워 넣는다. 그러면 [SUM을 (SUM+대답)으로 만들기(SUM ▾ 을(를) SUM + 대답 로 정하기)] 블록이 만들어진다. 여기까지 작성한 스크립트가 두 수를 입력 받아 합을 SUM에 저장하는 과정이다.

지금까지 만든 스크립트를 실행해 보자. 첫 번째 숫자로 '10'을 입력하고 두 번째 숫자로 '20'을 입력한 다음 무대 영역에 있는 점수 창을 보면 ⑥ SUM이 0에서 30으로 바뀌는 모습을 볼 수 있다. 덧셈 동작이 제대로 된 것을 확인할 수 있다.

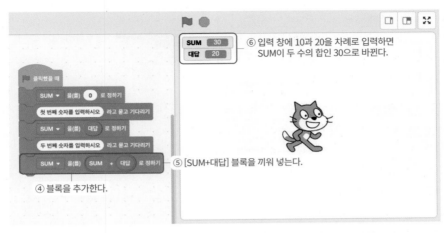

그림 9.38 두 숫자의 합을 SUM에 저장하기

▪ 평균 구하기 연산 블록 만들기

이제 두 숫자의 평균을 구할 차례다. 두 수의 평균은 두 수의 합계를 2로 나눈 값으로 변수 SUM에 들어 있는 값을 2로 나눈 값이다. 이 값을 평균 변수 AVG에 넣고 점수 창을 만들기로 하자. 만드는 과정은 다음과 같다.

① 연산 블록에 있는 [나눗셈(○○)] 블록과 변수 블록에 있는 [SUM] 블록을 사용한다. 이 블록들을 사용해 [SUM / 2(SUM / 2)]를 만든다. ② 변수 메뉴에 [SUM을 0으로 정하기] 블록을 가져온 후 [SUM을 SUM / 2로 정하기(SUM ▼ 을(를) SUM / 2 로 정하기)]와 같이 만든다. [녹색 깃발]을 눌러 실행해 보면 점수 창의 SUM이 15로 바뀌는 모습[5]을 볼 수 있다. 이 결과는 ②의 과정으로 SUM에 10과 20의 평균값이 저장된 결과다. 혼동되지 않도록 새로운 변수 AVG를 만들어 평균을 저장하자.

---

5 명령어 블록을 실행할 때마다 처음부터 다시 시작하므로 숫자를 처음부터 다시 입력해야 한다. 여기에서는 10과 20을 입력했을 때의 결과다.

그림 9.39 평균 구하기 연산 블록 만들기

▪ 평균 값을 저장하는 변수 AVG 값 출력하기

변수 SUM을 만들었을 때는 변수 메뉴에 있는 [나의 변수(나의 변수)]를 이용했었다. 새로운 변수를 만들 때는 ① 변수 메뉴를 클릭한 후, ② [변수 만들기]를 클릭한다. '새로운 변수'라는 창이 나오고 ③ 여기에 새로운 변수 이름 AVG를 입력해 확인하면 ④ 변수 AVG가 생성된다.

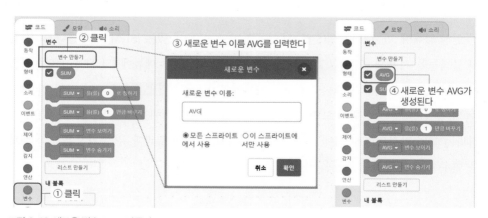

그림 9.40 새로운 변수 AVG 만들기

새로 만든 변수 AVG에 두 숫자의 평균을 저장해보자. ① 스크립트 영역에 있는 [SUM을 SUM / 2로 정하기(SUM ▾ 을(를) SUM / 2 로 정하기)]의 [SUM]을 클릭해 AVG를 선택하면, 이 블록은 [AVG를 SUM / 2로 정하기(AVG ▾ 을(를) SUM / 2 로 정하기)]와 같이 된다. 이제 SUM에 저장된 값을 2로 나눈 값이 변수 AVG에 저장되고, 점수판도 생긴 것을 알 수 있다. ② [AVG를 0으로 정하기(AVG ▾ 을(를) 0 로 첨하기)] 블록을 가져와 [SUM을 0으로 정하기(SUM ▾ 을(를) 0 로 정하기)] 블록 아래에 붙인다. 이 [AVG를 0으로 정하기] 블록은 스크립트를 다시 실행할 때 이전에 저장돼 있던 AVG 값을 0으로 초기화하는 명령문이다.

지금까지 작성한 스크립트를 다시 실행시켜보자. 그림 9.41과 같이 무대 영역의 점수판 SUM에는 10과 20의 합 30, 대답에는 제일 나중에 입력한 값 20, AVG에는 두 수의 평균 15가 적혀 있는 것을 확인할 수 있다.

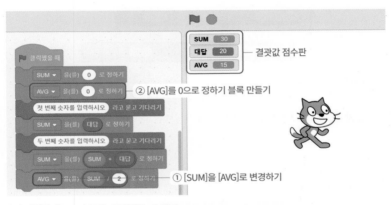

그림 9.41 다시 실행한 후, 10과 20을 입력했을 때 결과

점수판 숫자로 확인하기보다는 고양이 스프라이트가 두 수의 평균이 얼마인지 말풍선으로 표시해 주도록 만들어보자. 우리가 만들 블록은 "두 수의 평균은 : 15입니다"라고 말풍선에 나타나게 하는 블록으로 두 수의 평균은: 와(과) AVG 결합하기 와(과) 입니다. 결합하기 말하기 와 같다. 이 명령어 블록을 만들기 위해 이용한 블록은 다음과 같다.

- 형태 메뉴의 [안녕! 말하기(안녕! 말하기)]
- 연산 메뉴의 [가위와 나무 결합하기(가위 와(과) 나무 결합하기)] 2개
- 변수 메뉴의 [SUM(SUM)]

① [가위와 나무 결합하기] 블록의 '가위' 부분을 '두 수의 평균을: '로 변경하고, '나무' 부분에는 [SUM] 블록을 넣어 두 수의 평균은: 와(과) SUM 결합하기 블록을 만든다.

② [가위와 나무 결합하기] 블록의 '가위' 부분에 ①에서 만든 블록을 넣고, '나무' 부분을 '입니다.'로 변경해 두 수의 평균은: 와(과) SUM 결합하기 와(과) 입니다. 결합하기 블록을 만든다.

③ [안녕! 말하기] 블록에 ②에서 만든 블록을 결합해 두 수의 평균은: 와(과) SUM 결합하기 와(과) 입니다. 결합하기 말하기 블록을 완성한다.

그림 9.42 평균 값을 말하는 명령어 블록 만들기

지금까지 작성한 최종 스크립트는 그림 9.43과 같다.

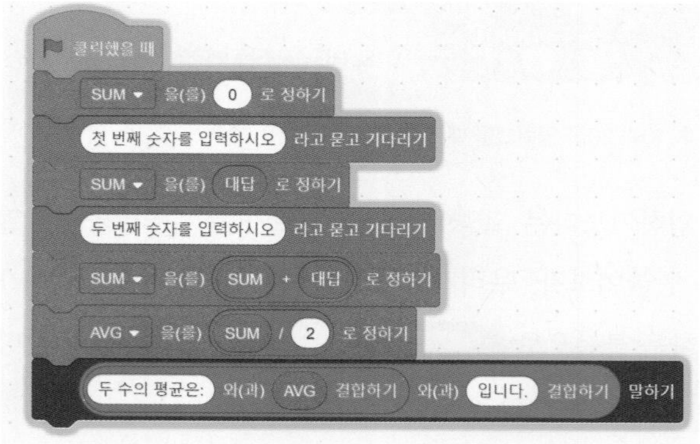

그림 9.43 완성된 두 수의 합을 구하여 평균을 말하는 스크립트

마지막으로 녹색 깃발을 클릭해 스크립트를 실행한 결과를 확인해 보자. 실행 과정은 그림 9.44와 같이 점수창과 말풍선 메시지가 변하고, 최종 "두 수의 평균은: 15입니다"라는 메시지를 확인할 수 있다.

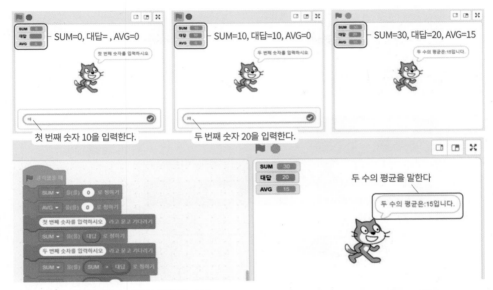

그림 9.44 숫자를 입력한 후 대답이 출력되는 모습

여러 숫자들의 평균 구하기

두 개의 숫자에서 여러 개의 숫자를 입력받아 평균을 구하는 스크립트로 확장해보자. 이전과 다른 부분은 입력하는 변수의 개수다. 여러 개의 숫자를 입력받아 변수에 저장하기 위해서는 다음과 같이 반복문과 조건문을 사용해야 한다.

- 여러 숫자를 반복해서 입력받기 위해 **반복문**을 사용한다.

- 몇 개를 숫자를 입력받을 것인지 미리 정해야 한다. 그렇지 않으면 입력을 몇 번 받아야 하는지 알 수가 없다. 따라서 계속해서 입력할 숫자가 있는지를 묻기 위한 **조건문**이 필요하다.

이렇게 여러 숫자의 평균을 구하는 알고리즘을 프로그램으로 작성하기 위해서는 반복문과 조건문을 사용한다. 다른 고급 프로그래밍 언어에서도 반복문과 조건문은 가장 중요한 문법이자 명령문이다. 우리는 스크래치 프로젝트에서 반복문과 조건문을 어떻게 다루는지 살펴보자.

우선 앞으로 작성할 완성 스크립트를 살펴보면 그림 9.45와 같다. 앞에서 만든 스크립트 실습 예제에서 [무한 반복하기], [만약 〈 〉(이)라면]−[아니면] 블록이 새롭게 등장했다.

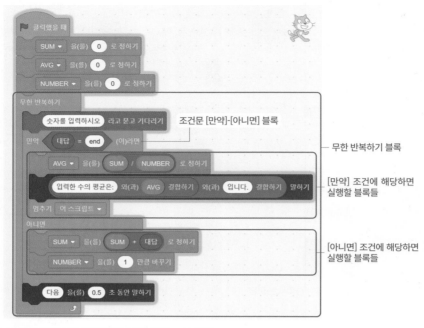

그림 9.45 여러 개의 수를 입력 받아 평균을 구하는 스크립트

▪ 반복문 만들기

먼저 [무한 반복하기] 명령어 블록을 구성하는 방법을 알아보자.

① 여러 숫자를 입력할 때는 제어 메뉴의 명령어 블록에 있는 [무한 반복하기] 블록을 사용한다. 그리고 숫자를 입력하는 것을 반복하기 위해서 감지 메뉴의 [(너 이름이 뭐니?) 라고 묻고 기다리기(너 이름이 뭐니? 라고 묻고 기다리기)] 명령어 블록을 사용한다. 빈칸의 내용을 '숫자를 입력하시오'라고 바꾼다.

② 제어 메뉴에 있는 [만약 〈 〉이라면] – [아니면] 블록을 [무한 반복하기] 블록 안에 넣어 붙인다.

③ 형태 메뉴 블록에 있는 [안녕을 2초 동안 말하기] 블록을 수정해 [다음을 0.5초 동안 말하기(다음 을(를) 0.5 초 동안 말하기)] 블록으로 만든 후, [무한 반복하기] 블록 안에 넣어 반복문 전체의 기본 틀을 완성한다. 이 명령어 블록은 다음 숫자를 입력할 때 여유 시간을 주는 명령어로, 평균을 구하는 데는 전혀 영향을 주지 않는다.

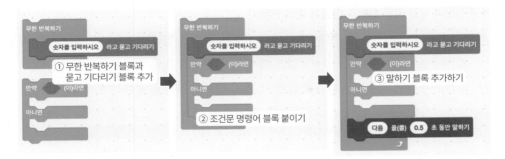

그림 9.46 무한 반복문의 기본 틀 만들기

- **조건문 만들기**

다음은 조건문을 만드는 과정이다. [만약] – [아니면] 명령어 블록 위쪽에 [만약 〈 〉(이)
라면]이 있다. 여기서 육각형 부분 〈 〉은 조건을 물어보는 빈칸이다. 육각형 부분에 들어
갈 명령어 블록은 연산 메뉴에 있는 여러 조건을 따지는 명령어 블록 중에서 선택한다.

대답이 숫자라면 계속해서 숫자를 입력받고, 대답이 end라면 평균을 구하도록 조건문을
구성해보자.

대답이 end인지 확인하기 위해 연산 메뉴의 [비교(● = 50)] 블록을 가져와 블록의 왼
쪽 빈칸에는 감지 메뉴에 있는 [대답] 블록을 끼워 넣고 오른쪽 빈칸에는 'end'라 적는다.
그러면 조건 블록 [대답 = end(대답 = end)]이 완성된다. 이 블록을 [만약 〈 〉(이)라면] 조건
명령어 블록의 〈 〉 부분에 넣으면, [만약 〈대답 = end〉(이)라면]과 같은 조건문이 완성된
다. 이 블록은 [대답]이 'end'와 같은지를 묻는 조건문이다.

그림 9.47 조건문 명령어 블록에 조건 블록 추가하기

▪ 조건문이 참인 경우 실행할 명령어 블록 만들기

조건문이 참(True)인 경우는 [대답]과 'end'가 같은 경우로 입력창에 'end'를 입력했을 때
다. 이 것은 더 이상 입력할 숫자가 없을 때 입력을 끝내기 위해서 만들어 놓은 조건문이
다. 조건문이 참인 경우에는 다음과 같은 세 가지 명령어 블록을 실행하게 작성한다.

1. 첫 번째 만들 명령어 블록은 [AVG를 (SUM/NUMBER)로 정하기(AVG ▾ 을(를) SUM / NUMBER 로 정하기)]이다.

2. 변수는 SUM, AVG, NUMBER를 사용한다. 이전에 만들어 봤던 SUM, AVG와 같이 변수 NUMBER를
   변수 메뉴의 [변수 만들기]로 만든다. 변수 NUMBER는 입력하는 숫자의 개수를 세기 위한 변수다.

3. 평균 값(AVG)은 입력한 숫자들의 합(SUM)을 입력한 숫자의 개수(NUMEBR)로 나누면 구할 수 있다.
   블록의 연산 과정은 SUM에 있는 값을 NUMBER 값으로 나누어 그 결과를 AVG에 넣는 명령어 블록이
   다. 이 명령어 블록을 실행하면, SUM에는 합한 값, AVG에는 평균값, NUMBER에는 입력한 숫자의 개
   수가 저장된다.

4. 입력한 수의 평균을 말하는 명령어 블록을 추가한다. 앞에서 설명한 연산 메뉴에 있는 [가위와 나무 결
   합하기(가위 와(과) 나무 결합하기)] 블록을 이용해 [입력한 수의 평균은: (AVG)결합하기와 (입니다.) 결합하기 말하
   기(입력한 수의 평균은: 와(과) AVG 결합하기 와(과) 입니다. 결합하기 말하기)]블록을 만든다. 필요한 블록들은 앞에서 설명한 내용을 참고로
   추가하자. 이 블록만 클릭해 보면, '입력한 수의 평균은 : 0입니다.'라고 말풍선에 출력된다.

5. 마지막으로 스크립트 제어 메뉴에 있는 [멈추기 (모두) 멈추기 일두 ▾] 블록을 추가한다. 이 명령어 블록이 실행
   되면, 현재 실행 중인 스크립트가 끝나고 말하는 것이 종료된다. 스크립트를 종료하고 싶을 때 사용하는
   블록이다.

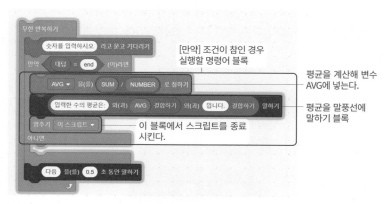

그림 9.48 대답이 'end'인 경우 실행할 명령어 블록 만들기

▪ 조건문이 거짓인 경우 실행할 명령어 블록 만들기

앞에서 [만약]–[아니면] 블록에서 조건을 먼저 따지고, 조건이 거짓이면 그림 9.48의 명령어 블록을 실행하지 않고 [아니면~] 블록으로 건너뛴다. 조건문이 거짓인 경우는 [대답]과 'end'가 같지 않은 경우다. 키보드로 'end'를 입력하지 않고 숫자를 입력하는 경우다. 숫자를 입력하면 [아니면~] 블록 안쪽에 있는 명령어 블록들을 모두 실행한다. 새로운 숫자를 입력할 때마다 이 명령어 블록들을 다시 실행한다. 이 과정은 계속 반복되지만, 'end'를 입력하면 종료된다.

조건문이 거짓인 경우에는 입력한 숫자들을 계속 더해야 하고, 입력한 숫자의 개수도 세어야 한다. 이 두 가지 명령어 블록을 다음과 같이 만든다.

1. 조건이 [아니면~]인 것은 숫자가 입력됐다는 뜻이다. 숫자들의 합을 구하기 위해 입력한 [대답]을 [SUM]에 계속 더해 나가는 명령어 블록 [SUM을 (SUM+대답)로 정하기(SUM ▾ 을(를) SUM + 대답 로 정하기)]를 만들어 넣는다. 이전에 만들어 봤던 블록이다.

2. 숫자를 새로 입력할 때마다 달라지는 평균값을 계산하기 위해서 NUMBER가 1씩 증가하는 명령어 블록을 만든다. 평균을 구할 때 분모가 1씩 증가하도록 만든 장치다. 이것은 변수 메뉴에 있는 [NUMBER를 (1)만큼 바꾸기(NUMBER ▾ 을(를) 1 만큼 바꾸기)] 블록을 가져와 붙인다.

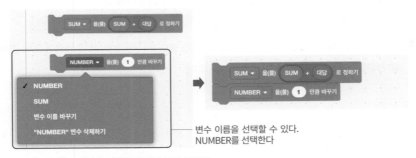

그림 9.49 [아니면] 조건일때 실행할 명령어 블록 만들기

3. 조건문 [만약]–[아니면] 블록에서 [만약]의 조건과 [아니면]의 조건을 채운 블록들을 각 위치에 넣어서 조건문 블록을 완성한다.

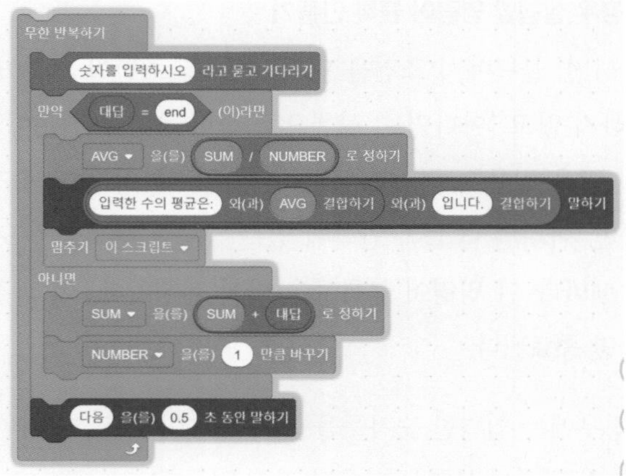

그림 9.50 완성된 조건문과 반복문 명령어

4. 마지막으로 이벤트 메뉴의 [녹색 깃발을 클릭했을 때] 블록을 스크립트 맨 위에 추가한다. 또한 스크립트를 시작할 때, 사용하는 변수 SUM, AVG와 NUMBER의 값을 처음에 '0'으로 정해 놓는다. 이 과정을 초기화라고 한다. 평균을 구하는 알고리즘을 프로그램으로 작성할 때 놓치기 쉬운 부분이다. 이전에 계산한 값이 변수에 남아 있기 때문에 이 초기화 명령어를 실행하지 않으면 원하지 않는 결과를 얻을 수 있다.

5. 변수 메뉴에 있는 [AVG을(를) (0)로 정하기(　AVG ▾　을(를)　 0 　로 정하기　)] 블록을 가져와 사용한다. NUMBER를 클릭하면 다른 변수를 선택할 수도 있다. 두 개 더 가져와 [SUM을(를) (0)로 정하기(　SUM ▾　을(를)　 0 　로 정하기　)] 블록과 [NUMBER을(를) (0)로 정하기(　NUMBER ▾　을(를)　 0 　로 정하기　)] 블록을 만든다.

6. 이 두 블록을 [녹색 깃발을 클릭했을 때] 바로 아래 붙이고 [무한 반복하기] 명령어 위에 붙여 스크립트를 완성한다. 완성한 스크립트는 그림 9.51과 같다.

그림 9.51 여러 숫자를 입력해 평균을 구하는 스크립트

■ **최종 실행 결과**

완성된 스크립트를 실행해보자. 숫자는 3, 4, 5를 차례대로 입력하고, 마지막에 문자 'end'를 입력하고 실행 결과를 살펴보자.

그림 9.52는 스크립트를 실행한 후 숫자를 입력할 때마다 보여주는 무대 영역 화면이다. SUM 점수창은 입력한 값들의 합을, NUMBER 점수창은 입력한 숫자의 개수를 보여준다. 마지막 화면은 입력 창에 문자 'end'를 입력했을 때 AVG 점수 창에 평균 값을 보여준다. 동시에 고양이 스프라이트는 "입력한 수의 평균은: 4입니다"라고 말한다.

그림 9.52 여러 숫자를 입력한 후 평균을 말하는 스크립트 실행 화면

[실전 프로젝트] 축구공 피하기 게임

스크래치로 게임이나 애니메이션을 쉽게 만들 수 있다. 이 절에서는 우리가 만들 수 있는 간단한 축구공 피하기 게임 프로젝트를 살펴보자.

축구공 피하기 게임 프로젝트

우리가 만들어 볼 게임은 그림 9.53과 같은 축구공 피하기 게임이다. 이 게임의 규칙은 고양이 스프라이트가 하늘에서 내려오는 축구공에 닿으면 게임이 종료된다. 게임을 계속하기 위해서 고양이 스프라이트는 요리조리 축구공을 피해야 한다.

이 게임을 스크래치 프로젝트로 만들기 위해 필요한 새로운 동작이나 기능은 다음 3가지

그림 9.53 실전 프로젝트: 축구공 피하기 게임

다. ① 축구공 내려오기, ② 고양이 스프라이트 좌우로 움직이기, ③ 축구공에 맞았을 때를 감지하기. 이 기능들을 하나씩 만들어보면서 이 프로젝트를 단계별로 완성해보자.

축구공 내려오기

■ 축구공 스프라이트 만들기

축구공이 내려오기 위해서는 일정한 규칙을 정해야 한다. 다시 말해 '축구공 내려오기 알고리즘'을 만들어야 한다. 생각해볼 요소들은 축구공의 위치와 개수, 속도 등이다. 이 요소에 대해서 다음과 같이 규칙을 정한다.

- **축구공의 방향과 속도**: 위에서 아래로 같은 속도로 내려온다.
- **축구공의 위치와 개수**: 여러 개의 축구공이 내려오는 위치가 무작위로 바뀐다.
- **축구공과 접촉**: 축구공이 벽이나 바닥에 닿으면 사라지고, 고양이 스프라이트에 닿으면 게임이 끝난다.
- **게임 종료**: 축구공이 고양이 스프라이트에 닿으면 '게임 끝!!'이라는 말풍선을 0.5초 동안 보여주기

고양이 스프라이트 외에 새롭게 등장한 축구공은 스프라이트로 새로 만들어야 한다. 또한 위와 같은 규칙을 지키기 위해서 고양이와 축구공 스프라이트의 동작과 이벤트에 대해서 각자 다르게 정의한 스크립트를 작성해야 한다. 두 스프라이트는 서로 다르게 움직이게 만들어야 하기 때문에 서로 다른 명령어 집합을 만들어야 한다.

그러면 축구공 스프라이트를 만드는 과정을 살펴보자.

1. 스프라이트 영역에 있는 ① 고양이 아이콘 ⬤을 클릭하면, [스프라이트 고르기] 선택 창이 나온다. 여기에서 ② 축구공 모양의 스프라이트를 고른다. ③ 축구공이 자동으로 'Soccer Ball'이라는 이름으로 스프라이트 영역에 추가된다.

그림 9.54 축구공 스프라이트 만들기

2. 스프라이트에 관한 다양한 정보로 스프라이트 이름, 현재 위치 좌푯값, 크기, 방향 등을 사용자가 수정할 수 있다.

그림 9.55 스프라이트 정보

3. 무대 영역에 축구공 스프라이트가 생기면, ① 이 축구공 스프라이트를 클릭한 후, 프로그램 앱 맨 왼쪽 위에 있는 ② [코드] 버튼 ▐=코드 을 선택한다. ③ 그러면 축구공을 움직이게 하는 축구공 스크립트 영역이 별도로 생긴다.

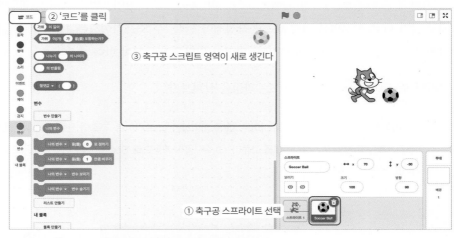

그림 9.56 축구공 스프라이트를 조절하는 스크립트 작성하기 시작

▪ 축구공 좌표 정하기

1. 축구공의 동작에 대한 명령어는 그림 9.56과 같이 새로 생긴 축구공 스크립트 영역에서 스크립트를 작성해야 한다. 고양이 스크립트 영역과 다르다는 것을 주의하자.

2. 맨 처음 내려오는 축구공을 생각해보자. 무대 영역에서 축구공의 위치를 정하기 위해서는 동작 메뉴 명령어 블록에 있는 [x: ( ) y: ( ) (으)로 이동하기(x ⓪ y ⓪ [으]로 이동하기)] 블록을 사용한다. 이 블록의 빈칸에 좌표를 넣으면 축구공의 처음 위치를 정할 수 있다.

3. 고양이의 크기가 100인 것처럼 축구공의 크기도 100이 초기 설정값이다. 축구공의 크기가 100이면, 무
   대 영역의 맨 위에 있게 하려면 위치를 적당히 정해야 한다. 그림 9.57처럼 무대 영역의 화면 좌표는 가
   운데 맨 위 좌푯값은 (0, 180)이므로 축구공의 크기를 생각해 처음 위치를 (20, 140)으로 설정한다[6]. 축
   구공이 대략 화면 맨 윗부분에 있게 하는 명령어 블록이다.

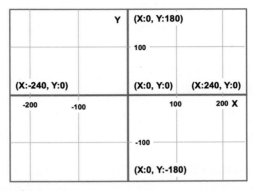

그림 9.57 무대 영역의 화면 좌표

▪ 내려오는 위치가 무작위로 다른 축구공 만들기

1. 축구공이 한곳에서만 내려오면 게임이 너무 쉽기 때문에 축구공이 내려오는 위치를 매번 바꿔줘야 한
   다. 그러기 위해서는 새로운 축구공을 만들 때마다 축구공의 x 좌표를 바꿔주면 내려오는 위치가 매
   번 바뀐다. 이때 축구공의 x 좌표는 무작위 숫자를 발생시키는 명령어 블록을 사용한다. 이 블록은 연
   산 메뉴에 있는 [( )부터 ( ) 사이의 난수(1 부터 10 사이의 난수)][7] 명령어 블록이다. [( )부터 ( ) 사이의 난수
   (1 부터 10 사이의 난수)] 블록은 정의된 범위 내에서 무작위 수를 선택해 발생시킨다. 아무런 지정을 하지 않으
   면 1부터 10 사이에서 아무 숫자나 선택해 발생시킨다.

2. 이 난수 발생 명령어 블록을 동작 메뉴의 [x: ( ) y: ( ) (으)로 이동하기(x 0 y 0 (으)로 이동하기)]의 x 좌표 부
   분에 넣어 축구공의 x 좌표를 무작위로 바꾸게 만든다. 바꾸는 x 좌표의 범위는 −200부터 200
   사이[8]로 잡는다. 그러면 [메뉴의 [x: ((−200)부터 (200) 사이의 난수 y:(140) (으)로 이동하기
   (x -200 부터 200 사이의 난수 y 140 (으)로 이동하기)]와 같이 블록을 결합할 수 있다. y 좌표는 맨 위에서 내려오므로 그대로
   140을 유지한다.

---

6 실제 축구공의 크기는 100보다 작다. 축구공 스프라이트의 [모양] 메뉴를 보면, 축구공을 만든 이미지 크기는 축구공 둘레의 여백까지 포함한 크기다. 고양이
   와 비교했을 때, 고양이의 반 정도 크기다.
7 난수(random number)는 무작위로 추출된 수를 뜻하는 용어다. 일정한 범위 내에서 무작위로 수를 뽑아낸다.
8 이 범위는 각자 다르게 설정해도 된다. 예제에서는 축구공의 크기를 고려해 적당한 값을 찾은 것이다.

3. 이렇게 내려오는 위치가 다른 축구공을 반복해서 만들어야 한다. 그러기 위해 **2** 과정에서 만든 명령어 블록을 제어 메뉴의 [무한 반복하기] 블록의 루프 안에 넣는다. 이렇게 결합한 블록을 클릭해 실행시키면, 무대 영역에서 높이는 일정하지만 x 좌표만 바뀐 축구공들이 무한히 발생되는 것을 볼 수 있다. 그렇지만 축구공은 내려오지는 않고, 화면 윗부분에서 발생하고 사라진다.

4. 축구공이 만들어지고 사라지기 때문에 축구공이 내려오는 동작을 만들기 위해서는 축구공을 복제할 필요가 있다. 축구공 복제는 제어 메뉴에 있는 [(나 자신) 복제하기(나 자신 ▾ 복제하기)] 블록을 사용한다 괄호 안의 '나 자신'을 클릭해 'Soccer ball'을 선택한다. 그러면 있는 [(Soccer ball) 복제하기(Soccer Ball ▾ 복제하기)]와 같이 블록이 바뀐다. 그리고 제어 메뉴의 [(1)초 기다리기(1 초 기다리기)] 블록을 추가해 축구공이 1초마다 내려오도록 속도를 조절한다.

5. **2** 과정과 **4** 과정에 만든 세 명령어 블록을 [무한 반복하기] 루프 안에 넣으면 그림 9.58과 같은 스크립트의 일부가 완성된다.

6. 그리고 이벤트 메뉴 명령어 블록에 있는 [깃발을 클릭했을 때(🏴 클릭했을 때)] 블록을 맨 위에 추가하고, 점수를 확인하기 위한 명령어 블록도 추가한다. 앞에서 설명한 변수 만들기 방법을 이용해 [점수]라는 변수를 만들고 [(점수)를 (0)로 정하기 (점수 ▾ 을(를) 0 로 정하기)] 블록을 가져와 깃발을 클릭했을 때 점수를 0으로 만드는 스크립트를 넣어 완성한다. 여기까지 만든 스크립트는 그림 9.58과 같다. 이 스크립트를 실행하면 화면 윗부분에서 축구공이 사라지지 않고 계속 만들어지는 것을 볼 수 있다. 그렇지만 복제된 축구공이 내려오지 않는다.

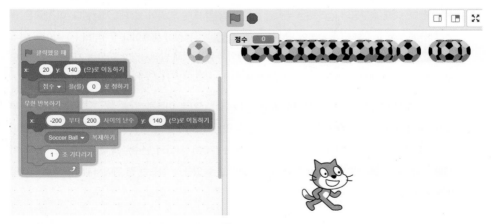

그림 9.58 축구공이 내려오는 위치가 다르게 무작위로 발생시키기

■ 복제된 축구공 내려오기 동작 만들기

1. 복제된 축구공이 생길 때마다 내려오는 동작을 별도로 만들어야 한다. 즉, [(Soccer ball) 복제하기(Soccer Ball ▾ 복제하기)]라는 이벤트가 발생할 때마다 아래로 내려오는 동작을 실행하도록 스크립트를 만들어야 한다. 그러기 위해서 제어 메뉴에 있는 [복제되었을 때 (복제되었을때)] 블록을 그림 9.58 축구공 스크립트 아래 부분에 가져다 놓는다. 그리고 그 아래에 내려오는 동작을 만드는 스크립트를 별도로 만든다.

2. 이 블록은 그림 9.58의 [(Soccer ball) 복제하기(Soccer Ball ▾ 복제하기)] 블록과 연결돼 있어 [(Soccer ball) 복제하기(Soccer Ball ▾ 복제하기)] 블록이 실행될 때마다 이 스크립트가 같이 실행된다.

3. 복제된 축구공이 아래로 떨어지는 것처럼 보이려면 위에서 조금씩 내려오게 만든다. 무대 영역에서 축구공의 위아래로 이동하는 동작은 축구공의 y 좌표를 바꾸면 된다. 내려오는 동작은 [무한 반복하기] 블록과 동작 메뉴에 [y좌표를 (10)만큼 바꾸기(y좌표를 10 만큼 바꾸기)] 블록을 사용한다.

4. 축구공이 내려오는 간격을 조절하기 위해 축구공을 (−3)만큼 내려오게 설정해 보자. 축구공의 처음 y 좌표가 140이므로 y 좌푯값을 점점 줄어들게 조절하면 축구공이 아래로 떨어지는 것처럼 보이게 만들 수 있다. [y좌표를 (−3)만큼 바꾸기(y좌표를 -3 만큼 바꾸기)] 블록으로 천천히 내려오게 만든다. 괄호 안의 값을 더 크게 설정하면 더 빨리 내려온다.

5. [y좌표를 (−3)만큼 바꾸기(y좌표를 -3 만큼 바꾸기)] 블록을 [무한 반복하기] 루프 안에 넣어 완성한다. 그림 9.58의 [깃발을 클릭했을 때(클릭했을때)] 블록을 실행하거나 무대 영역의 깃발을 클릭하면 축구공이 복제될 때마다 화면 아래로 내려오는 동작이 반복된다.

그림 9.59 복제된 축구공이 아래로 내려오는 스크립트

축구공과 고양이와의 관계 동작 만들기

이제 축구공이 고양이에 닿으면 게임이 종료되는 스크립트를 만들자. 이 스크립트도 축구공 스크립트 영역에서 만들어야 하는데, 기존 축구공 관련 스크립트는 그대로 두고 별도의 스크립트를 만들 것이다.

게임에서 사용되는 조건문을 먼저 살펴보자. 조건문은 축구공과 고양이와의 관계, 축구공과 벽과의 관계를 살펴봐야 한다. 축구공이 '고양이에 닿는 경우'와 '벽에 닿는 경우'에 대해 각각 다르게 동작하도록 명령어 스크립트를 작성해야 한다.

만약 축구공이 고양이에 닿으면 게임이 끝나고, 벽에 닿으면 축구공을 잘 피한 것이므로 점수를 '1'점 올린다. 그리고 이 동작을 무한히 반복하게 한다. 이러한 동작을 수행하는 스크립트를 작성해 보자. 조건문과 무한 반복문을 사용할 것이다.

1. 축구공이 '벽에 닿았는지', '고양이 스프라이트에 닿았는지'를 감지하는 명령어는 감지 메뉴에 있는 [(마우스 포인터)에 닿았는가?(마우스 포인터 ▾ 에 닿았는가?)] 블록을 사용한다. 괄호 안을 클릭하면 '마우스 포인터', '벽', '스프라이트 1'의 선택 메뉴가 보인다. 여기서 '스프라이트 1'은 고양이를 뜻한다. 고양이 스프라이트 이름을 변경하지 않으면 초깃값인 '스프라이트 1'로 설정되기 때문이다.

2. 제어 메뉴의 [만약 ⟨ ⟩이라면] 블록 두 개를 사용해 두 가지 조건을 만든다. 각 조건에 맞는 명령어 블록을 만들어 넣어보자.

3. 먼저 축구공이 벽에 닿으면 축구공을 '숨기기'로 하고 '점수를 1만큼 바꾸기'로 설정해 축구공은 사라지고 점수가 1만큼 증가하게 한다. 여기서 사용한 블록은 형태 메뉴의 [숨기기(숨기기)] 블록과 변수 메뉴에 있는 [(점수)(을)를 (1)만큼 바꾸기(점수 ▾ 을(를) 1 만큼 바꾸기)] 블록이다.

다음은 축구공이 고양이에 닿으면 게임을 끝내기 위한 조건문이다.

4. '스프라이트 1'에 닿았는가?'에 따라 참이면 형태 메뉴의 명령어 블록 [(안녕!)을(를) (2)초 동안 말하기 (안녕! 을(를) 2 초 동안 말하기)]를 사용해 "게임 끝!"을 0.5초 동안 말하게 한다. 그리고 모든 프로그램이 종료되도록 제어 메뉴의 명령어 블록의 [멈추기 (모두)(멈추기 모두 ▾)]를 추가한다. 완성된 두 번째 축구공 스크립트는 그림 9.60과 같다.

그림 9.60 두 번째 축구공 스크립트: 복제된 축구공이 조건에 따라 점수가 올라가거나 게임이 종료되는 스크립트

지금까지 만든 축구공 스크립트를 실행하면 축구공이 내려오고 설정한 조건에 따라 점수
가 올라가거나 게임이 종료되는 동작을 무대에서 볼 수 있다.

그림 9.61 축구공 스크립트 2개로 축구공이 무작위로 내려오게 만들고 조건에 따라 게임이 종료되게 하는 동작 화면

고양이 스프라이트 동작 스크립트 만들기

이제 고양이 스프라이트를 동작하는 스크립트를 작성해보자.

1. 고양이 동작 스크립트의 편집은 '스프라이트 목록' 영역에 있는 '고양이 스프라이트'를 클릭하면 고양이 스크립트 영역이 열린다. 여기에 명령어 블록을 가져와 스크립트를 작성한다. 지금은 비어 있는 상태다.

2. 고양이가 할 수 있는 동작은 '좌우로 움직여 축구공을 피하는 것'으로 설정하자.
   좌우로 움직이는 동작은 좌우 화살표 키보드를 사용하도록 정하고, 좌우 화살표 키보드를 인식하는 명령어 블록을 사용한다. 이 명령어는 감지 메뉴 명령어 블록에 있는 [(스페이스) 키를 눌렀는가? (스페이스 ▼ 키를 눌렀는가?)] 블록을 이용한다. (스페이스) 부분을 클릭하면 여러 키보드 메뉴를 선택할 수 있다. 이 중에서 (왼쪽 화살표)와 (오른쪽 화살표)를 선택해 사용한다.

3. 다음으로 키보드가 눌렀을 때의 이벤트에 따라 고양이가 동작하도록 설정한다. 만약 왼쪽 화살표 키가 눌렀다면, 고양이 스프라이트를 왼쪽으로 이동시켜야 한다. 왼쪽으로 이동하는 것은 x 좌표를 감소시키는 것이므로 동작 메뉴 명령어 블록에 있는 [(10)만큼 움직이기 (10 만큼 움직이기)] 블록을 사용한다. 괄호 안의 값을 (−5)로 설정해서 왼쪽 화살표 키보드를 눌렀을 때 왼쪽으로 5만큼 움직이게 한다.

   마찬가지로 오른쪽 화살표 키보드 이벤트를 감지했을 때는 x 좌표를 증가시켜 [(10)만큼 움직이기 (10 만큼 움직이기)] 블록의 괄호 안의 값을 (5)로 설정한다. 이런 동작을 키보드 이벤트에 따라 만든 고양이 스크립트는 그림 9.62와 같다.

그림 9.62 고양이 스프라이트 스크립트

그림 9.61과 그림 9.62의 스크립트를 실행하면 무작위로 내려오는 축구공을 피하는 게임을 즐길 수 있다.

이 절에서 만든 축구공 피하기 게임 프로젝트에서는 축구공과 고양이 두 개 스프라이트의 동작을 조정하는 알고리즘을 프로그래밍해봤고, 서로가 연관되는 조건문과 반복문을 작성해봤다. 특히 게임의 기본적 요소인 게임의 주체와 규칙 만들기, 점수와 종료 만들기, 이벤트에 따른 조건문 만들기 기능을 직접 만들어 봄으로써 프로그래밍의 재미를 느낄 수 있을 것이다.

인공지능이 만든 모델을 스크래치로 표현하기

구글 티처블 머신으로 인공지능 모델 만들기

구글의 티처블 머신(teachable machine)은 인공지능의 머신러닝 모델을 만들어 주는 도구라고 3장에서 소개했다. 웹 사이트에서 사용자가 이미지나 소리 또는 자세(포즈)를 올려주면 구글의 티처블머신이 학습한 머신러닝 모델을 제공한다.

- **구글 티처블 머신**: https://teachablemachine.withgoogle.com

사용 방법에 대해서는 3장에서 간단히 설명했으므로 생략한다. 이 절에서는 가위, 바위, 보 이미지를 학습 데이터로 사용한 티처블 머신의 학습 모델을 만든다. 그다음, 이렇게 만든 티처블 머신의 학습 모델을 스크래치 프로그램으로 불러온다. 스크래치로 비디오와 연결하여 티처블 머신에서 학습시킨 모델이 얼마나 정확하게 '가위, 바위, 보' 이미지를 인식하는지를 고양이 스프라이트에게 표현해보게 하는 프로젝트를 만들어 보자.

티처블 머신으로 학습 모델 만들기

▪ 새 이미지 프로젝트 만들기

1. 웹 사이트에 접속해 [시작하기]를 클릭한 후, [새 프로젝트] 화면이 나오면 [이미지 프로젝트]를 선택한다. 그리고 선택화면이 나오면 [표준 이미지 모델]을 선택한다. 그러면 그림 9.63과 같은 화면을 볼 수 있다.

그림 9.63 구글 티처블 머신 시작화면과 새 이미지 프로젝트 만들기 화면

2. 컴퓨터의 웹캠을 이용해서 [웹캠]을 선택한 후 계속 누르고 있으면 연속 이미지가 촬영된다. 만약 웹캠이 없을 경우에는 원하는 이미지를 모아 저장해야 한다. 예를 들어 '가위' 이미지를 학습시키기 위해서는 '가위'와 비슷한 이미지를 찾아서 저장해 놓아야 한다. 그리고 이미지 샘플을 추가할 때 [웹캠] 대신에 [업로드]를 선택해 이미지를 추가한다. 이미지가 많을수록 학습율이 높아진다.

▪ 가위, 바위, 보 이미지 샘플 추가

3. 가위, 바위, 보 이미지를 웹캠을 통해 추가하기로 하자. 물론 컴퓨터는 인터넷에 연결되어 있어야 한다. 이미지 샘플을 추가한 화면은 그림 9.64와 같다. 여기서 가위, 바위, 보는 학습할 모델의 클래스(class)라 부른다. 이미지 저장이 끝나면 오른쪽에 있는 [학습] 메뉴에서 [모델 학습하기]를 클릭하면 학습을 시작한다.

4. [고급] 메뉴를 선택하면 학습시킬 파라미터 값을 조정할 수 있다. 인공지능에 대한 지식 수준을 높일 목
   적으로, 혹은 재미로 값을 조정해봐도 괜찮다. 메뉴 옆에 물음표(?) 기호를 클릭하면 파라미터에 대한
   자세한 설명이 나온다.

그림 9.64 가위, 바위, 보 클래스에 대해 웹캠으로 연속 이미지를 캡처한 화면

추가 설명 고급 메뉴에 있는 설정 파라미터들의 의미

에포크(epoch)는 '학습에 사용한 횟수'를 말한다. 몇 번 학습시켰는가로 이해하면 된다. 배치 크기(batch
size)는 학습시킬 이미지 묶음의 크기다. 위에서 배치 크기 16은 16개 이미지씩 묶어서 가위인지 바위인지
를 학습시킨다는 의미다. 학습률(learning rate)은 기본이 0.001로 설정돼 있다. 학습률은 학습한 것을 얼마
나 자주 갱신하는가를 조정한다. 학습률을 조금만 바꿔도 성능에 큰 차이가 생길 수 있다. 학습률이 크면 듬
성듬성 학습해 학습이 빨리 끝나버려 정확도가 낮아질 것이고, 너무 작으면 간단한 학습을 아주 오랜 시간 학
습해 시간이 오래 걸릴 것이다. 따라서 그 값을 적절하게 조절해야 하는데, 기본값이 가장 적당하다.

▪ 모델 학습시키기와 모델 내보내기

1. 저장된 이미지를 학습시키기 위해 [모델 학습하기]를 클릭하면, [학습 중]이라는 메뉴가 보이면서 학습
   하는 시간을 보여준다. 어느 정도 시간이 지나면 결과를 맨 오른쪽 [미리보기]에서 볼 수 있다. 웹상에서
   작업하기 때문에 인터넷의 상태와 구글 서버의 상태에 따라 걸리는 시간이 달라질 수 있다.

2. 그림 9.65와 같이 학습이 끝난 후 [미리보기] 화면에 웹캠으로 '가위' 동작을 보여주면 아래 [출력] 부분
   에 가위를 100%로 인식한 결과를 볼 수 있다.

그림 9.65 학습이 끝난 후 미리보기로 가위를 테스트한 화면

3. 이제 학습이 끝난 모델을 [모델 내보내기]를 클릭해 내보내기를 해보자. 그림 9.66과 같은 화면이 나오고, 여기서 [모델 내보내기] 선택 메뉴 중에서 [업로드(공유 가능한 링크)]를 선택한다. 그리고 그 옆에 [모델 업로드(☁ 모델 업로드)] 버튼을 클릭한다. 이때 [모델 업로드]를 [클라우드 모델 업데이트(☁ 클라우드 모델 업데이트)]로 바뀐다.

4. 그러면 아래 [공유 가능한 링크]에 새로운 링크가 만들어진 것을 볼 수 있다. 이 링크가 내가 구글 티처블 머신에서 만든 모델이 저장된 구글 링크다. 이 링크를 클립보드에 복사해 메모장이나 다른 곳에 저장해 놓자. [복사] 버튼을 클릭하면 레이블이 [복사됨]으로 바뀐다. 복사한 링크를 웹 브라우저의 주소창에 붙여 넣으면 내가 만든 이미지 인식 모델을 사용할 수 있다.

그림 9.66 학습시킨 모델을 클라우드로 내보내기 (다른 사람과 공유 가능한 링크도 제공)

5. 그림 9.67과 같이 내가 만든 학습 모델을 제대로 볼 수 있다면 이제 다른 사람과 내가 만든 모델을 공유
   할 수 있다. 이 웹 브라우저 화면은 일단 닫지 말고 유지하는 게 좋다. 나중에 링크를 잊어버릴 수도 있
   기 때문이다. 이제 이 학습 모델을 스크래치 프로그램과 결합[9]해보자.

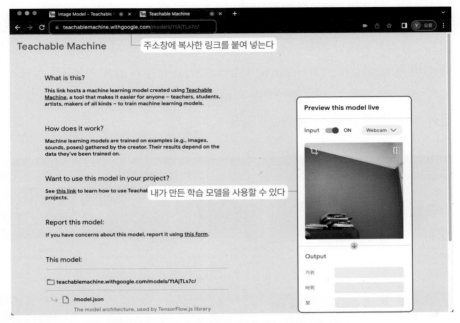

그림 9.67 복사한 학습 모델을 공유 링크로 웹 브라우저에서 실행한 화면

스크래치로 머신러닝 모델 표현하기

이제 티처블 머신으로 만든 머신러닝 모델을 스크래치로 표현하는 방법을 알아보자. 스
크래치를 사용하기 위해서는 https://stretch3.github.io 사이트에 접속해야 한다. 스크
래치 공식 사이트가 아닌 사이트를 사용하는 이유는 구글 티처블 머신에서 만든 학습 모
델을 공식 사이트에서는 지원하지 않기 때문이다. 스크래치 공식 사이트는 'Machine
Learning for Kids[10]'라는 프로그램 사이트에서 머신러닝 관련 앱을 지원하지만, 여기서
는 사용이 편리한 방법으로 선택했다.

---

9 티처블 머신으로 학습시킨 모델을 스크래치나 텐서플로, 자바스크립트 등에서 다양하게 활용할 수 있다.
10 공식 사이트는 https://machinelearningforkids.co.uk/이다. 웹 주소에 쓰인 말 그대로 아이들을 위한 머신러닝 사이트로, 스크래치와 연결해서 머신러닝을
   가르치는 웹 사이트다. 머신러닝에 관한 여러 학습 자료를 제공한다.

티처블 머신을 위한 스크래치 사이트 접속하기

앞에서 말한 https://stretch3.github.io/에 접속해보자. 공식 스크래치 화면과 똑같은 작업 화면이 나올 것이다. 우리가 사용할 기능은 바로 [확장 기능]이다. 스크래치 작업 화면 맨 아래 왼쪽에 있는 🔳 모양을 클릭하면 다양한 확장 기능을 볼 수 있다.

여기서 우리가 사용할 확장 기능은 [TM2Scratch]와 [비디오 감지] 기능이다. 그림 9.68과 같이 ML2Scratch, TM2Scratch, TMPose2Scratch 등과 같은 기능들은 공식 스크래치에 없는 기능들이다. 기본 확장 기능은 마우스로 스크롤해보면 아래 부분에 모여 있다. 공식 스크래치 확장 기능보다 많은 기능을 제공한다.

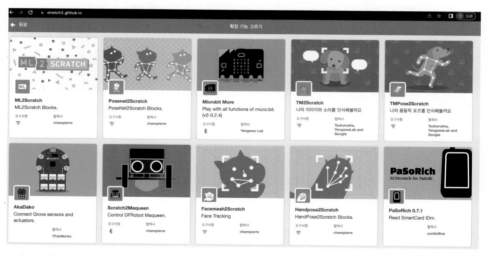

그림 9.68 확장 기능 고르기 화면

■ 스크립트 작성하기

[확장 기능]을 클릭하고 [TM2Scratch]와 [비디오 감지]를 추가해 보자. 추가하는 방법은 간단하다. 각 기능을 클릭만 하면 스크래치 화면의 명령어 블록에 해당 기능이 추가된다. 스크래치 화면에 [TM2Scratch] 확장 기능과 [비디오 감지] 확장 기능을 추가했을 때 보이는 명령어 블록은 그림 9.69와 같다.

그림 9.69 [TM2Scratch] 확장 기능과 [비디오 감지] 확장 기능을 추가한 화면

▪ 웹캠(비디오) 켜기

먼저 비디오 감지 메뉴의 명령어 블록에서 [비디오 (켜기)] 블록과 [비디오 투명도를 (50)
으로 정하기] 블록을 사용해 비디오 화면을 조정하자. 그리고 이벤트 메뉴 명령어 블록에
있는 [깃발을 클릭할 때] 블록도 추가해 시작 버튼을 만들어보자. 그래서 '깃발을 클릭하
면' 비디오가 켜지게 하고 비디오 투명도를 (0)으로 설정해 깨끗한 화면을 만든다. 작업
해서 완성한 스크립트는 그림 9.70과 같다.

그림 9.70 웹캠(비디오) 켜기 스크립트

▪ 티처블 머신 모델 불러오기

이제 [TM2Scratch] 확장 기능을 이용해 이전에 만들어 놓은 티처블 머신 모델을 불러오자.

스크래치 화면에서 [TM2Scratch] 명령어 블록을 클릭한 후, 가장 중요한 명령 블록인 [이미지 분류 모델 URL ( ) (￼이미지 분류 모델 URL ●)] 블록을 가져온다. 괄호 안에 이전에 복사한 모델 링크를 붙여 넣는다.

그다음 [(어떤) 이미지 라벨을 받았을 때:(￼ 어떤 ▾ 이미지 라벨을 받았을 때)] 블록을 가져온다. 이 블록은 다른 블록에는 붙일 수 없고 독립적으로 사용하기 때문에 따로 떼어 놓는다. 이 블록에서 (어떤)을 클릭하면 구글 티처블 머신에서 학습시킨 이미지 클래스의 이름(가위, 바위, 보)을 볼 수 있다. 처음에 동작이 안 되면 깃발을 다시 클릭해보거나 URL 주소를 다시 넣어본다. 그러면 그림 9.71과 같은 화면을 볼 수 있을 것이다.

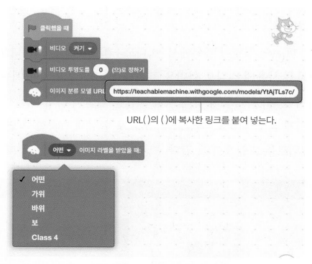

그림 9.71 이미지 분류 모델 URL과 이미지 라벨 인식 블록을 추가한 스크립트

▪ 스프라이트 동작 만들기

이제 이미지 라벨에 따라 스프라이트 동작 명령을 넣어주자. '가위', '바위', '보' 이미지에 따라 고양이가 말풍선을 띄우도록 만든다.

말풍선은 형태 메뉴의 명령어 블록에 있는 [(안녕)을(를) (2)초 동안 말하기
(안녕! 을(를) 2 초 동안 말하기)] 블록을 사용한다. 괄호 안의 말을 바꿔서 그림 9.72와 같은 스크립트
를 완성하자.

그림 9.72 완성된 스크립트 화면

더욱 재미있는 스크래치 스크립트를 만들려면 고양이 스프라이트와 가위바위보 게임을
하는 프로그램을 함께 만들어보기를 권한다.

여기서는 구글의 티처블 머신으로 학습시킨 머신러닝 모델을 스크래치와 연결하는 프로
그램을 만드는 방법을 살펴봤다. 재미있는 프로젝트일수록 스크립트와 알고리즘은 복잡
해진다. 인터넷을 검색해보면 가위바위보 게임을 스크래치로 만드는 방법이 많이 공개돼
있으니 티처블 머신을 활용한 게임 만들기에 도전해보기 바란다.

참고문헌

- 스크래치 사이트(공식), https://scratch.mit.edu/

- 구글 티처블 머신, https://teachablemachine.withgoogle.com/

- 아이들을 위한 머신러닝, Machine Learning for Kids, https://machinelearningforkids.co.uk/

- 스크래치3 사이트(비공식), https://stretch3.github.io/

10

파이썬을 이용한
프로그래밍

컴퓨터에서 사용하는 소프트웨어 프로그램이나 스마트폰 앱은 프로그래밍 언어를 사용해 만든다. 프로그램이나 앱에서 동작하는 알고리즘은 앞에서 설명한 논리적 컴퓨팅 사고방식을 따르고, 이를 프로그래밍 언어로 표현한다. 이런 프로그래밍 언어는 수십 가지가 넘는데, 그 중에서 최근 가장 널리 사용하는 프로그래밍 언어가 파이썬이다. 이번 장에서는 파이썬으로 알고리즘을 어떻게 표현하는지 알아보고, 생활 속 프로그램을 작성해보면서 파이썬 프로그램의 세계로 들어가보자.

파이썬 소개

파이썬(python)[1]은 사용하기 쉽다는 점에서 최근 인기가 급상승한 프로그래밍 언어다. 다른 언어와 비교했을 때 비교적 쉬운 문법을 사용하기 때문에 프로그래밍을 처음 배우는 입문자에게 많이 추천되곤 한다. 근래 들어 교육 과정에 파이썬이 포함될 정도로 인기가 높아지고 있다.

---

1 파이썬은 네덜란드계 소프트웨어 엔지니어인 귀도 반 로섬(Guido van Rossum)이 1989년 크리스마스를 재미있게 보내기 위해 만든 고급 프로그래밍 언어다. 파이썬의 사전적 의미는 비단뱀이다. 로고에도 두 마리의 뱀이 형상화되어 있다. 사실 파이썬은 비단뱀에서 이름을 따온 것은 아니라고 한다.

또 다른 파이썬의 장점은 라이브러리(library, 미리 만들어 놓은 고급 프로그램 모듈이나 패키지)가 무궁무진하다는 점이다. 파이썬은 무료로 공개된 오픈 소프트웨어로 여러 사람이 다양한 라이브러리를 무료로 사용할 수 있도록 공개하고 있다. 이 공개된 사이트를 이용하면 고급 프로그램 모듈을 내 것처럼 사용할 수 있다. 물론 다른 프로그래밍 언어도 많은 라이브러리를 보유하고 있지만, 파이썬은 오픈 소프트웨어 정책으로 수많은 라이브러리를 보유하고 있다. 이러한 이유로 대학을 비롯한 여러 교육 기관, 연구 기관 및 산업계에서도 파이썬의 이용이 증가하고 있다.

그림 10.1 파이썬 홈페이지(https://www.python.org/)

추가 설명 파이썬의 라이브러리, 패키지, 모듈

라이브러리는 파이썬 코드를 모아 놓은 집합체로 여러 모듈과 패키지로 구성된다. 예를 들어, NumPy, Pandas, Matplotlib는 파이썬의 대표적인 라이브러리다. 모듈(module)은 파이썬 코드를 담고 있는 단위이고 파일 확장자로 '.py'를 사용하며, 변수, 함수, 클래스 등을 포함할 수 있다. 모듈은 재사용 가능한 코드 블록으로, 다른 파이썬 프로그램에서 import 명령어를 사용해 모듈을 불러와 사용할 수 있다. 패키지(package)는 관련 모듈을 모아 놓은 것으로, 계층적인 구조로 구성된다. 패키지의 모듈을 사용하려면 import 명령어를 사용해 가져온다. 예를 들어, import package.module과 같이 패키지와 모듈의 계층 구조를 사용해 모듈을 가져온다. 보통 패키지와 모듈을 혼용해서 사용하기도 한다. 정리하면, 라이브러리는 여러 모듈과 패키지의 집합이며, 모듈은 파이썬 코드를 담고 있는 단위이고, 패키지는 관련된 모듈들을 디렉터리에 구성한 것이다.

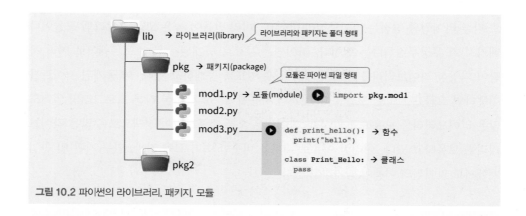

그림 10.2 파이썬의 라이브러리, 패키지, 모듈

파이썬의 주요 특징으로는 고수준(high-level), 인터랙티브(interactive), 객체 지향 (object oriented) 언어를 들 수 있다.

1. 첫 번째, 고수준이란 사람이 이해하기 쉬운 고급 언어로 작성된다는 의미다.

2. 두 번째는 인터랙티브다. 고급 언어로 작성된 프로그램 전체를 한꺼번에 기계어로 번역하는 방식을 컴파일러 방식이라 한다. 컴파일러 언어는 전체 프로그램을 한번에 번역한 다음 실행하기 때문에 프로그램 실행 속도가 빠르다. 반면, 파이썬은 프로그램을 실행할 때 각 라인마다 번역하는 인터프리터 (interpreter, 번역기) 방식[2]을 사용한다. 인터프리터 방식은 각 라인이 입력될 때마다 실행 결과를 바로 볼 수 있는 장점이 있다. 입력한 문장을 하나씩 실행하면서 결과를 바로 확인할 수 있기 때문에 프로그램을 처음 배우는 입문자에게 적합하다. 이런 특징을 인터랙티브라고 한다.

3. 마지막으로 객체 지향은 모든 자료, 함수 등이 객체화(프로그램을 레고 조각처럼 쉽게 조합해 만들 수 있도록 하는 것)되어 간결하게 사용할 수 있다는 것을 의미한다.

파이썬 프로그램을 작성하려면 먼저 작업 환경을 만들어야 한다. 파이썬 프로그램을 사용하는 방법은 두 가지다. 하나는 파이썬 프로그램을 내 컴퓨터에 직접 설치하는 것이고, 다른 하나는 온라인 환경에서 '구글 코랩(google colab)'이라는 웹 서비스를 사용하는 방법이다. 이어서 이 두 가지 방법을 소개할 텐데, 자신에게 편리한 방법을 선택해 사용하면 된다.

---

2 인터프리터 방식을 사용하는 프로그래밍 언어는 파이썬, 루비(Ruby), 펄(Perl), PHP, 자바스크립트(JavaScript) 등이 있고, 컴파일 방식을 사용하는 대표적인 프로그래밍 언어는 C, C++, 자바(Java), C# 등이 있다.

내 컴퓨터에 파이썬 설치하기

먼저 파이썬 프로그램을 내 컴퓨터에 내려받고 설치해 보자.

운영체제 종류 확인하기

윈도우 운영체제의 경우, ① [설정]에서 [시스템]을 클릭한다. 설정 창 왼쪽에서 ② [시스템] − [정보]를 클릭한다. 장치 사양의 ③ '시스템 종류'에서 운영체제가 64비트인지, 32비트인지 확인한다. 파이썬 프로그램을 내려받을 때 윈도우 운영체제와 맞는 프로그램 버전을 내려 받아야 한다.

그림 10.3 윈도우 운영체제 종류 확인하기

파이썬 프로그램 내려받기

파이썬 홈페이지에 접속한 다음 [Downloads] − [Windows] 메뉴[3]를 클릭한다.

- **파이썬 홈페이지:** https://www.python.org/

---

3 이 책은 윈도우 환경을 기준으로 설명한다. 다른 운영체제를 사용하고 있다면 운영체제에 맞는 메뉴를 선택한다.

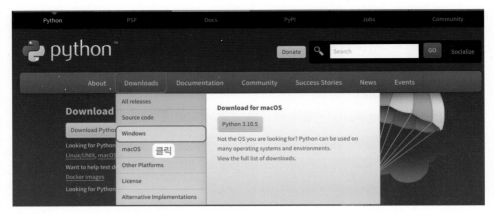

그림 10.4 파이썬 홈페이지에서 프로그램 내려받기

다운로드 목록에서 [Window Installer (64-bit)] 링크[4]를 클릭하고 [저장]을 누른다. 현재 대부분의 컴퓨터는 윈도우 10을 사용하므로 이 버전을 선택하면 된다. 만약 윈도우 7 이전 버전을 사용한다면 다운로드 목록에서 스크롤을 내린 다음 "Note that Python 3.10.5 cannot be used on Windows 7 or earlier." 아래에 있는 링크를 선택해 내려받는다.

4　운영체제가 32비트라면 'Window Installer (32-bit)' 링크를 클릭한다.

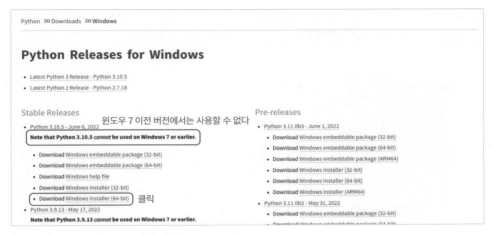

그림 10.5 파이썬 다운로드 목록 (윈도우 용)

파이썬 프로그램 설치하기

내려받은 파일(python 3.10.5-amd64.exe)을 열고 설치를 시작한다. 설치 마법사의 안내에 따라 설치하면 쉽게 설치가 끝난다.

그림 10.6 파이썬 프로그램 설치 과정

셸에서 파이썬 프로그램 실행하기

[윈도우] − [IDLE (Python 3.10 64-bit)]를 클릭하면 그림 10.7과 같은 화면이 열린다. 이 화면이 IDLE 셸 창(IDLE shell window)이다. 보통 '셸 창'이라 부른다. 여기에 직접 프로그래밍할 수 있으며, 간단한 명령어를 넣으면 곧바로 결과를 확인할 수 있다.

이 화면에 보이는 〉〉〉을 프롬프트(prompt)라 하고, | 모양의 커서(cursor)가 깜박거리
는 모습을 볼 수 있다. 커서가 깜박이는 것은 준비 상태임을 뜻한다.

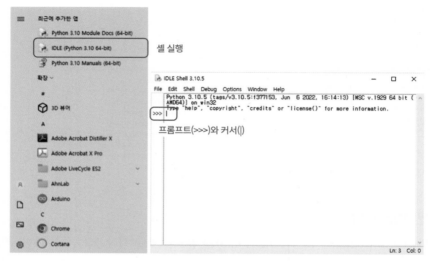

그림 10.7 파이썬 프로그램 IDLE 실행하기

이제 셸 창에 "파이썬 처음해보기"라는 문장을 출력하는 간단한 프로그램을 작성해 보자.
다음과 같이 코드를 입력하고 [Enter] 키를 눌러보면 print(" ") 안에 입력한 글자가 바
로 다음 줄에 출력된다.

```
print("파이썬 처음해보기")
```

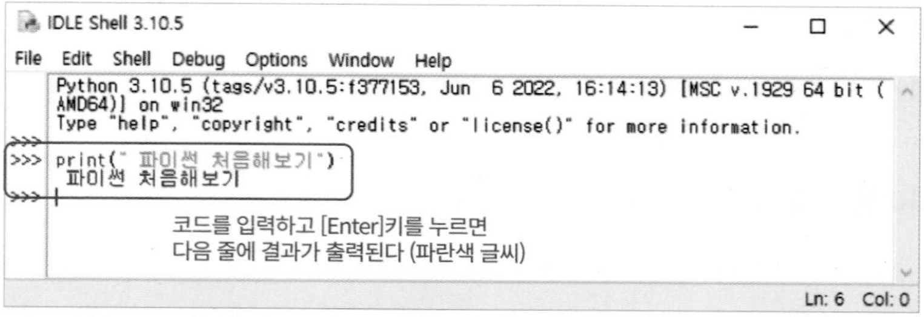

그림 10.8 셸 창에서 "파이썬 처음해보기"를 출력하는 코드 입력하기

스크립트 창에서 파이썬 프로그램 실행하기

이번에는 스크립트 창(script window)을 이용해 파이썬 프로그램을 만들어보자. 셀 창은 명령어의 결과를 바로 확인할 수 있어서 간단한 명령어를 확인하기는 편리하지만, 코드가 길어지면 실수를 바로잡을 수 없어 번거로워진다.

셀 창에서 ① [File] – [New File] 메뉴를 선택하면 스크립트 창이 열린다. 그림 10.9와 같이 코드를 작성하고, ② [File] – [Save As] 메뉴를 선택해 스크립트를 저장한다. 이 책에서는 파일명을 'My_First_Code.py'로 지정했다.

저장만 하면 바로 출력이 나오는 것이 아니고 ③ [Run] – [Run Module] 메뉴를 선택해야 프로그램이 실행된다. 그림 10.9의 아래쪽 그림과 같이 ④ 셀 창에서 실행 결과가 출력된다. 프로그램 작성은 편집이 쉬운 스크립트 창에서 하고, 결과는 셀 창에서 확인한다.

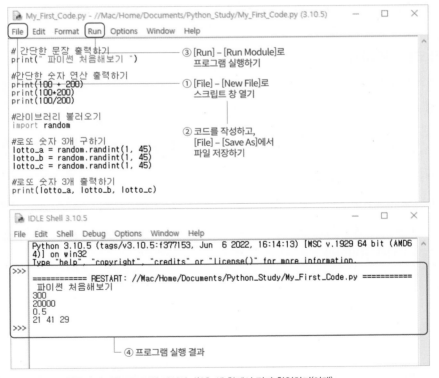

그림 10.9 스크립트 창에서 파이썬 프로그램 작성하기(위), 셀 창에서 결과 확인하기(아래)

구글 코랩으로 파이썬 이용하기

앞서 내 컴퓨터에 파이썬 프로그램을 직접 설치하고 사용하는 방법을 알아봤다. 이 방법을 스탠드 얼론(stand alone, 자립)이라고 한다. 파이썬을 이용하는 또 다른 방법으로는 인터넷상에서 무료로 제공되는 컴퓨터 자원을 활용하는 클라우드(cloud) 방식이 있다.

클라우드 방식의 대표적인 예로는 구글에서 제공하는 '구글 코랩(colab, colaboratory를 줄인 말)'이 있다. 구글 코랩은 웹 브라우저 내에서 파이썬 스크립트를 작성하고 실행할 수 있다. 또한 고급 연산을 위한 GPU[5] 서비스를 무료로 제공하기 때문에 간단한 프로그램을 작성할 때 많이 사용된다. 무료 버전의 경우 최대 12시간 세션을 유지할 수 있고, 아무 작업도 하지 않을 때는 90분 후에 세션이 종료된다. 물론 여러 사람이 공유하기 때문에 긴 시간 사용할 경우 중간에 끊길 수도 있지만, 고속 그래픽 처리와 빠른 연산을 수행할 수 있는 GPU를 사용할 수 있다는 점이 장점이다. 반면, 구글 코랩은 여러 사용자가 같이 사용하기 때문에 실행 속도가 느릴 때도 있다는 점을 감안해야 한다.

구글 코랩 시작하기

구글 코랩을 사용하려면 인터넷 웹 브라우저만 있으면 된다. 웹 브라우저[6]에서 구글에 접속하고, 구글 계정으로 로그인[7]한다. 구글 메인 페이지에서 그림 10.10과 같이 [메뉴] 아이콘을 클릭한 다음 [구글 드라이브]를 클릭한다.

그림 10.10 구글 드라이브 선택

---

5 GPU(graphic processing unit, 그래픽 처리 장치)는 그래픽 전용 프로세서로 그래픽 처리에 특화된 프로세서다. 컴퓨터 그래픽이나 비디오를 처리하는 데 매우 효과적이어서 중요한 역할을 담당한다. 고성능 그래픽 작업이나 반복적이고 전문화된 컴퓨팅 연산 작업까지 빠르게 수행한다. 이런 이유로 최근에는 복잡한 딥러닝 알고리즘을 연산하는 데 많이 사용된다.

6 구글 크롬 웹 브라우저를 추천한다.

7 구글 계정이 없다면 계정을 만든 다음 로그인하자.

구글 드라이브 화면이 열리면 [새로 만들기] – [더보기] – [연결할 앱 더보기]를 클릭한다.

그림 10.11 구글 드라이브에서 [연결할 앱 더보기] 선택

Google Workspace Marketplace 창이 나오면 'Google Colaboratory'로 검색해 설치한다. 화면에 나오는 대로 동의하고 계정을 선택하면 설치가 완료된다.

그림 10.12 Google Colaboratory 설치

구글 드라이브로 돌아와서 [새로 만들기] – [더보기]를 다시 선택해보면 [Google Colaboratory] 메뉴가 만들어진 것을 확인할 수 있다. 메뉴를 클릭해 구글 코랩을 실행한다.

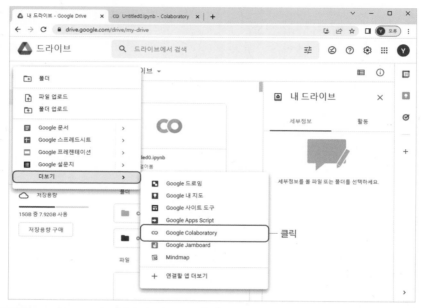

그림 10.13 [Google Colaboratory]를 클릭해 구글 코랩을 실행한다

코랩에서 파이썬 프로그램 작성하기

[Google Colaboratory]를 클릭해 구글 코랩을 실행했다면, 그림 10.14와 같은 화면이 보일 것이다. 이런 화면을 코랩에서는 '노트'라고 부른다. 먼저 코랩 노트의 파일명을 바꿔보자. 화면 위쪽 'Untitled0.ipynb' 부분을 클릭해 파일명을 바꿀 수 있다. 'My_First_Colab.ipynb'이라고 입력한다. 또는 [파일] – [이름 바꾸기] 메뉴를 이용해 파일명을 바꿀 수 있다.

화면 아래에 보이는 ▶ 은 실행 버튼으로, 클릭하면 왼쪽 셀에 작성한 코드가 실행된다.

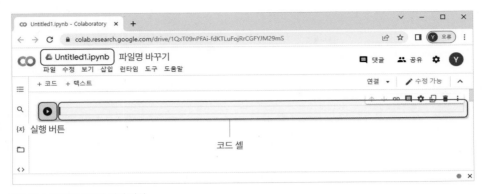

그림 10.14 구글 코랩 첫 작업 화면

이제 My_First_Colab 노트에 파이썬 프로그램을 코딩해보자. 코드는 여러 줄을 입력할 수 있다. 먼저 print("파이썬 처음해보기")라고 코드를 넣어보자. 실행 버튼을 클릭하고 결과를 확인해보자. 실행 결과는 바로 밑줄에 보인다. '파이썬 처음해보기'라고 문자가 출력된다.

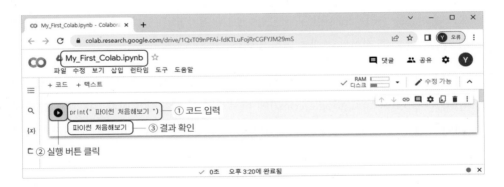

그림 10.15 첫 번째 파이썬 프로그램: '파이썬 처음해보기' 출력

지금까지는 구글 서버에 있는 CPU만으로 프로그램이 수행됐다. 딥러닝이나 그래픽 처리가 들어가는 복잡한 프로그램을 실행하고 싶다면 메뉴에서 [수정]–[노트 설정]을 클릭한다. [하드웨어 가속기]의 [NONE]을 [GPU]로 바꿔 선택하고 [저장] 버튼을 누르면 속도가 빨라진다. 그런데 이 설정은 간단한 프로그램을 실행시킬 것이라면 굳이 할 필요는 없다. 딥러닝 알고리즘을 학습할 때 유용하다.

그림 10.16 구글 코랩에서 하드웨어 가속기 설정

마지막으로 작성한 프로그램을 저장하려면 [메뉴]–[드라이브에 사본 저장]을 클릭하면 프로그램 파일을 클라우드 서버(구글 드라이브)에 저장할 수 있다. 여기까지 성공했다면 코랩 사용법의 기본 절차는 제대로 익힌 것이다.

이 과정을 마치고 새롭게 구글 코랩을 다시 사용하고 싶을 때는 웹 브라우저로 구글 코랩(https://colab.research.google.com/)에 바로 접속해 실행해야 한다. 이 경우 코랩 시작 화면이 나타난다. 거기서 최근에 작성한 파이썬 코드나 구글 드라이브에 저장된 것을 선택할 수 있다. 또한 새 노트를 만들 수도 있다.

아나콘다와 주피터 노트북으로 파이썬 프로그래밍 환경 만들기

구글 코랩은 인터넷이 연결돼 있어야 하고 컴퓨팅 자원을 공유한다는 불편함이 있다. 그래서 내 컴퓨터에 이런 프로그램 환경을 구축하는 것이 편리할 수 있다. 다만 컴퓨팅 능력은 내 컴퓨터의 제원에 따라 달라진다. 컴퓨터 성능이 낮은 경우에는 구글 코랩을 사용하는 편이 낫다.

구글의 코랩의 프로그래밍 환경은 대화 형식으로 주피터 노트북(Jupyter Notebook)을 본 따 만든 것이다. 주피터 노트북을 사용하기 위해서는 먼저 아나콘다(anaconda)라는 파이썬 통합 패키지를 사용하는 것이 편리하다. 아나콘다를 설치하면 기본적인 라이브러리와 여러 프로그래밍 도구가 같이 설치된다. 이 중 하나가 주피터 노트북이다. 그러면 아나콘다를 설치하고 주피터 노트북을 실행시키는 과정을 살펴보자.

아나콘다 설치

웹 브라우저를 실행하고 다음 웹 주소에 접속한다.

- https://www.anaconda.com/products/distribution

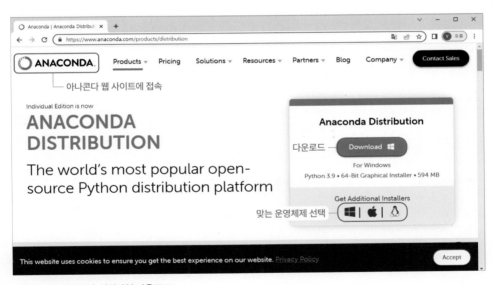

그림 10.17 아나콘다 설치파일 다운로드

[Download] 아이콘을 클릭하면 파이썬 3.9 버전, 64-비트 윈도우용 설치 파일을 자동으로 내 컴퓨터에 저장하도록 윈도우 창이 열린다.

그림 10.18 [Download]를 클릭하면 나타나는 파일 저장 화면

내 컴퓨터가 다른 운영체제이거나 32비트 운영체제인 경우 그림 10.17의 아래 부분 [Get Additional Installer]를 클릭하면 그림 10.19와 같은 화면이 나온다. 여기서 적당한 설치 파일을 선택해 저장한 다음 설치한다.

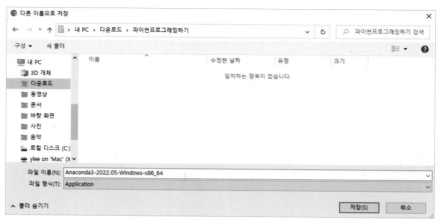

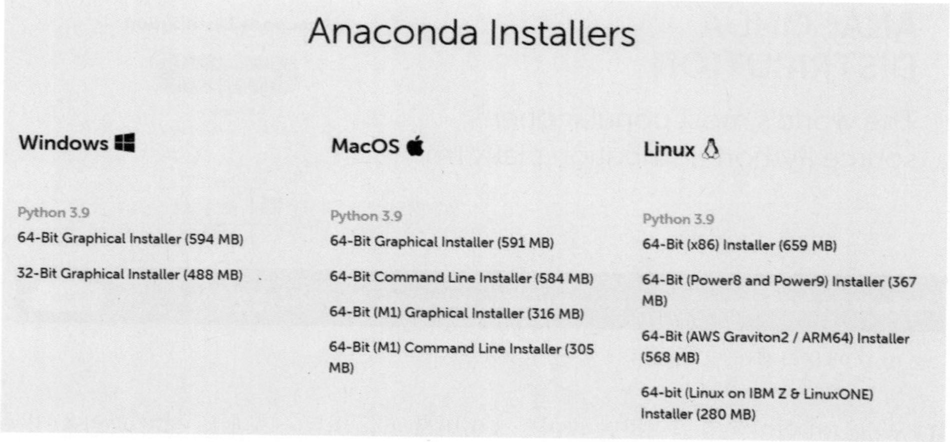

그림 10.19 다른 운영체제 및 버전의 아나콘다 설치 파일

이제 내 컴퓨터에 설치해보자. 먼저 다운로드한 설치 파일을 더블 클릭하면 설치 여부를 묻는 화면이 나오고, 이어서 다음과 같은 화면이 나온다. 그림의 순서대로 따라하며 설치한다.

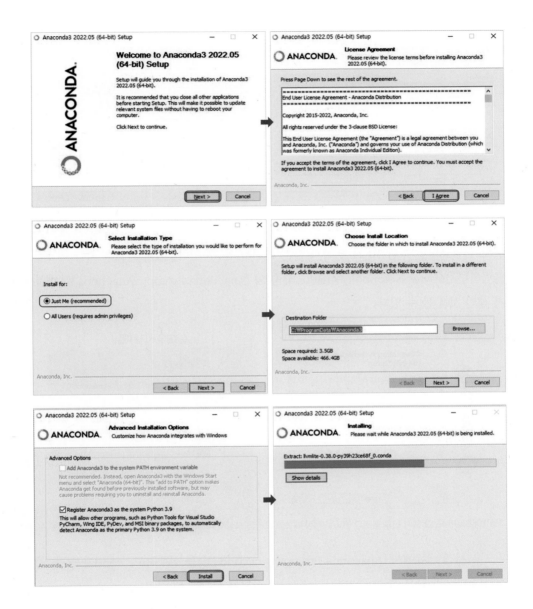

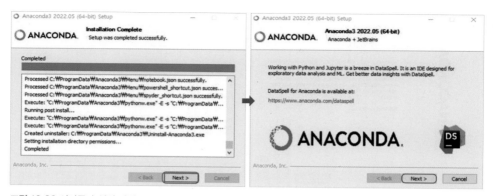

그림 10.20 아나콘다 설치 과정

설치가 완료되면 그림 10.21 왼쪽과 같은 화면을 볼 수 있다. 이제 윈도우 시작 메뉴를 클릭하면 [Jupyter Notebook (Anaconda3)]와 [Anaconda Prompt (Anaconda3)] 메뉴가 생긴 것을 볼 수 있다.

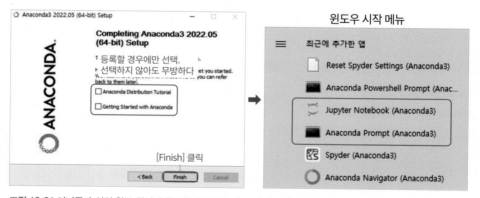

그림 10.21 아나콘다 설치 완료 화면과 윈도우 시작 메뉴에 표시되는 설치 파일들

윈도우 시작 메뉴에서 [Anaconda Prompt (Anaconda3)]를 실행하고, 'conda -V'를 입력하면 다음과 같은 화면이 나타난다. 그러면 설치가 제대로 된 것이다.

그림 10.22 아나콘다 설치 완료를 확인하는 명령어

주피터 노트북(Jupyter Notebook) 실행하기

아나콘다가 제대로 설치됐으면 윈도우 시작 메뉴에 [Jupyter Notebook]이라는 실행 파일 메뉴가 보일 것이다. 주피터 노트북은 구글 코랩처럼 대화형 편집 프로그램으로 파이썬을 직접 코딩하면서 결과를 볼 수 있게 만들어진 프로그램이다.

그림 10.21의 윈도우 시작 메뉴에서 [Jupyter Notebook (Anaconda3)]를 실행하면 다음과 같은 메시지가 윈도우 창에 나타난다.

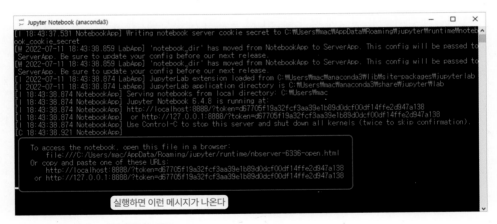

그림 10.23 주피터 노트북 실행 후 화면

다음과 같은 주피터 노트북 화면이 열린다.

그림 10.24 주피터 노트북 편집기 실행 화면

새로운 창이 나오지 않는다면 그림 10.23의 박스에 표시된 메시지를 살펴보자. 화면에 나와 있는 URL 주소를 복사해 웹 브라우저 주소창에 입력하면 주피터 노트북 편집창이 열릴 것이다.

이때 다음과 같이 사용 환경에 따라 다른 URL 주소가 나올 텐데, 둘 중 하나를 복사해 웹 브라우저 주소창에 붙여넣자. 그러면 그림 10.24와 같은 주피터 편집기 실행 화면이 새로운 창에 열릴 것이다.

> Or copy and paste one of these URLs:
>
> http://localhost:8888/?token=d67705f19a32fcf3aa39e1b89d0dcf00df14ffe2d947a138
>
> or http://127.0.0.1:8888/?token=d67705f19a32fcf3aa39e1b89d0dcf00df14ffe2d947a138

이제 주피터 편집기에서 파이썬 프로그램을 작성해보자.

그림 10.25의 위쪽에 있는 [Files]을 클릭해보면, 그 아래로 내 컴퓨터에 저장할 수 있는 저장 폴더가 보인다. 처음에는 그림 10.25와 같이 '□/Documents' 폴더가 보일 것이다. 다른 디렉터리에 저장하고 싶으면 저장하고 싶은 폴더로 이동해서 선택하거나 새로운 폴더를 만든다. 새로운 폴더를 만들려면 원하는 디렉터리 폴더를 클릭하고 오른쪽에 있는 [New] 메뉴를 선택, 'Folder' 옵션을 선택하면 된다.

그림 10.25 주피터 노트북에서 새 폴더 만들기

그림 10.26과 같이 오른쪽에 있는 [New] 메뉴를 선택하고 'Python 3(ipykernel)'을 선택
하면 편집할 수 있는 그림 10.27과 같은 셀 창이 생긴다.

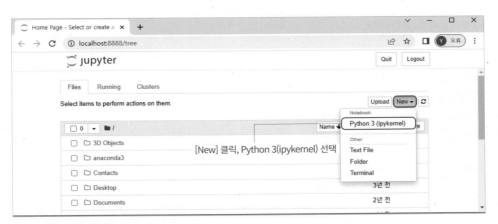

그림 10.26 주피터 노트북으로 새 파이썬 셀 만들기

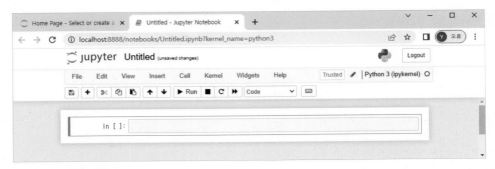

그림 10.27 주피터 노트북 셀 창 화면

이제 그림 10.28과 같이 'My_Fisrt_Code.ipynb'라는 이름으로 파이썬 코드를 작성해보자. 여기서 파일 확장자 이름 ipynb는 Interactive Python Notebook의 줄임말이다. 파이썬 코드는 다음과 같다.

```python
# My_First_Code.ipynb 파이썬 코드 #
# 간단한 문장 출력하기
print(" 파이썬 처음해보기 ")

#간단한 숫자 연산 출력하기
print(100 + 200)
print(100*200)
print(100/200)

#라이브러리 불러오기
import random

#로또 숫자 3개 구하기
lotto_a = random.randint(1, 45)
lotto_b = random.randint(1, 45)
lotto_c = random.randint(1, 45)

#로또 숫자 3개 출력하기
print(lotto_a, lotto_b, lotto_c)
```

입력한 코드를 실행할 때는 [Shift]와 [Enter] 키를 동시에 누르거나(앞으로 [Shift]+[Enter]로 표기), 상단 메뉴의 실행 버튼(▶Run)을 클릭한다. 그러면 그림 10.28과 같은 결과를 볼 수 있다.

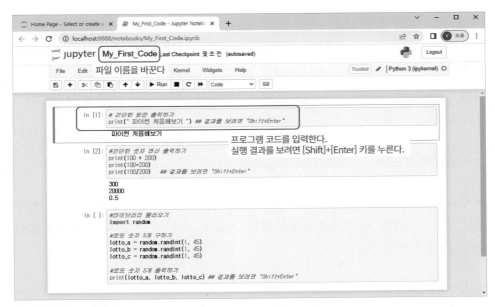

그림 10.28 주피터 노트북으로 'My_First_Code.ipynb' 파이썬 프로그램 만들기

지금까지 살펴본 것과 같이 주피터 노트북은 구글 코랩과 프로그램 작업 환경이 같다. 다만 내 컴퓨터에서 프로그래밍하고 저장하는 것만 다를 뿐이다. 지금까지 파이썬 프로그램을 작성할 수 있는 작업 환경 설치 방법을 살펴봤다.

이 책에서는 구글 코랩을 사용해 작성한 파이썬 프로그램을 설명한다. 작업 환경은 구글 코랩이나 주피터 노트북이 동일하므로 편한 방법을 선택해 파이썬 프로그램을 만들어 보자.

파이썬 프로그래밍 시작하기

이 절에서는 파이썬 프로그램을 시작하기 위해 필요한 구글 코랩의 작업 환경에 대해 살펴본다. 또한 파이썬의 장점인 다양한 라이브러리나 패키지를 불러와 사용하는 방법에 대해서도 알아본다. 그리고 가장 간단한 파이썬 프로그램을 만들어 보면서 파이썬의 동작 과정을 알아본다.

화면에 문자 출력하기

앞에서 작성한 'My_Fisrt_Code.ipynb' 노트를 라인마다 살펴보면서 필요한 파이썬 문법을 알아보기로 하자. 그러기 위해 새로운 노트를 열자. 앞에서 구글 코랩은 설치했으므로 아래 주소로 바로 코랩에 접속한다. 물론 로그인된 상태여야 한다. 그렇지 않으면 다시 로그인한다.

- **구글 코랩 주소**: https://colab.research.google.com/

이 주소로 접속하면 코랩 시작화면이 나오고 최근에 사용한 노트나 구글 드라이브에 저장된 노트를 선택하거나 새로운 노트를 만들 수 있다. 그림 10.29의 [새 노트] 버튼을 클릭해 새로운 노트를 만들자.

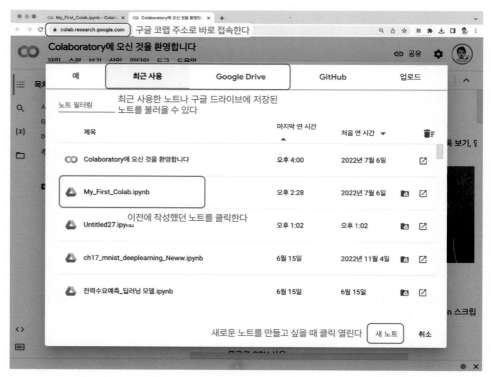

그림 10.29 구글 코랩 주소로 접속한 후 나오는 화면

이전에 작성했던 'My_Fisrt_Code.ipynb' 노트를 클릭한 후, 새로운 노트를 만들려면 다음 그림처럼 [파일]-[새 노트]를 클릭한다.

그림 10.30 새 노트 만들기

새로운 노트에 한 줄씩 코드를 작성하고 실행하면서 분석해보자. 코드를 실행하기 위해서는 코드 셀에 코드를 작성한 후 실행 버튼 ▶을 클릭하거나, 키보드로 [Shift]+[Enter] 키를 누른다. 그러면 코드 셀 밑에 바로 결과가 출력된다.

> ※ **[주의]** 아래 코드의 왼쪽 열에 적힌 행 번호는 코드를 설명하기 위해 적은 번호로, 실제 코드에는 적지 않는다.

```
01 # 간단한 문장 출력하기
02 print(" 파이썬 처음해보기 ")  #큰 따옴표 안의 문자열을 출력하는 명령어
```

【 실행결과 】

파이썬 처음해보기

▪ 화면에 문자열 출력하기

01행 파이썬에서 #로 시작하는 코드 줄의 내용은 프로그램을 설명하는 글(주석, comment라고 부름)에 해당한다. # 다음의 내용은 프로그램 실행 결과에 아무런 영향을 끼치지 않는다. 코드를 설명할 때 적당한 위치에 주석을 넣어두면 코드의 알고리즘을 기록할 수 있고, 몇 천 줄이 넘는 코드에서 필요한 부분을 찾을 때 도움이 된다. 예제 코드에서 '**# 간단한 문장 출력하기**'는 프로그램이 작동하는 데 아무런 영향을 미치지 않는다.

02행 print(" ")는 괄호 안에 따옴표로 묶인 부분을 화면에 출력하라는 명령어다. 큰 따옴표(" ")로 둘러싸면 그 안의 내용은 문자열(string)이 된다.

▪ print 명령어 사용하기

새로운 코드를 입력하기 위해서 메뉴에서 [+ 코드] 버튼을 클릭한다. 그러면 새로운 코드 셀이 만들어진다. 또한 [+ 텍스트] 버튼을 클릭하면 코드 셀이 아닌 텍스트 셀이 생기고 텍스트만 입력할 수 있다. 먼저 [+ 텍스트]를 클릭한 후, 'print 명령어 사용하기 예제'라고 입력[8]한 후, [Shift]+[Enter] 키를 누른다. 그리고 [+ 코드] 버튼을 클릭해 다음과 같이 코드를 입력해보자.

그림 10.31 구글 코랩에서 [새 노트]를 열고, 코드와 텍스트를 입력하는 과정

```
03 #문자열에 +(덧셈)연산자를 붙이면 문자열을 더한다
04 print("파이썬"+"처음"+"해보기")
05 #문자열에 *(곱셈)연산자를 붙이면 문자열을 반복한다
06 print("파이썬"*10)
```

【 실행결과 】

파이썬처음해보기
파이썬파이썬파이썬파이썬파이썬파이썬파이썬파이썬파이썬파이썬

---

8 메뉴에 따라 텍스트를 편집할 수 있다.

실행 결과에는 띄어쓰기가 되어 있지 않고 모두 붙어있다. 그러면 어떻게 수정해야 할지 생각해보자. 빈칸도 하나의 문자이기 때문에 큰 따옴표와 문자 사이에 빈칸을 넣어줘야 한다. 이 작업은 여러분이 직접 해보기 바란다.

라이브러리와 패키지 설치하기

파이썬은 여러 목적과 도메인에서 사용할 수 있는 다양하고 많은 라이브러리를 보유하고 있다. 각각의 라이브러리는 특정한 작업이나 분야에 특화되어 있으며, 파이썬의 생태계를 더욱 풍부하게 만들어준다. 따라서 필요한 작업에 불러 쓸 수 있어 편리하게 프로그램을 작성할 수 있다. 특히 파이썬은 오픈 소스로 공개되고 오픈 커뮤니티를 중심으로 발전하고 있다. 뛰어난 개발자들이 자신이 필요한 라이브러리를 개발해 다른 사람을 위해 오픈 소스로 공개해준다. 이런 이유로 매시간 수십 개의 라이브러리가 새로 올라올 정도로 확장 속도가 빠르다.

파이썬의 일부 라이브러리는 파이썬을 설치할 때 함께 설치된다. 이런 라이브러리를 표준 라이브러리(standard library)라고 부른다. 그리고 여러 개발자들이 만든 라이브러리를 제3자 라이브러리(third party library)라고 부른다. 제3자 라이브러리는 따로 수동으로 설치해야 한다.

파이썬 표준 라이브러리

파이썬의 표준 라이브러리는 파이썬 언어 자체에 기본적으로 내장되어 있어서 파이썬을 설치할 때 자동으로 설치된다. 모든 라이브러리를 다 알 필요는 없고 어떤 일을 할 때 어떤 라이브러리를 사용해야 한다는 정도만 알면 된다. 대표적인 표준 라이브러리는 다음과 같다[9].

- **math**: 수학적인 함수와 상수를 제공

```
import time  # time 라이브러리를 불러온다
time.strftime('%c')  # 현재 시각을 출력한다
```

---

9   표준 라이브러리는 파이썬 사이트에서 찾아볼 수 있다. https://docs.python.org/ko/3/library/index.html

【 실행결과 】

```
Tue Jun 20 06:30:53 2023
```

▪ **time**: 시간과 관련된 함수와 모듈 제공

```
import math        # math 라이브러리를 불러온다
math.lcm(15, 25) # 15와 25의 최소공배수를 구한다
```

【 실행결과 】

```
75
```

▪ **datetime**: 날짜와 시간을 다루는 클래스와 함수 제공

▪ **random**: 무작위 수(난수, 규칙이 없는 임의의 수) 생성 및 관련 함수 제공

```
import random       # random 라이브러리를 불러온다
random.randint(1, 55)  # 1~55 사이의 정수 중에서 난수를 고른다
```

【 실행결과 】

```
41
```

▪ **os**: 운영 체제와 상호 작용하기 위한 함수를 제공

▪ **sys**: 파이썬 인터프리터와 관련된 기능에 접근할 수 있는 함수와 변수를 제공

▪ **json**: JSON(JavaScript Object Notation) 형식의 데이터를 다루는 함수를 제공

파이썬의 대표 라이브러리

파이썬의 대표 라이브러리는 파이파이(PyPi, http://pypi.org)[10]에서 확인하고 설치할 수 있다. 파이파이는 파이썬 패키지의 중앙 저장소로 수많은 제3자 라이브러리를 포함하고 있다. 가장 많이 사용하는 대표 라이브러리로는 수학 연산을 다루는 넘파이(Numpy), 데이터를 시각화를 위한 맷플롯립(Matplotlib), 데이터 분석과 조작을 위한 판다스(Pandas), 데이터의 통계와 시각화를 위한 시본(Seaborn)을 예로 들 수 있다. 이 외에도 파이파이에는 다양한 분야에서 사용되는 수많은 파이썬 라이브러리가 있다.

---

10 이 사이트에서는 라이브러리라는 이름 대신 패키지를 사용한다. 앞서 설명한 대로 라이브러리나 패키지는 모듈을 포함하는 큰 폴더의 개념으로 혼용되어 사용한다.

대표 라이브러리에 대한 정보와 사용 분야를 간단히 정리하면 다음과 같다. 라이브러리
별로 자체 웹 사이트가 있어 튜토리얼(설명서)과 소스 파일, 커뮤니티, 뉴스 등 여러 자료
를 살펴볼 수 있다. 꼭 한 번씩 방문해보기를 추천한다.

- **넘파이(NumPy, https://numpy.org)**: 파이썬의 대표적인 과학 계산과 수치 연산을 위한 핵심 라이브
  러리다. 많은 머신러닝, 딥러닝 라이브러리나 패키지가 넘파이를 사용해 구현되어 있다. 선형 대수나 고
  차원 행렬과 배열 등의 복잡한 수학 연산을 다룬다.

- **맷플롯립(Matplotlib, https://matplotlib.org)**: 데이터 시각화를 위한 라이브러리로 다양한 그래프와
  플롯 스타일을 지원하며, 선 그래프, 히스토그램, 산점도 등 다양한 시각화 요소를 생성할 수 있다.

- **판다스(Pandas, https://pandas.pydata.org)**: 데이터 분석과 조작을 위한 라이브러리로, 다양한 표
  형태의 데이터베이스 파일(CSV, JSON, Excel)에서 데이터를 조작하고 처리할 수 있는 다양한 기능을
  제공한다.

- **시본(Seaborn, http://seaborn.pydata.org)**: 데이터 시각화를 위한 통계 그래픽스 라이브러리로
  Matplotlib를 기반으로 하여 만들어졌으며, 보다 손쉽게 그래프를 그리고 그래프 스타일을 설정할 수 있
  게 해주는 함수를 제공한다.

또한, 인공지능 개발에 널리 사용되는 라이브러리로는 머신러닝과 딥러닝 프레임워크인
텐서플로(TensorFlow), 높은 수준의 추상화 인터페이스를 제공하여 딥러닝 모델을 쉽고
빠르게 구축할 수 있게 도와주는 케라스(Keras), 다양한 머신러닝 알고리즘과 유틸리티
함수를 제공하는 사이킷런(Scikit-learn), 컴퓨터 비전 및 이미지 처리를 위한 OpenCV
등이 있다.

- **텐서플로(TensorFlow, https://www.tensorflow.org)**: 구글이 개발한 딥러닝을 지원하는 대표적인 라
  이브러리로 복잡한 수치 계산과 대규모 머신러닝 모델을 효율적으로 구축하고 학습시킬 수 있다.

- **케라스(Keras, https://keras.io)**: 텐서플로를 한 단계 추상화한 라이브러리로 텐서플로보다 쉽게 딥러
  닝 모델을 구축할 수 있다. 이런 이유로 초보자부터 전문가까지 다양한 사용자에게 인기가 많다.

- **사이킷런(Scikit-learn, https://scikit-learn.org/stable/)**: 사이킷런은 파이썬에서 사용할 수 있는 머
  신러닝 라이브러리로, 분류와 회귀, 군집화와 다양한 머신러닝 알고리즘과 유틸리티 함수를 제공한다. 또
  한 차원 축소, 모델 선택, 데이터 전처리와 같은 함수를 제공한다.

- **오픈CV(OpenCV, https://opencv.org/)**: 컴퓨터 비전과 이미지 처리를 위한 오픈 소스 라이브러리로
  이미지 및 비디오 데이터를 처리하고 분석하는 데 사용되며, 얼굴 인식, 객체 검출, 이미지 분할 등의 기
  능을 제공한다.

- **파이토치(PyTorch, https://pytorch.org)**: 딥러닝 라이브러리로서 텐서플로와 경쟁 관계에 있다. 우수한 예제와 애플리케이션 및 사용 사례를 갖춰 대학에서 주로 사용한다.

넘파이(https://numpy.org/) 사이트에 있는 여러 과학 분야에서 활약 중인 파이썬 라이브러리의 모음이다. 넘파이는 모든 과학 분야 응용 라이브러리에 공통으로 사용되고 있다. 그림 10.32의 분야별 대표 라이브러리를 클릭하면 해당 사이트로 연결된다.

그림 10.32 넘파이 생태계(ecosystem)를 보여주는 과학 분야별 파이썬 라이브러리 모음(https://numpy.org/)

넘파이와 맷플롯립 라이브러리(패키지) 설치하기

넘파이는 파이썬의 대표적인 수학 관련 라이브러리다. 특히 파이썬의 데이터 열을 처리할 때 크기가 커지면 처리하기 어렵게 때문에 넘파이를 사용한다. 그리고 선형 대수[11]와 관련한 여러 모듈과 함수를 제공한다. 그러면 넘파이 라이브러리를 어떻게 설치하는지 알아보자. 기본적인 라이브러리 설치 명령어는 다음과 같다.

라이브러리 설치 명령어: `!pip install 라이브러리 이름`

구글 코랩은 기본적으로 넘파이가 설치되어 있지만, 다음과 같은 명령어를 사용해 설치할 수 있다. 새 노트를 열고 코드 셀에 `!pip install numpy`라고 입력하고 실행해보자.

---

11 선형 대수(linear algebra)는 연립방정식을 사용해 해를 구하거나 행렬과 벡터를 사용해 경제지표를 예측하는 데 활용된다. 인공지능에서 넘파이의 선형 대수는 특잇값 분해와 고윳값 분해와 같은 행렬 연산, 선형 회귀나 주성분 분석과 같은 차원 축소 연산, 추천 시스템이나 의미 분석과 같은 행렬 분해 연산, 선형 방정식의 해를 구하고 최적화 문제를 해결하는 데도 활용된다.

```
!pip install numpy    # 넘파이 라이브러리(패키지)를 설치
```

【 실행결과 】

```
Looking in indexes: https://pypi.org/simple,
https://us-python.pkg.dev/colab-wheels/public/simple/
Requirement already satisfied: numpy in
/usr/local/lib/python3.10/dist-packages (1.25.0)
```

실행 버튼 ▶을 누른 후, 잠시 기다리면 설치가 끝난다. 위와 같은 메시지가 보이면 성공적으로 설치된 것이다.

> 주피터 노트북을 사용하는 경우에는 셀에 pip install numpy 또는 !pip install numpy라고 입력한다. 아나콘다 프롬프트 창을 사용하는 경우에는 pip install numpy를 입력하면 자동으로 설치된다. 이때 인터넷에 연결되어 있어야 한다.

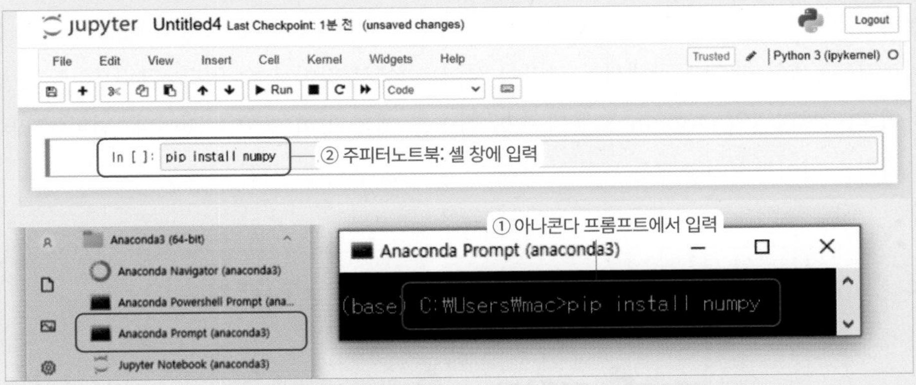

그림 10.33 주피터 노트북과 아나콘다 프롬프트에서 넘파이 모듈 설치 (pip install 명령어 사용)

맷플롯립 라이브러리 설치하기

맷플롯립(Matplotlib) 라이브러리는 파이썬에서 데이터 시각화를 위한 라이브러리다. 다양한 그래프와 플롯 스타일을 지원하며, 선 그래프, 히스토그램, 산점도 등 다양한 시각화 요소를 생성할 수 있는 라이브러리다. 넘파이로 분석한 수치와 데이터를 그래프로 표현할 때 편리하고 가장 널리 사용하므로 간단한 함수는 알아두는 게 도움이 된다. 'Matplotlib'이라는 단어는 그리기를 뜻하는 plot과 라이브러리를 뜻하는 lib가 결합된 단어로 '그리기 라이브러리' 정도로 이해하면 기억하기 쉬울 것이다.

모든 라이브러리를 설치할 때는 **!pip install 라이브러리 이름**의 형식으로 명령어를 입력한다. 예를 들어 맷플롯립과 시본, 판다스 라이브러리를 동시에 설치한다고 하자. 다음과 같이 입력해보자.

```
!pip install matplotlib
!pip install seaborn
!pip install pandas
```

실행 결과로 넘파이를 설치할 때와 비슷하게 여러 파일이 설치되고 "Requirement already satisfied"라는 메시지를 보게 될 것이다. 그러면 라이브러리 설치를 완료한 것이다.

넘파이 라이브러리에서 random 모듈과 함수 불러오기

넘파이 라이브러리를 설치하고 난 후, 가장 자주 쓰이는 random 모듈의 하위 구조를 살펴보자. 자세한 함수에 관해서는 넘파이 사이트[12]에서 찾아볼 수 있다. 그림 10.34는 넘파이 라이브러리의 random 모듈에 속한 함수를 예를 들어 보여준 것이다. 넘파이 라이브러리는 라이브러리 〉 모듈 〉 함수(클래스) 순으로 구성돼 있다.

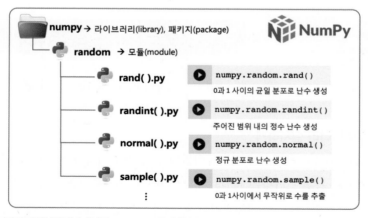

그림 10.34 넘파이 라이브러리(패키지)의 random 모듈과 함수들

---

12 NumPy Reference, https://numpy.org/doc/stable/reference/random/index.html#

▪ 라이브러리(패키지) 불러오기 명령어: `import`

넘파이 라이브러리(패키지)를 불러오는 명령어는 **import**다. 아래와 같이 import 다음에 라이브러리나 패키지 이름을 적어서 불러온다.

```
import 라이브러리(패키지) 이름
```

```
import numpy     # 넘파이 라이브러리를 불러오겠다(import, 수입)는 뜻
```

▪ 모듈의 함수 불러오기

파이썬의 라이브러리는 **라이브러리(패키지)-모듈-함수(클래스)** 순으로 계층별로 구성된다. 이때 하위 함수를 불러올 때는 **라이브러리(패키지).모듈.함수(클래스)** 형식을 사용한다. 각 계층을 점(.)으로 구분해 불러온다.

```
# 라이브러리(패키지).모듈.함수(클래스) 형식으로 함수를 불러온다.
numpy.random.rand() # random 모듈의 rand() 함수 불러오기
```

▪ 라이브러리(패키지) 이름을 줄여서 불러오기

라이브러리(패키지) 이름을 줄여서 사용할 수도 있다. 코드를 작성할 때마다 라이브러리 이름을 모두 입력하는 것보다 간단히 줄여서 적는 게 편리하다. 예를 들어 numpy 대신 간단히 np로 줄여서 사용한다. 일반적으로 np가 통용된다. 다음과 같이 명령어를 사용해 라이브러리 이름을 줄여서 사용한다.

```
import numpy as np    # 넘파이 라이브러리를 불러오고, np로 줄여서 사용하겠다는 뜻
np.random.rand()      # numpy 대신에 np를 사용해서 함수를 불러온다
```

라이브러리와 함수를 불러오는 다른 방법으로 from을 사용하는 방법이 있다. 다음과 같이 from **라이브러리(패키지) 이름** import **모듈 이름** 형식으로 라이브러리 내에 있는 특정 모듈을 불러온다. 이 형식은 프로그램 내에서 라이브러리 이름을 일일이 적을 필요가 없다. 여기서 rand( )는 random( ) 함수의 하위 함수다.

```
from numpy import random  # 넘파이 라이브러리에서 random 모듈만 불러온다
random.rand()             # rand() 함수 불러오기. 라이브러리 이름을 적지 않는다
```

위와 같은 형식인데, 라이브러리 하위의 모든 모듈을 불러오고 싶을 때도 똑같이 **from 라이브러리(패키지) 이름 import *** 형식을 사용한다. 여기서 별표(*)는 애스테리스크 (asterisk)라고 읽으며, '모든 글자'를 의미한다. 따라서 원하는 모듈을 하나씩 불러올 수도 있지만, 편리하게 전체를 불러올 때 사용한다. 결국 **import numpy**와 같은 명령어다. 그렇지만 라이브러리 이름을 적는다는 차이점이 있다.

```
from numpy import *   # 넘파이 라이브러리에서 모든 모듈을 불러온다
random.rand()         # rand() 함수 불러오기. 모듈과 함수 이름만 적는다.
```

넘파이와 맷플롯립으로 그래프 그리기

넘파이와 맷플롯립 라이브러리를 불러오는 방법은 살펴봤으니, 두 패키지를 사용해 간단한 그래프를 그리는 예제를 작성해보자. 우리가 사용할 데이터는 넘파이의 난수 발생 함수를 사용해 생성한 무작위 숫자들이다. 그 숫자 데이터를 맷플롯립을 사용해 그래프로 그려본다.

다음과 같이 구글 코랩을 사용해 새 노트를 열어서 코드를 작성해보자. 먼저 두 라이브러리를 불러온다.

```
01 import numpy as np            # 넘파이 라이브러리를 np로 불러온다.
   # 맷플롯립 라이브러리의 pyplot 모듈을 plt로 불러온다.
02 import matplotlib.pyplot as plt
```

　02행 그래프를 그리는 모듈은 맷플롯립 라이브러리의 파이플롯(pyplot) 모듈을 사용한다.

%matplotlib inline은 02행 다음에 추가해서 사용한다. 주피터 노트북(Jupyter Notebook)에서 사용되는 매직 명령어로, 그래프나 시각화 결과를 노트북 셀 안에서 바로 보여주는 역할을 한다. 이 명령어를 사용하면 노트북 안에서 그래프를 편리하게 확인할 수 있다.

```
03 r_num = np.random.rand(1000)  # 1,000개의 난수 생성 후, r_num에 저장
04 plt.hist(r_num)               # r_num 변수의 값을 히스토그램으로 그린다
```

03행 무작위로 발생시키는 함수 np.random.rand()를 사용해 1,000개의 무작위 숫자를 발생시킨다. 이
값은 변수 r_num에 넣는 과정이다. 여기서 np.random.rand()는 0과 1 사이에 있는 숫자를 균일한
분포로 무작위로 생성한다.

04행 1,000개의 무작위 숫자 데이터를 이용해 히스토그램(histogram, 숫자들이 나타난 횟수 분포) 그래
프를 그린다. 이때 사용하는 함수는 맷플롯립의 pyplot 모듈의 plt.hist() 함수다. plt.hist(r_
num)은 괄호 안의 변수 r_num에 있는 숫자 데이터를 히스토그램으로 그려준다. 이 코드는 다시 실행
할 때마다 다른 그래프를 그려준다. np.random.rand() 함수가 매번 다른 숫자를 생성하기 때문이
다. 한번 확인해보기 바란다.

【 실행결과 】

```
(array([104., 100., 88., 98., 80., 124., 99., 94., 121., 92.]), array([0.00108128,
0.10094672, 0.20081216, 0.3006776 , 0.40054305, 0.50040849, 0.60027393, 0.70013937,
0.80000481, 0.89987025, 0.99973569]), <BarContainer object of 10 artists>)
```

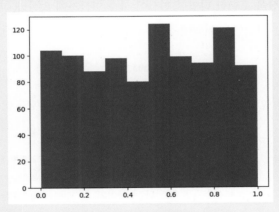

그림 10.35 0과 1사이의 무작위 숫자 1,000개 데이터를 히스토그램으로 그리기

파이썬 기초 문법

이 절에서는 파이썬의 기초 문법에 대해서 알아본다. 간단한 파이썬 프로그램과 생활 속
예제를 만들기 위해 필요한 최소한의 문법에 대해서만 살펴본다. 변수와 연산의 규칙을
알아보고, 모든 프로그래밍 언어에서 가장 중요하게 다루는 문법인 조건문과 반복문에
대해서 살펴본다.

변수와 연산

6장에서 변수는 데이터를 저장할 수 있는 그릇이라고 했다. 그릇이 그 안의 내용물에 따라 달라질 수 있듯이 프로그래밍에서 사용하는 변수는 데이터 종류에 맞게 사용해야 한다. 데이터의 종류가 다양하듯이 변수의 종류도 다양하다. 가장 많이 사용하는 것은 불형(Boolean), 정수 형, 실수 형, 문자열 네 가지다.

산술 연산자

변수 x에 100을 저장하고 변수 y에는 200을 저장해보자. 그리고 두 수의 덧셈(+), 곱셈(*), 나눗셈(/), 몫(//), 나머지(%), 제곱(**)을 계산해 출력하는 프로그램을 파이썬으로 작성해보자. 이런 계산을 담당하는 연산자를 산술(arithmetic, 수에 대한 계산) 연산자라고 부른다. 사칙연산을 포함한 다양한 연산이 산술 연산자에 속한다. 파이썬을 비롯한 여러 프로그램 언어는 사칙연산 이외에 몫과 나머지, 지수를 구하는 연산자가 있다.

```
01 x= 100              # 변수 x에 정수 100 입력
02 y= 200              # 변수 y에 정수 200 입력
03 print(x); print(y)  # x, y 값 출력: 세미콜론(;)으로 두 명령문을 구분
04 print(x+y)          # 변수 x와 y의 덧셈 결과 출력
05 print(x*y)          # 변수 x와 y의 곱셈 결과 출력
06 print(x/y)          # 변수 x를 y로 나눗셈 결과 출력: 100/200=0.5
07 print(x//y)         # 변수 x를 y로 나눈 몫 출력: 10//200=0
08 print(x%y)          # 변수 x를 y로 나눈 나머지 값 출력: 100%200=100
```

【 실행결과 】
```
100
200
300
20000
0.5
0
100
```

01행 ~ 02행 변수 x에는 100, y에는 200을 입력한다. 04행부터 산술 연산한 결과를 출력하는 명령문이다. 이때 사용하는 print() 명령어의 괄호 안에는 큰 따옴표(" ")를 사용하지 않는다. 변수의 산술 연산식을 넣거나 변수 이름을 넣어서 그 결괏값을 출력한다.

03행 변수 x와 y에 입력된 값을 출력한 결과다.

지수 연산자

곱하기 기호(*)를 두 번 연속 사용하는 **는 지수(power) 계산을 수행한다. 예를 들어 $10 \times 10 = 10^2$(10의 2승)의 파이썬 표현은 **10**2**다. 다음 코드와 같이 여러 가지 지수 연산을 실행해 보자. 행마다 코드를 입력하고 실행 버튼을 클릭하거나 [Shift]+[Enter] 키를 입력하면 행마다 결과를 확인할 수 있다.

```
01 x=10; y=2          # 변수 x에 10을, 변수 y에 2를 입력
02 print(x**y)        # 변수 x의 y승: 10의 2승=10*10=100
03 print(3*x**y)      # 3*(x의 y승): 3*(10의 2승)=3*10*10=300
04 # 아래 명령문은 2의(2의 3승)지수승:
05 # 2**(2*2*2)=2**(8)=2의 8승=2를 8번 곱하기=2^8
06 print(2**2**3)
```

【 실행결과 】
```
100
300
256
```

06행 이중 지수승의 경우로 연산 순서는 뒤의 2의 3승(2**3)을 먼저 계산하고, 그다음 앞의 2의 지수승을 계산한다. 그러면 2**(2**3)=2**(2의 3승)=2**(8)=2의 8승=2*2*2*2*2*2*2*2=28=256이 결과가 된다.

조건문

프로그램을 만들 때 가장 많이 사용하는 조건문과 반복문에 대해서 알아보자. 프로그램은 결국 알고리즘을 코드로 작성하는 것이다. 이때 가장 많이 사용하는 알고리즘의 표현 방법이 조건문이다. 조건문은 '만일 ~이면 ~이다'의 형식으로 특정한 조건에 대해 True(참)인지 False(거짓)인지를 묻고, 조건의 참과 거짓 여부에 따라 해당하는 명령어를 수행한다. '만일 사람이 다가오면 문을 연다. 그렇지 않으면 문을 닫는다'와 같은 구조가 쉽게 볼 수 있는 조건문의 예다.

파이썬에서 조건문을 만들고 사용하는 규칙을 알아보자.

If 문

파이썬뿐만 아니라 거의 모든 프로그래밍 언어에서 사용하는 조건문의 형식은 **if-문**이다. 조건문을 사용하는 형식은 다음과 같다.

```
if 조건문 :          # if 뒤에 조건문을 작성하고 마지막에 콜론(:)을 붙인다.
□□□□ 13 명령문       # 들여쓰기로 코드 블록을 구분
                    # 조건문이 참이면 명령문을 실행한다.
```

그리고 여러 조건을 만들고 싶을 때는 if-문을 여러 개 사용할 수 있다. 각 if-문마다 실행할 명령문을 입력한다. 다음 형식은 3가지 조건문에 대한 것이지만, 원하는 조건문 개수만큼 확장할 수 있다.

```
if 조건문01 :         # 조건문01
    명령문01          # [들여쓰기]+조건문01을 만족하면 실행하는 명령문
if 조건문02 :         # 조건문02
    명령문02          # [들여쓰기]+조건문02을 만족하면 실행하는 명령문
if 조건문03 :         # 조건문03
    명령문03          # [들여쓰기]+조건문03을 만족하면 실행하는 명령문
...
```

세 개의 조건문을 사용하는 간단한 프로그램을 작성해보자. 키보드로 입력받은 번호에 따라 다른 언어로 '안녕'이라는 말을 출력하는 프로그램이다. 입력 숫자가 1이면 한국어로 '안녕', 2이면 영어로 'Hello', 3이면 불어로 'Bonjour'를 출력하는 프로그램이다. 다음과 같이 코드를 입력하고 실행 결과를 살펴보자.

```
01 lang = int(input("언어 번호를 선택하시오. 1=한국어, 2=영어, 3=불어"))
        # input()으로 입력받은 값을 정수(int) 형태로 lang에 저장한다
        # 여는 괄호'('와 닫는 괄호')'의 수를 반드시 일치시켜야 한다.

02  if lang == 1:      # 입력한 값이 1인지 물어보는 조건문
03     print("안녕")   # 조건이 True이면 (lang값이 1이면), "안녕"을 출력
```

---

13 파이썬 셀을 사용해 코드를 입력한 경우에는 들여쓰기(indentation) 4칸을 하거나 [Tab]을 누른 후 명령문을 입력한다. 주피터 노트북이나 코랩을 사용하는 경우에는 자동으로 들여쓰기가 된다.

```
04 if lang == 2:          # 입력한 값이 2인지 물어보는 조건문
05     print("Hello")
06 if lang == 3:          # 입력한 값이 3인지 물어보는 조건문
07     print("Bonjour")
```

【 실행결과 】

언어 번호를 선택하시오. 1=한국어, 2=영어, 3=불어 ┃ 2   ┃
Hello

01행 키보드로부터 입력한 데이터를 가져오는 input() 함수다. 이 명령어를 실행하면 결과를 보여주는 결과 창에 사각형 박스가 나오고, 여기에 키보드로 값을 입력하면 된다. 이 함수는 사용자가 입력한 데이터를 무조건 문자열 형태로 입력받아 왼쪽에 있는 변수 lang에 전해준다. 여기서 int(input()) 의 int는 정수(integer) 형태로 바꾸어 변수 lang에 전달하라는 명령어다. 즉, "언어 번호를 선택하시오. 1=한국어, 2=영어, 3=불어"에서 선택한 숫자를 정수로 바꿔 변수 lang에 그 값을 저장한다.

02행 첫 번째 조건문으로 입력한 값이 1인지 물어보는 조건문이다. if lang=1:에서 == 기호는 lang 변수에 들어 있는 입력값이 1과 같은지를 물어보는 관계 연산자다. 그리고 반드시 if-조건문 끝에는 콜론(:)을 넣어야 하는 것을 잊지 말자. 첫 번째 조건문이 참이면 05행 '안녕'을 출력하고, 그렇지 않으면 04행을 실행한다.

04행 입력한 값이 2인지 물어보는 두 번째 조건문이다. 첫 번째 조건문과 마찬가지로 입력한 값을 만족하면 05행 명령문을 처리한다. 이 조건도 아니면 06행의 세 번째 조건문을 실행한다. 만일 조건을 만족하는 입력값이 없다면 아무런 결과가 나오지 않는다.

If-else 문

If-else 문은 '만일 ~라면 ~이다(하라)'와 '그렇지 않은 모든 경우에는 ~이다(하라)'라는 조건문 형식이다. 조건이 명확한 경우에는 if 조건문을 사용해 조건을 정할 수 있다. 그렇지만 조건을 정할 수 없거나 정한 조건을 제외한 모든 경우를 포함하고 싶을 때는 else를 사용한다.

if-else 조건문 표현 형식은 다음과 같다.

```
if 조건:
    # [들여쓰기]+ 조건이 True일 경우 실행되는 명령문
else:
    # [들여쓰기]+ 조건이 False일 경우 실행되는 명령문
```

다음과 같이 정수를 입력받아 짝수인지 홀수인지 구별하는 프로그램을 작성하면서 if-else 문의 형식을 살펴보자[14].

```
   # 숫자를 키보드로 입력 받고, 변수 num에 정수로 저장
01 num = int(input("숫자를 입력하시오: "))

02 if num%2==0:  #num에 입력한 수를 2로 나눈 나머지가 0인지 물어보는 조건문
03   print("입력한 수는", num, "으로 짝수입니다.")
           #조건이 True면 실행
04 else:
05 print("입력한 수는", num , "으로 홀수입니다.")
           #조건이 True 이외의 모든 경우에 대해 실행하는 명령문
```

【 실행결과 】

숫자를 입력하시오: ┌─────────┐
                  │ 35   │
                  └─────────┘
입력한 수는 35 으로 홀수입니다.

01행 input() 함수는 키보드로부터 숫자를 입력받는 명령문이다. 입력받은 숫자는 텍스트 형태이므로 정수 형태로 변수 num에 값을 저장한다.

02행 if-조건문으로 변수 num에 입력한 수를 2로 나눈 나머지가 0인지 물어보는 조건문이다. 2로 나눈 나머지가 0이면 '짝수'로 판별하고 그렇지 않으면 '홀수'로 판별하기 위해서다. 판별하기 위해 나눗셈의 나머지를 구하는 모듈로(modulo) 연산을 사용한다. num%2==0과 같이 ==를 사용해 표현하면 num을 2로 나눈 나머지가 0과 같은지를 묻는 조건문이 된다.

03행 조건문이 참이면 입력한 수와 '짝수'라는 문자열을 같이 출력하는 실행 명령문이다. 여기서 print() 함수의 괄호 안을 살펴보자. 문자열은 이중 따옴표("")로 묶어 출력한다고 했다. 그리고 변수 num을 출력할 때는 이중 따옴표를 사용하지 않았다. 문자열과 변수를 한꺼번에 출력하고 싶을 때는 괄호 안에서 콤마(,)로 구분한다. 또한 03행의 코드를 잘 살펴보자. 변수 num과 문자열의 위치를 바꿔보거나 문자열의 내용을 바꿔보면서 어떻게 실행 결과가 바뀌는지 각자 살펴보기 바란다.

04행 변수 num에 입력한 수를 2로 나눈 나머지가 0이 아닌 모든 경우에 해당한다. 여기서는 나머지가 1인 경우밖에 남는 경우가 없으므로 나머지가 1인 경우를 뜻한다. 이 조건을 만족하면 입력한 수와 '홀수입니다'라고 출력한다.

---

14 조건문을 실행하는 명령문만 들여 쓰기 4칸을 하거나 [Tab]을 누른 후 입력한다. else는 if와 동일한 선에 있음을 주의하자.

여러 조건문 처리하려면 if−문을 여러 번 반복해 사용하거나, elif−문을 사용해 조건을 추가할 수 있다. elif는 'else if'의 줄임말로, 이전 조건이 거짓인 경우에 새로운 조건을 확인한다. 그 외의 모든 다른 조건에 대해서는 else 문을 마지막에 사용한다. 다음은 if, elif, else를 사용한 여러 조건문을 다루는 예제다.

```
01 num = int(input("숫자를 입력하시오: "))
02 if num > 10:
03     print("숫자는 10보다 큽니다.")
04 elif num < 10:
05     print("숫자는 10보다 작습니다.")
06 else:
06     print("숫자는 10입니다.")
```

【 실행결과 】

숫자를 입력하시오:　 5
숫자는 10보다 작습니다.

다음 예제는 변수 num이 짝수인지 홀수인지 판별하기 전에 양수인지 음수인지까지도 판별하는 프로그램이다. if−조건문이 단계별로 적용된 점을 잘 살펴보고 직접 코드를 작성해서 실행해보기 바란다.

```
01 num num = int(input("숫자를 입력하시오: "))
02 if num > 0:
03   if num % 2 == 0:              # if-문 안의 if-문은 들여쓰기로 구분한다
04     print("양수이면서 짝수입니다.")    # 들여쓰기가 2번
05   else:
06     print("양수이면서 홀수입니다.")
07 elif num < 0:
08   if num % 2 == 0:              # if-문 안의 if-문은 들여쓰기로 구분한다
09     print("음수이면서 짝수입니다.")
10   else:
11     print("음수이면서 홀수입니다.")
12 else:                             # if-문, elif-문, else문
13     print("0입니다.")
```

【 실행결과 】

숫자를 입력하시오: -10
음수이면서 짝수입니다.

> **추가 설명** 관계연산자와 논리연산자

관계연산자는 두 개의 피연산자를 비교해 True와 False를 판별하는 데 사용하는 연산자다. if—문과 if—else 문에 들어가는 조건문에 사용한다. 파이썬에서 사용하는 관계연산자는 >, >=, <, <=, ==, !=가 있다. 다음 코드와 결과를 살펴보면 각 관계연산자의 기능을 알 수 있다. 실행 결과를 확인하기 위해서 print()를 사용했다. 앞의 예제에서 관계연산자가 사용되는 조건식은 lang==1, num % 2 == 0이었다.

```
x=3; y=4  # x는 3, y는 4의 값이 저장

# 관계 연산자 : 모든 결과는 True 또는 False
print(x > y)         # x가 y보다 크다
print(x >= y)        # x가 y보다 크거나 같다
print(x < y)         # x가 y보다 작다
print(x <= y)        # x가 y보다 작거나 같다
print(x == y)        # x가 y와 같다
print(x != y)        # x가 y와 같지 않다
```

【 실행결과 】

```
False
False
True
True
False
True
```

논리연산자는 여러 조건을 동시에 비교해 참인지 거짓인지 판별할 수 있게 도와주는 연산자로 and(그리고)와 or(또는) 연산자가 있다. 예를 들어 키보드로 입력한 숫자가 85보다 크고 90 이하인 경우를 동시에 만족하는 두 조건문 num > 85와 num <= 90을 논리연산자 and를 사용해 같이 묶어 표현한다.

다음 예제를 통해 논리연산자 and의 기능을 확인해보자.

```
num = int(input("숫자를 입력하시오: "))

if num > 85 and num <=90 :    # and 논리 연산자(두 조건을 모두 만족)
  print("85보다 크고, 90보다 작거나 같다")
```

```
else:
  print("85보다 작거나 같고, 90보다 크다")
```

【 실행결과 】

숫자를 입력하시오: ⎡ 35 ⎤

85보다 작거나 같고, 90보다 크다

반복문

조건문과 반복문은 대부분의 프로그래밍 언어에서 가장 기본적인 문법이다. 이 규칙들은 수많은 데이터를 처리하는 빅데이터와 인공지능 프로그램에서 특히 중요한 역할을 한다. 조건문을 사용해 특정 조건을 만족하는 데이터를 필터링하거나 반복문을 사용해 데이터 집합의 각 요소를 반복적으로 처리하고 조작할 수 있다. 인공지능 프로그램에서는 학습 알고리즘을 사용해 모델을 훈련시킬 때 조건문과 반복문을 사용해 모델의 학습 과정을 제어하고 최적화할 수 있다.

생활에서 우리는 다양한 반복 상황을 경험할 수 있다. 출퇴근이나 식사와 같은 일상적인 작업, 요리 과정에서 재료를 다듬거나 조리하는 과정 등이 그 예다. 사람과는 달리 컴퓨터나 기계는 반복적인 작업을 더욱 효율적으로 수행할 수 있다. 이를 위해 자동화 프로그램을 개발하여 사용한다. 자동화 프로그램은 반복적인 패턴을 인식하고 문제를 해결할 수 있는 알고리즘을 활용해 만들어진다. 따라서 알고리즘 내에 포함된 반복문을 효율적으로 설계하는 것이 매우 중요하다.

for 문

반복문이란 동일한 과정을 여러 번 실행하기 위한 구조다. 대부분의 프로그래밍 언어에서 사용되는 공통적인 반복문은 'for 문'이다. 파이썬에서 for 문의 구조와 문법은 다음과 같다.

```
for 반복변수 in 시퀀열 :    # 시퀀스(sequence)은 반복이 가능한 객체
                       # 예) 리스트, 문자열 등
    □□□□ 명령문01        # 시퀀스의 요소 수만큼 반복적으로 수행할 명령문
    □□□□ 명령문02
```

반복변수는 시퀀스(sequence, 순서열)의 요소의 값을 차례대로 할당 받는 변수다. 시퀀스은 반복할 대상이 가능한 객체이고, 시퀀스 데이터 형태로는 리스트나 문자열 등이 있다. for 문은 순서열의 각 요소를 순차적으로 방문하면서 for 문 안에 있는 명령문들을 반복해서 수행한다.

```
for 반복변수 in range(시작값, 종료값, 증가값):
                      # range()함수를 사용해 일정한 범위를 정한다
□□□□ 명령문01         # range()가 생성한 시퀀스의 범위만큼 반복할 명령문
□□□□ 명령문02
```

range( ) 함수

일정한 범위의 숫자를 반복적으로 처리하기 위해 for 문에서 시퀀스 대신에 range() 함수를 사용한다. range() 함수는 range(시작값, 종료값, 증가값)의 형식으로 시작값부터 종료값 이전까지, 지정된 증가값만큼 증가하면서 순서대로 수를 생성해 시퀀스 데이터를 만드는 함수다.

예를 들어, range(1, 7, 1) 함수를 실행하면 1부터 (7−1)인 6까지 1씩 증가한 수가 차례대로 생성된다. 즉, [1, 2, …, 5, 6] 순으로 생성된다. range(5, 10, 2)인 경우는 5부터 (10−1=9)까지 2씩 증가한 시퀀스 [5, 7, 9]이다. 간단히 range(종료값)만 사용하면 0부터 (종료값−1)까지의 숫자 시퀀스를 생성한다. 예를 들어 range(10)은 0에서 9까지 10개의 숫자 시퀀스를 만든다. 그러면 명령문을 10회 반복한다. 이렇게 놓고 보면 단순히 반복할 횟수만 필요할 경우 편리하게 사용할 수 있다.

0부터 9까지 수를 출력하는 for 문

간단한 두 줄의 코드지만, for 문의 실행 결과는 매우 효과적이다. 이 예제에서는 0에서 9까지 10개 숫자만 출력하지만, range() 함수 괄호 안에 1,000,000을 넣는다고 해보자. 만일 for 문을 사용하지 않고 단순히 print()를 반복해 프로그램을 작성했다면 print() 문장을 1,000,000번 반복해서 코드를 적었어야 한다. 생각만 해도 끔찍한 일이다. 그렇지만 for 문을 사용하는 순간 코드는 단 두 줄로 줄어든다. 여기서 반복문의 힘을 알 수 있다.

```
01 for i in range(10):  #0부터 9까지 반복함. 총 10번 반복
02   print(i)
```

【 실행결과 】

```
0
1
2
3
4
5
6
7
8
9
```

01행과 02행의 range(10)은 0부터 9까지 숫자 시퀀스를 생성하고, for 문을 통해 각 숫자를 반복변수 i에 할당하여 출력하는 프로그램이다. for 문은 range(10)에 의해 생성된 숫자 0부터 하나씩 세어 가면서 for 문 내부의 명령문 print(i)를 수행한다. 이 명령문은 반복변수 i를 출력하는 것이므로 0부터 출력한다. 이 과정을 9까지 반복하므로 총 10회를 반복한다. 따라서 프로그램을 실행하면 0부터 9까지 반복변수가 출력된다. 여기서 range(10)은 0부터 반복횟수를 세기 때문에 0에서 9까지 숫자를 센다. 그리고 셀 때마다 그 값을 하나씩 변수 i에 넣는다. 그러면 변수 i는 0부터 9까지 저장된다. 하나씩 세는 것이 반복문이다.

for 문의 반복변수

for 문에서 반복변수는 for 문을 반복할 때마다 변하는 결괏값(시퀀스의 요소 값)을 임시로 저장하는 장소를 뜻한다. 이름은 영문, 숫자를 조합해 만들어 사용한다.

앞에서 반복변수 i는 0부터 9까지 순차적으로 값을 할당받았다. 그렇지만 range(1,10,2)의 경우에는 어떻게 되는지 확인해 볼 필요가 있다. 결과부터 말하면, 이 경우에 변수 i에는 1, 3, 5, 7, 9 순서로 할당값이 바뀐다. 다음과 같은 프로그램 예제를 살펴보면 반복변수의 값이 어떻게 바뀌지는 알 수 있다.

```
01 for i in range(1,10,2):  #1부터 9까지 2씩 증가한 시퀀스를 생성해 반복함
02    print(i, "번째 반복 명령문")
```

【 실행결과 】

```
1 번째 반복 명령문
3 번째 반복 명령문
5 번째 반복 명령문
7 번째 반복 명령문
9 번째 반복 명령문
```

조금 다른 경우를 살펴보자. 단순한 숫자 시퀀스가 아니라, 리스트(list)라는 숫자열을 정의해 사용할 경우에 반복변수의 값이 어떻게 바뀌지는 알아보자.

다음 코드는 챗GPT에게 "반복변수에 따라 달라지는 결과를 보여주는 예제를 설명해줘"라고 프롬프트 창에 질문했을 때 받은 답변 내용이다[15].

```
01 numbers = [3, 2, 5, 1, 4]  # 리스트 numbers에 5개 숫자를 저장
02 for j in numbers:          # 반복변수는 j, 반복 시퀀스는 리스트 numbers
03     result = j ** 2        # 반복 명령문: 반복변수를 제곱한다.
                              # 이때, 반복변수는 리스트의 각 요소값을 갖는다.
04     print(f"{j}의 제곱은 {result}입니다.")
       #print(f"")는 ""안에 있는 중괄호{}의 변수나 표현식의 값을 출력한다
```

【 실행결과 】

```
3의 제곱은 9입니다.
2의 제곱은 4입니다.
5의 제곱은 25입니다.
1의 제곱은 1입니다.
4의 제곱은 16입니다.
```

03행을 보면, 반복할 때마다 반복변수 j에 리스트 시퀀스의 요소값이 순서대로 전달된다. 첫 번째 반복문에서 반복변수 j에는 numbers[0]=3 값이 할당된다. 즉, j=3이 된다. 두 번째 반복문은 반복변수에 numbers[1]=2가 저장되고 j=2가 된다. 이렇게 반복할 때 반복변수 j의 값은 j=3, j=2, j=5, j=1, j=4와 같은 순서로 바뀐다.

---

15 챗GPT 사용법은 3장 참조. OpenAI의 ChatGPT: https://openai.com/blog/chatgpt

리스트

앞의 예제에서 등장한 리스트에 대해 살펴보자. 파이썬에서 여러 개의 값을 묶어 놓은 집합 개념의 데이터 구조를 사용하는데, 이것을 리스트(list)라 부른다. 여기서 여러 개의 값은 다른 값으로 대체될 수도 있으므로 변수가 될 수 있으며, 이때 리스트는 여러 변수를 묶어 놓은 집합 데이터 구조라는 뜻이 된다.

■ 리스트 만들기

파이썬에서 리스트는 대괄호([])를 사용해 만들고, 각 요소(element, 또는 원소)는 쉼표로 구분한다. 각 요소는 변수에 해당하고 요소들의 위치는 인덱스(index)[16]를 사용해 구분한다. 또한 리스트는 가변적으로 요소의 추가, 삭제, 수정이 가능하다. 서로 다른 형태의 요소를 포함할 수도 있다. 요소들은 문자열, 정수, 실수 등이 될 수 있다.

다음과 같이 리스트를 만들거나 정의할 수 있다.

```
fruits = ["apple", "banana", "cherry"]      # 문자열 묶음
numbers = [3, 2, 5, 1, 4]                   # 정수열 묶음
mixed = [1, "hello", 3.14, True]            # 혼합된 리스트
nested = [[1, 2, 3], [4, 5, 6]]             # 중첩된 리스트, 2차원 배열의 예
empty = []                                   # 빈 리스트
```

일반적인 변수는 하나의 이름에 값 하나만 보관할 수 있지만, 리스트는 하나의 이름에 여러 개의 변수를 포함할 수 있다. 각 변수의 이름은 인덱스로 표현된 숫자가 된다.

이해를 돕기 위해 그림 10.36을 살펴보자. 일반 변수와 리스트의 변수들을 메모리에 저장하는 방법을 보여준다. 변수의 경우에는 하나의 메모리를 할당해 그곳에 값이 저장된다. 반면, 리스트의 경우에는 여러 변수를 한 번에 묶어 메모리에 저장한다.

---

16 인덱스는 0부터 시작하며, 음수 인덱스를 사용하여 뒤에서부터 접근할 수도 있다.

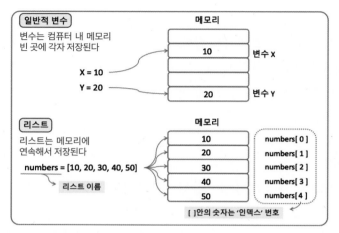

그림 10.36 일반적 변수와 리스트의 변수 저장 방법

리스트 내 원소와 원소 위치 출력하기

리스트를 사용해 여러 값을 묶어보고 원하는 값을 불러보는 프로그램을 다음과 같이 작성해보자.

```
01 numbers = [3, 2, 5, 1, 4]  # 리스트 numbers에 5개 숫자를 저장
   #리스트 numbers의 모든 요소를 출력
02 print(numbers)
   #리스트 numbers의 첫 번째 인덱스에 있는 요소 출력
03 print(numbers[0])
   #리스트 numbers의 세 번째에서 네 번째까지의 요소 출력
04 print(numbers[2:4])
   #리스트 numbers의 첫 번째부터 마지막에서 1을 뺀 곳까지의 요소 출력
05 print(numbers[:-1])
```

【 실행결과 】

```
[3, 2, 5, 1, 4]
3
[5, 1]
[3, 2, 5, 1]
```

04행 numbers[2:4]는 세 번째 인덱스에서 (다섯 번째-1) 인덱스를 가리킨다. 인덱스는 0부터 시작함을 기억하자.

05행 리스트 numbers 인덱스의 처음부터 끝에서 1을 뺀 부분까지 출력하는 명령문이다. 실행 결과는 맨 마지막 원소 4를 제외하고 출력한 값이 된다.

리스트 요소의 제곱 값을 구하는 앞의 예제를 수정해보자. 리스트 numbers의 요소의 인덱스와 요소값을 출력하고, 제곱 값을 구하는 코드로 수정하자. 먼저 다음과 같이 인덱스를 출력하는 명령문 print(j, "번째 요소 값은 ", numbers[j]) 코드를 삽입해 실행해보자.

```
01 numbers = [3, 2, 5, 1, 4]
02 for j in numbers:    #반복변수는 j, 반복 시퀀스[3, 2, 5, 1, 4]
03 print(j, "번째 요소 값은 ", numbers[j])
04                      #리스트의 인덱스와 원소값을 출력
05   result = j** 2
06   print(f"{j}의 제곱은 {result}입니다.")
```

【 실행결과 】

```
3 번째 요소 값은  1
3의 제곱은 9입니다.
2 번째 요소 값은  5
2의 제곱은 4입니다.
------------------------------------------------------------------------
IndexError                            Traceback (most recent call last)
<ipython-input-23-96b8df0da7e3> in <cell line: 2>()
    1 numbers = [3, 2, 5, 1, 4]
    2 for j in numbers:    #반복변수는 j, 반복 시퀀스 [3, 2, 5, 1, 4]
----> 3   print(j, "번째 요소 값은 ", numbers[j])
    4                      #리스트의 인덱스와 원소값을 출력
    5   result = j** 2

IndexError: list index out of range
```

실행 결괏값도 원하는 결과가 아니고, 세 번째 요소를 실행하는 도중에 "list index out of range"라는 오류 메시지가 발생하면서 중단됐다. 03행에서 오류가 발생했음을 보여주고 있다.

여기서 문제는 리스트 요소들의 값이다. 0부터 순서대로 1씩 증가한 값이 아닌 무작위 값들로 구성된 리스트라는 것이 문제다. 첫 번째 반복문에서 j에는 numbers[0] 값인 3이 할당된다. 즉, j=3이다. 따라서 print(j, "번째 요소 값은 ", numbers[j]) 문장에서 numbers[j]는 numbers[3]이 되고, 리스트의 네 번째 요소값인 1이 출력된다. 그래서 이 문장의 실행 결과는 "3번째 요소 값은 1"이라고 잘 못 출력된다. 맞게 실행된다면 "0번째 요소 값은 3"이라고 출력돼야 한다.

결국 이 문제는 for 문에서 사용하는 반복 가능 객체인 시퀀스에 있다. numbers가 아니라 0부터 순차적으로 증가하는 시퀀스를 사용하면 이 문제를 해결할 수 있다. 또한 반복변수 j가 0부터 4까지 바뀌므로 05행과 06행도 수정해야 한다.

다음과 같이 수정하면 원하는 결과를 얻을 수 있다. 여기서 0부터 연속된 시퀀스를 구하기 위해 range(0, len(numbers))를 사용한다. len() 함수는 리스트의 길이(len은 length의 줄인 형태)의 값을 반환해주는 함수다. len(numbers)의 값은 리스트 numbers의 길이이므로 5가 된다. 그러면 range(0, len(numbers))는 range(0,5)와 같다. 이 값은 0부터 (5-1=4)까지의 수로 [0, 1, 2, 3, 4]가 된다.

```
01 numbers = [3, 2, 5, 1, 4]
02 for j in range(0, len(numbers)):      #반복 시퀀스는 [0, 1, 2, 3, 4]
03   print(j, "번째 요소 값은 ", numbers[j])  #리스트의 인덱스와 원소값 출력
04   result = numbers[j] ** 2            # j를 numbers[j]로 수정
05 print(f"{numbers[j]}의 제곱은 {result}입니다.")
06                                       #j를 numbers[j]로 수정
```

【 실행결과 】

```
0 번째 요소 값은  3
3의 제곱은 9입니다.
1 번째 요소 값은  2
2의 제곱은 4입니다.
```

```
2 번째 요소 값은  5
5의 제곱은 25입니다.
3 번째 요소 값은  1
1의 제곱은 1입니다.
4 번째 요소 값은  4
4의 제곱은 16입니다.
```

리스트를 사용할 때 자주 사용하는 함수

리스트는 파이썬에서 데이터를 다룰 때 자주 사용하기 때문에 리스트를 사용할 때 알아두면 유용한 몇 가지 함수를 살펴보자. 앞서 소개한 len()은 리스트의 길이(요소의 개수)를 반환하는 함수이고, append()는 리스트의 끝에 새로운 원소를 추가할 때 사용한다. 그리고 새로운 요소를 삽입하거나 삭제할 때 insert()와 remove()를 사용한다. 다음은 각 함수를 사용한 예들이다. 하나씩 실행해보고 결과를 살펴보자.

```
# len( ): 리스트의 길이를 반환한다
fruits = ["apple", "banana", "cherry"]
length = len(fruits)
print(length)    # <실행 결과> 3


# append( ): 리스트의 끝에 새로운 요소를 추가한다
fruits = ["apple", "banana", "cherry"]
fruits.append("orange")
print(fruits)
# <실행 결과> ["apple", "banana", "cherry", "orange"]


# insert(): 리스트의 특정 인덱스에 새로운 요소를 삽입합니다.
fruits = ["apple", "banana", "cherry"]
fruits.insert(1, "orange")
print(fruits)
# <실행 결과> ["apple", "orange", "banana", "cherry"]


# remove(): 리스트에서 특정 값을 가진 첫 번째 요소를 삭제합니다.
fruits = ["apple", "banana", "cherry"]
fruits.remove("banana")
print(fruits)    # <실행 결과> ["apple", "cherry"]
```

파이썬 프로그램 예제

지금까지 파이썬에서 자주 사용하는 기본 문법과 사용 예를 살펴봤다. 그러면 이것을 바탕으로 파이썬 프로그램 예제를 살펴보자. 일상생활 속에서 사용되는 로또 번호 발생기 프로그램과 앞에서 배운 정렬 알고리즘을 프로그램으로 만들어본다. 그리고 숫자와 데이터를 처리하는 넘파이 프로그램 예제를 살펴보고 시본 라이브러리를 사용해본다. 마지막으로 손글씨 숫자를 인식하는 머신러닝 알고리즘을 파이썬 프로그램으로 구현해본다.

일상생활 속에서 사용되는 알고리즘 예제

로또 번호 자동 발생기

로또 번호를 자동으로 발생시키는 파이썬 프로그램을 작성해보자. 알고리즘의 목표는 '1부터 45까지 6개의 숫자를 발생키는 것'이다. 우리는 앞에서 무작위로 번호를 발생시키는 numpy.random 모듈을 배웠다. 이 모듈에 있는 numpy.random.choice() 함수를 사용해 1부터 45까지 숫자 중에서 무작위로 6개 숫자를 뽑아보자. 파이썬 프로그램은 다음과 같이 작성한다.

```
01 !pip install numpy
02 import numpy as np
03 # 1~45까지 숫자 중 6개 뽑아 내기
04 lotto = np.random.choice(range(1, 46), size=6, replace=False)
05 print(lotto)                                # 6개 로또 번호 확인한다.
06 for i in range(0, len(lotto)):
07    print(i+1, '번째 로또 번호는 =', lotto[i]) # 로또 번호 출력 명령문
```

【 실행결과 】

```
[ 9 37 39 15 19 34]
1 번째 로또 번호는 = 9
2 번째 로또 번호는 = 37
3 번째 로또 번호는 = 39
4 번째 로또 번호는 = 15
5 번째 로또 번호는 = 19
6 번째 로또 번호는 = 34
```

05행 np.random.choice(range(1, 46), size=6, replace=False)는 1부터 45까지의 숫자 범위에
    서 6개의 번호를 중복되지 않게 뽑아낸다. 여기서 처음 range(1, 46)은 범위를 나타내고, 두 번째
    인수 6은 뽑아내는 개수, replace=False는 중복하지 않는다는 뜻이다.

이번에는 넘파이의 np.random.choice()와 비슷한 기능을 하는 파이썬에 내장돼 있는
random 모듈을 사용하자. 이 모듈 안에 있는 random.sample()을 사용한다. 오히려 넘파
이보다 간단히 구현된다. 이 함수는 random.sample(시작, 끝, 간격)의 형식으로 정의된
다. 아래 프로그램 03행 random.sample(range(1, 46), 6)은 1부터 45까지 숫자 중에서
6개 숫자를 뽑아내라는 뜻이다.

```
01 import random        # 파이썬에 내장되어 있는 random 모듈을 가져온다.
02    # 1~45까지 숫자 중 6개 뽑아내기
03 lotto = random.sample(range(1, 46), 6 )
04 print(lotto)
05 for  i  in  range( 0, len(lotto)):
06    print( i+1, '번째 로또 번호는 =', lotto[i])
```

【 실행결과 】

```
[22, 27, 29, 32, 26, 30]
1 번째 로또 번호는 = 22
2 번째 로또 번호는 = 27
3 번째 로또 번호는 = 29
4 번째 로또 번호는 = 32
5 번째 로또 번호는 = 26
6 번째 로또 번호는 = 30
```

정렬 알고리즘

앞에서 일상생활 속에서 찾아볼 수 있는 알고리즘으로 정렬과 탐색을 살펴봤다. 이 중 무
작위로 나열된 숫자 배열 [31, 25, 91, 11, 47, 21]을 순서대로 정렬하는 알고리즘을 파이
썬으로 작성해보자. 파이썬에서 제공하는 sorted() 함수를 사용해 숫자 배열을 쉽게 정
렬할 수 있다.

다음은 챗GPT에게 숫자 배열을 말해주고 정렬 프로그램을 작성해달라고 질문해서 얻은 코드다.

```
01 numbers = [31, 25, 91, 11, 47, 21]
02 # 숫자 리스트를 정렬합니다
03 sorted_numbers = sorted(numbers)
04 # 정렬된 결과를 출력합니다
05 print(sorted_numbers)
```

【 실행결과 】

```
[11, 21, 25, 31, 47, 91]
```

파이썬에 포함되어 있는 **sorted()** 함수는 병합 정렬과 삽입 정렬을 결합한 하이브리드 알고리즘을 사용한다. 평균 시간 복잡도는 $O(nlogn)$이다. 이와 같이 간단하게 제공되는 함수가 없을 경우에는 정렬 알고리즘을 직접 작성해야 한다.

다음 코드는 선택 정렬이 실행되는 과정을 볼 수 있게 작성한 파이썬 프로그램이다. 또한 맷플롯립 라이브러리를 사용해 단계별로 정렬되는 과정을 막대 그래프를 사용해 한눈에 볼 수 있게 표현했다.

```
01 import matplotlib.pyplot as plt          # 맷플롯립 라이브러리 불러오기
02
03 numbers = [31, 25, 51, 11, 47, 21]
04 print("입력한 숫자 리스트:", numbers)

05 for i in range(len(numbers)-1):          # 리스트 전체 길이만큼 반복한다
06     min_idx = i                          # 먼저 최솟값의 인덱스는 맨 왼쪽이다
07     for j in range(i+1,len(numbers)):    # 최솟값의 위치를 찾는다
08         if numbers[j] < numbers[min_idx]:  # 최솟값을 확인
09             min_idx = j                    # 최솟값보다 작으면 인덱스를 바꾼다

       # 한 번씩 모두 비교해 새로운 최솟값을 찾으면 자리를 바꾼다
10     numbers[i], numbers[min_idx] = numbers[min_idx], numbers[i]
11     print("정렬과정 중인 숫자열:", numbers)      # 바뀌는 과정 살펴보기
```

```
          # for 문의 변수 i에 따라 차례대로 2행 3열 그래프로 그리기
12        plt.subplot(2, 3, i+1)      # subplot 인덱스는 1부터 시작하므로 i+1
13        plt.bar(range(1, len(numbers)+1), numbers)
14        plt.xticks(range(1, len(numbers)+1))
15        plt.xlabel("order")
16        if ((i+1)%3) == 1:
              plt.ylabel("value")          # 1,4번째 그래프에만 y축 레이블 쓰기

      # -- 최종 결과 확인하기 --
17 print("선택 정렬된 숫자열:", numbers)
18 plt.subplot(2, 3, i+2)                   # 최종 결과 그래프 자리
19 plt.bar(range(1, len(numbers)+1), numbers)   # 최종 그래프
20 plt.xticks(range(1, len(numbers)+1))         # x 축에 표시할 값
21 plt.xlabel("order")                          # 막대그래프 x 축 레이블
```

【 실행결과 】

```
입력한 숫자 리스트: [31, 25, 51, 11, 47, 21]
정렬과정 중인 숫자열: [11, 25, 51, 31, 47, 21]
정렬과정 중인 숫자열: [11, 21, 51, 31, 47, 25]
정렬과정 중인 숫자열: [11, 21, 25, 31, 47, 51]
정렬과정 중인 숫자열: [11, 21, 25, 31, 47, 51]
정렬과정 중인 숫자열: [11, 21, 25, 31, 47, 51]
선택 정렬된 숫자열: [11, 21, 25, 31, 47, 51]
Text(0.5, 0, 'order')
```

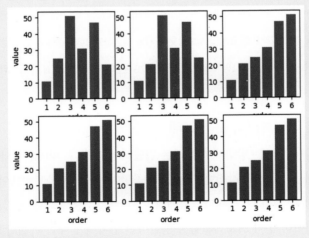

그림 10.37 선택 정렬 과정을 보여주는 막대그래프

05행부터 11행까지가 선택 정렬 알고리즘 부분이다. 두 개의 for 문을 사용하는 이중 for 문 구조다.

> **05행** 첫 번째 for 문으로 숫자 리스트 전체를 하나씩 훑어가기 위한 반복문이다.
>
> **06행** min_idx = i는 현재 인덱스 i를 가장 작은 값의 위치로 가정한다.
>
> **07행** 두 번째 for 문은 최솟값을 찾기 위한 내부 반복문이다.
>
> **08행** if 문은 j 인덱스에 해당하는 값이 현재 최솟값보다 작은지를 확인하는 조건문이다. 만일 조건이 참이라면, 최솟값의 인덱스를 j로 업데이트한다(09행).
>
> **10행** numbers[i], numbers[min_idx] = numbers[min_idx], numbers[i]는 현재 인덱스 i의 요소와 내부 반복문에서 찾은 최솟값을 교환하는 명령문이다. 이 명령어로 최솟값이 앞으로 자리를 바꾼다.
>
> **11행** 그 결과를 print("정렬과정 중인 숫자열:", numbers) 명령문으로 출력한다.

나머지 부분은 정렬 과정 중인 숫자 리스트를 막대그래프로 표현하는 과정이다.

> **12행~16행** 외부 for 문 안에 있기 때문에 숫자 리스트의 길이(여기서는 6)만큼 반복되는 명령문이다.
>
> **12행** plt.subplot(2, 3, i+1)은 2행 3열로 6개 그래프를 그리기 위한 설정이다.
>
> **13행** plt.bar(range(1, len(numbers)+1), numbers)는 1부터 숫자 리스트 길이의 값을 x축으로 해서 숫자 리스트를 막대그래프로 표현하는 함수다.
>
> **14행** plt.xticks(range(1, len(numbers)+1))는 x축에 표시될 값의 범위를 설정하는 것이다. 15행 plt.xlabel("order")는 막대그래프의 x축 레이블을 'order'로 지정하는 명령문이다.
>
> **17행~21행** 최종 결과 그래프를 표시할 서브플롯 위치를 설정하고 그래프를 그리는 명령문이다.
>
> **18행** plt.subplot(2, 3, i+2)에서 i+2로 설정한 이유는 마지막 자리를 표시하기 위해서다.

다양한 파이썬 라이브러리 활용 예제

앞에서 넘파이를 설치하는 방법에 대해서는 간단히 살펴봤다. 파이썬에서 넘파이는 수치 데이터를 처리하는 데 아주 강력한 기능을 제공한다. 인공지능과 빅데이터에 사용되는 행렬, 벡터, 그래픽 처리 등 선형대수학에서 아주 빠른 계산능력을 제공해준다. 그래서 머신러닝이나 데이터 분석 프로젝트를 수행한다면 넘파이에 대한 확실한 이해가 필수다. 또한 넘파이로 만든 수치 연산을 맷플롯립으로 표현해보는 프로그램을 작성해본다.

수치 데이터를 처리하는 강력한 넘파이

파이썬 프로그램에서는 여러 숫자나 문자열을 쉽게 묶어주는 자료 구조형 리스트를 주로 사용한다. 넘파이 라이브러리를 사용하는 경우에는 리스트와 비슷한 개념의 배열(array)을 사용한다. 넘파이는 다차원 숫자 데이터를 저장할 수 있는 배열과 함께 고급 수학 연산 기능, 풍부한 함수를 제공한다. 또한 배열이 리스트보다 메모리를 작게 차지해 빠른 연산에 사용하기에 적합하다. 넘파이에 들어 있는 난수 발생 함수를 사용해 간단한 예제를 만들어 보자.

```python
01 import  numpy  as np              # 넘파이 라이브러리를 불러오기
02 import  matplotlib.pyplot  as  plt # 맵플롯립 라이브러리 불러오기

03 X= np.random.rand(100)           # x 좌푯값으로 무작위 수 100개
04 Y= np.random.rand(100)           # y 좌푯값으로 무작위 수 100개

05 plt.figure(figsize=(10,4))       # 전체 그림의 크기를 설정한다
06 plt.subplot(1, 2, 1)             # 그림의 위치 설정: 1행 2열의 첫 번째
07 plt.scatter(X, Y, color='orange') # orange색으로 산점도를 그린다

08 Xn= np.random.randn(100) # x 좌푯값으로 정규분포를 갖는 무작위 수 100개
09 Yn= np.random.randn(100) # y 좌푯값으로 정규분포를 갖는 무작위 수 100개

10 plt.scatter(Xn, Yn, color='blue') # blue로 산점도를 그린다

11 Z = np.random.randn(20, 20)      # 정규분포의 무작위 수 20x20의 배열
12 plt.subplot(1, 2, 2)             # 그림의 위치 설정: 1행 2열의 두 번째
13 plt.imshow(Z)                    # 히트맵 그리기. 배열을 이미지로 그리기
14 plt.colorbar( )   # 색상막대 그리기. 색상으로 크기를 값을 알 수 있다

15 plt.savefig('colorbar_test.png')   # 이미지 파일로 저장한다
```

【 실행결과 】

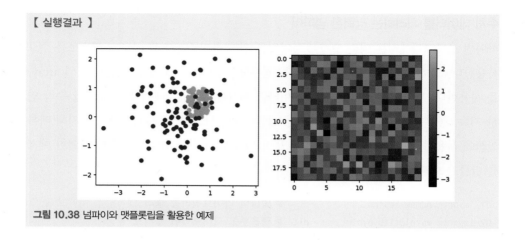

그림 10.38 넘파이와 맷플롯립을 활용한 예제

02행 맷플롯립 라이브러리 모듈 중에서 파이플롯을 불러오는 명령문이다.

03행~04행 np.random.rand(100)은 0부터 1 사이의 무작위 수 100개를 생성한다.

08행~09행 np.random.randn(100)은 평균이 0이고 표준편차가 1인 정규분포[17]를 갖는 무작위 수를 발생시킨다.

07행~10행 plt.scatter(Xn, Yn, color='blue')는 산포도(scatter)를 그리는 함수다. color='blue'로 색을 지정할 수 있다. 그림 10.38의 왼쪽 그림에서 정규분포로 발생한 무작위 수와 그렇지 않은 무작위 수의 산포도를 비교해보면 오렌지 색상(정규분포)의 데이터가 평균 0에 몰려 있는 것을 알 수 있다.

11행 정규분포를 갖는 무작위 20x20 크기의 배열을 생성하는 명령문이다. 즉, 20행 20열로 구성되므로 총 400개의 숫자가 생성된다.

13행 plt.imshow(Z) 함수는 이 2차원 배열 Z를 히트맵(heat map, 열지도)[18] 이미지로 그리는 함수다. 이때 괄호의 2차원 배열의 행과 열에 따라 각각 그 값을 색상으로 표현한다. 그림을 그리는 순서는 가장 왼쪽 위부터 시작한다. 그림 10.38 오른쪽 그림의 y축과 x축의 눈금값을 확인해보자. 맨 왼쪽의 위부터 시작한다.

14행 plt.colorbar()는 히트맵 옆에 값의 크기를 색상으로 표현해준다.

15행 plt.savefig('colorbar_test.png')는 그림을 파일로 저장하는 명령문이다.

---

17 정규분포(normal distribution)는 가우시안(Gaussian) 분포라고도 하며, 종(bell) 모양의 대칭적인 분포로 종의 중심이 평균값이고 그곳에 대부분의 데이터가 집중되어 있다. 그림 10.38을 보면, 평균이 0인 곳에 데이터가 집중돼 있다. 정규분포는 다양한 자연현상에 나타나는 값들의 분포를 근사하기 위해 사용되는 경우가 많다.

18 히트맵은 흔히 온도를 나타낼 때 주로 사용한다. 또는 전국 시도군별 데이터 값을 비교할 때도 한눈에 알아볼 수 있어 편리하다.

TTS(Text-to-Speech) 라이브러리로 텍스트 음성 합성

생활 속에서 우리가 인공지능 기술 중 가장 흔하게 접하는 기술은 언어를 구사하는 기능이다. 언어를 처리하는 기능 중에서 가장 단순한 음성 합성(speech synthesis, 말소리를 기계가 자동으로 만들어 내는 기술) 기능을 구현해보자. 텍스트를 음성으로 변환해 들려주는 TTS(Text-To-Speech) 기능을 파이썬 프로그램으로 만들어본다.

TTS 기능을 위해 필요한 라이브러리는 gtts, playsound, IPython이다.

- **gTTS(Google Text-To-Speech)**: Google Text-To-Speech의 약자로, 구글의 TTS 엔진을 사용하여 텍스트를 음성으로 변환해주는 파이썬 라이브러리다. 인터넷 연결이 필요하며, Google TTS API(application program interface)[19]를 사용해 텍스트를 음성으로 변환하고 MP3 오디오 파일로 제공한다.

- **playsound**: 파이썬에서 간단하게 음악 또는 오디오 파일을 재생할 수 있도록 도와주는 간단한 오디오 재생 라이브러리다.

- **IPython**: 대화형 파이썬 셸(Interactive Python Shell)을 제공하는 향상된 파이썬 인터프리터로 기본 파이썬 인터프리터의 기능을 확장해 다른 여러 기능을 제공한다.

```
01 !pip install gtts
02 !pip install playsound
03 !pip install IPython

   # 텍스트를 음성으로 출력하기
04 from gtts import gTTS
05 from IPython.display import Audio

   # 텍스트 입력받기
06 text = input("텍스트를 입력하세요: ")
07 tts=gTTS(text, lang='ko')
08 tts.save('/content/tts_sample.mp3')
09 w_speech = Audio('tts_sample.mp3', autoplay=True)
10 display(w_speech)
```

【 실행결과 】

텍스트를 입력하세요: [   ]

---

19 Google TTS API를 사용할 때, API Key를 발급받아 사용할 경우도 있다. Google Cloud Platform에서 API Key를 발급받아야 한다.

01행~04행 01행부터 03행까지는 라이브러리 설치하기 코드고, 04행은 gtts 라이브러리에서 gTTS 모듈을 불러온다.

05행 `from IPython.display import Audio`는 playsound 라이브러리를 사용할 수 없을 때 사용한다. IPython.display 모듈의 Audio 클래스는 구글 코랩과 같은 IPython 환경에서 음원 파일을 재생할 때 사용한다 [20].

06행~07행 06행에서 키보드로 텍스트를 입력받고, 07행 `tts=gTTS(text, lang='ko')`는 입력받은 텍스트를 한국어 음성으로 변환한다. 여기서 `lang='en'`으로 설정하면 영어로 읽어준다. 그 외에 일본어는 `'ja'`, 프랑스어는 `'fr'`이다. 이 설정값을 바꿔서 실행하면 재미있는 결과를 확인할 수 있다.

08행 `tts.save('/content/tts_sample.mp3')`는 음성 변환 결과를 현재 작업하고 있는 구글 코랩의 디렉터리에 MP3 파일로 저장하는 명령문이다.

09행 `w_speech=Audio('tts_sample.mp3', autoplay=True)`는 저장된 음성 파일을 불러오는 명령문이다.

10행 `display(w_speech)`로 재생한다. 여러분이 직접 텍스트를 입력해 보고 들어보기 바란다.

시본 라이브러리로 데이터 시각화하기

시본(seaborn) 라이브러리는 맷플롯립을 기반으로 만들어졌다. 맷플롯립보다 수준 높은 함수를 제공해 사용자들이 쉽게 데이터를 분석하고 시각화할 수 있게 도와준다. 시본 라이브러리 웹사이트[21]에서 제공하는 간단한 튜토리얼로 시본 라이브러리를 사용해보자.

```
01 !pip install seaborn
02 import seaborn as sns                # 시본 라이브러리를 sns로 불러오기
03 sns.set_theme(style="darkgrid")      # 바탕 테마 설정
04 tips = sns.load_dataset("tips")      # tips 데이터셋을 불러온다
05 print("tips 크기:", tips.shape)      # tips 데이터셋 크기를 출력
06 print("======= tips 데이터 10개 보기 =======")
07 print(tips.head(10))                 # tips 데이터셋 10개만 출력
08 #replot(x축, y축, col: 그림 구분 칼럼, hue: 마커 색 구분): 상관관계 산점도
09 sns.relplot(data=tips, x="total_bill", y="tip", col="time",
```

---

20 주피터 노트북을 사용할 경우에는 09행과 10행 대신에 playsound.playsound('tts_sample.mp3')라고 입력하고 실행한다.
21 시본 라이브러리: http://seaborn.pydata.org/index.html

```
10 hue="smoker", size="size")
11sns.pairplot(data=tips,hue="smoker") #모든 변수쌍에 대한 산점도를 그림
```

【 실행결과 】

```
tips 크기: (244, 7)
======= tips 데이터 10개 보기 =======
   total_bill   tip    sex smoker  day    time  size
0       16.99  1.01  Female     No  Sun  Dinner     2
1       10.34  1.66    Male     No  Sun  Dinner     3
2       21.01  3.50    Male     No  Sun  Dinner     3
3       23.68  3.31    Male     No  Sun  Dinner     2
4       24.59  3.61  Female     No  Sun  Dinner     4
5       25.29  4.71    Male     No  Sun  Dinner     4
6        8.77  2.00    Male     No  Sun  Dinner     2
7       26.88  3.12    Male     No  Sun  Dinner     4
8       15.04  1.96    Male     No  Sun  Dinner     2
9       14.78  3.23    Male     No  Sun  Dinner     2
<seaborn.axisgrid.PairGrid at 0x7f162f45e6e0>
```

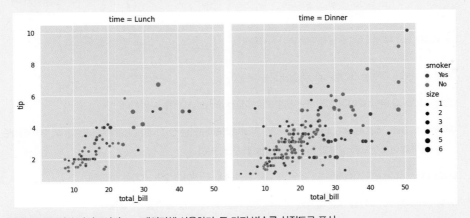

그림 10.39 시본 라이브러리 tips 데이터셋 사용하기: 두 가지 변수를 산점도로 표시

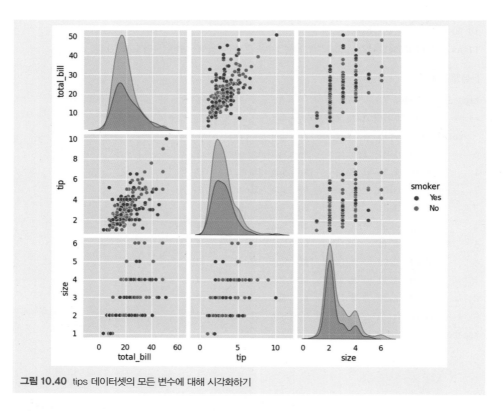

그림 10.40 tips 데이터셋의 모든 변수에 대해 시각화하기

02행 seaborn 라이브러리를 sns로 불러오는 부분이다.

03행 시각화의 바탕 테마를 설정하는 부분으로 "darkgrid" 테마를 사용한다.

04행 sns.load_dataset("tips")는 시본 라이브러리에 있는 tips 데이터셋을 불러온다. 이 데이터셋은 예제 데이터셋으로 식당의 팁에 대한 정보를 담고 있다.

05행 tips.shape를 사용해 행과 열의 개수를 확인해 tips 데이터셋의 크기를 출력한다.

07행 tips.head(10)을 사용해 tips 데이터셋의 처음 10개 행을 출력할 수 있다.

08행 sns.relplot()은 tips 데이터셋 데이터들의 상관관계 산점도를 그려주는 함수다. x="total_bill"로 x축 변수에 total_bill을 설정하고, y="tip"으로 y축에 tip 변수를 지정해 그래프를 그린다. col="time"과 hue="smoker"는 그림을 구분하는 칼럼(col)으로 time 변수에 따라 구분한다는 의미이고, 마커의 색상(hue)을 구분하는 인수로 smoker 변수에 따라 구분한다. 점의 크기는 size="size"로 조절한다.

```
sns.relplot(data=tips, x="total_bill", y="tip", col="time", hue="smoker", size="size")
```

11행 sns.pairplot(data=tips,hue="smoker")을 사용하여 tips 데이터셋의 모든 변수 쌍에 대한 산
점도를 그린다. hue="smoker"는 smoker 변수에 따라 점의 색상을 구분한다. 이 코드는 seaborn 라
이브러리를 사용하여 tips 데이터셋의 관계를 시각화하는 예제다. 산점도를 통해 변수 간의 상관관계
를 확인하고, 데이터의 분포를 탐색할 수 있다.

머신러닝과 신경망 활용 예제

머신러닝의 기본 알고리즘: 선형 회귀 모델

앞서 tips 데이터셋으로 분석한 그래프 그림 10.39를 살펴보자. 여기서 우리가 유추할 수
있는 논리적 추론은 'total_bill(총 지불값)'에 비례해서 'tip(팁)'이 증가하는 경향이 있
다는 것이다. 이런 경향을 그림 10.41과 같이 수학적인 표현을 사용한다면, '선형에 따라
비례한다', 또는 '총 지불값과 팁은 서로 선형적 상관관계가 있다'와 같이 표현한다. 이런
비례 관계나 상관관계를 나타내는 비교적 간단한 수학 표현이 바로 '직선 방정식'이다. 직
선 방정식은 x와 y 사이의 관계를 나타내는 식으로 기술기와 절편을 이용해 해당 직선을
표현한다. 식은 '$y=ax+b$, a:기울기, b:절편'과 같다.

그림 10.41과 같이 tips 데이터셋의 total_bill 변수와 tip 변수 사이에는 선형 상관관
계를 있음을 알아냈다. 특히 x축 total_bill과 y 축 tip이 임의로 그린 직선에 몰려있음
을 알 수 있다. 만일 이 직선의 방정식을 구할 수 있다면, 간단하고도 훌륭한 '선형 예측
기(predictor)'를 만들 수 있을 것이다.

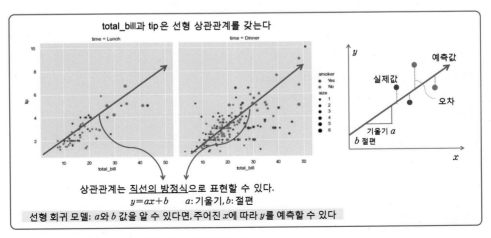

그림 10.41 선형 회귀 모델(직선의 방정식)로 결과 예측하기

직선 방정식 $y=ax+b$에서 기울기 a와 절편 b를 구하면 입력 변수 x에 따라 결괏값 y를 예측할 수 있다. 이렇게 직선과 같은 선형 방정식을 구해 결과를 예측하는 모델을 '선형 회귀(linear regression) 모델'이라고 부른다. 여기서는 정확한 선형 회귀 모델보다 직선 방정식에 의한 간단한 예측 모델을 파이썬으로 작성해본다.

```python
01 !pip install sklearn
02 %matplotlib inline      # Jupyter Notebook을 사용할 경우 추가
03 import numpy as np
04 import matplotlib.pyplot as plt
05 from sklearn.linear_model import LinearRegression

   # x 축 데이터, y 축 데이터 입력
06 total_bill = [ [16.99], [10.34], [21.01], [23.68], [24.59], [25.29],[8.77],
   [26.88], [15.04], [14.78] ]
07 tip = [1.01, 1.66, 3.50, 3.31, 3.61, 4.71, 2.0, 3.12, 1.96, 3.23]

   # 회귀 모델 선언 및 학습하기
08 LR = LinearRegression( )
09 LR.fit(total_bill, tip)

   # 학습된 모델(직선 방정식)의 기울기와 절편 구하기
10 coeff = LR.coef_[0] # 직선 방적식의 기울기 (coefficient)
11 intercept = LR.intercept_ # 직선의 절편

   # 학습이 끝난 모델(직선)이 얼마나 데이터를 잘 따르는지 측정
12 score = LR.score(total_bill, tip)

   # 결과 출력
13 print("기울기: ", format(coeff.round(2)))
14 print("절편: ", format(intercept.round(2)))
15 print("학습된 선형 회귀 모델의 점수는: ", format(score.round(4)*100), "%")

   # 실제 데이터와 학습된 모델 그래프 그리기
16 plt.scatter(total_bill, tip, label='Actual Data')
17 plt.plot(total_bill, LR.predict(total_bill), color='red', label='Linear Regression')
18 plt.xlabel('Total Bill')
19 plt.ylabel('Tip')
```

```
20 plt.legend()
21 plt.show()
```

【 실행결과 】

기울기: 0.12
절편: 0.51
학습된 선형 회귀 모델의 점수는: 50.5 %

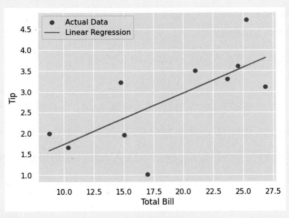

그림 10.42 간단한 선형 회귀 예측 모델 학습 결과 (직선이 예측선이다)

01행~05행 파이썬에서 머신러닝 툴로 가장 유명한 사이킷런(Scikit-Learn) 라이브러리를 불러오는 명령
문이다. 사이킷런은 머신러닝을 위해 필요한 지도 학습과 비지도 학습을 위한 다양한 모델을
제공하며, 모델들을 위한 시각화 도구, 교차 검증 도구까지 제공한다. 딥러닝은 텐서플로를 사
용한다.

05행 `sklearn.linear_model`은 사이킷런의 `linear_model`에서 `LinearRegression()` 모델을 불러
오는 명령문이다. 이 모델은 선형회귀 모델을 만드는 함수다.

06행~07행 `total_bill`과 `tip` 데이터를 x축과 y축 데이터로 불러온다. 데이터 값은 [ ]를 사용해 입
력한다. x축 데이터인 `total_bill`과 y축 데이터인 `tip`을 넘파이 배열로 생성한다. `total_`
`bill`은 reshape 함수를 사용하여 2차원 배열로 변환한다.

08행 `LR=LinearRegression()`으로 회귀 모델을 선언한다. 이 함수를 실행하면 직선의 기울기와 절편을
구할 수 있다.

09행 `LR.fit(total_bill, tip)`은 x축과 y축 데이터를 선형 회귀 분석 모델로 학습시키는 함수다. 보통
`.fit()`으로 지정하는 경우는 모델을 학습(fit)시킨다는 뜻으로 사용된다.

10행 `coeff = LR.coef_[0]`은 학습된 모델의 기울기를 구한다.

11행 intercept = LR.intercept_으로 절편을 구한다. 실행 결과 기울기는 0.12, 절편은 0.51로 우리가 얻은 직선의 방정식은 $y=0.12x+0.51$이다.

12행 score=LR.score(total_bill, tip)은 학습이 끝난 모델이 얼마나 데이터를 잘 따르는지를 측정하는 함수다. 즉, 그림 10.42에서 실제 값과 예측 값의 오차가 얼마나 되는지를 측정한다. 실행 결과 50.5%라는 결과를 얻었다. 이것은 학습시킬 데이터 수가 적기 때문에 발생한 문제라고 볼 수 있다.

13행~15행 결과를 출력하는 명령문으로 format(변수이름.round(소수점 자릿수))는 변수를 원하는 소수점 자릿수까지 잘라 넘겨준다. format(coeff.round(2)))는 coeff 변수 값을 소수점 2자리까리 보여준다.

16행~22행 실제 데이터와 학습된 모델을 비교해 그리는 명령문이다.

학습시킨 선형 회귀 모델의 예측 성능을 테스트해 보자. 다음과 같이 입력할 수 있는 코드를 만들고 손님이 지불한 총금액을 넣어보자. 그러면 학습시켜 만든 직선 예측선으로 예측되는 팁이 얼마인지 알 수 있다. 단, 앞 프로그램을 실행시킨 화면에 이어서 입력해야 한다.

```
01 # 새로운 지불 금액을 입력
02 bill= float(input("손님이 지불한 총 금액은 입력하시오:   "))

# 학습한 모델로 팁 예측하기
03 est_tip = LR.predict([[bill]])

# 예측되는 팁을 출력
04 print("선형 회귀 모델로 예측되는 팁은? ", format(est_tip.round(2)) )
```

【 실행결과 】

```
손님이 지불한 총 금액은 입력하시오:  24.7
선형 회귀 모델로 예측되는 팁은?  [3.54]
```

02행 float(input())은 키보드로 입력받은 값을 실수형으로 읽어들인다.

03행 LR.predict([[bill]])은 괄호 안의 입력 값 bill에 따라 앞에서 만든 선형 회귀 모델(직선 방정식 $y=0.12x+0.51$)에 따라 출력 값을 예측한다. 여기서 입력 값은 2차원 배열로 입력해야 하므로 괄호 안에 이중 대괄호 [[ ]]를 사용한다. 손님이 지불한 금액을 24.7로 입력했을 때, 팁이 3.54인 것으로 예측해준다.

만일 선형 회귀 모델을 학습시킬 데이터가 충분히 많다면, 모델의 예측 값은 더 정확해진다. 이 모델은 가장 간단한 선형 회귀 모델을 선보인 것으로 10개의 데이터로 비교적 좋은 예측 결과를 얻었다. 그렇지만 충분히 많은 데이터로 학습시키고, 오차를 줄이기 위해 평균 제곱오차, 경사 하강법 등과 같은 학습 방법을 사용하면 더욱 정확한 예측 모델을 만들 수 있다.

신경망 모델: 텐서플로 라이브러리로 필기체 숫자 인식 모델 만들기

보통 이미지를 분류하기 위한 머신러닝이나 신경망 학습 모델을 만들기 위해서는 앞서 소개한 사이킷런과 텐서플로(TensorFlow), 케라스(Keras), 파이토치(PyTorch) 라이브러리를 가장 널리 사용한다. 이 중에서 텐서플로 라이브러리와 케라스 모듈을 사용한 이미지 분류 신경망 모델을 만들어 보자.

신경망 모델을 학습하는 데 사용하는 데이터셋은 MNIST(Modified National Institute of Standards and Technology database)에서 제공하는 필기 숫자 데이터셋을 사용한다. MNIST 손글씨 데이터셋은 손으로 쓴 숫자(0에서 9까지)로 구성된 대표적인 이미지 데이터셋이다. 각 이미지는 28×28픽셀의 흑백 이지미로 구성돼 있다. 다음과 같이 파이썬 코드를 작성해보자.

```
01 !pip install tensorflow
02 !pip install keras
03 !pip install opencv-python

04 import tensorflow as tf
05 from tensorflow.keras.datasets import mnist
06 from tensorflow.keras.models import Sequential
07 from tensorflow.keras.layers import Dense, Flatten
08 from tensorflow.keras.optimizers import Adam

09 import cv2
10 import numpy as np
11 import matplotlib.pyplot as plt
```

```
   # MNIST 데이터셋 로드
12 (x_train, y_train), (x_test, y_test) = mnist.load_data()

13 # 훈련용 데이터 그리기
14 fig = plt.figure()
15 ax1 = fig.add_subplot(1, 4, 1)
16 ax2 = fig.add_subplot(1, 4, 2)
17 ax3 = fig.add_subplot(1, 4, 3)
18 ax4 = fig.add_subplot(1, 4, 4)

19 ax1.imshow(x_train[0], cmap='Greys') # 첫 번째 훈련용 데이터
20 ax2.imshow(x_train[1], cmap='Greys') # 두 번째 훈련용 데이터
21 ax3.imshow(x_train[2], cmap='Greys') # 세 번째 훈련용 데이터
22 ax4.imshow(x_train[3], cmap='Greys') # 네 번째 훈련용 데이터

   # MNIST 읽어 와서 신경망에 입력할 형태로 데이터 전처리
23 x_train = x_train.reshape(60000,784) # 텐서 모양 변환
24 x_test = x_test.reshape(10000,784)
25 x_train=x_train.astype(np.float32)/255.0 # ndarray로 변환
26 x_test=x_test.astype(np.float32)/255.0

27 y_train=tf.keras.utils.to_categorical(y_train,10) # 원핫 코드로 변환
28 y_test=tf.keras.utils.to_categorical(y_test,10)

   # 모델 구성
29 model = Sequential([
30     Flatten(input_shape=(784, )),
31     Dense(128, activation='relu'),
32     Dense(10, activation='softmax')
33 ])
34 print(model.summary())

   # 신경망 학습
35 model.compile(loss='mean_squared_error',optimizer=Adam(learning_rate=0.001),
36 metrics=['accuracy'])
37 hist=model.fit(x_train,y_train,batch_size=128,epochs=10,validation_data=(x_test,
38 y_test),verbose=2)
```

```
   # 정확률 곡선
39 fig2 = plt.figure()
40 plt.plot(hist.history['accuracy'])
41 plt.plot(hist.history['val_accuracy'])
42 plt.title('Model accuracy')
43 plt.ylabel('Accuracy')
44 plt.xlabel('Epoch')
45 plt.legend(['Train','Validation'], loc='upper left')
46 plt.grid()
47 plt.show()
48 plt.savefig('accuracy_MNIST_model.png')
# 손실 함수 곡선
49 Fig3 = plt.figure()
50 plt.plot(hist.history['loss'])
51 plt.plot(hist.history['val_loss'])
52 plt.title('Model loss')
53 plt.ylabel('Loss')
54 plt.xlabel('Epoch')
55 plt.legend(['Train','Validation'], loc='upper right')
56 plt.grid()
57 plt.show()

   # 신경망의 정확률 측정
58 score = model.evaluate(x_test,y_test)
59 print('Test score:', score[0])
60 print('Test accuracy:', score[1])
```

【 실행결과 】

```
Model: "sequential"

_____

 Layer (type)              Output Shape             Param #
=================================================================

 flatten (Flatten)         (None, 784)              0


 dense (Dense)             (None, 128)              100480


 dense_1 (Dense)           (None, 10)               1290
```

```
=====================================================
Total params: 101,770
Trainable params: 101,770
11490434/11490434 [==========================] - 0s 0us/step
Model: "sequential"

_____

None
Epoch 1/10
469/469 - 3s - loss: 0.0158 - accuracy: 0.8992 - val_loss: 0.0089 - val_accuracy: 0.9441 - 3s/
epoch - 6ms/step
Epoch 2/10
469/469 - 2s - loss: 0.0078 - accuracy: 0.9515 - val_loss: 0.0069 - val_accuracy: 0.9550 - 2s/
epoch - 5ms/step
Epoch 3/10
469/469 - 3s - loss: 0.0059 - accuracy: 0.9638 - val_loss: 0.0055 - val_accuracy: 0.9650 - 3s/
epoch - 6ms/step
Epoch 4/10
469/469 - 2s - loss: 0.0047 - accuracy: 0.9713 - val_loss: 0.0050 - val_accuracy: 0.9681 - 2s/
epoch - 5ms/step
Epoch 5/10
469/469 - 2s - loss: 0.0039 - accuracy: 0.9776 - val_loss: 0.0044 - val_accuracy: 0.9708 - 2s/
epoch - 4ms/step
Epoch 6/10
469/469 - 2s - loss: 0.0033 - accuracy: 0.9811 - val_loss: 0.0042 - val_accuracy: 0.9730 - 2s/
epoch - 4ms/step
Epoch 7/10
469/469 - 2s - loss: 0.0028 - accuracy: 0.9839 - val_loss: 0.0039 - val_accuracy: 0.9756 - 2s/
epoch - 4ms/step
Epoch 8/10
469/469 - 2s - loss: 0.0024 - accuracy: 0.9862 - val_loss: 0.0036 - val_accuracy: 0.9757 - 2s/
epoch - 4ms/step
Epoch 9/10
469/469 - 3s - loss: 0.0022 - accuracy: 0.9881 - val_loss: 0.0035 - val_accuracy: 0.9767 - 3s/
epoch - 6ms/step
Epoch 10/10
469/469 - 2s - loss: 0.0019 - accuracy: 0.9897 - val_loss: 0.0036 - val_accuracy: 0.9764 - 2s/
epoch - 5ms/step
```

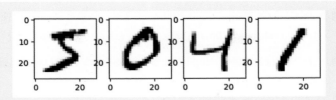

그림 10.43 숫자 필기체 훈련용 데이터 예시

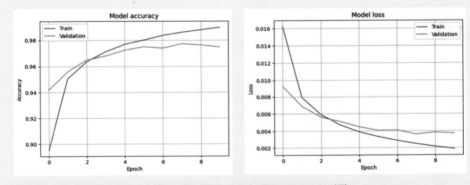

그림 10.44 필기체 숫자 인식 모델의 학습 정확도와 손실(train=훈련, validation=검증)

```
313/313 [==============================] - 1s 2ms/step - loss: 0.0037 - accuracy: 0.9745
Test score: 0.0036901470739394426
Test accuracy: 0.9745000004768372
```

04행 텐서플로 라이브러리를 불러오고, 05행은 케라스 모듈의 MNIST 데이터셋을 불러오는 명령문이다.

06행~08행 텐서플로의 케라스의 딥러닝 학습모델을 만들기 위해 불러오는 함수나 클래스들이다.

```
04 import tensorflow as tf
05 from tensorflow.keras.datasets import mnist
06 from tensorflow.keras.models import Sequential
07 from tensorflow.keras.layers import Dense, Flatten
08 from tensorflow.keras.optimizers import Adam
```

12행 MNIST 데이터셋은 이미 네 부분으로 나누어 있는데, 훈련용 데이터와 정답 셋 60,000개를 (x_train, y_train)로 불러온다. 그리고 검증용 데이터 10,000개를 (x_test, y_test)로 불러오는 명령문이다.

13행~21행 첫 번째부터 네 번째까지의 훈련용 데이터를 그리는 명령문이다.

23행~24행 훈련용 데이터와 검증용 데이터의 이미지 크기(28×28)를 (1×784)로 바꿔준다. 그 명령어는
x_train.reshape(60000,784)와 x_test.reshape(10000,784)이다.

25행~26행 0(검은색)에서 255(흰색) 사이의 값을 갖는 MNIST 흑백 이미지 데이터 값을 0~1 사이의 값
으로 바꾸는 과정이다.

```
   # MNIST 읽어 와서 신경망에 입력할 형태로 데이터 전처리
23 x_train = x_train.reshape(60000,784) # 텐서 모양 변환
24 x_test = x_test.reshape(10000,784)
25 x_train=x_train.astype(np.float32)/255.0 # ndarray로 변환
26 x_test=x_test.astype(np.float32)/255.0
```

27행~28행 케라스의 유틸리티(기능) 함수로 훈련용 결괏값(y_train)과 검증용 결괏값(y_test)을 범
주형(categorical) 데이터로 만들어준다. 인공지능이 예측하는 결과는 0~9까지의 숫자이므
로 분류하고자 하는 값을 10개의 범주로 구분해준다. 이러한 방식을 원-핫 인코딩(one-hot
encoding)이라고 한다.

```
27 y_train=tf.keras.utils.to_categorical(y_train,10) # 원핫 코드로 변환
28 y_test=tf.keras.utils.to_categorical(y_test,10)
```

29행~34행 신경망 모델을 설계하는 구성 부분이다. 기본적인 인공 신경망은 계층(layer)이 순차적으로 구
성되는데, 우리는 신경망을 구성할 때 사용할 수 있는 함수 중 시퀀셜(Sequential) 모델을 사
용한다. 계층 도구 중 입력층, 은닉층, 출력층이 서로 연결되어 있는 Dense()를 사용한다.
Dense()의 괄호 안의 숫자는 뉴런의 개수를 설정하는 값이고, activation='relu'는 활성
화 함수를 의미한다. 일반적으로 렐루(relu)함수와 하이퍼볼릭탄젠트(tanh)를 주로 사용한
다. 마지막 계층에 사용하는 Dense() 함수 내의 활성화 함수는 소프트맥스(softmax)를 사
용한다. 이 소프트맥스 함수는 가장 높은 확률의 값으로 분류하는 함수로 보통 각 계층의 최종
값의 활성화 함수로 사용한다.

34행 print(model.summary())를 통해 실행한 결과를 살펴보면, 입력 계층이 784개 노드로 구성되고,
첫 번째 계층은 128개 노드로 구성된 것을 알 수 있다. 마지막 계층은 0부터 9까지의 수를 구분하기
위한 10개 노드로 이루어졌음을 알 수 있다. 또한 전체 파라미터의 개수가 101,770개임을 알 수 있다.

```
   # 모델 구성
29 model = Sequential([
30     Flatten(input_shape=(784, )),
31     Dense(128, activation='relu'),
32     Dense(10, activation='softmax')
33 ])
34 print(model.summary())
```

35행 model.compile()은 신경망 모델의 학습하는 방법을 정하는 명령문이다. 손실 함수(loss), 최적화 (optimizer), 평가 메트릭을 설정하는 명령문이다. 손실 함수는 예측 값과 실제 값 사이의 오차값을 계산하는 함수로 평균 제곱 오차(mean square error)를 사용한다. 최적화는 오차를 줄이는 방법으로 다양한 방법 중에서 주로 사용되는 Adam[22]을 사용한다. 학습률은 0.001로 설정한다. 평가 메트릭은 정확도(accuracy)로 모델의 학습 결과를 확인한다. 실제 60,000개 데이터의 예측 결과와 실제 값을 비교해본 후 올바르게 예측된 정답 비율을 백분율로 알려준다.

37행 model.fit()은 모델을 학습시키는 명령문이다. 괄호 안의 x_train은 훈련 데이터의 입력 특성이고 y_train은 목표 레이블 값이다. 훈련 중 모델이 한 번에 학습하는 데이터 크기를 결정하는 것은 batch_size=128로 설정한다. 에포크(epoch)는 모든 데이터를 한 번 학습하는 것을 의미한다. epochs=10은 전체 훈련 데이터셋을 10번 반복 학습한다는 뜻이다. validation_data=(x_test,y_test)는 모델의 성능을 평가하기 위한 검증 데이터를 제공한다. verbose=2는 훈련 과정의 출력을 자세하게 보여주는 설정값이다. 0은 아무런 표시를 하지 않고, 1은 에포크별 진행 사항을 알려주며, 2는 에포크별 학습 결과를 알려준다.

```
# 신경망 학습
35 model.compile(loss='mean_squared_error',optimizer=Adam(learning_rate=0.001),
36 metrics=['accuracy'])
37 hist=model.fit(x_train,y_train,batch_size=128,epochs=10,validation_data=(x_test,
38 y_test),verbose=2)
```

58행 score = model.evaluate(x_test,y_test)는 학습시킨 모델의 정확도를 평가할 수 있는 명령문이다. 입력 데이터로 검증용 데이터 x_test와 정답 데이터 y_test를 비교해 오차와 정확도를 score 변수에 넣는다.

59행~60행 그 결과를 출력한다. 최종 오차는 0.0036 정도(0이면 오차가 없는 것이고 1이면 오차가 아주 크다는 것을 의미)이고 정확도는 0.97이 나온 것을 확인할 수 있다. 학습 모델의 정확도를 높이고 오차를 낮추고 싶다면 에포크의 숫자를 키워 학습량을 늘려보자.

내가 직접 쓴 숫자 이미지 테스트

다음은 내가 만든 이미지를 업로드해서 학습시킨 숫자 인식 모델을 테스트해보자. 일단 필기체 숫자 인식 모델 프로그램을 실행한다. 그다음 아래와 같이 구글 코랩에 내가 만든 이미지를 업로드하는 코드를 작성한다. 먼저 이미지를 불러오기 위해 손으로 쓰거나 그

---

22 Adam(adaptive moment estimation, 적응적 평균 추정)은 딥러닝의 최적화 기법 중 하나로 가장 널리 사용된다.

려서 이미지 파일 형태로 저장해야 한다. 02행 uploaded = files.upload()를 실행하면 그림 10.45와 같이 파일을 선택하라는 버튼이 생성된다. [파일 선택]을 클릭해 저장한 이미지를 선택해 불러온다. 불러오는 곳의 경로는 /content/myNumber.png로 정하자.

```
01 from google.colab import files
02 uploaded = files.upload()
03 #/content/myNumber.png
```

【 실행결과 】

파일 선택 | 선택된 파일 없음   Cancel upload

그림 10.45 파일 선택 화면

파일 선택 후 결과 창에 나타나는 메시지

```
myNumber.png(image/png) - 20843 bytes, last modified: 2022. 11. 24. - 100% done
Saving myNumber.png to myNumber.png
```

다음 코드와 같이 작성해 불러온 이미지를 출력해본다.

```
01 import matplotlib.image as mpimg
02 import matplotlib.pyplot as plt
03 img = mpimg.imread('./myNumber.png')
04 plt.imshow(img)
```

【 실행결과 】

```
<matplotlib.image.AxesImage at 0x7f10f16f6dd0>
```

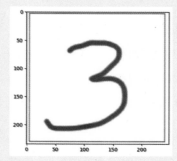

그림 10.46 손으로 직접 그린 이미지 확인하기

그리고 이미지 사이즈를 MNIST 데이터셋과 똑같이 만들기 위해 28×28 크기로 내가 만든 이미지의 크기를 조정한다. 이때 사용하는 라이브러리는 OpenCV 라이브러리를 사용한다. 이는 이미 사용했던 이미지 라이브러리로, 이미지를 처리할 때 가장 많이 사용하는 파이썬 라이브러리다. 다음 코드와 같이 작성해서 내가 저장한 이미지 크기를 조정해본다.

02행 이미지를 읽어오는데, cv2.IMREAD_GRAYSCALE은 그레이스케일로 이미지를 가져온다는 뜻이다.

03행 읽어온 이미지의 크기를 (28, 28) 크기로 재설정해서 다시 저장하는 명령문이다.

04행~07행 이미지의 각 픽셀 값을 출력해준다. 실행 결과를 보면 숫자의 배경이 255에 가까운 값을 갖는다. 따라서 반대로 값을 반전할 필요가 있다.

```
01 import cv2
02 img = cv2.imread('./myNumber.png', cv2.IMREAD_GRAYSCALE)
03 img = cv2.resize(img, (28, 28) )

04 for i in range(28):  # (28, 28)개의 이미지의 픽셀 값들을 출력한다
05   for j in range(28):
06     print('{:4d}'.format(img[i][j]), end='')
07   print()

08 plt.imshow(img)
```

【 실행결과 】

```
 194 200 200 200 200 200 200 200 200 200 200 200 200 200 200 200 200 200 200 200 200 200 200 200 200 200 200 255
 194 255 255 255 255 255 255 255 255 255 255 255 255 255 255 255 255 255 255 255 255 255 255 255 255 255 255 255
 194 255 255 255 255 255 255 255 255 255 255 255 255 255 255 255 255 255 255 255 255 255 255 255 255 255 255 255
 194 255 255 255 255 255 255 255 255 255 255 255 255 255 255 255 255 255 255 255 255 255 255 255 255 255 255 255
 194 255 255 255 255 255 255 255 255 255 255 255 255 255 255 255 255 255 255 255 255 255 255 255 255 255 255 255
 194 255 255 255 255 255 255 255 255 255 255 255 255 255 255 255 255 255 255 255 255 255 255 255 255 255 255 255
 194 255 255 255 255 255 255 255 255 255 253 146  95  95  95  93 106 253 255 255 255 255 255 255 255 255 255 255
 194 255 255 255 255 255 255 254 214  94  94 170 254 254 254 254 219  95 236 255 255 255 255 255 255 255 255 255
 194 255 255 255 255 255 255 254 106 252 255 255 255 255 255 255 255 253 106 255 255 255 255 255 255 255 255 255
 194 255 255 255 255 255 255 255 255 255 255 255 255 255 255 255 255 230 124 255 255 255 255 255 255 255 255 255
 194 255 255 255 255 255 255 255 255 255 255 255 255 255 255 255 254  93 252 255 255 255 255 255 255 255 255 255
 194 255 255 255 255 255 255 255 255 255 255 255 255 255 255 252  95 243 255 255 255 255 255 255 255 255 255 255
 194 255 255 255 255 255 255 255 255 255 255 255 255 254 252  94 232 255 255 255 255 255 255 255 255 255 255 255
 194 255 255 255 255 255 255 255 255 255 255 255 252 105  94 227 233 253 255 255 255 255 255 255 255 255 255 255
 194 255 255 255 255 255 255 255 255 255 255 255 170  95  97 110 116  93 134 255 255 255 255 255 255 255 255 255
 194 255 255 255 255 255 255 255 255 255 255 255 255 255 255 255 255 255 102 229 255 255 255 255 255 255 255 255
 194 255 255 255 255 255 255 255 255 255 255 255 255 255 255 255 255 255 254 101 255 255 255 255 255 255 255 255
 194 255 255 255 255 255 255 255 255 255 255 255 255 255 255 255 255 255 254  95 255 255 255 255 255 255 255 255
 194 255 255 255 255 255 255 255 255 255 255 255 255 255 255 255 255 255 254  96 255 255 255 255 255 255 255 255
 194 255 255 255 255 255 255 255 255 255 255 255 255 255 255 255 255 255 227 125 255 255 255 255 255 255 255 255
 194 255 255 255 255 255 255 255 255 255 255 255 255 255 255 255 255 252  94 251 255 255 255 255 255 255 255 255
 194 255 255 255 255 255 255 255 255 255 255 255 255 255 255 255 253  93 214 255 255 255 255 255 255 255 255 255
 194 255 255 254 253 255 255 255 255 255 255 255 255 254 253 200  95 243 255 255 255 255 255 255 255 255 255 255
 194 255 255 229  98 251 255 255 255 253 254 253 243 133  94 106 254 255 255 255 255 255 255 255 255 255 255 255
 194 255 255 254 105  93  95  95  95  94  95  95 108 202 253 254 255 255 255 255 255 255 255 255 255 255 255 255
 194 255 255 255 253 253 254 254 254 253 254 252 254 255 255 255 255 255 255 255 255 255 255 255 255 255 255 255
 194 255 255 255 255 255 255 255 255 255 255 255 255 255 255 255 255 255 255 255 255 255 255 255 255 255 255 255
 208 128 128 128 128 128 128 128 128 128 128 128 128 128 128 128 128 128 128 128 128 128 128 128 128 128 128 255
```

그림 10.47 불러온 이미지의 각 픽셀의 0~255 사이의 값

```
<matplotlib.image.AxesImage at 0x7f10b422f9a0>
```

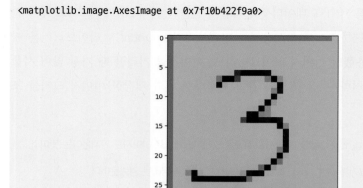

그림 10.48 불러온 이미지를 (28, 28) 사이즈로 변환한 후 표시되는 이미지

이제 이미지를 MNIST 데이터셋의 형태와 동일하게 배경은 0으로 숫자가 있는 부분은 255에 가까운 값으로 반전하는 과정을 작성해보자. 그리고 학습시킨 모델로 내가 직접 쓴 숫자를 예측해보자.

01행 이미지를 반전하기 위해 배경을 흰색으로 만드는 과정이다.

02행 신경망 모델에 사용하기 위해 이미지 크기를 변환하는 명령문이다.

03행 학습시킨 신경망 모델을 사용해 이미지를 예측하는 함수다. model.predict(img)로 img를 학습시킨 모델로 예측해 결과를 pred에 저장한다.

04행 print(pred)는 10개의 예측 값을 출력해준다. 실행 결과를 보면, 8번째 값인 7.5116676e-01이 10개의 값 중에서 가장 큰 값임을 알 수 있다.

05행 print("predicted number=", pred.argmax())로 가장 큰 값을 갖는 부분의 인덱스를 출력한다. 실행 결과는 'predicted number=7'이다. 이 예측 결과는 예상 정답과 다른 값이다.

```
01 img =(255 - img)/255 # 이미지를 반전하기 위해 배경을 흰색으로 만드는 과정
02 img = img.reshape(1, 784)  #이미지 크기 변환:(28,28)->(1,784)

03 pred = model.predict(img)  # 학습시킨 신경망 모델로 이미지를 예측해보기

04 print(pred)                # 0 ~ 9까지 해당하는 값 출력
05 #가장 큰 값을 찾아서 해당하는 숫자 표시
06 print("predicted number=", pred.argmax())
```

【 실행결과 】

```
1/1 [==============================] - 0s 82ms/step
[[1.9130671e-04 2.5666928e-05 2.4875058e-03 2.2128603e-01 2.0458492e-06
  3.8294741e-03 2.3539621e-07 7.5116676e-01 2.1445652e-04 2.0796578e-02]]
predicted number= 7
```

예측된 결과의 정확도를 높이기 위해서는 신경망 모델의 구성을 바꿔야 한다. 다음과 같이 은닉층을 하나 더 추가해본다. 그리고 에포크를 15로 높여본다. 그러면 모델의 정확도가 0.978로 향상됨을 볼 수 있을 것이다. 처음부터 과정을 되풀이해보고 예측 결과를 확인해보자. 정확하게 '3'을 예측하는 것을 확인할 수 있을 것이다. 이 과정은 여러분이 직접 해보기 바란다.

```
   # 모델 구성
29 model = Sequential([
30     Flatten(input_shape=(784, )),
31     Dense(512, activation='relu'),
32     Dense(128, activation='relu'),
33     Dense(10, activation='softmax')
34 ])
35 print(model.summary())
```

참고문헌

- 구글 코랩, https://colab.research.google.com/?hl=ko

- 파이썬 홈페이지, https://www.python.org/

- 아나콘다 홈페이지, https://www.anaconda.com/products/distribution

- 넘파이, https://numpy.org/

- 맷플롯립, https://matplotlib.org/

- 시본, https://seaborn.pydata.org/

- 사이킷런, https://scikit-learn.org/stable/

- 《러닝스쿨! 파이썬 교과서》(위키북스, 2017)

- 《돈 되는 파이썬 인공지능 프로그래밍》(위키북스, 2021)